21 世纪应用型人才培养规划教材

高校学生心理健康教育与指导

王文鹏　王冰蔚　主　编

王永铎　魏双锋　张高峰　副主编

清华大学出版社

北　京

内 容 简 介

本书从大学生的自身发展和实际需要出发,以提高大学生的心理素质为目标,作者借鉴了国内、外心理研究的成果,以大学生在成才过程中必然遇到的入学适应、自我认识与发展、情绪管理与调节、人际关系问题、恋爱与性、挫折应对、生涯规划、生命教育等为主题,进行了较为详尽的阐述和诠释。

本书注重案例分析和课堂互动环节,每章后面都设计了典型案例分析和课堂互动活动,附录中还增设了学生的心理成长感悟。贴近学生实际生活,具有很强的时代感,既可以作为课程教材,也可以作为学生及社会人士自学读本。

本书封面贴有清华大学出版社防伪标签,无标签者不得销售。
版权所有,侵权必究。举报:010-62782989,beiqinquan@tup.tsinghua.edu.cn。

图书在版编目(CIP)数据

高校学生心理健康教育与指导/王文鹏,王冰蔚主编;王永铎,魏双锋,张高峰副主编. —北京:清华大学出版社,2011.10(2023.8重印)
(21世纪应用型人才培养规划教材)
ISBN 978-7-302-27053-9

Ⅰ.①高… Ⅱ.①王… ②王… ③王… ④魏… ⑤张… Ⅲ.①大学生—心理健康—健康教育—高等学校—教材 Ⅳ.①B844.2

中国版本图书馆 CIP 数据核字(2011)第 201117 号

责任编辑:彭 欣 陈立静
装帧设计:杨玉兰
责任校对:周剑云
责任印制:宋 林

出版发行:清华大学出版社
    网 址:http://www.tup.com.cn, http://www.wqbook.com
    地 址:北京清华大学学研大厦A座 邮 编:100084
    社 总 机:010-83470000 邮 购:010-62786544
    投稿与读者服务:010-62776969,c-service@tup.tsinghua.edu.cn
    质量反馈:010-62772015,zhiliang@tup.tsinghua.edu.cn
    课件下载:http://www.tup.com.cn, 010-62791865
印 装 者:天津鑫丰华印务有限公司
经 销:全国新华书店
开 本:185mm×230mm 印 张:21 字 数:450千字
版 次:2011年10月第1版   印 次:2023年8月第5次印刷
定 价:48.00元

产品编号:044198-02

前　言

　　健康是人类社会永恒的主题，是人类生存的基本需求。世界卫生组织(WHO)对健康的定义里面专门提到心理健康的重要性，事实上，健康的心理是顺利开展学习和工作，事业和幸福人生的前提。世界知名的成功学专家拿破仑·希尔曾说过："一切的成就，一切的财富，都始于健康的心理。"我国处在社会经济高速发展的阶段，生活节奏明显加快、工作竞争日趋激烈，人们的心理压力和负担过重，很容易产生和积累负面情绪。而大学生是青年中的杰出代表，他们的心理健康问题日益受到全社会的关注，在大学校园里因学生心理失衡而引发的一些令人惋惜的事件，让我们深深感受到加强大学生心理健康教育，全面提升大学生心理素质与健康水平的紧迫性和重要性。

　　在这种形势下，国家教育部就加强大学生心理健康教育工作下发了一系列文件，尤其是在2011年教育部为深入贯彻落实全国教育工作会议、教育规划纲要以及全国加强和改进大学生思想政治教育工作座谈会精神，进一步深入贯彻落实《中共中央 国务院关于进一步加强和改进大学生思想政治教育的意见》(中发〔2004〕16号)，推进大学生心理健康教育工作科学化建设，2011年特制定了《普通高等学校学生心理健康教育工作基本建设标准(试行)》，这一标准的出台促进了各高校心理健康教育的发展，很多高校都加大了心理健康教育的力度，原"大学生心理健康教育"由公选课改设为必修课。

　　《高校学生心理健康教育与指导》全书共分十二章，内容包括健康知识概述、自我认识与潜能的挖掘、健康个性的塑造、挫折的应对与意志品质的培养、新生入学适应教育、情绪调控与心理健康、学习与心理健康、恋爱与性心理、和谐人际与心理调控、网络活动与心理健康、职业生涯与规划和生命教育等。这些内容基本上涵盖了大学生在校学习、生活期间面临的主要心理问题，是高校大学生心理健康教育课程的必备教材，也是关注自身成长与心理健康的大学生朋友的有益读本。本书在保证科学性的前提下，全书增加了"知识链接"、"课堂活动"、"心理小测验"、"自我分析"等内容，以提高趣味性，增强吸引力。这些有趣的活动可以使学生在轻松快乐的气氛中受到良好的启迪与引导，从而促进学生心灵成长。

　　本书由王文鹏、王冰蔚、王永铎同志任主编，负责整个书的编写方案、提纲设计和最后统稿工作；魏双锋、张高峰、云鹏、朱黎娅任副主编，协助统稿和修改工作。王文鹏、王冰蔚、王永铎、魏双锋、张高峰、云鹏、朱黎娅、王晶、陈锋正、高普梅、刘朝锋、吴

高校学生心理健康教育与指导

丹、王凤、冯岩负责各章节的编写。

在本书的编写的过程中，尽管我们力图作一些积极的探索，但由于编者水平所限，本书不妥之处在所难免，欢迎读者批评指正。

王文鹏

高校学生心理健康教育与指导
编写委员会

主　编： 王文鹏　王冰蔚　王永铎

副主编： 魏双锋　张高峰　云鹏　朱黎娅

委　员：

王晶　陈锋正　高普梅　吴丹

刘朝锋　王凤　冯岩

目 录

第一章 走进心理健康 ... 1
第一节 大学生心理健康概述 ... 2
一、健康新概念 ... 2
二、心理健康的界定原则 ... 4
三、大学生心理健康的标准 ... 6
第二节 大学生常见心理问题及成因 ... 8
一、大学生心理健康存在的问题 ... 8
二、大学生心理问题的成因分析 ... 14
第三节 维护大学生心理健康的途径 ... 15
一、大学生心理健康的自身关注 ... 15
二、学校心理健康教育体系的构建 ... 20
第四节 认识心理咨询 ... 22
一、心理咨询的含义 ... 22
二、大学生心理咨询的内容 ... 23
三、大学生心理咨询的原则 ... 24

第二章 新生活从心开始 ... 27
第一节 大学新生特点 ... 28
一、大学新生适应期 ... 28
二、大学环境新变化 ... 28
三、大学新生的心理特点 ... 30
第二节 大学新生环境适应 ... 32
一、生活环境的适应 ... 33
二、学习环境的适应 ... 34
三、人际环境的适应 ... 37
第三节 大学新生心理问题产生原因与对策 ... 40
一、大学新生的常见的心理问题 ... 41
二、培养大学新生适应能力的对策与途径 ... 43

第三章 认识自我、塑造自我 ... 52
第一节 自我意识概述 ... 53
一、什么是自我意识 ... 53
二、自我意识的结构 ... 53
三、自我意识在人的发展中的作用 ... 56
第二节 大学生自我意识的现状 ... 58
一、大学生自我意识发展的过程 ... 58
二、大学生自我意识发展的特点 ... 61
三、大学生常见的自我意识问题及调适 ... 62
四、影响自我意识形成与发展的关键因素 ... 68
第三节 大学生健康自我意识的塑造 ... 71
一、营造良好的社会环境 ... 71
二、加强自我意识的培养 ... 72

第四章 个性自我、快乐人生 ... 79
第一节 人格概述 ... 79
一、人格概念及结构 ... 79
二、气质 ... 81
三、性格 ... 83
四、人格的特征 ... 86
五、影响人格形成的因素 ... 88
第二节 大学生健康人格的培养 ... 90
一、健全人格的标准 ... 90
二、培养健全人格的意义 ... 91
三、培养健全人格的途径和方法 ... 92

第五章　历经风雨　方见彩虹 101

第一节　挫折产生的原因 101
一、客观原因 101
二、主观原因 103

第二节　大学生的挫折反应与心理防御机制 106
一、大学生常见的挫折行为分析 106
二、挫折对个体的影响 108
三、心理防御机制 109

第三节　心理挫折的应对 115
一、挫折承受力 115
二、影响挫折承受力的因素 116
三、提高挫折承受力 117

第六章　我的情绪我做主 122

第一节　大学生的情绪特点与情绪评定 122
一、什么是情绪 122
二、大学生的情绪特点 123
三、情绪评定的量度：情商 127
四、情商与大学生的发展 129

第二节　情绪的功能与大学生常见的情绪问题 131
一、情绪的功能 131
二、大学生常见情绪问题 135

第三节　大学生常见情绪困扰和情绪调适方法与技巧 137
一、大学生情绪健康的基本标准 137
二、大学生情绪困扰及其形成因素 140
三、大学生情绪调适方法与技巧 142

第七章　学海泛舟　苦中作乐 156

第一节　大学生学习心理概述 156

一、学习的含义和分类 156
二、学习与心理健康的相互影响 158
三、大学生学习心理的特点 159
四、几种有效的大学生学习方法 161
五、影响大学生学习的心理因素 164

第二节　大学生学习心理问题及调适 171
一、学习动机障碍 171
二、学习方法和习惯问题 173
三、学习疲劳的调适 175
四、考试心理障碍及调适 178

第八章　快乐人际从身边做起 186

第一节　大学生人际交往的现状和特点 186
一、大学生人际交往的现状 186
二、大学生人际交往的特点 187
三、大学各个阶段交往的特点 189

第二节　大学生人际交往的原则和方式 193
一、大学生人际交往的基本原则 193
二、大学生交往的主要方式 195

第三节　影响大学生人际交往的因素 199
一、影响大学生人际交往的客观因素 199
二、影响大学生人际交往的主观因素 199
三、网络对大学生人际交往的影响 200

第四节　大学生人际交往常见的问题与调适 202
一、大学生人际交往中常见心理障碍 202
二、大学生人际交往能力的培养途径 203

目录

第九章 网络是我们的助手 207
  第一节 网络对大学生的影响 207
    一、网络对大学生成长的正面影响 207
    二、网络对大学生成长的负面影响 209
  第二节 大学生网络成瘾的表现及原因 210
    一、大学生网络成瘾的表现 210
    二、大学生网络成瘾的原因 211
  第三节 网络心理问题的调适方法 212
    一、教育和引导大学生树立正确的网络道德观 213
    二、重视大学生网络心理素质的教育和培养 214
    三、加强大学生心理咨询体系的建设 216

第十章 玫瑰花香 小心刺手 221
  第一节 大学生恋爱心理特点及爱情心理透视 221
    一、什么是爱情 221
    二、什么是恋爱 225
    三、大学生恋爱 226
  第二节 大学生恋爱中的心理困扰及调试方法 229
    一、失恋 229
    二、单相思 241
    三、三角(多角)恋 243
  第三节 大学生常见性心理问题及对策 244
    一、透视性心理 245
    二、大学生常见性心理问题 248
    三、大学生性心理对策 266

第十一章 规划人生 付诸行动 271
  第一节 职业生涯规划概况 271
    一、职业生涯规划的含义 271
    二、职业生涯规划的四种特性 272
    三、生涯型态和生涯规划的分类 273
    四、大学生职业生涯规划的必要性和现实意义 274
  第二节 职业生涯规划的步骤及阶段性任务 277
    一、大学生职业生涯规划的具体步骤 278
    二、大学生职业生涯规划的阶段性任务 279
  第三节 如何合理地进行大学生职业生涯规划 283
    一、如何制定大学生职业生涯规划书 286
    二、大学生职业生涯规划需把握的几个重要关系 292

第十二章 生命如花 300
  第一节 生命是什么 300
    一、生命和生命的意义 300
    二、生命意识培养 302
  第二节 理解生命 珍爱生命 314
    一、理解生命 314
    二、珍爱生命 314
    三、拯救生命 315

参考文献 322

第一章　走进心理健康

只有优异的成绩,却不懂得与人交往,是个寂寞的人;只有过人的智商,却不懂得控制情绪,是个危险的人;只有超人的推理,却不了解自己,是个迷惘的人。如果你想做一个有自知之明的、健康快乐的、拥有亲情、友情和爱情的人,如果你想在成才的道路上不断地前行,那就必须具备健康的心理。

一颗自我发现的心

心理健康的兴起与一位大学生的贡献分不开。20世纪初,美国有一位来自康涅狄格州,就读于耶鲁大学商科的名叫比尔斯(C.W.Beers)的大学生。比尔斯与他的哥哥住在一起,他哥哥患有癫痫,俗称"羊角风",发作时四肢抽搐、口吐白沫、声似羊鸣,痛苦万分,使他非常害怕。他听说此病有遗传性,总担心自己也会像哥哥一样,终日生活在恐惧、担忧、焦虑的情绪之中。终于在1900年,他因心理失常,被送进了精神病院。住院期间,他亲眼目睹了精神病人所受到的种种粗暴、残酷的待遇与非人的生活,不胜悲愤。同时又感于社会对心理异常者的歧视、偏见和冷漠。病愈出院后,根据自己三年的亲身经历和体会,用生动的文笔写了一本书——《一颗自我发现的心》(A Mind That Found Itself)。1908年3月该书出版时,美国哈佛大学心理学家教授成廉姆斯(w.James)给予了高度评价,并为此书作序。康奈尔大学校长列文斯通·法兰等人也被此书所感动,纷纷支持比尔斯。1908年5月,世界上第一个心理卫生组织"康涅狄格州心理卫生协会"诞生了。1909年2月,在比尔斯等人的积极努力下,"美国全国心理卫生委员会"在纽约成立。此后,心理卫生运动不仅在美国发展迅速,而且扩展到世界各国。1930年,"第一届国际心理卫生大会"在华盛顿召开,到会的3042人代表了53个国家和地区,会上成立了一个永久性的"国际心理卫生委员会",它的宗旨是:"完全从事慈善的、科学的、文化的、教育的活动,尤其关于世界各国人民的心理健康的保持和增进、心理疾病、心理缺陷等的研究、治疗与预防,以及全体人类幸福的增进。"

我们正处在深化改革、扩大开放的新时期,人们的价值观、生活方式、人际关系遇到了前所未有的冲击,容易使人产生异常的情绪和心理障碍,如迷惘、恐慌、焦虑、失落等。大学生面临着对新生活环境的适应、学习压力、考试竞争、就业选择等现实问题,可能会产生新的困惑,引发各种冲突,甚至遭遇挫折,引起身心动荡和情感波澜,于是,各种各样的心理疾病也伴随而生。重视大学生心理健康,使大学生形成健康的心理,是我国当前大学教育改革的重大课题，也是时代的迫切要求。

第一节　大学生心理健康概述

　　从个体心理发展的角度看，大学生正处在青年初期，几乎所有的心理学家都承认，从青少年向成人的转变是一个相当艰巨并且充满危机的时期。

　　大学生，特别是大学新生，由于独立性的不完全，对家长有较大的依赖；对社会了解有限，过于理想化，环境突变难以适应；对自我的认识摇摆不定而难以定位等，从而在心理上显露出一系列的矛盾与冲突。准确界定大学生心理健康的含义，对于引导大学生提高心理健康水平意义重大。

一、健康新概念

(一) 健康的科学定义

　　心理健康是完整的健康概念的组成部分。人类对健康概念的认识是随着社会的发展以及人类自身认识的深化而不断丰富的。在生产力低下的时期，人类只关注如何适应和征服自然，维护自身的生存。随着生产力水平的提高，人类开始关心身体健康，防病治病的医学科学应运而生。历史发展到现代，人类对健康的认识又发生了飞跃，不再局限于生理机能的正常、衰弱与疾病的减少。1948年，联合国世界卫生组织(WHO)成立时，在其宪章中开宗明义地指出：健康不仅仅是没有疾病，而且是身体上、心理上和社会上的完好状态或完全安宁。这是对健康全面、科学、完整、系统的定义。这种对健康的理解就意味着衡量一个人是否健康，必须从生理、心理、社会和行为等因素分析，不仅看他有没有器质性或功能性异常，还要看他有没有主观不适感，有没有社会公认的不健康行为。

(二) 健康的具体标准

　　为了加深人们对健康的认识，世界卫生组织规定了健康的10条标准。
(1)　有足够充沛的精力，能从容不迫地应付日常生活和工作压力，而不感到过分紧张。
(2)　态度积极，乐于承担责任，不论事情大小都不挑剔。
(3)　善于休息，睡眠良好。
(4)　能适应外界环境的各种变化，应变能力强。
(5)　能够抵抗一般性的感冒和传染病。
(6)　体重得当，身体均匀，站立时，头、肩、臂的位置协调。

(7) 反应敏锐，眼睛明亮，眼睑不发炎。
(8) 牙齿清洁、无空洞、无痛感、无出血现象，齿龈颜色正常。
(9) 头发有光泽、无头屑。
(10) 肌肉和皮肤富有弹性，走路轻松。

从这10条健康标准可以看出，健康包括身体健康和心理健康两个方面，相辅相成，缺一不可。严格地说，没有一种病是纯粹身体方面的，也没有一种病是纯粹心理方面的。因此，我们在考虑自身的健康和疾病时，要注意身心两个方面的反应。

看一看，想一想：

身心健康自我评估的七大标准

(1) 快食：吃饭不挑食、不偏食，津津有味。
(2) 快眠：较快入睡，睡眠质量好，精神饱满。
(3) 快便：快速通畅地排泄，感觉轻松自如。
(4) 快语：说话流利，头脑清醒，思维敏捷。
(5) 快行：行动自如协调，迈步轻松有力，动作流畅。
(6) 良好的个性：性格柔和、适应环境，为人处世好。
(7) 良好的人际关系：与人相处自然融洽，朋友多。

请你记住这"五快"、"两良好"，你就可以随时评价自己的整体健康状况。

(三)亚健康概念

从健康的外延分析，过去人们将健康与疾病看成非此即彼的两个极端，无病便是健康，健康就是无病；现在人们更多将健康看成一个连续体，在健康与疾病之间没有截然的分界点，在两个端点之间有一个很大的空间，既非健康又非疾病。人们将这一中间状态称为亚健康状态，或者"第三状态"。"第三状态"最早是前苏联科学家布赫曼(Buchmam)提出的。20世纪80年代初，世界卫生组织提出了"亚健康"这个崭新的概念，即一种介于健康与疾病之间的"第三状态"，又称为"次健康"、"疾病前状态"、"第三状态"、"灰色状态"、"潜临床状态"、"半健康人"等。

从医学上来说，处于"第三状态"的人，虽然各项体检指标均为正常，也无法证明有某种器质性疾病，但与健康人相比却又显得生活质量差、工作效率低、极易疲劳，许多人常有食欲不振、睡眠不佳、腰酸腿痛、疲乏无力等症状。从心理健康的角度来看，处于"第三状态"的人，虽然没有明显的精神疾病与心理障碍，但无论如何都应该归为一种心理的非健康状态，外在表现为：学习、工作效率不高，情绪低落、反应迟缓、失眠多梦、白天困倦、注意力不集中、记忆力减退、烦躁、焦虑等。

二、心理健康的界定原则

(一)心理健康的概念

现代社会的发展对人才提出了更高的要求，人们的健康观念也在不断地发生着变化。心理健康的观念越来越被人们所接受，也越来越受到人们的重视。但对心理健康的认识却有很多种，下面介绍几种观点。

1. 国外心理学家的观点

(1) 美国人格心理学家奥尔波特认为心理健康包括 7 个方面：①自我意识广延；②良好的人际关系；③情绪上的安全性；④知觉客观；⑤具有各种技能，并专注于工作；⑥现实的自我形象；⑦内在统一的人生观。

(2) 马斯洛(Maslow)和密特尔曼(Mittelman)提出心理健康的 10 条标准：①是否有充分的安全感；②是否对自己有较充分的了解，并能恰当地评价自己的能力；③自己的生活和理想是否切合实际；④能否与周围环境保持良好的接触；⑤能否保持自身人格的完整与和谐；⑥是否具备从经验中学习的能力；⑦能否保持适当和良好的人际关系；⑧能否适度地表达与控制自己的情绪；⑨能否在集体允许的前提下，有限度地发挥自己的个性；⑩能否在社会规范的范围内，适度地满足个人的基本需求。

(3) 美国学者坎布斯认为，一个心理健康、人格健全的人应有 4 种特质：①积极的自我观；②恰当地认同他人；③面对和接受现实；④主观经验丰富，可供取用。

2. 国内心理学家的观点

(1) 王极盛等认为，人的心理健康标准应包括 6 个方面：①智力正常；②情绪健康：情绪稳定与心情愉快是情绪健康的重要标志；③意志健康：行动的自觉性和果断性是意志健康的重要标志；④统一协调的行为：一个心理健康的人，他的行为是一致的、统一的，思想与行动是统一的、协调的，他的行为有条不紊，做起事来按部就班；⑤人际关系的适应。

(2) 樊富珉提出大学生心理健康的 7 个标准：①能保持对学习较浓厚的兴趣和求知欲望；②能保持正确的自我意识，接纳自我；③能协调与控制情绪，保持良好的心情；④能保持和谐的人际关系，乐于与人交往；⑤能保持完整统一的人格品质；⑥能保持良好的环境适应能力；⑦心理行为符合年龄特征。

(3) 郑日昌认为心理健康包括 6 个方面：①正视现实；②了解自己；③擅与人相处；

④情绪乐观；⑤自尊自制；⑥乐于工作。

(4) 黄珉珉认为，心理健康的标准有 8 个方面：①能进行正常的学习、生活和工作；②能与他人和睦相处，保持良好的人际关系；③具有健全的人格；④具有良好的情绪体验；⑤具有正常的行为；⑥有正常的心理意向；⑦有良好的适应能力及对紧急事件的适应能力；⑧有一定的安全感，有信心和自立性。

(5) 颜世富对健康提出 12 条标准：①智力正常；②有安全感；③情绪稳定，心情愉快；④意志健全；⑤对自己有充分的了解，并做出恰当的评价；⑥适应能力强；⑦能够面对现实，乐于工作、学习、社交；⑧人际关系和谐；⑨人格完整和谐；⑩睡眠正常；⑪生活习惯良好；⑫心理和行为与年龄相符合。

从广义上讲，心理健康是一种持续高效而满意的心理状态；从狭义上讲，心理健康是知、情、意、行的统一，是人格完善协调，人际关系的和谐与社会适应良好。迄今为止，关于心理健康还没有一个统一的概念，国内外学者一般认同心理健康标准的复杂性，既有文化差异，也有个体差异。一般而言，判断个体心理健康与否，主要从两个方面考虑。

(1) 统计学标准。通常借助一些有针对性心理测量工具了解个体的心理状况，然后与常模相比较。这个方式科学严谨，对个体与群体都方便实用，在心理学研究中应用较多，在了解大学生的心理健康状况，实施心理健康教育中常常用到。

(2) 经验标准。即当事人按照自己的主观感受来判断自己的健康。研究者凭借自己的经验对当事人的心理健康进行判定，重在关注当事人的主观心理感受。由于每个人先天的遗传及后天的环境不同，经验标准更强调其个别差异。同样的生活事件，由于当事双方自我认知不同，自我体验不同，自我评价也不尽相同。

人的心理健康是指一种持续的、积极的心理状态。个体在这种状态下，能够与环境有良好的适应，其生活具有活力，能充分发挥其身心潜能，就可被视为心理健康。

(二)心理健康的等级

心理健康与生理健康是健康概念不可分割的部分，但是心理健康的标准并不像生理健康那样具体、精确、绝对。因为心理现象是主观精神现象，它的度量很难有一个固定而清晰的界限。根据中外心理健康专家们的研究，可将人的心理健康水平大致分为 3 个等级。

(1) 一般常态心理者。表现为心情经常愉快，适应能力强，善于与别人相处，能较好地完成同龄人发展水平应做的活动，具有调节情绪的能力。

(2) 轻度失调心理者。表现为不具有同龄人所应有的愉快，和他人相处略感困难，生活自理有些吃力，若主动调节或通过专业人员帮助，可恢复常态。

(3) 严重病态心理者。表现为严重的适应失调，不能维持正常的生活、工作，如不及时治疗将会恶化，可能成为精神病患者。

(三)界定心理健康标准时应遵循的基本原则

(1) 心理活动与外部环境是否具有同一性，即一个人的所思所想、所作所为是否正确地反映外部世界，有无明显的差异。

(2) 心理过程是否具有完整性和协调性，即人在心理活动中认识、情感、意志三个过程，内容是否完整，是否协调一致。

(3) 个性心理特征是否具有相对稳定性，即人的个性心理特征在没有重大的外部环境改变的前提下，人的气质、性格、能力等个性特征相对稳定，行为表现出一贯性。

由此可见，在具体界定心理健康标准时，一般应该从环境适应能力、挫折耐受能力、情绪调控能力、社会交往能力、自我意识水平等方面提出明确的标准。

三、大学生心理健康的标准

大学生的普遍年龄一般在 18~25 岁之间，从心理学的观点来看，正处于青年初期。大学生的心理具有青年中期的许多特点，但作为一个特殊群体，大学生又不能完全等同于社会上的青年。心理是否健康一般采用量表测量，其标准不是固定不变的。心理健康标准随着时代变迁、文化背景变化而变化。根据我国大学生的实际情况，评判大学生的心理健康水平应从以下几个标准给予着重考虑。

一是智力正常。智力，是人的观察力、注意力、记忆力、想象力、思维力、创造力及实践活动能力等的综合，包括在经验中学习或理解的能力，获得和保持知识的能力，迅速而成功地对新情境做出反应的能力，运用推理有效地解决问题的能力等。这是大学生学习、生活与工作的基本心理条件，也是适应周围环境变化所必需的心理保证，因此，衡量大学生的智力是否正常，关键在于其是否正常地、充分地发挥了自我效能，即有强烈的求知欲，乐于学习，能够积极参与学习活动。

二是情绪健康。其标志是情绪稳定和心情愉快，包括的内容有：愉快情绪多于负性情绪、乐观开朗、富有朝气、对生活充满希望；情绪较稳定，善于控制与调节自己的情绪，既能克制又能合理宣泄自己的情绪，情绪的表达既符合社会的要求又符合自身的需要，在不同的时间和场合有恰如其分的情绪表达；情绪反应与环境相适应，反应的强度与引起这种情境相符合。

三是意志健全。意志是人在完成一种有目的的活动时进行的选择、决定与执行的心理过程。意志健全者在行动的自觉性、果断性、顽强性和自制力等方面都表现出较高的水平。

意志健全的大学生在各种活动中都有自觉的目的性，能适时地做出决定并运用切实有准备的方式解决所遇到的问题，在困难和挫折面前，能采取合理的反应方式，能在行动中控制情绪，而不是行动盲目、畏惧困难、顽固执拗。

四是人格完整。人格是个体比较稳定的心理特征的总和。人格完善就是指有健全统一的人格，个人的所想、所说、所做都是协调一致的。人格完善包括人格结构的各要素完整统一，要具有正确的自我意识，不产生自我同一性混乱，以积极进取的人生观作为人格的核心，并以此为中心把自己的需要、目标和行动统一起来。

五是自我评价正确。正确的自我评价是大学生心理健康的重要条件，大学生在进行自我观察、自我认定、自我判断和自我评价时，能做到自知，恰如其分地认识自己，摆正自己的位置，既不以自己在某些方面高于别人而自傲，也不以某些方面低于别人而自卑，面对挫折与困境，能够自我悦纳，喜欢自己，接受自己，自尊、自强、自制、自爱适度，正视现实，积极进取。

六是人际关系和谐。良好而深厚的人际关系，是事业成功与生活幸福的前提，其表现为：乐于与人交往，既有广泛而深厚的人际关系，又有知心朋友；在交往中保持独立而完整的人格，有自知之明，不卑不亢；能客观评价别人和自己，善于取人之长补己之短，宽以待人，乐于助人，交往的积极态度多于消极态度，交往动机端正。

七是社会适应正常。个体应与客观现实环境保持良好秩序，既要进行客观观察以取得正确认识，以有效的办法应付环境中的各种困难，不退缩，又要根据环境的特点和自我意识的情况努力进行协调，或改变环境适应个体需要，改造自我适应环境。

八是心理行为符合大学生的年龄特征。大学生是处于特定年龄阶段的特殊群体，大学生应具有与年龄与角色相适应的心理行为特征。

正确理解和运用大学生心理健康标准应注意以下几个问题。

(1) 心理不健康与有不健康的心理和行为表现不能等同。心理不健康是指一种持续的不良状态，偶尔出现一些不健康的心理和行为并不等于心理不健康，更不等于已患心理疾病。因此，不能仅据一时一事而简单地给自己或他人下心理不健康的结论。

(2) 心理健康与不健康不是泾渭分明的对立面，而是一种连续状态。从良好的心理健康状态到严重的心理疾病之间有一个广阔的过渡带。在许多情况下，异常心理与正常心理、变态心理与常态心理之间没有绝对的界限，只是程度的差异。

(3) 心理健康的状态不是固定不变的，而是动态变化的过程。既可以从不健康转变为健康，也可以反之。因此，心理健康与否只能反映某一段时间内的特定状态，而非永远。所以，判断大学生的心理健康状况应具有发展的眼光。

(4) 心理健康的标准是一种理想尺度，它不仅为我们提供了衡量是否健康的标准，而且为我们指明了提高心理健康水平的努力方向。每一个人在自己现有的基础上作不同程度的努力，都可以追求心理向更高层次的发展，不断发挥自身的潜能。

第二节 大学生常见心理问题及成因

大学生心理健康问题不仅关系到大学生个人的生活、学习、工作和身心健康成长，也关系到整个社会人口素质的提高，关系到社会的发展和未来。因此，如何保持大学生的心理健康，提高大学生的心理素质已经成为高等教育中的一个重要环节。

一、大学生心理健康存在的问题

大学生生活适应问题、学业问题、人际关系问题、情绪问题、焦虑问题、情感问题、性教育问题以及特殊群体学生心理健康问题是目前大学生中普遍存在的心理健康问题。

(一)大学生生活适应问题

适应大学生活，完成大学生作为"文化人"与"社会人"的培养任务，帮助大学生完成社会化，是大学教育的重要内容。

大学生生活能力弱、自立能力弱的情况普遍存在。尽管高校都在倡导大学生"自我教育、自我管理、自我服务"，但作为社会一员，学生普遍不能够很好地处理自己的事务。这不仅表现在独生子女身上，也表现在困难学生身上，学生连简单的劳动都不愿从事，衣服找人洗、被子请人叠。困难学生家长感到不能为孩子提供足够的经济支持，觉得很对不起孩子，作为一种补偿，不让孩子干更多的活，学生生活能力依旧很弱。丢失毕业证书、户口等事件每年都会发生，这从一个侧面反映出学生处理日常事务能力的不足。

大学生对挫折的心理承受能力弱。目前在校大学生，基本出生于国家改革开放之时，成长于国家经济发展之日，物质条件在逐步好转，姐妹减少，可以说"一路高歌到大学"，在学校"老师宠着"，在家庭"父母捧着"。面临学业、生活、感情方面的挫折，学生显得无所适从，感到失去了生活的意义，甚至怀疑人生。多数学生只能听顺耳话，听不进不同的意见，更不用说老师和同学的批评了。困难学生在独立性、未来感、自由感、自信心等方面更容易受挫折。面对就业制度改革带来的机遇与挑战，学生没有足够的心理准备，仍然会受挫。

(二)学业问题

大学生的学业问题主要表现为：学习目的不明确，学习动力不足；学习压力大，学习困难，学习成绩不理想；学习时急功近利等。

一位学生这样写道："在中学时代，各方面表现都很出色，进入大学后，沿着中学的惯性学习，成绩还算理想，但常常感到心力交瘁，学而无所获。"有些学生学习就是为了能够考试过关，从来没考虑过其他的目的。虽然很多学生都知道将来的就业很困难，也感到内心的危机感，但真正要努力学习，却提不起精神来。更有些学生学习就是为了蒙混过关。抱着上述的态度学习自然没什么动力。

一项调查结果表明：有69.6%的新生和54%的老生感到"学习难度加大，非常困难"。一位大二学生写道："学习始终不能进入状态，总感到是在巨大的考试压力下被动地学，而静下来想为什么学时，会感到很苦恼。"特别是大学一年级学生，认为"学习负担重，难以应付"的占70.4%。学习困难的学生虽然在大学生群体中占的比例并不大，但他们的负面情绪对学生的成长是不利的。有的学生上课注意力无法集中，有的学生不适应大学生生活，"小学、中学都是尖子学生，到大学后一下子变为普通学生，个人约束力又差，自制力弱，大学期间较为放任，因而学习差了"；"虽然学习上很尽力，上大学就是为了求学，而学习成绩总是不理想，因而感到很自卑，也十分压抑"。

"考证热"是大学生学习功利化的直接表现。学生了解到市场对各种证书的青睐，因而放弃了专业课的学习而去追逐各种有用的证书。很多学生在外语上花的时间占到整个学习时间的一半，再加上其他证书的考试占用的精力，便冷落了基础课、专业课。学生在接触一门新课时，首先考虑：学习它对我有什么用？因而那些涉及个人素质的基本课程根本得不到重视。

(三)人际关系问题

良好的人际关系是学生成长与社会化过程中的重要组成部分，也是保持良好心理状态的必备条件。大学生人际关系问题主要有以下几方面。

(1) 人际关系不适。进入大学，远离原来熟悉的生活与学习环境，而对新的人际群体，学生多少有些不适，部分学生对大学的师生关系、同学关系、异性之间的关系显得很不适应。一位新生感叹说："在大学，没有一个可以谈得来的朋友，心里真的感到好孤独。"有的学生从未离开过家庭，在父母的呵护下成长，对于如何关心别人，得到朋友的关心想得较少。而另一方面，学生又希望得到别人的认可。"心里话对谁说？"成为学生普遍的困惑。在"目前，你感到最苦恼的事"中，有80%的学生涉及人际关系。

(2) 社交不良。大学生活在一定程度上给学生创造了一个小社会的环境，可以充分地展示自我，展示大学生的风采。部分学生缺乏在公众场合表达自己思想的能力与勇气，面对各种各样的活动，充满了兴趣，却又担心失败，只是羡慕而积极参与的不多，久而久之，开始回避参与，感叹"外面的世界很精彩，外面的世界很无奈"。特别是到周末，学生普遍感到无处可去，甚至出现了"周末恐惧症"，"盼周末，又怕过周末，那种孤寂的感觉真难受"，这直接影响了学生潜能的充分发挥。

(3) 个体心灵闭锁。学生从校门到校门，缺乏人际交往经验，而自身在人际交往中的不自信又不利于增加自身的魅力，妨碍了良好的人际交往圈的形成。30%的新生认为"没有朋友"，23%的学生感到"孤独、寂寞"。在与人交往的主动性上，45%的学生更希望自己成为交流的对象而不是交流的直接发起者。与此同时，由于个体间的正常的交往不够，又容易引发猜疑、妒忌等，不利于学生的健康成长。南京某名牌大学的一名学生，自从入学以来，他的同学很少发现他与别人在一起，更奇怪的是同学们几乎不见他上洗手间。原来是他有严重的心理自闭倾向，上洗手间总是趁没有人时，只要有人他从不进去。

(四)情绪问题

稳定的情绪、积极良好的情绪反映，是学生成才很重要的因素，也是学生心理健康中值得重视的问题。有关调查表明，大学生的负向情绪高于正向情绪。感到舒畅的约占31.7%，感到压抑的占41.6%；感到愉快的占21.9%，感到烦恼的占47.6%；感到充实的占14.2%，感到空虚的占63.9%；感到平和的占3.3%，感到烦躁的占78.1%。

(1) 抑郁。它是指个体心中持久的情绪低落，常伴有身体不适、睡眠不足等，心情压抑、沮丧、无精打采、什么活动都懒于参加，什么事也提不起精神，逃避现实。中国矿业大学连续三年对新生进行心理健康测试结果表明：列在第一位的心理不适是抑郁，家庭经济状况差、家庭亲和感差、某种原因(如连续的考试失败、失去亲人、失恋、同学感情失和)等都是抑郁的直接诱因。

(2) 情绪失衡。大学生的社会情感丰富而强烈，具有一定的不稳定性与内隐性，表现为情绪波动大，高低不定，喜怒无常。会因一点小小的胜利而沾沾自喜，也易为一次考试失败、情感受挫而一蹶不振，甚至无法控制自己的情绪反映。特别是负面情绪的控制相对较弱，个体负面情绪表现为情绪高低不定，易怒，难以驾驭自己的情感，不能保持一种常态的情绪。如一次考试失败，有的学生很难从失利的阴影中走出。群体负面情绪又是校园事件的直接制造者。如某大学十年的违纪处分的71例中，打架的占到45%，起因多数为生活中小的摩擦。学生的群体情绪一旦激发，很难受到理性与校纪校规的约束，为"朋友而战"，为"义气而战"，等情绪稳定下来，又多是后悔不及。学生对大学生活的评价，认为充实的仅占14.2%，负面情绪明显高于正面情绪。

(五)焦虑问题

学生的焦虑具有一定的代表性,其来源并非现实的威胁,而是内心无明确的客观对象和具体内容。主要表现在自我焦虑与考试焦虑上。

(1) 自我焦虑。青年时期的大学生比任何年龄段的人都更关注自己在他人尤其是异性心目中的形象。学生受很多因素的影响,如长相、胖瘦、高矮、能力、魄力、魅力等,会产生各种各样的焦虑,有的学生担心自己长得不够漂亮,不能获得异性的好感,甚至部分女生因没有男生追求而苦恼;有的学生总感到自己的先天条件不够理想,因而非常自卑,不能建立自己的社交形象与公众形象。2003年4月,黑龙江省某高校2000届一女生从宿舍楼纵身跃下自杀。这位来自农村的姑娘在遗书上写下她的"丑"和学习上的不顺利,想以自杀来摆脱现实的痛苦。但她没有死,没有摆脱掉心灵的痛苦,还落下终生残疾。

(2) 考试焦虑。尽管所有的大学生都经过了高考的严峻考验,但是在大学,考试焦虑对学生尤其是基础较差或大学第一学期考试失败的学生的影响尤其突出,他们无端地担心考试失败甚至产生了厌倦考试的心理状态。访谈中,某宿舍7名女大学生学习努力,但成绩都不很理想,三学期下来,每人至少有8门不及格,考试成为她们沉重的话题。她们坦率地承认,考试前基本都睡不好觉,一想到考试,心理就非常紧张,总担心下一门依旧会失败,不能自我调节。

所谓考试焦虑,是指在一定的应试情境激发下,受个体认知评价能力、人格倾向与其他身心因素所制约,以担忧为基本特征,以防御或逃避为行为方式,通过不同程度的情绪性反应所表现出来的一种心理状态,它是一种急性焦虑。考试焦虑在大学生中普遍存在,并时常危害着大学生的心理健康。

(六)情感问题

(1) 亲情问题。近年来,反映大学生家书越写越短的文章不少见,很多学生的反映是:与家长没有太多的话讲,写信基本是缘于实质性问题如经济供给、物质补充而非情感沟通。尽管自己也意识到不应该这样,但懒得提笔却是一种普遍的心态,而且从心理上也并不感到歉疚,即使通电话,也仅仅是我一切都好,不用牵挂之类的客套话。与此相反,恋人之间的信件越来越多,电话越来越频繁,形成了鲜明的对比。一位学生在发出数十张贺卡后,人们并没有从他发出的贺卡中发现有给父母的。很多家长也感到亲情受到空前的挑战,发出了"难道与孩子之间的联系仅是经济上"的感慨。对父母给予的关心、爱护,学生当仁不让地认为是理所当然。对家庭教养方式的调查结果也表明,学生对父母满意和比较满意的分别占78.2%和86.0%,说不清楚的分别占9.8%和4.0%,不满意的分别占6.9%和3.8%。

从整体上看，学生对家长是基本满意的，也是肯定亲情的，但回报较少并理直气壮地认定父母并不求回报。

(2) 友情困扰。友情是人生路上的重要方面。校园独特的文化氛围与人文氛围滋长了学生各种情感的发展，牵挂是一种很普遍的心态。在处理个人情感问题上，看不清友谊与爱情，不能很好地把握男女同学交往的尺度，希望珍惜友谊又不经意地与友谊失之交臂。在涉及学生生活事件的问卷中，50%的学生承认心里想着一个人而对方却不知道，情感始终与大学生活相伴——"想说爱你并不是件很容易的事""谁为我憔悴""想得到偏又怕失去"，在情感的边缘，很多学生在徘徊着。

(3) 爱情的困扰。大学生从各个方面开始自己的情感之旅，正确地处理爱情与学业的关系是学生的一门"必修课"。恋爱，成为大学生活中重要的一章，甚至有人发出了"围墙"已变成"爱情走廊"，"专业恋爱、业余学习"的情况并不是个别现象。有的学生说"爱是情感，不是规范"。总的来说，爱情的困扰有两个：一是情感的迷茫；二是不正确的恋爱观，"每周一哥"、"普遍撒网、重点培养、择优而谈"。面对爱情，学生更多想到的是"不在乎天长地久，只在乎曾经拥有"，甚至"预约失恋"，爱情与婚姻分离是一种较为普遍的现象。

(七)性教育问题

性教育是道德教育、文明教育、健康教育，也是人格教育，这种观念基本上得到了社会各界的认同，但性生理与性心理方面的问题并未得到很好的解决。

(1) 性生理适应不良。青春期性生理的成熟，必然带来相应的心理变化，渴望获得异性的好感与承认，产生性幻想、性冲动等。18.3%的新生和30%的老生产生过"性幻想"，用一种自慰的方法解决生理冲动，这是正常的生理反应。由于性教育的严重缺失，很多学生不能正确认识自我的性反应，产生了堕落感、耻辱感与性罪错感，把性与不洁联系起来。一位大学生因做性梦产生性幻想不能自拔，以至于萌发轻生的念头。由于对自身性生理欲望的放纵，与恋爱对象发生两性行为的并不罕见。

(2) 性心理问题。青春期性心理与性生理密切相关。大学生开始对异性产生好感，希望在异性心目中确立良好的形象，获得对方的认可，认为"爱，不能没有性"，"禁欲是对美好爱情的打击"。性生理的成熟与性心理的不够成熟的矛盾，使更多的人面临这样的选择：最初的恋人可能不是最终的选择。性关系无论从道德上还是从心理上都使对方多了一份沉甸甸的责任，"面对男朋友的性要求，如何选择才既不伤双方感情，又保持了自身的尊严"，性的好奇、性无知、性贞洁感的淡化，甚至性与爱的困惑、分离以及由于性行为引起的后果及产生的心理压力，都是值得引起重视的问题。

第一章 走进心理健康

(八)特殊群体学生的心理健康问题

(1) 独生子女心理健康问题。独生子女大学生有着自身的特点,他们一方面都有较好的家庭条件,缺乏直接的竞争压力与经济压力,是大学生中"洒脱"的一部分学生;另一方面,由于在家庭中受到过多的呵护,他们的独立生活能力、自立能力、进取意识显得不足,对集体生活不适应,考虑他人较少,而考虑自己则较多。这部分学生没有明确的学习动力,对生活质量的期待与要求较高,而对人生理想的追求不够高。据一项关于城市独生子女的人格发展与教育的调查结果表明:独生子女存在成就需要弱、心理较脆弱、自立能力弱等问题。有的独生子女坚持"在家靠父母,在校靠保姆",对与自身有关的简单劳动,如洗衣服都懒得动,有的家长甚至千里迢迢赶到学校,只为了给孩子洗衣缝被。

(2) 特困生心理调适。近年来,特困生的思想教育、生活受到社会各界的广泛关注,学校采取了"奖、贷、勤、免、补"等措施,广开渠道,解决困难学生的生活问题。不容忽视的是,困难学生不仅是经济困难,他们的心理问题也值得引起高度重视。尤其是"双困生",学业成绩不理想,家庭经济又很困难,心理负担很重。经济条件影响并制约着他们的成长,自卑、过多的自责使部分学生不能走出家庭经济条件的阴影。一位女大学生说:"因为女生的面子,我不愿写困难补助申请,而拮据的经济又始终困扰着我,我不愿走在校园里像贴上标签一样让同学用特别的目光注视。"因而,出现了一方面学校存在着很多困难学生,而另一方面,学校的寒衣补助又无更多的人申请的尴尬局面。有的特困生认为学校提供的一切帮助是"理所当然","我困难,学校总不能让我回家吧",出现了20世纪80年代大学生"躺在父母汇款单上",90年代困难学生"躺在困难补助上"的现象。这些学生被称为"困难专业户",凡是补助、贷款、减免,他们都有份。学生不愿参加勤工助学工作,认为太辛苦,甚至出现了困难学生的各种资助高于优秀学生奖学金,使学生对各种补助产生了心理上的依赖感,甚至将有的补助直接打入自己的预算中,助长了学生的惰性,也滋长了学生等、靠、要的思想,不利于健全人格的培养。

中国教育报曾报道有这样一位学生:他的养母很早就撒手人寰,养父将两个孩子寄放在邻村亲戚家,外出打工。3年后的冬天,养父揣着挖煤挣来的钱,兴冲冲地接两个孩子回家,却在半路上横遭车祸。那个冬天,他拉着妹妹的手,走过长长的、冰封的河面,心中充满了对未来的恐惧。三年高中生活,除了回答老师提问,几乎没怎么说过话,他没有时间与别人聊天,就这样,终于迈进了大学门槛。到了大学,他才发现,生活原来是这样丰富,新东西铺天盖地,几乎要把他淹没。他又有了那种对未知的恐惧。从小到大,他都喜欢一个人待着,越静越好,不太愿意与人交往,沉默寡言。寝室的同学,个个很活跃,他们说话特别幽默,分寸把握得又特别准。在他们面前,他觉得自己说话笨得厉害,意思都表达不清，尤其在陌生人与领导面前，甚至紧张得说不出话。

二、大学生心理问题的成因分析

社会环境、家庭教育、学校教育与大学生自身因素都是直接影响大学生心理健康水平的。

(一)社会环境

社会物质、社会意识、社会风气、社会舆论四方面对大学生的影响较大。市场经济带来物质产品的巨大丰富，利益格局的重新调整，贫富差距的加大，这些不能不对大学生产生一定的影响。在社会意识方面，社会主义市场经济体制的建立和发展，必然伴随着价值观念的转换。社会的变迁过程，实际上也是一种心理态度、人生价值观和思想行为等更新、定位和变革的过程。社会转型时期信仰的迷茫，价值的失落必然对大学生产生一定影响。与此同时，社会风气、社会舆论也会在成长着的大学生中留下深层的心理积淀。正确的舆论有利于大学生心理健康成长，不正确甚至错误的舆论会对大学生心理的健康成长构成不良影响。社会各种因素的综合作用，必然对大学生心理产生不良的投射效应。

(二)家庭教育

家庭的影响主要包括家庭的情绪氛围、父母的教养态度及家庭结构、家庭经济状况四个方面。家庭是人生的奠基石，父母是孩子的第一任老师，对学生的成长与成才的影响是长久而深远的。家庭的情绪氛围是良好心理素质形成的前提，家庭成员间的语言及人际氛围，直接影响着家庭中每个成员的心理，对个性逐渐成熟的大学生影响更具有特别的意义。父母的教养态度和教育方法直接影响孩子的行为和心理，民主、平等而非命令、居高临下的，开明而非专制的，潜移默化而非一味娇宠的教育方法，有利于学生心理的健康发展；家庭结构的变化如单亲家庭、重新组合家庭等必然对正在读书的大学生心理有一定影响；家庭经济状况特别是困难甚至贫困家庭的学生易产生心理不适感。

(三)学校教育

教育层面的影响分两个方面：一是高等教育观念的变化，高等教育逐步适应市场，专业拓宽，提高学生的适应力与能力，应试教育逐步弱化；二是高等教育招生、就业体制的改变，学生交费上学，在一定范围内自主择业，市场增加了对高校与学生的约束机制。这一切都直接冲击着当今大学生的心理，他们必须承担上学所需要的教育成本，面对求学、择业过程中选择机会的增多，选择难度的增大，他们有着更多的焦虑、不安、失落、无所适从。而在择业过程中，人才市场的不规范更深深地刺激着当今大学生的心理。学生既希望参与竞争，又担心失利；既希望手中握有更多的机遇，又担心失去原有的保障。

(四)大学生自身因素

自身因素分为个体心理品质、环境变迁、人际关系与生活事件四个方面。

一是个性心理品质方面的因素。自然人与社会人的冲突、文化人与社会人的冲突、成才与成人的相互关系、心理品质的稳定与耐挫折能力等都是影响个体心理健康水平的重要因素。

二是生活环境与学习环境的变化。大学生活空间相对狭小，生活方式各不相同，学习环境面临教学方式、师生关系、学习主体、竞争对手与竞争方式的改变，如果不能及时调整自己以适应新的生活、学习环境，易产生心理不适。

三是人际关系的变化。大学是社会的缩影，学生的人际交往关系亦随之扩大和发展，大学生迫切希望得到他人的认同，获得归属感和尊重感，而他们与人交往、相处的经验又相对较少。

四是日常生活事件的困扰。主要包括：个人患病、评优落空、考试失败、经济困难、学习压力过大或负担过重、失窃或被人误会等。生活事件，特别是对人身构成重要影响的事件，对大学生的心理健康水平影响是直接的。

第三节 维护大学生心理健康的途径

大学生的心理健康与否，不仅关系到学生个人的学习、生活、发展和高等教育目标的实现，更关系到民族与国家的未来。因此，大学生心理健康的保持与维护显得非常必要与重要。

影响大学生心理健康的因素是多方面的，因此，大学生心理健康的保持与维护便成为一项系统工程。社会、家庭和包括高校领导与管理人员、教师、班主任、辅导员在内的学校教育工作者，都有责任促进大学生的心理健康。大学生既是教育的课题，也是自我教育的主体，因此，更有责任并通过具体措施来保持与维护自身的心理健康。

一、大学生心理健康的自身关注

(一)培养健全良好的个性

人的任何活动都是在一定的个性参与下实现的。不良的个性容易诱发心理疾病，而良好的个性对心理失调具有"免疫"能力。大学生培养健全良好的个性品质，提高人格境界，有益于积极有效地开展各种活动，促进身心健康发展。个性是心理现象的重要组成部分，是指在个体思想和行为中表现出来的比较稳定的特征和倾向，是心理活动长期积累的结晶。它包括个体的认知素质、情感品质、意志品质、兴趣素质、性格品质等。大学生要保持与促进自身的心理健康，必须注重良好个性品质的培养。具体而言，应注意以下几点。

(1) 树立正确的人生观与世界观。只有树立正确的人生观和世界观，才能对社会、对人生、对世界的事物，有正确的认识和了解，并能采取适当的态度和行为反应，做到冷静而稳妥地处理事情；同时能心胸开阔，保持乐观主义精神，提高对心理冲突和挫折的耐受能力，防止心理障碍的发生。

(2) 通过多种途径正确认识自我，并培养悦纳自我的态度，做到自信、自尊、自重和自豪。

(3) 培养宽广的胸怀，保持乐观情绪，做到心胸宽广、豁达大度。

(4) 有多方面的兴趣和爱好。珍惜学习机会，热爱自己所学的专业，并注意保持广泛的兴趣，发展自己的想象力和创造力。

(5) 磨炼意志，迎难而上，培养良好意志品质。一方面，要有勇敢面对逆境的心理准备，对挫折有正确的认识，不断提高对挫折的承受能力，在挫折面前不惊慌失措，采取理智的应对方法，化消极因素为积极因素；另一方面，能够根据实际情况，不断调整自己的心理需要和心理期望。

虽然大学生的个性在进入大学学习之前已基本定型，具有稳定性，订单式的特点，但是个性又具有可塑性，大学生可以通过大学教育教学活动、文体活动、人际交往活动、社会实践活动和自我教育活动，进一步培养和健全良好的个性。

(二)加强心理卫生知识的学习与应用

心理卫生又称精神卫生，是与生理卫生相对而言的，我国著名心理学家潘菽在《教育心理学》一书中指出："我们因注重身体的健康，故研究生理卫生；我们若要使心理得到健全的发展，则必须注重心理卫生。"

(1) 掌握一定的心理卫生知识。大学生可通过自学、讲座、课堂教学和各种宣传媒介等途径，学习并掌握好心理卫生知识，它将有益于大学生从理论上正确理解和认识自身出现的心理问题，是大学生自我心理保健的理论武器和向导。

(2) 学习负担适量。大学生的主要任务是学习，很多心理活动都与学习有关。研究表明，个体在适度的压力和焦虑情绪之下，可以提高思考力和机敏度。因此，大学生的学习

第一章　走进心理健康

应有一定的压力，这种压力对心理健康发展及学业的完成是必要的，但不能过分加重负担。许多新生入学，容易出现两种倾向：一是觉得苦读中学这么多年，好不容易进了大学，可以好好轻松一下，而大学相对中学来说，有更多的自由，也比较轻松，没有老师家长的过多的干涉与束缚，于是终日玩乐，不思进取，高呼"60分万岁"，任自己的大学时光荒废过去；二是不太适应大学的学习方式，同时周围又强手云集，以前在本地区的那种优势不复存在，而家乡的父老乡亲又给予自己众望，于是压力很大，产生高度焦虑，这种状况又导致在学习上疲于应付，进而严重影响其自信心。这两种不良倾向，最终都可能导致学业上的挫折，带来苦恼及自我否认等心理问题。

(3) 生活节奏合理，有张有弛。大学校园生活是丰富多彩的，这为合理安排生活节奏，积极参加多种多样的文体活动提供了十分有利的外在条件。丰富的校园生活既可调剂紧张的学习生活，又可开阔视野、广交朋友，发现自己在各方面的潜力，增加与他人相处的经验，从而经常体验到愉悦。这种平稳的积极状态，能使大学生充分发挥其潜在能量，增强自信，使自己的生活有节奏感，劳逸结合，提高学习效率，得到最佳的效果。

(4) 注意保护大脑。大脑是心理活动的最重要的物质基础。大脑受到损伤，心理健康就无从谈起。过度的疲劳、紧张，或长时间的高度兴奋、强烈刺激，都会引起脑力衰竭。而脑力一旦衰竭，恢复起来就比较困难。因此，大学生应千万注意不要图一时之快、逞一时之强，而忽视了用脑卫生。

(三)保持健康的情绪

情绪对于心理健康来说，是至关重要的。几乎每一种心理疾病都有其情绪上的表现。稳定而良好的情绪状态，使人心情开朗，轻松安定，精力充沛，对生活充满乐趣与信心。相反，如果一个人情绪波动不稳，患得患失，喜怒无常，处于不良的情绪状态中，而自己又不会调节和控制，就会导致心理失衡和心理危机，严重的甚至精神错乱。大学生情感丰富而冲动，就更应学会保持健康的情绪。

首先，应学会合理宣泄。找到充分表达自己情绪的方法，既不要压抑自己，也不要放纵自己。每个大学生都应意识到，任何一种情绪，都是由一定的原因引起的。正视这种原因，接受这种情绪，并让它适当地表达出来，才会有益于健康。在生活中，人们难免会遇到不良刺激而出现负面的情绪反应，如愤怒等。然而，剧烈的情绪波动会降低人的理智水平，一旦失去了控制，会带来许多不良后果。所以，一个人应在自己情绪剧烈变化的过程中，及时给予调节控制，以避免愤怒情绪的最终爆发。

其次，对于消极情绪，要学会几种自我疏导、自我排遣的方式。当遇到忧愁、不平和烦恼时，应把它发泄出来。长期压抑情绪是对心理健康有害的。在忧郁的时候，找知心朋

高校学生心理健康教育与指导

友或亲人倾诉,使不良情绪得以发泄,压抑的心情就有可能得到缓解,甚至大哭一场也不失为一种调整机体平衡的方式,并且,在倾诉郁闷的过程中,还可能获得更多的情感支持和理解,获得认识和解决问题的新思路,增强克服困难的信心。对一件令人沮丧的事,总去注意它,就会限制自己的思维,使自己越发低沉。这时,不妨将自己的注意力转移到别的事物上去,暂时离开这件不愉快的事,去看看电影,听听音乐,这样便可使忧闷排遣出来。还有一种很好的调节方式就是幽默,幽默能使紧张的精神放松,摆脱窘困的场面,消除身心的某些痛苦,调节和保持心理健康。

(四)建立良好的人际关系,学会关爱

建立良好而真诚的人际关系,是非常重要的心理保健途径。大学生都是同龄人,共同点较多,人际关系比社会上单纯。和谐的人际关系,可以增加自信和理解,减少心理上的不适,实现心理平衡。健康的心理是需要丰富的营养的,最重要的营养就是爱。爱不是抽象的,它有着十分丰富的内涵。除了大家通常意义上的男女爱情之外,诸如眷恋、关怀、惦念、安慰、鼓励、帮助、支持、理解等,都可归为爱的范畴,而这些都可以从良好的人际关系中得到,反过来,又可以使人际关系更为和谐。大学生的友谊往往是深刻而持久的,它可以成为大学生感情的寄托,可以增加归属感。此外,去关心他人,理解他人,又能促使自己拥有博大的胸怀,从而大大增加生活、学习、工作的信心和力量,最大限度地减少心理应激和心理危机感,这是人们维护和保持心理健康的最基本、最重要的因素之一。一个孤芳自赏、离群索居、生活在群体之外的人,是不可能做到心理健康的。

在交往过程中应该意识到,现实生活中的每个人都不可能是完美无缺的,在个性、行为习惯、价值观念和情绪状态等各个方面都可能会有各自的优点与不足。因此,对他人要有一种宽容的态度,不要期望过高。对他人期望过高,往往会产生失望感,其结果是使自己的心理平衡受到干扰,对自己造成更大的阻力,也给自信心和心境造成不良影响,而且还会影响到今后的进一步发展,造成不良影响。

(五)树立符合实际的奋斗目标

每个人都有成功的欲望,大学生的这种成功欲望更为强烈。但客观地讲,每个人的能力都有一定的限度,都具有优势和劣势两个方面。一个心理健康的人,应该能对自己的能力做出客观的评价,并依此付诸社会实践。做到这一点,对于保护个体,少受挫折及充分发挥才能等都是非常重要的。因此,不对自己过分苛求,把奋斗目标确定在自己力所能及的范围以内,使自己通过艰苦努力,能最终实现目标。成功的体验,对于维持心理健康是极为重要的。

与此相反，如果不自量力，仅凭良好的愿望和热情，盲目地制订宏伟目标，结果往往是目标落空，在个人心理上蒙受打击，产生挫折体验，不仅白白耗费了精力，也给自信心和心境造成不良影响，而且还会影响到今后的进一步发展。

此外，树立切实的目标，还包括不盲目地处处与人竞争，以避免过度紧张。大学生处于青年阶段，青年人在一起容易出现争强好胜、相互攀比的现象，有些大学生常暗示并鼓励自己盲目地与他人竞争。然而，正如前面所指出的，每个人的精力有限，优势各异，如果处处与他人竞争，不可避免地会受到一些挫折、失败。况且，处处竞争会使自己终日生活在紧张的状态之中，心理上承受过大的压力，这对心理健康极为不利。因此，每位大学生应根据自己的实际情况，选择竞争的领域。这样，一方面有利于充分发挥自己的优势，获得成功；另一方面，也会有助于身心健康发展。

(六)学会自娱自乐

一个人如果能注意培养和发展自己的业余爱好，进行多方面的自我娱乐活动，就可在寂寞孤独、烦闷忧郁时，通过自我娱乐来缓解心境压抑，这对心理健康是极有好处的。人不可能总是工作和学习，有业余时间，积极开展愉快的娱乐活动，做到积极的放松和休整，才能使自己得到真正的身心保健，并使自己更有效地从事工作和学习。每个大学生在大学阶段，都要依据自己的性格特点和条件，注意培养和发展一些兴趣和业余爱好，学会自娱自乐，这对维护自身的心理健康是十分有益的。

(七)掌握自我心理调节的方法

自我心理调节是指通过自己的认识、言语、思维等活动来调节和改善自己的心理状态，以达到保持和维护心理健康的过程。自我心理调节是自我心理保健的核心，离开了自我调节，心理保健也就无从谈起。大学生有意识地运用自我调节方法，对克服心理障碍、预防心理疾病的发生不仅是必要的，而且是可行的。大学生常用的自我调节的方法有以下几种。

(1) 自我暗示法。指借助积极合理的言行，对自己施加影响以达到调节自己心理状态的方法。比如，面临失败和挫折时，可用"失败乃成功之母"来暗示和激励自己。

(2) 合理宣泄法。指采取不危害他人、社会和自己的方式，将内心痛苦或怨恨发泄出来，以缓解或消除不良情绪，使心理恢复正常的方法。如在极度痛苦悲伤时放声大哭，或诉诸笔端，或找亲朋好友"一吐为快"，或进行剧烈的劳动与体育运动，或通过听听音乐、看看幽默小说与杂志，转移注意。

(3) 自我代偿法。指当自己某一需要不能满足时，通过别的途径满足需要，或改变原有目标，用另一种目标取代的方法。如长相平凡不出众的同学，可发奋学习，在学业上出类拔萃;当不了学生干部,可通过各种途径展示自己的才华,以弥补自尊和自信等。

(4) 自我升华法。指将自己不为社会认可的动机或需要转变为符合社会要求的动机或需要,变消极心理和行为为积极心理和行为的方法。如不少大学生把嫉妒升华为奋发努力、积极进取的行为;把单相思转化为珍视友谊的情感等。

(5) 幽默化解法。指自己在遇到挫折或处于尴尬处境时,用机智有趣或可笑而意味深长的语言、行为来化解困境,消除误会,减轻紧张气氛,放松情绪,达到维持心理平衡。如某校一女生上台演讲,在一片热烈的掌声中不慎绊倒在地,下面一阵哄笑,这位女生迅速站起来说:"谢谢大家的掌声,都把我吓倒了。"全场掌声骤起,讲演顺利进行。

二、学校心理健康教育体系的构建

(一)开设心理健康教育课程

课堂教学可以使学生系统地了解心理学的基本知识,如:正确认识自我与完善自我;有效的情绪调节与管理;挫折应对与意志力培养;培养与塑造良好的个性;学习心理与创造性思维;沟通与人际关系;性心理与性健康;恋爱心理与爱的能力培养;确立职业生涯规划;心理健康与心理问题的预防。这些都是大学生心理咨询中常见的,是大学生所密切关注的内容。这些内容在以往的课程里是没有的,但却是每个大学生都要遇到的,也是大学生们所需要的。

(二)开展心理咨询

心理咨询又可分为个体心理咨询和团体心理咨询。个体心理咨询是一对一的形式,学生可以就自己遇到的问题向咨询者寻求帮助。团体心理咨询是咨询者面对一群具有相同心理困惑的人而采取的方式。大多数的时候,人们总是习惯于采取一对一的个体心理咨询。事实上,团体心理咨询在某些情况下效果非常好,因为对某些人来说,他们需要来自他人的支持。对于那些陷入困境而不能自拔的人,团体咨询往往非常具有价值。如把具有相同人际交往障碍的学生组成一个小组,在这个小组中,他们可以获得一种支持性力量,觉得自己不再孤单,从而增强克服障碍的决心。同时,在心理咨询中心还可以开设热线电话,以便使有困难的学生及时得到帮助。

(三)开发网络心理健康教育

随着高科技的发展,普及单一课堂教育已经不能有效解决大学生普遍存在的心理问题,而网络化教育不分时间、不分地点、没有强制性的这些特点更容易被大学生接受,更有利于帮助他们解决有关学习、生活等一系列心理压力和问题。在网络普及心理健康教育，是对课堂教育的丰富和补充，通过网络普及心理健康教育，使高校心理健康教育逐步普及走向完善。网络普及心理健康教育的具体方法可以有多种形式，诸如在网上开设心理学方面的课程，举办网上心理健康专题讲座；在网上进行心理健康培养；在网上进行心理健康测试等。

(四)建立三级心理健康防护网

(1) 心理卫生的三级预防。传统的心理卫生"三级预防"思想着眼于防病、治病，其目标是使人们不生病，少生病或病了能迅速治愈。具体而言，包括以下几方面。初级预防：向人们提供心理卫生的知识，以防止和减少心理疾病的发生；二级预防：尽早发现心理疾病患者并提供心理和医学的干预，同时也包括设法缩短病人的病程和降低复发率；三级预防：防止住院病人的心理异常转为慢性，使他们尽快回到社会生产和独立自主的生活中去，同时对慢性病人设法减轻其精神残疾的程度，适当地提高他们的社会适应能力。

(2) 大学生心理健康的三级功能。现代的心理卫生学本质上是为了促进人的身心健康和发展，提高人的适应能力和生活质量，因为传统的"防治心理疾病"的观念已经转变为现代的"增进心理健康和发展"的观念。

① 心理健康的初级功能，防治心理疾病。当代大学生正处在变革的社会背景之下，又恰逢不稳定的年龄阶段，因而，构成了矛盾的心理现实。当大学生面临的冲突过大，持续时间过长，又得不到外界的帮助时，就可能引发一系列生理和心理的反应，严重的会导致各种心理疾病，甚至引起自杀或他伤。初级功能指及时发现大学生的心理问题，并采取相应的干预措施，给以矫正和治疗。

② 心理健康的中级功能，完善心理调节。当代大学生在学习、交友、恋爱、择业等一系列生活事件中常会遇到挫折，由此而产生心理困扰。由于大学生心理发展尚未成熟，自我调节能力尚不完善，挫折引发的情绪波动常常十分强烈，从而影响大学生的正常生活和健康成长。中级功能就是指导大学生深化对自己、他人和社会的了解，掌握自我调节的方法，提高挫折承受力，增进社会适应。

③ 心理健康的高级功能，发展、健全个体和社会。当代大学生由于自身存在的某些弱点和局限，常常会影响适应与发展，阻碍潜力的发挥。高级功能就是帮助大学生认清自己的潜力，保持良好的心境和健康的生活方式，全面而充分地发展自己，使自己拥有成功的人生。

(3) 心理预防的三级网络。大学生心理健康工作必须有一定的制度和组织保证，必须形成全校师生人人关心心理健康的共识。近年来，许多高校积极努力，逐步建立了三级心理保护网。

① 班级保健网。由心理健康教育工作者在学生中通过各种途径普及心理卫生知识，培训一个心理卫生骨干，如宿舍心理联络员、班级心理健康委员、心理健康社团骨干等。他们生活在学生中，宣传心理健康，及时发现同学中出现的心理问题，并介绍、推荐有困扰的学生去寻求专业帮助。

② 系级保健网。对院、系与学生关系密切的人员，如辅导员、班主任、学生处的工作人员，进行心理健康专题培训，使他们初步了解大学生心理健康的状况，学会区分思想问题与心理问题，并具有解决一般心理问题的能力，使学生能够得到及时的帮助。如果遇到难题，知道找到专业机构。

③ 校级保健网。以学校心理健康教育机构为主，如大学生心理咨询中心，培训专业人员，以帮助那些有严重心理困扰的学生，并通过心理健康普查，了解学生心理健康状况，有针对性地、有计划地提出切实可行的心理健康方案。

第四节 认识心理咨询

大学生心理健康成为摆在高校教育面前的重要课题，心理咨询是疏导和解决大学生心理问题的重要方法之一，是目前高校中广泛采用的一种维持和促进大学生心理健康的方法。

一、心理咨询的含义

关于心理咨询的含义，至今理论界尚无统一的界定。美国著名心理学家罗杰斯(Rogers)认为："心理咨询是一个过程，其咨询员与来访者的关系能给予后者一种安全感，使他可以从容地开放自己，甚至可以证实自己过去曾否定的经验，然后把那些经验融合于已经转变的自己，做出统合。"

香港学者林孟平对心理咨询的定义是："咨询是一个过程，在这个过程中，一位受过专业训练的辅导员，与当事人建立一种具有治疗功能的关系，协助对方认识自己、接纳自己，进而欣赏自己，克服成长中的障碍，充分发挥个人的潜能，使人生有丰富的发展。"

我国学者钱铭怡将心理咨询定义为："咨询师通过人际关系，应用心理学方法，帮助来访者自强自立的过程。"她指出，对心理咨询的理论必须依据四点：第一，咨询的要素之一是人际关系，有良好的人际关系才可能达到帮助来访者的目的；第二，咨询是在心理学有关理论指导下的活动；三、咨询是一个过程，往往不是一次会谈就能解决问题；第四，咨询是帮助来访者自强自立，而不是包办解决来访者的各种问题。

纵观中外学者对心理咨询下的定义，尽管表面看来各有不同，但并无严重的分歧与对立，相反，他们强调的心理咨询的特点却有诸多共同之处。比如心理咨询是一种构建人际关系的过程，心理咨询是一个助人的过程，心理咨询是一个运用有关理论和方法以促使来访者的心理和行为有所改变的过程等。有鉴于此，我们也试图给心理咨询下一个定义：心理咨询是专业人员运用心理学原理和技术来帮助来访者自助的过程。

二、大学生心理咨询的内容

大学生心理咨询的内容主要包括心理发展一般问题的咨询、教育与学习咨询、升学与就业咨询等。大学生常见心理异常与心理障碍的咨询有以下四大方面。

(一)心理发展一般问题的咨询

心理发展这方面的咨询内容主要包括：根据不同年龄阶段学生的身心特点及发展规律，帮助学校教师、家长及时解决学生心理挫折导致的心理危机问题；青春期的性心理卫生、异性交往等性心理问题；学生与教师、同学、家长的人际关系；人际沟通及班集体的组织管理问题；家庭、群体和社会对学生身心发展的影响问题；不同时期的心理健康问题；学生的人格发展问题；不适应行为、不良习惯及问题行为的矫治问题；重大事件或应激源对学生的影响等。

(二)教育与学习咨询

教育与学习这部分的咨询内容主要包括：学生的学习动机问题；教学内容、教学方式及教学环境对学生认知过程的影响问题；培养学生良好学习习惯和纠正不良学习习惯；各种学习障碍的治疗与预防问题；学习方法的自我检查与调整；智力发展与品德教育的关系问题；学习困难及学校适应不良问题等。

(三)升学与就业咨询

升学与就业也是大学生心理咨询的重要组成部分。随着市场经济的发展，大学生毕业后自谋职业已成为必然趋势，因此，职业指导将成为大学生心理咨询的主要内容之一。另外，每年均有百万大学毕业生参加研究生入学考试，他们都面临升学考试与专业选择问题。这方面的咨询内容主要有：学生能力、性格与职业兴趣的测量；专业选择问题；职业选择或职业走向问题；就业前的心理适应问题；就业与升学信息咨询等。

(四)心理及行为障碍咨询

心理及行为障碍这方面的咨询内容是指对学生常见的各种心理与行为障碍(或异常)的预防、诊断、治疗及预防处理等。青年期各种生理及心理变化为大学生提出了新的人生课题。另外,早期(如童年期)存在的各种心理与行为障碍也会延续到大学阶段。这些咨询内容主要包括:学校不适应问题;各类神经症(神经衰弱、恐怖症、强迫症、抑郁症、焦虑症等);性心理或性行为异常(如恋物、窥明、露阴、同性恋倾向、性倒错倾向等);各类行为障碍(如口吃、刻板行为、多动、不良习惯等);人格障碍或病态人格等。

三、大学生心理咨询的原则

咨询的方式是多样的,咨询的内容更是多样的。面对众多的问题和不同的对象,心理咨询的进行要坚持一些基本的原则。咨询原则是指导心理咨询工作的一些基本原理,是咨询工作的规律概括和经验总结,也是对心理咨询过程的一般要求,对心理咨询工作具有指导意义。

(一)来访者自愿原则

所谓来访自愿原则是指每一次咨询都是以来访者愿意使自己有所改变为前提的,咨询员不能以任何形式强迫来访者接受或维持心理咨询。有人也将这一原则叫做"来者不拒,去者不追"原则,还有人将这一原则通俗地概括为"咨询员不主动"原则。

(二)价值中立原则

价值中立原则是指在咨询过程中,咨询员要尊重来访者的价值信念体系,不要以自己的价值观念为准则,对来访者的行为准则任意进行价值判断。尽管人们对这一原则的理解会不大一致,但咨询心理学家都一致同意尊重来访者的价值准则,咨询员不能以任何方式向来访者强行灌输某一价值准则,或强迫来访者接受自己的观点、态度。

(三)信息保密原则

信息保密原则是指未经来访者同意,咨询员不能以任何方式向任何人或机构泄露来访者信息。开始接触时,咨询者的自我介绍和适当介绍一点有关心理咨询的情况是必要的,这可以缓和气氛。但是,开始进入会谈以后,咨询者只有热情友好地倾听来访者的叙述才能使其愿意吐露心声。咨询者要让来访者自由地回答问题，而自己随时都表现出对来访者的问题感兴趣，注意倾听，而且要有回应，只有这种倾听的行为，才是打开来访者内心世界的钥匙。同时还要注意，与来访者的谈话不要轻易表态下结论，应持一种非评判性态度，这是使来访者感到轻松的重要因素。

其实，咨询关系的建立是一项贯穿咨询活动全过程的任务，在咨询的各个阶段都应十分重视，尤其是在咨询的开始阶段，这项工作尤为重要。

来访者须知

(1) 心理中心服务的对象是本校注册的大学生，实行免费服务。

(2) 来访者应预约登记咨询，可预约时间，也可指定心理咨询师，预约时间确定后，应准时到达。若有变，应及时告知咨询人员。

(3) 一般情况下，心理咨询不可能一次就会取得明显的效果或者彻底解决问题，它是一个持续的过程，来访者对心理咨询师的工作应充满信心与信赖，这是心理咨询获得成功的关键。

(4) 心理咨询需要来访者与咨询师的直接交流(电话或者面谈)，因此，不可以代替别人咨询。

(5) 每次咨询时间以50分钟为一个单位。因此，请注意掌握话题和谈话时间。

(6) 如果来访者对咨询老师的工作不满意，可以当面指出，也可向心理咨询中心投诉。

(7) 来访者应了解心理咨询的基本原则包括以下三点。

① 保密原则：咨询员都会为来访者保密。

② 无条件积极关注原则：咨询员都不会以道德的观念去评判来访者的对错，来访者所做的一切都有来访者的理由。

③ 助人自助原则：在咨询的过程中，来访者自己的心理能够得到成长。

河南科技学院心理咨询预约登记表

为使心理咨询更有效率，节约您的时间，希望您在咨询前能详细提供如下资料，我们承诺严格保密。

你希望预约咨询时间____年____月____日____点____分____星期_____，预约咨询师_____

姓　名		性　别		年　龄		E-mail		
籍　贯		民　族		学生证号		专业		
年　级		电　话		对口、统招		是否是续约咨询	1.是　2.否	
是否有躯体疾病				咨询方式		面询□　电话咨询□　团体辅导/咨询□ 心理测验□		
家庭情况	父亲	年龄		职业		健康状况	家庭关系	满意　良好　一般
	母亲	年龄		职业		健康状况	结构状况	完整　单亲　补充
	兄妹几个		排行		家庭成员中是否有人曾因精神问题，或其他问题而接受过心理或精神治疗？		1.是　　2.否	
	近几个月中是否发生过对你有重大意义的事情？ 1.父母分居、离异　　　　　　　　　　2.亲友生病、亡故、失业 3.学业遇挫、受到学校处分、失恋、生病　　4.其他：							
来询问题	你困惑或难以摆脱的问题是什么？	□学习困难　　□人际关系　　□适应问题　　□人格障碍　　□自我认知 □恋爱问题 □强迫　　□抑郁　　□情绪困扰　　□睡眠　　□焦虑　　□经济问题 □个人发展　　□其他						
咨询目的	你期待从咨询中得到什么样的帮助？							
咨询后学生签名：						备注		
				记录人：			时间：	

第二章　新生活从心开始

　　大学是人生的关键阶段，这是因为，这是你一生中最后一次有机会系统性地接受教育。这可能是你最后一次可以将大段时间用于学习的人生阶段，也可能是最后一次可以拥有较高的可塑性、可以不断修正自我的成长历程。这也许是你最后一次能在相对宽容的、可以置身其中学习为人处世之道的理想环境。

　　　　　　　　——李开复(创新工场董事长、CEO，曾任谷歌、微软全球副总裁)

　　金秋九月，经过高考洗礼的青年学子满怀激情地走入向往已久的大学校园，他们带着一种新鲜感和自豪感兴奋地迈进了大学校园，他们带着梦想与追求，憧憬着、期盼着充实、浪漫、充满朝气而又富有诗意的大学新生活。然而，等待他们的是简单快乐的象牙塔生活，还是理想遭遇现实的开始？

　　让我们先来听一听几位新生的感受。

　　——"我到学校都好几个星期了，好像很少看到班主任，没有人布置任务，都不知道该干什么？"

　　——"刚上大学时远离了父母，远离了昔日的朋友，我的心里非常迷惘、非常伤感。新同学的陌生更增加了我心底那份化不开的孤独。每天背着书包奔波在校园中，独自品味着生活的白开水。"

　　——"开学已近两个月，我却仍感到种种的不适应。大学生活与想象中完全不同，我觉得学习没有方向，没有动力，不知道该怎么办才好。"

　　——"只知道要看书，但不知道要看什么书；知道要看什么书后，又不知道看了有什么用。我忽然不知道上大学到底为了什么。"

　　与中学时代相比，大学的学习方法、生活环境、人际关系、个人目标和社会期望等，都发生了很大的变化，面对陌生的学习和生活环境，他们既充满兴奋与新奇，也容易产生困惑与迷惘，产生对大学生活的种种不适应。如果个体不能及时地认知和主动地调整这些不适应，就很容易产生心理适应方面的问题。大学生活是一段全新的生活，大学新生应迅速认识自己角色的改变，自觉调整心态，尽快适应大学的客观环境，适应大学的人际关系变化，适应大学的生活与学习方式，顺利度过大学适应期，更好地融入到大学生活中。

第一节 大学新生特点

相对中学而言，大学是一个全新的环境，大一学生要面对一系列变化，从生活方式、学习方法到人际交往都会有全新的感受。正因为如此，在英文中，大学新生一词叫"Freshman"，这个词蕴涵着新鲜的意思，代表了步入大学后，将会出现许多新的体验、新的希望、新的追求。大学新生也只有积极地了解环境、适应环境，才能在新的环境中重新认识自己，找到自己新的发展机会。

一、大学新生适应期

通常，我们把从入学到基本适应大学环境这一段时间，称为大学新生适应期。在这段时间里，大学新生要完成从中学生到大学生的角色转变，适应大学的学习、生活，寻找和确立新的理想和目标等，每一位大学生在入学后必然都要经历这样一个转变，从最初的不适应到适应的过程。这一阶段对他们来说，既是成长道路上的新起点，又是人生道路上的重大转折点。因此，能否顺利渡过适应期，对大学新生的科学发展和成长成才至关重要。

适应期的长短直接影响着大学生的科学发展和成长成才。大学新生的适应期长短因人而异，一般为8个月，短则5个月，长则可达一年半甚至更长。

二、大学环境新变化

与中学相比，大学生活最明显的特点是——学生必须自主独立。无论是衣食住行还是读书学习，无论是接触社会还是认识自我，无论是了解人生还是结交朋友，都更多地要求学生靠自己的知识和能力去思考、判断、选择和行动，去实现真正意义上的"心理断乳"。

(一)生活环境的变化

大学生与中学生的生活环境存在着明显差异。首先，在生活范围上，中学生生活领域较小，他们基本上是在家庭和学校两点之间活动。由于高考的压力，学习成为生活的最主要内容，自由支配的时间很少，生活方式单一。进入大学后，他们犹如从"小天地"来到"大世界"，丰富多彩的校园文化活动使他们目不暇接，生活的领域大大拓宽。其次，在生活方式上，中学生大多住在家里或离家较近，起居多由父母安排，除了学习之外，一切都不用自己操心。大学生是集体生活，住在寝室，吃在食堂，凡事都需自己处理，这对那些独立生活能力差的学生来说，无疑需要一段较长时间的适应。再次，在生活习惯上，大学生遇到的变化可能更大。比如气候与语言环境的变化、饮食口味的差异、作息制度与卫生习惯的不同、室友不同家庭环境和成长经历造成的性格差异等，都可能造成适应不良。

(二)学习环境的变化

学习环境的变化主要表现在学习任务、学习内容、学习方法等方面。从学习任务来看，中学的学习任务主要是学习科学文化基础知识，为升学或就业做准备；大学则是以培养专门人才为目标，要进一步学习和掌握专业知识和专门技能，培养各部门各行业所需要的高级专业人才。从学习内容来看，中学教育是多科性、全面性、不定向的；大学则是一种定向的专业教育，教学内容较专、较深，且与各专业学科领域发展前沿接近。从学习方式来看，中学学习一般以课堂讲授为主，由教师"牵着鼻子走"，学生对教师依赖性较大；而大学学习强调启发式，注重培养学生独立学习的能力，同时，学生可以通过专业实验、社会实践、毕业设计或论文等形式独立研究问题，开展科学研究，这就要求学生必须学会独立思考、融会贯通、举一反三。

(三)人际环境的变化

从人际交往的方式和对象看，中学生人际交往的对象主要是同窗好友、老师、家长和亲戚，尤其是班主任老师和父母，经常与他们见面，并在学习和生活方面得到关心、照顾。到了大学，师生关系不像中学时那样密切，有时甚至几天都见不到辅导员、班主任；大学生与父母相距较远，也不能经常接受指教和倾诉衷肠；同班或同寝室的同学都来自五湖四海、城市乡村，各自的生活习惯不同、家庭条件悬殊、语言与气质各异，这些差异常常使得刚入校的新生不知所措。从人际交往的需求来看，由于中学生忙于埋头苦读，且有父母的照顾和学习的压力，一般对人际交往的需求不那么强烈。进入大学后，全新的环境、陌生的同学要求大学生独立地、主动地与各种陌生人打交道，再加上学生的社会化水平急剧提高，对人际交往的要求也更加强烈，但由于交往的知识和技能缺乏等原因，大部分学生难以建立协调和稳定的人际关系，有时甚至发生人际关系冲突。

(四)管理环境的变化

管理环境的变化主要表现在教学管理、管理方法、管理系统等方面。从教学管理来看，中学基本实行学年制，学生必须读满规定的学年，修完所有的课程，考试合格后才能毕业；大学大多实行学分制，学分是衡量学生是否完成教学要求的标准，根据自己的实际情况，可修满学分后提前毕业，也可延长学习时间推迟毕业。从管理方法来看，中学时代，学校和老师对学生采取直接管理，事无巨细，多由老师安排；大学则更多强调学生的自我管理、自我教育、自我服务、自我约束。从管理系统来看，中学的管理都是通过班主任实施的；而大学的管理则是全面管理、网络管理，学校各个职能部门都要参与，如思想教育管理、学籍管理、公寓管理、社团管理、课外活动管理等。

三、大学新生的心理特点

面临大学的环境变化，大学新生的心理状态变得极其复杂、微妙，在学习和生活中表现出种种不适应。

(一)理想与现实的落差交织

在进入大学前，许多学生想象的大学都是校园风景如画，教室宽敞明亮，师生团结友爱，处处欢歌笑语，充满诗情画意。然而，进入大学，经过短暂的兴奋期之后，这些学生却发现大学并非自己想象中的那么完美。有的学生感到自己考上的大学与自己梦想的大学相去甚远；有的学生因为自己高考失利，或是填报志愿时受到老师、家长的左右，所上大学并非自己所愿；有的学生对自己所学的专业不甚了解，或者根本不是自己选择的，因而没兴趣，也学不进去。这些理想与现实的落差，致使一些学生常常情绪低落，感到前途渺茫，困惑失望，由此而产生自卑、厌学，甚至退学等现象。

(二)独立性与依赖性并存

独立性是青年期的一个显著特点，人们形象地比喻为"心理性断乳期"。这意味着个人离开父母家庭的监护，切断了与父母家庭在心理上联系的"脐带"，摆脱了对成人的依赖，成为独立的个体。成了大学生，身边没有了父母的唠叨和老师的监督，自己可以独立作出决策和自由选择生活方式了，这着实令新生们感到轻松快慰，独立自主意识也更为强烈。但是，大学新生毕竟涉世不深，没有多少独立生活的经验，其社会经验及认识水平尚未达到真正地独立、正确地调节自身行为的程度，因此，在很多时候，他们有独立的愿望，但又对自己信心不足，表现出一定的依赖性。

(三)参与感与失落感交织

大学校园内的课余活动种类繁多、丰富多彩、异常活跃，培养和教育学生学会生活、丰富生活是必不可少的。每年新生一入校，陆陆续续便有学生社团、学生会等学生组织招兵买马，新生班集体也在指定班干部，人在潜意识里都有参与的欲望，有的同学能以自己的能力成为各项活动、组织中的一分子，而有的同学，尤其是那些在高中阶段只重视学习，成绩很好,却无其他特长的,参与不进去,这部分同学往往又有较强的自尊心,表现出参与感与失落感相交织。

(四)闭锁性与交往欲并存

大学新生在中学阶段一般都有自己稳定的交际圈。到了大学之后,同学们来自五湖四海,初来乍到,彼此陌生,渴望友情,渴望与人交往的愿望比较强烈,加之大学生青春期"闭锁性"的心理特点,自我保护意识比较强,同学之间交往较谨慎。不少学生涉世不深,社会阅历浅,不是交往范围狭窄,就是不能与人坦诚相待、开诚布公地交流思想。由于不愿意主动接近别人,思想情感得不到及时沟通和表达,很多大学新生出现人际关系不协调,感到"知音难觅",产生了压抑、孤寂和烦闷的抑郁心理。

(五)迷茫感和危机感并存

经过高考的激烈竞争,很多学生感到筋疲力尽,十几年寒窗苦读,目的就是为了考进大学,且是在家长和老师的双重推动下向这一目标冲刺的,学习上带有很大的被动性。进入大学后,这个目标已经实现,许多学生失去了奋斗目标和外界推力,他们以往学习上的被动心理明显地表现出来,出现了徘徊和迷茫心理。而当前大学生的就业形势竞争加剧,并随高校扩招而愈显激烈,使不少学生在经济和就业的双重压力下普遍存有一种危机心理。这种无形的危机心理和没有明确目标的迷茫心理并存,使得不少学生常感心理压抑,甚至自暴自弃。

(六)自豪感与自卑感交织

从高中升入大学,就像千军万马过独木桥,过了桥的都具有一定的实力。大部分学生是在父母、老师的"优待"和"保护"下成长起来的,缺少义务感和对别人的理解能力,表现出较强的自豪感。另一方面,进入大学后,由于生活环境的改变,好多学生找不到一个衡量自己的价值标准。高中阶段,评价学生好坏的主要方面来自学习,而升入大学,学习不再作为唯一的标准。有的学习很好,但无其他特长,在和别人相比较的过程中,感到自己受冷落,又表现出较强的自卑感,形成自豪感与自卑感相交织的一种心理状态。

心理加油站:

大学生活从学会适应开始

"刚进入大学的时候,面对一个全新的环境,我感到从没有过的不适应:食堂不可口的饭菜,"教无定法"的教学方式,性格各异的室友……围绕我的都是陌生人,陌生的

高校学生心理健康教育与指导

事和陌生的感觉。我苦恼极了，晚上在床上辗转反侧不能入睡。我非常想念父母、过去的老师和我高中阶段那些亲密无间的好朋友，如果他们在我身边，我得到的肯定不仅仅是帮助和安慰，可现在，我只能独自面对这一切。我改变不了环境，唯一能改变的就是我自己：饭菜不合口味，我尽量合理调配；学习不适应，多想师哥师姐们请教；同学不熟悉，鼓起勇气主动打招呼。我的努力很快就有了收获……，我已经能够适应大学生活了。是的，我努力了，我战胜了自己，我成长了。"这是新生小李描述自己适应大学生活的心理过程。

心灵鸡汤：

对自己负责：成功者必自救

某人在屋檐下躲雨，看见观音正撑伞走过。这人说："观音，你普度众生，带我一段如何？"观音说："我在雨中，你在檐下，而檐下无雨，你不需要我度。"这人立刻跳出檐下，站在雨中："现在我在雨中了，该度我了吧？"观音说："你在雨中，我也在雨中，我不被淋，因为有伞；你被雨淋，因为无伞，不是我度自己，是伞度我。你要想度，不必找我，请自找伞去！"说完便走了。

第二天，这人遇到了难事，便去寺院求观音。走进庙里，才发现观音像前也有一个人在拜，长得与观音一丝不差。这人问："你是观音么？"那人回答："正是。"这人又问："那你为何拜自己？"观音笑道："我也遇到了难事，但我知道，求人不如求己。"记住：成功者自救，对自己负责。

人首先要对自己负责，只有在对自己负责的基础上，才能做到对家庭负责，对社会负责。在大学，遵守校规是对自己负责，勤奋学习是对自己负责，自律向上是对自己负责。当上网聊天或闲逛时，是否想到不再年轻的父母的付出？当沉溺于自我世界而茫然不知所措、虚度大学时光时，是否想到青春不是可以无限支取的存款？因此，每个新生都要本着对自己负责的态度学习生活，过好大学生活的每一天！

第二节 大学新生环境适应

在新的环境中，面临新的挑战，大学新生要充分调动起自我的力量来迎接新的一切，面对新的生活环境、学习环境和人际环境，从各个方面提高自己。积极的适应是发展，消极的适应会导致心理冲突或使自己停滞不前。入学适应的阶段如果顺利通过，将为今后的大学生活奠定良好的基础，从而，有效而成功地度过大学时代。

第二章　新生活从心开始

一、生活环境的适应

在中学时，生活上可以依赖父母亲友的帮助，进入大学后，衣食住行等个人生活都由自己处理安排，因此，自主、自立、自律是大学生活的主旋律。大学生应适应这种生活方式的变化，自主而合理地处理好个人生活方面的问题，注意培养独立生活的能力。可以从以下几个方面来锻炼自己。

(一)培养良好的大学生活习惯

大学生精力旺盛，又处于长身体、长知识的阶段，良好的生活习惯是确保顺利、成功度过大学阶段的一个重要基础。为了达到身心健康的目的，从一进大学起，就应该重视这个问题，培养良好的生活习惯，并防止不良生活习惯的形成。

(1) 要合理安排作息时间，形成良好的作息制度。因为有规律的生活能使大脑和神经系统的兴奋和抑制交替进行，天长日久，能在大脑皮层上形成动力定型，这对促进身心健康是非常有利的。大学新生应养成早睡早起的习惯，有的同学惯在晚上卧谈，天马行空地一谈就是两三个小时，结果第二天上课的时候非常疲惫，根本无心听课，长此以往，不仅影响平时的课业学习，还容易引起失眠，甚至引发神经衰弱症。研究表明，大学生的睡眠时间一般每天不得少于 7 个小时。如果条件许可，午饭后可以小睡一会，但最好不要超过 40 分钟。

(2) 要进行适当的体育锻炼和文娱活动。"文武之道，一张一弛"，学习之余参加一些文体活动，不但可以缓解刻板紧张的生活，还可以放松心情，增进生活乐趣，有助于提高学习效率。听音乐、跑步、打球等都有助于增强体质，提高对疾病的抵抗力，这是一种积极的休息。实践证明：7+1>8。在这里，"7+1"表示 7 个小时的学习加上 1 个小时的文体活动，"8"表示 8 个小时的连续学习。也就是说，参加文体活动的 7 个小时的学习效果比不参加文体活动的 8 个小时的学习效果要好。

(3) 要保证合理的营养供应，养成良好的饮食习惯。大学生"饮食不良"现象主要表现在两个方面：一是饮食不规律，很多人早晨起床较晚，来不及吃早饭便去上课，有的随便吃些零食，有的索性取消了早饭；二是暴饮暴食，有的学生懒得去食堂打饭，就以饼干、方便面来对付，等下一顿吃饭时再吃双份。

(4) 要改正或防止吸烟、酗酒、沉溺于网络游戏等不良的生活习惯。

(二)培养生活自理能力

上大学之后，许多事情需要独自处理，真正的独立生活开始了。刚入大学的新生，首先应学会对日常生活的打理，要学会准时起床，学会自己料理床铺、收拾房间，学会自己洗衣服，学会自己照料自己。独立生活的另外一个重要方面是对钱财的管理。大学新生一般都没有太多的理财经验，初次离家开始独立生活，进入到一个开放、新奇和陌生的环境，还没有掌握生活费的使用方法和原则，难免不懂得钱该不该花，该怎么花。大学生的无序消费势必影响其家庭的整体支出，这毛病不予及时纠正，容易养成虚荣奢侈的习惯，不利于今后的独立生活，如果将来工作后收入不能满足消费，会引发心理和社会问题。所以，大学新生也要培养科学的理财观念。

(三)合理安排课余时间

大学校园的课余生活丰富多彩。除了日常的教学活动之外，还有各种各样的学术报告、讲座、讨论会、文娱活动、社团活动等。这些活动对于大学新生来说，的确令人眼花缭乱，对于如何安排课余时间，大学新生常常心中产生困惑。

要合理地安排课余时间，首先，应对自己在近期内的活动有一个理智的规划和分析。看看自己近期内要达到哪些目标，长远目标是什么，自己最迫切需要的是什么，各种活动对自己发展的意义又有多大等。然后，做出最好的时间安排，并且在执行计划中不断地修正和发展。另外，可以专门制订一份事务清单，按照事务的轻重缓急排序，合理安排学习和娱乐时间。大学新生要善于利用课余时间，参加一些有益的文娱活动，如唱歌、跳舞、下棋等，也可以培养自己的多种兴趣爱好，排遣烦忧，愉悦性情，获取知识，增长智慧，促进身心健康发展。

二、学习环境的适应

"大一的时候，不知道自己不知道；大二的时候，不知道自己知道；大三的时候，知道自己不知道；大四的时候，知道自己知道。"这句在大学校园里广泛流传的段子可以说是对大学学习的经典写照。那么，大学新生究竟该怎样适应大学的学习呢？

(一)学习环境不适应的表现

如果大学生不能积极地回应新环境提出的要求，不能利用新环境所提供的机会达到与环境的平衡，就会出现对学习环境的不适应。

(1) 学习自卑。当学生跨过高考这一"门槛"的时候，心里充满了优越感，认为自己是学习上的成功者。然而，到了大学之后才发现周围人才济济、群英荟萃，自己完全失去了优势。这时候，一些大学生会出现学习上的自卑心理，往往表现为对学习目的、学习内容感到困惑和迷茫，学习成绩下降；在情绪上表现为郁郁寡欢、压抑自怨、焦虑等，严重者出现失眠、神经衰弱等症状。

(2) 学习懈怠。许多大学生把进入大学看做是进入"保险箱"，认为"六十分万岁，多一分浪费，只要混张文凭就行"，他们认同"平时谁埋头学习谁傻帽"的观点，逃避学习、无所事事，上课不专心，严重者表现为厌学，甚至不能正常完成学业。大学校园中流行这样一则"睡觉定律"——晚上熄灯后便准时上床睡觉的是大一的；晚上熄灯后还没有去睡觉的是大二的；上课时在老师眼皮底下睡觉的是大三的；上课时依然在宿舍睡觉的是大四的。

(3) 学习目标不明确。考上了大学，走进高校大门，大学生在中学时的奋斗目标变成了现实。但由于新的目标体系没有建立，不少学生感到空虚、茫然，动力不足，出现了松劲情绪，进入"理想真空期"。人在前进的道路上实现了一个奋斗目标后，必须及时确定下一个奋斗目标，才能使自己走出"理想真空期"，获得继续前进的动力。但有些大学生认为"中学时期失去的快乐要在这里扯平，所受的苦难需要在这里补偿，大学就要及时享乐。"他们把自己的课余时间都用在了"泡网吧"、"花前月下"上，过着"今朝有酒今朝醉"的生活。一学期下来，迎接他们的是好几门课程不及格。有人曾这样总结大学生活："大一是彷徨，大二是呐喊，大三是朝花夕拾，大四是伤逝"，相当经典。

(4) 学习焦虑。大学生的学习具有独立自主性，需要他们自己来制订学习的目标，把握学习方向。如果不能处理好这些问题，就容易产生学习焦虑。学习焦虑是指学生由于不能达到预期目标或不能克服障碍，致使自尊心、自信心受挫，伴随失败感和内疚感而形成的一种紧张不安、带有恐惧的情绪状态。学习焦虑者往往夸大自己的失败，消极情绪居多，导致注意力不集中、烦躁不安、行动迟缓、食欲不振，甚至失眠、神经衰弱等。

(5) 自制能力差。在大学生活中，个体需要对自己大量的课余时间做出安排。许多大学生由于不能有效地控制自己对某些活动的参与，导致了课余时间的大量流失，甚至由于迷恋某些活动，如上网、跳舞等而逃课、不睡觉。某高校曾对某年度 278 名需要补考的学生进行的调查发现，其中 80% 的学生是由于迷恋网络，而使自己荒废学业的。

(二)适应大学学习环境的策略

找到了自己在大学学习环境中适应不良的根本原因后，就需要运用合理的学习策略，来控制影响学习的各种因素，达到对学习环境的良好适应，实现自己学习和发展的目标。

（1）树立目标，制订计划。大量事实证明，那些进入大学后能及时确立目标的学生，比那些缺乏明确目标的学生能更快地适应大学生活，也更容易在学习、生活等方面取得较好的成绩。大学新生可通过学校开展的入学教育、职业生涯设计教育环节，结合自身实际，科学地规划大学生活，尽早确立新的目标，制订合理的行动计划。

（2）掌握适合大学的学习方法。对大学学习方法的不适应是大学新生的一个共同特点，因此，掌握一套适合大学教学的学习方式和方法，是使他们尽快适应大学环境的重要途径。大学的学习方法可归结为以下"五要"。

一要正确认识大学教学的特点，尽快克服"一切依赖教师"的定势心理，提高学习的自觉性和主动性。

二要主动向高年级优秀学生请教，并虚心学习他们的经验，面对学习方法上的不适应，应及早向老师请教或进行心理咨询，以少走弯路。

三要从个人的实际出发，根据专业学习的要求、教师教的风格等具体情况，逐步形成与自己水平相适应的学习方法。

四要注重自学能力的培养。大学生必须改变中学时代那种"老师讲多少，我就学多少"的方法，学会自己管理和支配课余时间，自己制订学习计划，自己总结学习经验，自己发现难点和重点，并能在此基础上进行独立思考，深入钻研某些学术问题，从而发展自己的创造性思维能力。

五要学会利用图书馆、阅览室等学习条件，学会使用计算机和工具书，这些都有助于提高自己的学习成绩，培养自己的学习能力，从而达到适应大学学习生活的目的。

（3）注重在学习中发展能力。学习知识的关键在于活用，应和发展能力相互促进，这里主要指思考能力、动手能力、创造力等。利用自身的某方面优势，树立自信，在校园文化建设、班集体活动、社团活动和社会实践中全面拓展自己的能力。

（4）强化实践能力。从理论到实践需要一个过程，当代社会需要的是较强的实践和应用能力。因此，大学生在学习中要通过参与社会实践，尽量缩短自身与社会需求的差距，做一个既有高深知识与素养，又具有较强的实际能力和创新能力的栋梁之才。

（5）创造良好的学业交际环境。良好的学业交际环境，有利于大学生更好地适应大学学习环境。创造良好的学业交际环境，一方面，是加强同学之间的交流合作，与同学结成学习对子或学习群体，吸收彼此身上的优点，补充各自知识的不足，有利于大学新生尽快适应大学的学习环境；另一方面，同学之间进行合作学习，不但能够获得知识、学习策略等，而且能够在遇到困难时获得情感支持，顺利渡过难关。另外，大学生还应该主动与教师交流，积极参与教师的课题研究，不断加深、扩展自己的知识。

第二章 新生活从心开始

心理加油站：

> **河南科技学院两宿舍对门 14名女生全部考上研究生**
>
> 今年全部考研成功的122、123宿舍是"对门邻居"。14名女生全部是生物与化学工程系2007级学生，她们的考研成绩全部在300分以上，其中3人分数超过390分。
>
> "姐妹们互相帮助，分享学习经验心得，谁压力大了，大家都给她打气，帮她出主意！" 122寝室的王楠是学生干部，在寝室也是"大姐"，她认为成功的秘诀在于"团结互助"：赵倩政治成绩不大好，学习方法不对路，把握不住重点，姐妹们和她一块儿分析原因找窍门；赵倩的英语最棒，"创新"地发明了游戏学习法，一个人把全寝室的英语都带上去了。123寝室姑娘们的考研路看上去很"轻松"，大家一起作息，有计划有规律，每个人都找到了适合自己的学习方法，互相借鉴，互不干扰，章纳说："没啥感觉就考上了！"

三、人际环境的适应

(一)人际环境不适应的原因分析

人际关系和谐是一个人的心理健康水平和社会适应能力的综合体现，也是现代大学生健康发展的前提和综合评价指标，但调查研究表明，大学生在人际交往中出现的问题比较突出，已成为影响学习和生活的重要因素之一。其原因概括起来，主要分为环境因素和心理因素。

1. 环境因素

大学生的集体生活环境既为相互交往创造了条件，也常常成为矛盾冲突的根源。来自不同地区、不同家庭的不同个性、不同习惯的五六个人，住进了同一间宿舍，有时很难彼此适应。为了一点小事，如打水扫地等，而发生争执，引发冲突，导致交往受阻的现象并非少见。此外，社会环境也对大学生的交往产生了不良影响，社会上那种自私自利、逢人只说三分话、互相利用等风气，对大学生的人际交往产生消极影响。

2. 心理因素

如果说影响人际交往的环境因素是外在的、客观的，需要大学生去适应、去改造，那么，包括认知、情绪和人格的心理因素则是内在的、起决定作用的，需要大学生不断地努力，以提高自身基本素质和培养优秀的心理品质。

认知因素包括对自己的认知、对他人的认知以及对交往的认知。过高地评价自己会引起自大，导致交往中盛气凌人，或不屑交往；过低评价自己会引起自卑，羞于和他人相处，导致交往中的畏惧心态。自我评价又会直接影响到对他人的评价，以自我为中心的人常常对他人评价偏低，而自卑感过重的人又会错误地过高评价他人，从而造成难以平等交往的局面。对交往本身的认知也会影响交往行为，如果认为交往只是为了满足自己的需要，从而忽视别人的需要，会引起交往中断。

交往过程中的情感因素包括对交往的情绪反应、人与人之间的情感关系及心理距离。情感成分是人际交往中的主要特征，对人的好恶决定着交往者彼此间的行为。大学生感情丰富，心境易变，有时对人对事过于敏感，容易凭一时的好恶改变对一个人的看法，使得人际交往缺乏稳定性，产生各种障碍。此外，交往过程中的情绪反应是否适度，也影响着交往的发展方向：情绪反应过分强烈会给人以轻浮不实之感，过于冷漠则会被视为麻木无情。

人格往往成为导致人际交往障碍的关键。所谓人格，就是指人在各种心理过程中经常地、稳定地表现出来的心理特征，包括能力、性格和气质等。人格差异会带来交往中的误解、矛盾与冲突，如"话不投机半句多"。与性格相投的人相处，往往感到难舍难分；与性格不合的人相处，处处觉得别扭。人格不健全的人，如偏执型人格、强迫型人格等，也是造成人际冲突的常见原因。人格不健全的人常常缺乏自知之明、过分苛求他人、放纵自己、喜怒无常、行为怪异、难以相处，这样的人一般人际关系都不会好。

人际交往能力的欠缺，也是影响人际交往的原因之一，对有些大学生来说，则是主要原因。这些同学想关心他人，但不知从何做起；想赞美他人，可怎么也开不了口或词不达意；交友的愿望强烈，然而总感到没有机会；想调解与他人的矛盾，没想到好心办了坏事；交往中想表现自己，却出尽洋相；内心想表示温柔，言语则是硬邦邦的。

(二)大学人际环境的适应

大学新生应该尽快适应大学里的人际环境，消除各种不利因素的影响，具体可以从以下几个方面努力。

1．要有集体交往意识

大学生的交往对象比起中学时期的交往对象，范围要大得多。同学之间要做到相互了解，相互适应，相互尊重，相互关心，为人要诚恳热情，待人宽律己严，大事讲原则，小事讲风格。与同学交往要坚持与人为善，要搞"五湖四海"、全方位交往，而不要有老乡观念，搞宗派、拉帮结伙等庸俗作风，注意人际关系的和谐性。

2. 正确认识自我

大学生要建立良好的人际关系，必须正确地认识自己。评价自我要做到既不妄自尊大，也不妄自菲薄；既看到自己的长处，又要认识自己的不足。过高地评价自己，容易轻视别人，内心总是得不到满足和愉悦感；反之，如果过低地评估自己，则会使自己感到自卑，压抑自己，从而冷漠地拒绝交往。正确地认识自己还表现在能够客观地评价他人。每个人都有自己的优缺点，要善于发现别人的长处，以他人之长补己之短。

3. 培养自己良好的品格

培养高尚的人格是成功交往的前提。不论职位的高低、财富的多寡、相貌的美丑、健康状况的好坏，不论人种的差异及其文明的发展程度，每个人的人格尊严都应得到他人和社会的尊重，不容任何人的侮辱和亵渎。在人际交往过程中，尊重别人的人格就是尊重别人的性格、兴趣、爱好、习惯等方面与自己的不同，不强人所难，强求一致；维护别人的尊严，不干涉别人独立选择，不随意嘲笑、挖苦别人。另外，在尊重别人人格的同时，切勿忘记尊重自己。只有坚持人格的独立、自尊、自重、自爱、自强，才能焕发出迷人的人格魅力，成为良好人际关系的根本。

4. 掌握交往技巧

与人相处是一门技术，更是一门艺术。高超的相处技巧，可以唤起别人与你相处的热情，打通与人接近和沟通的渠道，密切双方的关系。人际交往的一个本质特征就在于其双向性，体现为一种互动自调的过程。别人给我们一个亲切的微笑、善意的举动，会引起我们友好的体验和反应，同样，我们期望他人对我们表示友好，我们得先显示出善意、诚恳的举止言行。因而，交往中的任何一种符号沟通都不是单向传导，而是必然会唤起反馈的，这种反馈应是互酬的，对应的，相互心理关系是平等的。若双方的信息反馈不对称，交往就会产生障碍，因此，主动寻求最佳的交往途径，把握交往的艺术是至关重要的。

知识链接：

> 据北京市一项对 500 名大学在校学生进行的问卷调查结果表明，只有约 56.6%的大学生的人际交往能力处于良好水平，人际关系融洽，能与周围同学和睦相处；有约 27.8%的同学人际交往能力一般，在交往中存在一定的问题；有约 12.2%的同学人际交往能力较差；更有约 3.4%的同学人际交往水平很低，人际关系相当不良，存在着严重的交往障碍。总体来看，有约 40%的同学人际交往能力存在问题，交往能力较差。换句话说，10 名同学中就有 4 名存在一定的人际交往方面的心理问题，这个比例可不小啊！

高校学生心理健康教育与指导

案例分析：

解读人际交往问题

案例一：我觉得在大学生交往中，异性交往是个比较敏感的话题，我想知道我们应该如何掌握爱情和友情之间的尺度呢？

解读：大学生中的异性交往是很普遍的，可是，我们必须清楚：异性交往不仅仅是卿卿我我、花前月下的两人世界，不只是爱情才需要异性交往，更多的是友情，纯洁的友情！看看我们身边，和异性的交往中更多的难道不是友情吗？或许两个异性朋友走在一起，你会猜其交往性质。"人言可畏"，这是可以理解的，但是，你也肯定舍不得失去这位知心的朋友吧？至于说掌握的那个度，记住：不要太冲动！以友情为基础的爱情会更牢固、长久。我们不应该急着建立爱情，更理智的做法是在发展友情的基础上寻找爱情！

案例二：在大学中的交往圈子太窄，朋友之间不交心，不知道是价值观的不同，还是其他原因。总之，有时感到孤独、无助，很郁闷，我该怎么办？

解读：上了大学后，特别是大一的同学都觉得人情变得淡薄了，人与人之间有点冷漠，没有共同话题。或许这时应该从自己身上找原因了！人都是情感动物，不是岸上冰冷的石头，都有表达情感的欲望。我们在一起的共同话题变少了，我们只有主动些，分些时间给彼此，创造些话题。这样，渐渐地还有什么聊不到心坎上去呢？

案例三：我是北方人，可我总是习惯不了和南方人相处。我觉得南方人很小气，我们之间没有纯真的感情，虽然保持着一定的友好度，但还是很难适应。

解读：由于地域和文化的差异，南方人和北方人之间的性格也会有些不同的，南方人小气是相对北方人的豪放而言的，可我们应该看到对方的优点，南方人忍耐度强，心地细腻，而北方人的直爽和大度也是值得称誉的。

人与人之间是需要沟通，用心去沟通的。我们都不能戴着面具去交往。真诚，是友情的最宽厚的基础！此外，不同的家庭观也会影响交往的。我们必须承认与别人的差异，有心理距离，这就更需要我们有包容、体谅别人的品质。

第三节 大学新生心理问题产生原因与对策

为什么大学生会表现出种种适应问题，归根结蒂，是来源于大学生自身发展的特殊性。正如艾里克森的八阶段理论阐述的，人生就是连续完成各个阶段应完成的发展课题。在不同的年龄阶段，有与之相应的生理和心理发展课题。大学生处于青春期后期，在此期间他们要在自我接纳、社会适应、人际关系、异性交往、社会责任等方面不断取得经验和发展的基础上,在思想和行为方面真正摆脱对外界的依赖感而全面成熟起来,并最终树立独立完整的人格体系。可见,大学生正经历着人生发展过程中的多事之秋,而刚进入大学的青年学子,由于心理发展不成熟,情绪不稳定,很容易产生适应不良,从而出现各种心理问题。在这一人生发展的特殊时期,大学生出现一些心理问题是在所难免的。

一、大学新生的常见的心理问题

(一)理想与现实的心理冲突

年轻人都会有自己的理想,这个理想是彩色的、崇高的、神圣的。对于大学生这个群体而言更是如此。在他们的理想中,置身其中的校园是花园式的学校,科任老师是满腹经纶的学者,上课的教室是宽敞明亮的阶梯教室,有丰富的校园文化生活,有亲切友善的人际关系……,然而,当他们真正置身于大学之后,发现现实与理想相距甚远,很多人面临的是沉重的学业负担和日益严峻的就业压力,气氛不浓、品位不高的校园文化,名存实亡的学生社团组织,庸俗化的人际关系……,这些现象使不少学生心理难以平衡,产生心灵的孤独感、寂寞感与强烈的不适应感。

在校的大学生,曾经是高中阶段的佼佼者,有着一种心理优越感,而进入大学后,曾经的优越感都已经不复存在了:和周围的同学相比,没有让人注目的文艺特长,没有漂亮的容貌,没有让人羡慕的家庭背景,就连高中阶段引以为傲的学习成绩也不尽如人意,只能作为大学中的普通一员。置身于大学之中,发现自己并不是什么天之骄子,而是一个普通的不能再普通的学生。特别是大学一年级的学生,对他们而言,一年级被称为新生神话破灭的一年。很多大学生在思考一些问题时,心理矛盾重重,不愿接受自己成了普通人的现实,苦恼缠身,表现出抑郁焦虑,甚至逆反等不良情绪反应。

启示录:

适应环境的小提琴手

有一名女生,在高中时一直是校学生乐队的第一小提琴手,很受音乐老师赏识。进入大学后,虽然也顺利进入了校乐队,但是首席的位置分给了一个演奏技能比她更好的音乐特长生,乐队的指导老师也明显不如以前的老师那样重视她。起初她觉得很不公平,认为自己的才华被大学的这个破乐队掩盖了,她自暴自弃,经常不去参加乐队的合练,一连好几个星期都不碰一下她的乐器。后来,当她意识到现在的首席小提琴手确实比她功底好,她决定接纳自己不如别人的现实。她认为不必非要争一个首席的位置,只要努力训练,提高自己的技艺,作最佳的乐队队员,同样可以用自己出色的表现给听众带来快乐。她懂得了人不必要求自己样样做得最好，做一个真实的人，要能够发挥自己的长处，也要坦然地接受自己的能力限制。

(二)学习适应不良的心理困扰

学习适应不良是很多大学生产生心理问题的根源，许多大学生没有深刻认识到大学学习与中学学习的不同，把中学时期的学习方法应用到大学中，结果遭遇了成绩不理想、挂科等情况，具体而言，中学时代的学习模式都是由一般的简单记忆到反复训练，作为学生只要肯下工夫多努力就能取得好成绩。正所谓：一分耕耘一分收获。而到了大学，学习内容的专业程度较高，并以学生的自主学习为主，老师仅给一些指导性的思想，具体怎样去学，全靠自己制订计划和实施。特别是上课时间的减少，自主学习时间的增多，一些同学在下课后感到无所事事，不知道从何学起；还有的同学学习很用功，但是学习效率不高，一个晚自习看不了几页书。上述的问题往往是导致大学生产生紧张、焦虑、失眠的情绪困扰。

(三)人际交往不适应产生的心理挫折

在大学校园这一特定环境之中，大学生具有强烈的归属感，对友谊和朋友有着热切的依恋和期望。但是，大学的人际关系和高中阶段的人际关系有了明显的不同。在高中阶段，人际关系的概念更多是友谊的扩展，它的交往双方是根据个人的好恶来取舍的；而大学中的人际关系是一种类似成人的人际关系模式，这种关系模式要求大学生不管喜欢不喜欢、愿意不愿意，都必须和周围的人保持一种和谐的关系，因为它是每个人生存和发展的必要条件。但是，由于很多大学生不愿交往、不敢交往、不会交往，以致很多人体验到孤独、寂寞、害羞、恐惧、拘束等情绪体验，进而在交往过程中出现沟通不足，导致关系失调、人际冲突等现象，从而导致心理挫折。如不少大学生都感觉到不知道如何与同学、老师、辅导员交往。由于人际关系的受挫，不少大学生便产生了"大学同学之间的交往怎么和高中不一样，在大学里没有知心朋友，感到孤独"的悲叹。

(四)生活不适应而产生的心理挫折

在校大学生的平均年龄在18～22岁之间，他们在生理上多已发育成熟，但其心理发展远没有成熟，仍带有一定的幼稚性、依赖性和冲动性。许多学生第一次离开家到一个全新的环境，一时难以适应诸如水土不服、饮食不习惯、集体生活不适应等问题，难以承受理想中的大学环境和现实中的大学环境之间的反差等，致使他们产生孤独苦闷、烦恼忧愁等不良心理反应。同时，这个时期是人生由青年向成年过渡的阶段，大学生的独立精神自主精神还没完全成熟，许多学生无法适应新的生活。如有些学生对大学的学习方式不习惯，尤其不能适应大学生活里充足的自由时间，缺乏独立自主的学习能力和习惯，不能适应学校持久紧张与竞争压力，容易产生茫然、空虚、压抑紧张、无所适从感，导致心理挫折的产生。另外，还有些学生的宗教信仰、风俗习惯得不到别人的理解、信任，或个人的才能无从发挥，也容易产生挫折感。

启示录：

> 据报道，2001年9月17日，广州某高校宿舍楼发生一起新生跳楼身亡事件。一名刚入校两天的学生A，因长期受家庭溺爱，一时无法适应集体生活和住宿环境，连续失眠两天两夜后，从宿舍楼6楼一跃而下，当场身亡，其母因无法承受打击卧病不起。

二、培养大学新生适应能力的对策与途径

大学阶段是人生重要的转折时期，有的心理学家称之为"第二次心理断乳期"。在这一时期，大学生不但生理上发生了很大变化需要调整，心理上也经历了一个逐步走向成熟和健康发展的过程。大学生来到高等学府这一新的环境中，面临突如其来的种种不适应，应该如何去面对？

(一)明确大学的任务和要求

我国学者根据联合国教科文组织对于21世纪青少年教育的"学会认知，学会做事，学会共同生活，学会生存"的要求，结合我国的实际情况，对大学生提出了"学会做人，学会做事，学会与人相处，学会学习"的任务和要求，简称为"四会"。

(1) 学会做人。大学生首先要学会做人，适应与发展的目的在于使人日臻完善；使人格成熟，不断增强自主性、判断力和个人的责任感，使人拥有正确的人生观、价值观，拥有明确的伦理道德观念和是非观念，能够遵守社会公德，使自己的各项行为符合新时期大学生的行为规范。

(2) 学会做事。大学生要有敬业精神和社会责任感，要有独立的生活管理能力，独立选择、独立决断、独立处理问题的能力和应付各种环境的工作能力，能够不断积累做事的相关经验，工作富有成效。

(3) 学会与人相处。在现代社会中，与人和谐相处，是一种人际交往的能力，也是获得成功的一种人际资源。大学生应当对他人有尊重、真诚的态度，能够接纳他人的长处与

不足,能够与他人进行良好的沟通,在沟通中建立亲密的合作关系,在相互交流与分享中促进自我和他人的成长与发展。

(4) 学会学习。学习是一个终生的任务,大学生应当热爱学习,不断用新的知识充实自己,不但学好本专业的知识,而且学习与之相关的各种人文和自然科学知识,拥有跨学科的交融能力,拥有综合分析问题、解决问题和在复杂的信息环境下检索和判断的能力,拥有不断的创新能力。学会学习,不仅仅是为了获得知识本身,重要的是获得一种认识世界的手段和能力。

(二)培养自立能力

自立能力,对于大一学生尤为重要。大一学生如何适应自己的"大学生角色",开始自己的独立生活呢?可以从以下几点入手做起。

(1) 要尽快熟悉校园环境。新生入校后要到校园的各处熟悉情况,例如,了解教室、图书馆、商店在什么地方,食堂什么时候开饭,如何购买澡票,甚至学校周边的环境都在短时间内了解清楚。这样,在办理各种手续、解决各种问题的时候就会比别人更顺利、更节省时间。

(2) 多向高年级的优秀同学请教。直接向高年级的同学请教是熟悉校园生活的一个最快捷的方法。一般来说,多数高年级的同学都比较愿意把他们经验传授给新生,以帮助他们尽快适应校园生活,尽量少走弯路。当然,向同乡请教也是不错的选择,共同的家乡背景能够让彼此迅速熟悉并开始交往。

(3) 在班级中负责一定的工作。在班级中担任一定的工作,就为自己更多地和老师、同学接触创造了机会。与老师、同学接触得越多,掌握的信息越多,获得锻炼的机会也就越多,能力提高得越快,自信心也就逐渐建立起来了。

正如陶行知先生所说:"滴自己的汗,吃自己的饭,自己的事自己干!靠人、靠天、靠祖上,不算是好汉!"良好的开始是成功的一半,只要你迈好大一适应的第一步,灿烂的大学生活就在不远处等着你呢!

(三)正确调控自我

人贵有自知之明。"自知"是认识自己,在认识自己的基础上调整自己,是每个大学生学习生活中必不可少的部分。

(1) 及时感知并调整自己的情绪。情绪是人在心理活动过程中所产生的内心体验及相应的行为反应。良好的情绪状态不仅对大学生的学习生活产生积极的影响,而且有利于发挥自己各个方面的成长潜力;相反,长期处于不良情绪状态中的大学生,则容易产生一些心理障碍，如抑郁症、强迫症等，还会发生身心疾病，如胃病等。因此，每个大学生都要善于发现和察觉自己的情绪，特别是察觉不良情绪，当发觉自己处于不良情绪状态中时，要能够通过调整自己的学习生活目标、及时表达自己的感受、积极接纳、寻求帮助等方法进行调整，使自己处于良好的情绪状态中。

(2)建立理性的认知方式。大学生在学习生活中的不适应多源于对现实的不合理认知。比如，对人对己的绝对化与概括化要求、对不如意事件的"糟糕至极"的预期等不合理的认知方式。具有这些不良认知的人对周围的事物或自己的行为、思想做出消极的评价时，会给自己以不良的暗示，导致各种消极的情绪产生。

上述的不良认知是可以调节的。首先，当你处于不良认知当中时，要提醒自己保持清醒的头脑，并把你的想法一一记录在纸上；其次，再从头到尾看一遍上面提到的不合理认知的特征，并与自己的想法进行对比；最后，重新客观地评价自己的认知活动。

(四)合理规划目标

凡事预则立，不预则废。大学生活也是如此。有了目标，有了计划，可以在今后的学习和生活中起到良好的导向作用。具体而言，也就是要做好自己大学四年的职业生涯规划。职业生涯规划，就是在自我认知的基础上，根据自己专业特长、知识结构，综合社会环境与市场环境，对将来要从事的职业以及要达到的职业目标所做的方向性的方案。就设定目标而言，主要包含专业学习、能力培养和个人的职业目标。

(1) 专业学习目标要合理。每个大学生都经历了高考的磨炼，都是学习上的佼佼者，但是进入到大学以后，虽然不排红榜，但学习成绩排名在同学的心目中仍然有一个次序，这是很多人学习的动力，争做班级中学习最好的是很多人的愿望。能够在学习上成为班级第一固然好，但是第一毕竟只有一个，做最努力的自己才是最重要的。因此，要合理确定自己的学习目标，要结合自己的实际情况制订自己的学习计划，不要盲目和其他同学攀比。

(2) 培养自己的综合能力要量力而行。大学生中人才济济，唱歌、舞蹈、美术、运动等方面都会有很多佼佼者。那么你的目光锁定在哪里呢？作为一个没有特长的平庸者，你会决定开始学习一门乐器，还是舞蹈或者其他的什么？作为兴趣爱好，非常好，但这不要成为你内心的负担。如果你希望像其他同学一样在某一爱好方面出类拔萃，那么希望这种想法一定是建立在你有这方面天赋的基础上的。即使你没有令人瞩目的特长，但这并不影响你成为一个优秀的人。Google全球副总裁李开复在《做最好的自己》这本书中写道，"如果你拥有正确的价值观、积极的人生态度，并能把二者应用到追寻理想、发现兴趣、有效执行、努力学习、人际交流、合作沟通这六种最基本的行为方式中去，你就有可能成功。"因此，大学生要结合自身的实际情况，在学习、社团活动、社会实践等多种活动中培养自己的能力。

(3) 大学生的职业目标对大学生来说具有重要的意义。许多高校的课程设置中有"大学生职业生涯规划"方面的内容，大学生如果能在一、二年级就确定自己的职业生涯规划，则对其大学学习、生活是具有方向性的指导意义的。

(五)增强人际交往

"一个人成功15%要靠专业知识，85%要靠人际关系与处世技巧"，这句话是人们所熟知的，形象地说明了人际关系的重要性。大学，是"最后一次能相对宽容的，可以置身于其中学习为人处世之道的理想环境"，在这个环境中，你如果能够把握人际交往原则、积极交往、掌握必要的交往技巧、培养良好的个性特征，那么，你就能够拥有一个和谐的人际关系！

(1) 把握人际交往原则。在大学生的日常学习和生活中，要学会运用一些交往原则：平等交往，正确评价自己和他人；尊重他人，尊重自己；真诚待人，互助互利；讲究信用，宽容大度。

(2) 主动出击，积极交往。大学生渴望友谊和朋友，渴望拥有丰富的人际关系和良好的人际环境。虽然多数人的交往欲望强烈，但由于初到一个新环境的不适应，加之羞怯、自卑、孤僻等种种原因，在心理上筑起一道道防线，将自我封闭在狭小的圈子里，游离于社会、集体和同学之外，独自体会着孤独和寂寞带来的痛苦，不去主动交往。人际交往是双方积极主动的过程，人们只有大胆地尝试，主动积极地参与交往活动，才能逐步克服那种害羞、胆小所带来的交往障碍，走出自我封闭的牢笼，融入精彩的社会生活中。

(3) 掌握人际交往的技巧。掌握必要的交往技巧，无疑是建立良好人际关系的催化剂。首先，要学会客观地认识自己，以历史的、全面的、发展的眼光去看待他人，避免心理定势、刻板印象。其次，要学会移情，学会换位思考。移情是一种理解他人和体验他人的情绪的能力。如果一个人都能够经常站在对方的角度去理解和处理问题，人际交往会顺利得多。再次，学会沟通。学会做一个好的倾听者，学会真诚地赞扬别人，学会委婉地拒绝别人，学会友善地解决冲突等。最后，在交往的过程中，大学生要正确认识并处理好合作与竞争的关系，摆正自己与他人、个人与集体的位置，理性地对待虚拟世界的交往，要看到网络交往只是人际交往方式的延伸，不能替代人际交往的全部。

(4) 培养良好的个性品质。个性是影响人际交往最重要的因素。大学生在选择朋友时首先要考虑的是个性品质。人们都喜欢与真诚、热情、友好的人交往，而讨厌那些虚伪、自私、冷酷的人。为了建立良好的人际关系，我们应当优化自己的个性，培养热情、开朗、真诚、善良、宽容、尊重人、理解人、富有责任心、自信、自强、自立、乐于助人等良好

第二章 新生活从心开始

的个性品质。

总之，在新的环境中，在新的挑战下，大学新生只要充分调动起自我的力量来迎接新的一切，入学适应的阶段就会顺利通过，以后的日子也会不断留下成功的足迹。

案例分析：

重视新生适应不良综合征

上大学前，小如是个学习成绩优秀、老师喜欢、父母疼爱的乖孩子，但进入大学后一切都改变了。一方面，学习上的优势不复存在，另一方面，由于之前没有集体生活的经验，一切都由父母照料，小如根本不懂如何料理自己的生活，加之来自北方，语言不通，她与寝室其他同学无法交流。在学习和生活的双重压力下，小如感到孤独、痛苦和自卑。

小如的情况属于典型的"大学新生适应不良综合征"，造成这一现象的原因主要有以下几个方面。

(1) 大学与中学的不同。进入大学，无论学习、生活环境，还是人际关系都与中学阶段不同。在学习方面，大学和中学的学习目标、学习方法、学习要求等都有着很大的差异。大学实行学分制，学习内容广泛，所以更加注重学生的学习自主性和自学能力。大学阶段，分数不再是一切，培养学生掌握专门知识与动手能力，成为高素质人才才是大学的目标。

(2) 在生活环境方面，中学时代，为了备战高考，除了学习，一切事情都由家长代劳。上大学后，由于实行住宿制，一切都需要亲力亲为，加上独生子女娇生惯养，自理能力差、适应能力不强的就会经常被孤独、焦虑所困扰。

(3) 在人际关系方面，大学的交往更加广泛，有同学、老乡、师生、异性、社会活动团体等。最要紧的是天天不能回避的"室友关系"。从过去以自我为中心到学校集体生活，尤其要面对室友间的兴趣爱好、饮食习惯、家境状况、作息习惯等方面的差异，一些人感到无所适从，甚至彼此无法相容。

(4) 家庭环境的影响。上中学时，家长望子成龙心切，认为学习是主要的也是唯一的目的，所以想方设法阻止学生的一切业余爱好。大学生活丰富多彩，多才多艺的同学，在活动中脱颖而出，而受家长压制的学生，除学习外，没有一技之长，很自卑。有的家长强迫学生读自己不喜欢的学校或专业，以至于上学后，对学习没兴趣，有的甚至想退学。

对此，老师给小如提出了如下建议。

(1) 适应大学环境。正确评价自己、认清自己，是大学新生应当学习和探索的。进入大学，不要因为自己不再是所在班级或者学校的佼佼者就自暴自弃、丧失信心，要正视现实，努力地去融入团队，要有在大学中再次成为"焦点"的信心。同时，大学新生要努力培养自己的生活自理能力，从小事做起，做好自我管理，自我服务工作。对待同学一定要宽容，要学会求同存异，不以个人的好恶为评价标准，更不能把自己的标准强加于人，要学会站在他人的角度上思考。

(2) 适应大学学习。大学新生要及时树立正确的学习动机，分析自己的长处和短处，摆正自己的位置，在此基础上确定自己的奋斗目标。目标的确立要正确且切合实际，不要等到高年级的时候才发现自己的目标无法实现，悔之晚矣。对于学习方法要特别注意，大学新生要从被动学习向主动学习转化，迅速地提高学习的自觉性、独立性、研究性和创造性，要摸索出一条适合自己的学习方法，在此过程中，新生们可以多向老师或高年级同学请教，避免走弯路。

小贴士

心理辅导学有一种理论，叫做"四A论"，是以四个A起头的英文单词，表示对人对事追求的心路历程。①接纳(acceptance)：指接纳自我和自我所在的现实环境；②行为(action)：对自己决定的事付诸行动并全力以赴；③情感(affection)：经过努力后可以从工作活动中得到兴趣与乐趣；④成就(achievement)：是以上三者完成后的自然结果，是努力奋斗的回报。大一新生如果能遵循"四A论"，保持积极的心态，坚定成功的信心，相信一定能够顺利度过适应期。

心理测试：

心理适应能力自测问卷

指导语：下面的问题能帮助你进行心理适应能力的自我测试。请认真阅读，并决定其与你实际情况的符合程度，然后从每个项目下面所附的三种备选答案中选出一个来。

1. 我最怕转学或转班级，每到一个新环境，我总要经过很长一段时间才能适应。（   ）
    A. 是　　　　　　　　B. 无法肯定　　　　　　　　C. 不是

2. 每到一个新的地方，我很容易同别人接近。（   ）
    A. 是　　　　　　　　B. 无法肯定　　　　　　　　C. 不是

3. 在陌生人面前，我常无话可说，以至感到尴尬。（   ）
    A. 是　　　　　　　　B. 无法肯定　　　　　　　　C. 不是

4. 我最喜欢学习新知识或新学科，它给我一种新鲜感，能调动我的积极性。（   ）
    A. 是　　　　　　　　B. 无法肯定　　　　　　　　C. 不是

5. 每到一个新地方，我第一天总是睡不好，就是在家里，只要换一张床，有时也会失眠。（   ）
    A. 是　　　　　　　　B. 无法肯定　　　　　　　　C. 不是

第二章 新生活从心开始

6. 不管生活条件有多大变化,我也能很快习惯。（　）
   A. 是　　　　　　　B. 无法肯定　　　　　C. 不是

7. 越是人多的地方,我越感到紧张。（　）
   A. 是　　　　　　　B. 无法肯定　　　　　C. 不是

8. 我的期末成绩多半不会比平时练习差。（　）
   A. 是　　　　　　　B. 无法肯定　　　　　C. 不是

9. 全班同学都看着我,心都快要跳出来了。（　）
   A. 是　　　　　　　B. 无法肯定　　　　　C. 不是

10. 对他(她)有看法,我仍能同他(她)交往。（　）
    A. 是　　　　　　　B. 无法肯定　　　　　C. 不是

11. 我做事情总有些不自在。（　）
    A. 是　　　　　　　B. 无法肯定　　　　　C. 不是

12. 我很少固执己见,常常乐于采纳别人的观点。（　）
    A. 是　　　　　　　B. 无法肯定　　　　　C. 不是

13. 同别人争论时,我常常感到语塞,事后才想起该怎样反驳对方,可惜已经太迟了。（　）
    A. 是　　　　　　　B. 无法肯定　　　　　C. 不是

14. 我对生活条件要求不高,即使生活条件很艰苦,我也能过得很愉快。（　）
    A. 是　　　　　　　B. 无法肯定　　　　　C. 不是

15. 有时,自己私下明明把材料背得滚瓜烂熟,可在当众背的时候,还是会出错。（　）
    A. 是　　　　　　　B. 无法肯定　　　　　C. 不是

16. 在决定胜负成败的关键时刻,我虽然很紧张,但总能很快地使自己镇定下来。（　）
    A. 是　　　　　　　B. 无法肯定　　　　　C. 不是

17. 我不喜欢的东西,不管怎么学也学不会。（　）
    A. 是　　　　　　　B. 无法肯定　　　　　C. 不是

18. 在嘈杂混乱的环境里,我仍然能集中精力学习,并且效率很高。（　）
    A. 是　　　　　　　B. 无法肯定　　　　　C. 不是

19. 我不喜欢陌生人来家里做客,每逢这种情况,我就有意回避。（　）
    A. 是　　　　　　　B. 无法肯定　　　　　C. 不是

20. 我很喜欢参加社交活动,我感到这是交朋友的好机会。（　）
    A. 是　　　　　　　B. 无法肯定　　　　　C. 不是

评分规则:

1. 凡是单数号题,选"A",得-2分,选"B",得0分,选"C",得2分。
2. 凡是双数号题,选"A",得2分,选"B",得0分,选"C",得-2分。
3. 将各题的得分相加,得出总分。

结果解释:

35~40分:心理适应能力强。能较快地适应新的学习、生活环境,与人交往轻松、大方,给人印象好。无论进入什么样的环境,都能应付自如。

29~34分:心理适应能力良好。

17~28分:心理适应能力一般。当进入一个新环境,经过一段时间的努力后,基本上能适应。

6~16分:心理适应能力较差。依赖于较好的学习、生活环境。一旦遇到困难,则易怨天尤人,甚至消沉。

5分以下:心理适应能力很差。在各种新环境中,即使经过相当长时间的努力,也不一定能够适应。常常因与周围事物格格不入而十分苦恼。在与他人交往的过程中,总是显得拘谨、羞怯、手足无措。

如果你在这个测查中得分较高,说明你的心理适应能力较强,但需保持和继续努力;如果你得分较低,也不必忧心忡忡,因为一个人的心理适应能力是随着年龄的增长、知识经验的丰富、各种能力的提高而不断增强的,只要你充满信心,刻苦学习,虚心求教,加强锻炼,你的心理适应能力一定会增强的。

团体训练:

我们,相识在大学

一、训练目的

通过相应的团体训练活动,产生轻松的气氛,使学生们相互交流、沟通、相识、相知,找到他们心理上的共同性,体验到被人关注和接纳的美好,打破开始的拘谨和陌生感,消除不安全感和无助感,从而对未来充满希望和力量。

二、训练目标

1. 使新生互相认识,体验真诚交流的快乐,彼此获得情感支持。
2. 改善新生焦虑、孤独、心理的不安全感进而无助感。
3. 使新生建立初步信任和团队的合作精神,以尽快地适应新生活,为建立良好的班集体打下基础。

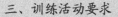

三、训练活动要求

整个辅导过程中,辅导者创设宽松愉悦的氛围,鼓励学生积极地参与和体验,将感受与他人分享。同时要求团队中的成员真诚地对待每一位同学,积极接纳他人,尽可能地配合他人。

四、训练内容和步骤

1. **热身活动(我想有个家,爱的奉献,解结)**

(1) 成员站立,手拉手围成圆圈。然后注意听辅导者的口令,按照口令分别重新组成五人组、三人组或八人组的小圆圈。每次变换过程中被剩下来的人站到一边,为大家即兴表演一个节目。辅导者要注意调动现场气氛,鼓励成员大胆参与。

(2) 成员随机分组,每组8至10人,要求各组人员在不借助任何其他物品的情况下都坐在别人的大腿上。坚持时间长者为胜,失败的那一组要集体为大家表演节目。

(3) 成员分成两组,每组成员手拉手围成一圈,要求每人记住自己的左右邻居,不能搞错。然后松开手,在圈内走动。等听到辅导者喊"停"时,立即停下不动。找到原来身边人的手后,重新拉住。于是形成交叉拉手的网结。接着,大家在不松手的情况下想办法把这个"结"理顺,恢复到一开始不交叉的手拉手的状态。两组合并成一组,重新再做一次。

2. **相识活动(人际互动滚雪球)**

(1) 2人一组自我介绍

(2) 4人一组他人介绍。经过自我介绍的两个组合成四人小组,每位成员将自己刚才认识的朋友介绍给另外两个新朋友

(3) 8人组连带介绍。两个4人小组合并成8人组后,从其中一个人开始,每人用一句话介绍自己。一句话中必须包含三个内容:姓名、所属、最主要的特点。当一个人说完后,后面的人必须从第一个人开始讲起(如我是某某旁边的某某某,某某专业,特点……)。全组成员可以协助他人完整正确的表达,从而在多次重复过程中,彼此了解和记住他人的信息。

3. **思考、澄清与分享:大学初体验**

(1) 成员互相认识后,围成一个圆圈坐下。辅导者站在中间,总结本次活动的感受和体会,并引出将要讨论的主题——大学初体验。

(2) 成员依次说出自己初入大学的感受,每个成员说完后,其余成员予以集体鼓励。

(3) 互相分享体会、交流经验。辅导者对大家讨论中提出的问题予以整理,可邀请部分老师和高年级优秀学生帮助解答。

4. 活动结束,全体成员合唱《同一首歌》和《真心英雄》

第三章 认识自我、塑造自我

古希腊有个传说，传说在一个王国城堡的附近有个女魔叫"斯芬克斯"。她整天守着那条过往行人必经的路，让人猜一个谜："什么东西早上是四条腿，中午是两条腿，傍晚是三条腿。"如果行人不能答对谜底，她就会把他吃掉；如果猜出来了，她自己就会死去。很多人都猜不出谜底，于是王国中死去了许多的人，外面的人也都不敢来这个地方了。这时，王国内外都充满了恐惧。终于有一天，一个叫"俄狄浦斯"的年轻人来到了斯芬克斯的面前，说出了这个神奇东西的谜底——人。斯芬克斯死了，而这个谜语始终流传了下来。

"斯芬克斯之谜"，可能到今天已不是一个难题了，而它所暗含的误区，却是不分时代、不分民族、不分老幼、不分性别地存于我们每个人中：自己很多时候是认不出自己的，是很难看清自己的。"认识自我"这句镌刻在古希腊戴尔菲城那座神庙里唯一的碑铭，犹如一把千年不熄的火炬，表达了人类与生俱来的内在要求和至高无上的思考命题。

当我们避开外界的喧嚣，静下心来，常常发现令我们困惑最多的不是别人而是自己，尤其是在青年时期。宁静的夜晚，仰望着深邃的天空，我们会经常扪心自问：

我是谁？

我是否有价值？

我为什么要活着？

我努力奋斗为的是什么？

生命的意义是什么？

人生的目的是什么？

通俗地说，这些就叫做自我意识。"静坐观心，真妄毕现"。渴望了解自我是人天生的需要，因为只有了解自我，了解了真正的需求与愿望，才可以在现实中找到方向，领略生活的真谛，明白生命的意义，才可以当你走得很累很辛苦的时候，并不觉得委屈与懊悔；也只有了解了自我，才可以撕去太多的因所谓"生活"而带上的种种"面具"，享受清新与安宁！一个人不能真正了解自身，纵使忙碌不停，终是茫然痛苦；纵使优裕富足，终是难耐空虚……

为了使个人与周围世界保持平衡，使周围世界服务于人生存与发展的需要，人必须对周围世界进行探究和发现，这就形成了对外部世界的一些看法。同时，为了使自己能适应社会发展的要求，能在社会中更好地发挥作用，每个人又不得不对自己本身进行反思，以了解自己是一个什么样的人，有什么样的特点和能力，能在社会中发挥怎样的作用，这样就形成了人对自身的意识,即自我意识。自我意识是人认识世界的出发点,也是个人成长与发展的基础。

第一节 自我意识概述

一、什么是自我意识

自我意识是意识的一种形式,指一个人对自己存在的全部认识。包括三个层次的认识:自我的生理状况(如身高、身材、形态等)、心理特征(如能力、气质、性格、性格兴趣等)及人际关系(如人己关系、群己关系等)。自我意识就是自己对于所有属于自己身心状况的认识,是一个人对自己以及自己与周围世界关系的认识,尤其是人我关系的认识。

二、自我意识的结构

由于自我是一个多因素、多层次的整体结构,它既包含生物的、生理的因素,又包含社会的、精神的因素,因此,自我意识的内容和形式也必然是多种多样的。

(一)内容角度

从内容上看,概括地说,自我意识大致包括如下四个方面:生理自我、社会自我、心理自我和道德自我。

(1) 生理自我是最原始的形态,是个人对自己身躯(身高、体重、容貌、身材、性别等)的认识,也就是体质人类学特征的认识,以及温饱饥饿、劳累疲乏的感受等,包括占有感、支配感和爱护感。如高还是矮?是胖还是瘦?例如,大学生对自己相貌的评价。

(2) 社会自我是个体对自己在社会关系、人际关系中的角色的意识。即自己在集体中的地位及自己与他人相互关系的评价和体验,是对自己在社会生活中所处的经济状况、声誉、威信等方面的自我评价和自我体验,如是否受人尊重和信任?在集体生活中举足轻重还是无足轻重?它的一个突出表现是自我控制,自我控制包括坚持性和自制力。

(3) 心理自我是个体对自己的心理活动的意识,即对自己心理品质的自我认识和评价。主要是对自己个性心理特征的意识。包括对自己性格、智力、态度、爱好等的认识和体验。它的发展是同个体的生理、情绪、思维(包括性成熟、想象力丰富、逻辑思维能力)的发展相联系的,主要表现在自我体验、成人感、性意识、自我反省和自我意识的矛盾性等方面。即自己的理解力、记忆力强还是弱?思维敏捷还是迟钝?做事果断不果断?

(4) 道德自我是指对自己遵守道德行为规范、遵守法纪、思想政治品质、生活和思想作风等方面的自我认识和自我评价。

所有的这些都是"我",有一些是与生俱来的,比如说性别。有一些东西,像是精神的东西,比如技能技巧、性格、兴趣爱好、态度、愿望等后天形成的,跟人的经验、经历有关,改变起来容易得多,教育的目的也就是要改变这些东西,培养这些东西。社会的自我却复杂得多,人际关系相对来说很容易改变,有时候不经意的一句话可能就得罪了什么人,原本很好的朋友却从此走上了陌路,当然也有你的一句话让某人感恩戴德,让他视为知己的时候。

(二)形式角度

自我意识是意识的高级阶段,是社会意识的组成部分,是人对自己、对自己与他人的关系的社会认知系统。自我意识的对象包括自我意识本身,正是这种"客体即主体自身"的特殊性使自我意识有其特殊的属性和规律性。自我意识是一种多维度、多层次的复杂心理现象。从形式上看,自我意识表现为认知的、情感的和意志的三种形式,也可以说它是由自我认识、自我体验和自我控制三个心理成分构成。这三种心理成分相互联系、相互制约,统一于个体的自我意识之中。

1. 自我认识

自我认识的内容涵盖了对有关"自己"的一切属性的认识。包括:①对物质自我的认知;②对社会自我的认知;③对精神自我的认知。它是主体我对客体我的认知和评价,即自我认知和自我评价。自我认识的内容涉及个人的自我感觉、自我观察、自我分析和自我批评等。

案例分析:

> 李某,女,18岁,某大学一年级学生。李某中学时在班上名列前茅,初中担任班级团支部书记,高中担任班长,深得老师的信任和同学的美慕。进入大学,决心在大学学习中大显身手,保持在中学时的优越地位。但在入学近一个学期的学习中,她的学习成绩在班上属中等位置,宿舍人际关系也不太融洽,在班上未担任主要干部,仅任宿舍室长。期中成绩一般,情绪低沉,决心在期末考试中与班上同学一决高低,但期末考试科目较多,自己在复习时情绪很不平静,学习效果不佳,看书时注意力难以集中,读过的内容记不住。为了争一口气,连连开夜车学习,造成心跳过速和失眠。在期末考试前一周,她来到了心理咨询室。

第三章 认识自我、塑造自我

心理分析：

> 这位同学的问题是自我认识的失调，昔日自命不凡的形象在众多佼佼者面前并未鹤立鸡群，从前的辉煌已成过眼烟云。大学新生进入大学后，要面临一个非常重要的问题，就是改变从前的参照系，重新认识自己，重新给自己定位。如果还是按照以往在中学的标准要求自己，就很容易导致失望，丧失信心。重新认识自己并不是放任自己，而是更好地根据自己的实际情况，制订学习目标，规划学习进程，这样才能更好地把握自己。

2. 自我体验

自我体验是通过认识和评价而表现出来的情绪上的感受，其中包括满意或不满意、自尊、自爱、责任感、义务感、优越感、羞怯、自卑等。在人的生活体验中，不仅有积极肯定的情绪体验，也有否定的情绪体验，而且还要按照自己在社会中的地位或角色体验多种不同的情绪。

自我体验的产生是由环境与个人内部的心理因素相互作用的结果，并不完全来源于自我认识，而是受到外在环境变化的影响。外在环境能引起一定的情绪状态，又是与情绪经验的积累与概括相联系的。

3. 自我控制

自我控制是主体对自身心理行为的主动掌握。自我控制体现了人的能动性方面，就是对自己的行为和活动的调节，从而了解自己在达到目的的过程中，如何克服外部障碍与内部困难，采取什么手段实现自己的决定。

自我控制是一个人进行自我监督、自我命令的过程。但监督自己的执行要与个人的具体特点相结合，当缺乏某种知识或技能时，就不可能取得积极的成果，因而，容易对自我产生不满。自我监督的实际意义在于根据个人能力水平，确定任务和目标，实现计划时不受其他事件的引诱与干扰，防止改变决定。对各方面的条件估计越全面，接收的信息越多，越有利于实现自我监督。例如，有的学生由于阅读文艺作品，注意到作者表达思想的论证方法，而改变了读书的目的，把过去注意情节有趣转向思维与论证，并学会监督自己。自我命令不限于自我强制或自我压抑，其实际作用取决于个人的信念，使自己的决定符合于生活的主要目标和信念。自我命令有时由于迁就自己的惰性而不能执行，在这种情况下，首先要求有意识地养成严于律己的习惯，不随便姑息自己，轻易地改变决定；其次要提高责任感水平，进行自我说服。由于青年期思维与论证能力的发展，大学生有足够的理由和能力，从认识与信念的增强上，克服自己的缺点，加强果断执行的意志力。

三、自我意识在人的发展中的作用

(一)导向作用

目标是人才发展的导航机制。拥有健康自我意识的人能够正确认识自我，规划自我，为自己制订适合的目标。有了目标，才有发展方向，才会调动自身潜能，激发强大动力，个人价值才能得到最大实现。

(二)自控作用

自我控制是自我意识发挥能动作用的一个重要方面。缺乏自我控制意识的人，将是一个情绪化的人、缺乏毅力的人、一事无成的人。一个能够控制自我的人，往往与环境适应良好，并能规范自己的情绪和行为，容易实现自己的目标，获取成功。

(三)内省和归因作用

有健康自我意识的人，能够对自己、对他人有正确的分析和判断，对自我有敏锐的觉察和反省，不断完善自我，在个体成长中进行监督和自我教育，同时又不会将他人的问题归于自己，他与他人拥有良好的关系，又能保持自我的独立性。一个有稳固基础的自我形象是迈向个人成功的先决条件。

个体具备良好心理素质的最重要的标志是对自我的接受和认可，即有成熟的自我意识和健康的自我形象。大学生自我认识、自我评价、自我控制如何，直接影响着大学生的社会适应、心身健康和成才发展。

心理助手——认识自我的策略

策略之一：在比较中认识自我

在一项实验中，请大学生做被试，让他们和另外一些竞争对手一起讨论参加工作的问题。在讨论前，大学生被试都接受自尊测定。之后，有一半被试看到的是衣冠不整，仪表一般的竞争对手；另一半被试所接触的是仪表端庄、谈吐文雅之士。讨论后，实验者又对大学生作自尊测验。结果显示：接触到仪表"比自己强"的竞争者的被试自信心明显降低；而看到仪表不如自己的竞争对手的被试，他们的自信心却大大地提高了。

思考：如何在比较中认识自我？

比较的对象(一个群体？一类人？你自己？还是某个人……)。

比较的方式(以自己之长比人之短？还是以自己之短比人之长？和自己的过去或将来

比?):

比较的方面(某项活动?某方面能力?某科学业?)。

比较的结果(力争上游?谦虚向学?甘拜下风?嫉妒?自卑?优越感?)。

策略之二：从他人的评价中认识自我

艾里斯和霍母斯的一项实验：让大学生参加10分钟的会谈。在交谈的前两分钟，主试对大学生的态度反应为中性，两分钟后，通过微笑次数和声调等非言语行为对一部分大学生表现出感情深厚，对另一部分大学生则以冷淡的态度对待。会谈后，让被试者评价他们各自的表现。结果，那些受到热情接待的大学生比受到冷遇的大学生对自己的评价要高。

想一想：如何利用态度这只晴雨表？

在人际关系中，别人对我是否若即若离(须臾不离)？为什么会这样？

在集体活动中，别人是主动找我还漠不关心？为什么会这样？

在某些时候，自己如何避免受别人态度的影响而对自己认识不当？

如果，你觉得无法把握别人对你的态度和评价，那就说明你太封闭自己。建议你恰当地进行自我展示。

策略之三：通过反省认识自我

1. "二十问法"认识自己

这是帮助你认识自己的一种方法，分两步进行。第一步，问你自己10次或20次：你是谁？请你把头脑里浮现出来的答案一一写出来。例如：我是××(姓名)，我是××学校的学生等。由于这是自我分析材料，可以不给别人看，所以想到什么就回答什么，不要有什么顾虑。回答每次提问的时间为20秒，如果写不出，可以略去，继续往下写。第二步，对自己的答案进行分析。分析的内容包括以下几个方面。

(1) 答案的数量和质量。即一共写出几个答案，答案中哪些方面的内容为多。如果能写出9~10个答案，则大体上可以认为是没有特别的障碍。如果只能写出7个或更少的答案，则可以认为是过分压抑自己。回答时，会以感到无聊、感到害羞、时间不够等为借口，不能回答更多的问题。

(2) 回答内容的表现方式。有三种情况：符合客观情况的，如"我是大学生"、"我是高个子"等；主观解释的情况，如"我是老实人"、"我胆小"等；中性的情况，即谁都不能做出判断的情况。如果主观评价和客观评价都有，可以认为取得平衡；如果倾向于主观或客观，则不能取得平衡。在主观评价中，最好是既说到自己好的方面(令人满意的特征)，也说到自己不足之处(令人不满意的特征)。如果只说到好的，会使人觉得是自满；只作不好的评价，又令人感到没有信心。

(3) 回答的内容是否涉及自己的未来。哪怕只有一个答案涉及未来(如"我是未来的大学生"），也说明自己有理想和抱负，在现实生活中充满生机；如果没有一个答案涉及未来，则可说明自己对未来考虑不多。

2. 从态度和行为上考察自己

借助一些科学的量表或测验来了解和评价自己的性格、气质、能力……然后综合起来，对自己形成一个全面的认识。

策略之四：通过活动认识自我

实践活动1：_____ 对自己的认识：_____
实践活动2：_____ 对自己的认识：_____
实践活动3：_____ 对自己的认识：_____

策略之五：通过经历分析认识自我

了解并分析一个人的生活背景与经历，有助于对人的认识。比如，生活在宽容的环境中，学会民主；生活在逆境的环境中，可能形成孤僻倔强的性格；生活在备受宠爱，以我为中心的家庭中，性格则多是自私自利、好逸恶劳……

第二节 大学生自我意识的现状

一、大学生自我意识发展的过程

进入青春期后，大学生的自我意识会出现一个"分化——冲突——统一"的过程，这个过程是大学生自我意识不断发展，趋于成熟的过程。

(一)自我意识的分化

儿童的自我意识是一个尚未分化的整体，其意识内容主要停留在对自己外部行为和自己与周围关系的外部特征上。进入青年期，原来在儿童、少年时期统一的不可分割的自我意识一分为二：一是理想自我，它是根据主观的自我和主观感受的社会现实所希望自己未来成为什么样的人而达成的自我状态。理想自我是处于观察者的地位，也就是"主体我"(I)。二是现实自我，它是指当前实际所达到的自我状态，即我现在是什么样的人。现实自我处于被观察者的地位，是理想自我所要观察的对象，也就是"客体我"(Me)。

自我意识的明显分化，使大学生主动、迅速地对自己内心世界和行为具有了新的意识，开始意识到自己那些从来没有被注意到"我"的许多方面和细节。在这一时期，大学生的自我沉思、自我分析、自我反省的时候明显增多；对自我新的认识、体验和控制而带来的种种激动、焦虑、喜悦和不安也显著增加；为自己应该怎样做、能怎样做、不应该怎样做等而开始认真地动脑筋,不像中学生那样随心所欲。

此时,如果个体的理想自我(主体我)和现实自我(客体我)能保持大致的平衡,也就是说,个体真正的能力、性格、欲望能如实地表现出来,个体便能以自己的本来面目出现在别人面前,既不用掩饰自己的努力,也不怕暴露自己的缺点,从而有利于发挥自己的实际能力,促进个体健康发展。

总之,自我意识的分化促进了大学生的思维和行为的主体性的形成,从而为客观地评价自己和他人,合理地调节自身的言行奠定了基础,这是自我意识开始走向成熟的标志。

(二)自我意识的冲突

自我意识的分化,一方面,使青年开始意识到自己不曾注意的许多"我"的方面和细节,发现理想我与现实我的差距;另一方面,由于处于发展阶段,自我形象不能很快确立,自我概念不能明确地形成,因而自我冲突加剧,表现为内心冲突,甚至有很大的内心痛苦和强烈的不安感。归纳起来,当代大学生自我意识的矛盾冲突主要表现在以下几个方面。

(1) "理想我"与"现实我"的冲突。这可以说是大学生自我意识矛盾最突出、最集中的表现。大学生对未来充满信心,抱负水平较高,成就欲望较强,但由于他们生活范围相对狭窄,社会交往比较简单,缺乏社会阅历,对自我认识的参照物较少,因此,不能很好地将理想与现实结合起来,从而使"理想我"与"现实我"之间产生较大差距。这种差距在给大学生带来苦恼和不满的同时,也会激发大学生奋发进取的积极性,但如果这种矛盾与冲突过于强烈,不能及时加以调适,则会导致自我意识的分裂,从而带来一系列心理问题。

(2) 独立意向与依附心理的冲突。上大学后,大学生的独立意识迅速发展,他们希望能在经济、生活、学习和思想等方面独立,希望摆脱成人的管束,自主地处理所遇到的一些问题,但他们在心理上又依赖成人,无法真正做到人格上的独立,这种独立意向与依附心理的矛盾也一直困扰着他们。

(3) 交往需要与自我闭锁的冲突。大学生迫切需要友谊,渴望理解,寻求归属和爱。他们有强烈的交往需要,希望能向知心朋友倾吐对人生和生活的看法,盼望能有人分担痛苦、分享欢乐。但同时他们又存在着自我闭锁的倾向,许多人往往不愿主动敞开自己的心扉,而把自己的心灵深藏起来,在公开场合很少发表个人的真实意见。他们在与他人交往时存有较强的戒备心理,总是有意无意地保持一定距离,正是这种交往需要与自我闭锁的矛盾冲突,使得不少大学生备受"孤独"的煎熬。

(4) 自信心与自卑感的冲突。大学生刚刚考上大学时,受到老师、家长、亲朋好友的赞赏、同辈人的羡慕,故而优越感和自尊心都很强,对自己的能力、才华和未来都充满了自信。然而，进入大学后，群英荟萃，许多大学生发现"山外有山"，尤其是当学习、文体、社交等方面显露出某些不足时，有些大学生就会陷入怀疑自己、否定自己的不良情绪中，于是，产生自卑心理。在这些大学生的内心深处，自信心和自卑感常常处于冲突状态。

(5) 追求上进与自我消沉的冲突。许多大学生都有较强的上进心，他们希望通过努力来实现自身的价值。但在追求上进时，困难和挫折在所难免，不少大学生常常出现情绪波动，在困难面前望而生畏，消极退缩，虽然退缩但又不甘放弃，心中依然想追求、想奋进，内心极为矛盾，困惑、烦躁、不安、焦虑也由此而生。

(三)自我意识的统一

由自我意识的分化带来的种种矛盾冲突是大学生自我意识发展中的正常现象，也是大学生迅速走向成熟的集中表现。自我意识矛盾冲突一方面会使学生感到焦虑苦恼、痛苦不安，可能影响到他们的心理发展和心理健康，另一方面也会促使他们设法解决矛盾，来实现"理想我"与"现实我"的统一。

但是，由于个人的社会背景、生活经验、智力水平、追求目标等方面的差异，自我意识的统一途径也有所不同，但总的来说其统一途径有三个方面：一是努力改善现实自我，使之逐渐接近理想自我；二是修正理想自我中某些不切实际的过高标准，并改善现实自我，使两者互相趋近；三是放弃理想自我而迁就现实自我。按照心理学健康标准，无论哪种途径达到自我意识的统一，只要统一后的自我意识是完整的、协调的、充实的、有力的，就是积极和健康的统一，这种统一就有利于个体的心理健康和发展，有利于社会的文明与进步。

由于个人的社会背景、生活经验、智力水平、追求目标等方面的差异，大学生自我意识的分化、冲突、统一的途径不同，其结果也不同，统一的类型也不同。一般来说，我们把理想自我和现实自我的矛盾统一归纳为五种类型。

第一种是积极型。不断完善现实自我，使之与符合社会发展要求的理想自我达到统一。这是有抱负、有志气的青年所采取的一种统一类型，它最典型地反映了青年人积极向上、努力进取的精神，是值得鼓励和提倡的。

第二种是现实型。一方面不断完善现实自我，另一方面又根据现实自我的实际状况，修正理想自我，达到两者统一。在这里，虽然理想自我也有朝着现实自我"靠拢"的修正，但出于较现实的考虑，仍不失为一种积极的统一。

第三种是庸碌型。放弃理想自我，以迁就现实自我，达到统一。这是不思进取、安于现状、庸庸碌碌、得过且过的一种统一。例如，有的人原来有良好的理想自我，但在改善现实自我的过程中遇到挫折，便消极处世，作茧自缚，放弃理想自我，听凭自然发展。这是需要教育者促其前进的一类。

第四种是虚假型。通过对现实自我的过高评价或虚妄的判断，获得与理想自我的统一。这类人往往狂妄自大，自命不凡，以主观臆想代替客观现实，沉浸于自我陶醉之中。这是需要教育者击其猛醒的一类。

第五种是消极型。理想自我和现实自我在不符合社会发展要求的方向上的统一。这多为自甘堕落、执迷不悟的人所采取的一种统一类型。例如，有的人形成了与社会进步相悖的理想自我，只是由于种种主客观条件的束缚(如主观上的自尊心，客观上的道德舆论)，现实自我才滞后于理想自我，一旦束缚被挣脱(如自尊心挫伤，无视道德舆论)，便破罐破摔，使现实自我一下子滑向消极的理想自我，获得统一。这是有极大危害性的统一，应引起教育者的高度警惕。虚假型和消极型的学生实际上都有不同程度的心理障碍，属于自我意识的变异状态。这类学生人数极少，但表现出来的心理与行为问题涉及面较大，是高校学生思想政治教育和心理咨询引导的重点对象之一。

总之，青年中期是理想自我与现实自我矛盾突出的时期，也是使其趋向统一和转化的关键时期。过了青年中期，自我意识就逐渐趋于稳定，再变化发展就没有原来那样急剧了。一般来说，一年级大学生具有一定的依赖性和盲目性，二年级大学生理想成分较多，容易想入非非，三年级以后就显得沉着稳定了。这表明，大学生的自我意识正处在矛盾、统一、转化并日趋稳定的阶段。教师应把握大学生的自我意识发展的各个重要环节，认识大学生自我意识发展的规律性，促使大学生的自我意识沿着正确健康的方向发展。

二、大学生自我意识发展的特点

(一)强烈关心自己的发展

大学生围绕个人发展、个人和社会的关系，大学生能够主动积极地探索自我，能自觉地把自我的命运和集体、国家的命运结合起来。

(二)自我评价能力趋于客观

由于各类知识增多，生活经验扩大，感性与理性趋于成熟，大多数大学生对自己的分析、评价逐渐变得客观、全面。

(三)自我体验丰富而复杂

一般说来，大学生自我体验的情绪情感基调是积极的、健康的。大多数大学生喜欢自己、满意自己、自尊、自信、好胜；但是，大学生自我体验也比较复杂，他们敏感、闭锁，且有一定程度的波动性。

(四)自我控制的能力提高

大学生自我控制的能力有很大提高,自觉性、坚持性、独立性和稳定性显著发展,有强烈的自我设计和自我规划的愿望,希望根据自我设计目标,自觉地调节行为。

(五)自我意识水平存在年级差异

不同年级的大学生在自我的发展方面存在明显差异,大学一、三、四年级的学生自我意识随年级升高而发展,而二年级是大学生自我意识最低,内心矛盾冲突最尖锐、思想斗争最激烈、回顾与展望时间最多的时期,是大学生自我意识相对稳定阶段中的不稳定时期,但也是一次新的上升时期,因此,也称之为大学生自我意识发展的转折时期。

三、大学生常见的自我意识问题及调适

从总体上说,大学生自我意识发展的水平较高,但尚未完全成熟,因而,容易出现各种偏差,形成了自我意识发展的种种障碍,以至于影响了大学生的身心健康。大学生自我意识发展的障碍主要有下面几种。

(一)过度自卑

1. 过度自卑的表现

自卑感是对自己不满、否定的情感,往往是自尊心屡屡受挫的结果。这类人自我认识不客观,往往只看到自我的缺点而忽略了自我的长处,不喜欢自己、不能容忍自己的缺点和弱点,否定、抱怨、指责自己,看不到自己的价值,或夸大自己的不足,感到自己什么都不如他人,处处低人一等,丧失信心,严重的还可能由自我否定发展为自我厌恶,甚至走向自我毁灭。

案例分析:

> **我是一只小小鸟,想飞却也飞不高**
>
> "麻雀变凤凰,我多么希望它不是神话,我多么希望把神话变现实的麻雀是我,但是,现实让我清醒:我只是一只小小鸟,永远也无法像雄鹰一样翱翔天际。"不错的文采却透露出无尽的伤感,在咨询预约单里写这话的女生像这句话一样有些幽怨,但眼里依然有丝希望的光泽。这女生姓王,英语系,大学二年级,她来咨询的目的很明确,就是克服自卑,她说自卑像一块巨石一样压得她无法呼吸,她想趁自己一息尚存来寻找解救自己的办法。她说话像美文,像诗,我不失时机地赞扬了一下,她的回应很冷漠:"我只是用中文表达

第三章 认识自我、塑造自我

出来而已,又不能用英语写出来,更不会用英语说出来。"她对自己的相貌、家境、学习成绩,甚至自己的一口方言都很不满意,认为自己一无是处,她慢慢地举出了从童年到大学很多足以令她自卑的事情。小时候,幼儿园表演节目,挑选小朋友,她因为又矮又黑,从来没有被选中,直到现在她也没有登台表演的经历。她想努力学习,以优异的成绩引起大家的关注,可是即使她付出 10 倍的时间和精力,也比不上聪明女孩的所得。寝室卧谈会时,大家兴高采烈地讲高中趣事,她也参与,结果自己的故事和自己的方言成为室友长时间的笑柄。大学时曾买了一条流行的裙子,她听见寝室一位美女说"王某,再怎么穿也是一个土包子"。她对着镜子越看越觉得自己真的和裙子不相配。曾有一个男孩接近她,讨好她,结果只是利用她给室友带一封情书……她说自己真的很在乎别人对自己的看法,害怕听到别人谈论或者批评自己,但是,却经常听到对自己的负面评价,为了让自己过得心安理得,相对心理安全,她从大一下学期起就拒绝与同学打交道,独来独往,即使这种状态维持了近一年,也没有人主动关心过她的状态。其实她内心很羡慕那些长相好、学习好的同学,觉得自己的人生太失败,永远不会有成功和快乐。

自卑是心理咨询中的常见问题,其实质是一种消极的自我评价或自我意识。一个自卑的人往往过低评价自己的形象、能力和气质,总是拿自己的弱点和别人的强处比较,觉得自己事事不如人,在人前自惭形秽,从而丧失自信,悲观失望。

具有强烈自卑感的人,一般自我封闭、内向,不愿意跟别人来往。在某校心理健康状况调查问卷中关于"您在与人交往中是否曾经有过因为自卑或猜疑而不愿与人交往"一题的回答中,有 52.43% 的同学回答"是"。在平时的咨询过程中,也有一半以上的同学因为自卑而人际关系不和谐。自卑有多种表现方式,最明显的表现是退缩或过分地争强好胜,这些都妨碍一个人积极而恰如其分地与他人交往。尤其是过分畏怯、退缩,不能独立而依赖性太强,调查中有 16.5% 的同学承认自己有这类情况出现。一般来说,自信的人容易与人相处,他们往往显得乐观、宽容,能客观评价自己和他人。一个有充分自信的人,就不会时时为疑心所扰,他们有充分的安全感,而自卑的人则容易消极地评价自己不如他人,总觉得自己在容貌、身材、知识、能力、口才,甚至衣着(这一点特困生表现明显)等各方面不如别人,低人一等,害怕与人交往。那么,你身上是否存在着自卑感呢?

下面可供对照自查。

你是否会将过失转嫁给他人。

你是否常在办公室或家里发脾气。

在别人面前,你是否很在意别人的想法,甚至变得胆怯。

你是否常回忆光荣的过去,对昔日的辉煌留恋不已。

面对陌生人时,你是否会害羞。

你是否害怕失去工作。

你是否害怕找不到工作。

与上司交谈时，你是否感到局促不安。

以上各项中只要有一项答案是肯定的，那就表示你的自信已亮起黄灯。你应该为自己谋求更高更坚强的自信。

2. 调适的方法

为了改变过度自卑，首先，应对其危害有清醒的认识，有勇气和决心改变自己；其次，应客观、正确、自觉地认识自己、无条件接受自己，欣赏自己所长，接纳自己所短，做到扬长避短；第三，正确地表现自己，对自己的经验持开放态度，同化自我但有限度；第四，根据经验，调整对自己的期望、确立合适的抱负水平，区分长期目标和近期目标，区分潜能和现在表现；第五，对外界影响相对独立，正确对待得失，勇于坚持正确的，改正错误的。同时保持一定程度的容忍。

心理助手——战胜自卑的方法

1. 认知法

认知法就是通过全面、客观的认识，辩证地看待别人和自己。自卑者往往有很强的自尊心和抱负，自我评价高，当在学习生活中，由于自己方法不当，或缺乏处世能力而陷入困境时，自尊心受到损害、优越感严重失落，于是从一自尊自信者走向另一个极端，变成一个完全失去自信的人。

常言说："金无足赤，人无完人。"每个人都有自己的弱点和优点，我们应该坦然地接受自己的优点，但也不忌讳自己的缺点，这样就能正确地与人比较，在看到自己不如人之处时，也能看到自己长处或过人之处，伟人之所以难以高攀，是因为你跪着看的缘故。

其实，最重要的比较是自己跟自己比。每个人应根据自己的兴趣、爱好、能力、特点等来确立自己的事业和人生道路，并为此发奋努力，不断进步，最后实现人生的价值。这样的人生才是积极的、有意义的人生。

2. 作业法

自卑感往往是在表现自己的过程中，由于受到挫折，对自己的能力发生怀疑而造成的。有此心理学同学，不妨多做一些力所能及、把握较大的事情，一举成功后便会有一份喜悦，每一次成功都是对自信心的强化。而自信心的恢复需要有一个过程，切不可着急。应从一连串小小的成功开始，通过为断的成功来表现自己和确立自信，来消除对自己能力的怀疑。表现自己时，期望值不要过高，不要操之过急，要循序渐进地锻炼自己的能力，逐步用自信心取代自卑感。

有自卑感受的人多为性格内向、敏感多疑，因此，表现自己还得从锻炼自己的性格入手。有自卑感受的大学生应多参加集体活动，在活动中培养自己的坚韧性、果断性、勇于进取等优秀品质，确立自信，以逐步克服自卑心理。

3. 补偿法

补偿法即通过努力奋斗，以某方面的成就来补偿自己自身的缺陷。生理上的补偿现象，如盲人尤明、聋者尤聪，这是大家常见的。首先，人还有心理上、才能上的补偿能力。勤能补拙、扬长补短，可以说是心理上、才能上的补偿作用。华罗庚说："勤能补拙是良训，一分辛苦一分才。"记住：只要工夫深，一定能赶上他人。其次，每个人都有自己的长处和短处，要学会扬长补短。

亚历山大、拿破仑，他们生来身体矮小，这是他们的短处，但他们并不因此自卑，而能看到自己的长处并立志在军事上取得成就，经过不断努力，最终，他们都成功了。所以说，人的某些缺陷和不足，不是绝对不能改变的，而要看自己愿不愿意改变。只要找到正确的补偿目标，就能克服自身的缺陷或者从其他方面取得补偿。

4. 领悟法

领悟法即有自卑感受的大学生，主动求助于心理咨询老师，进行心理咨询和心理分析治疗。其要点是在心理老师的帮助下，通过自由联想和对早期经历的回忆，经分析找出导致自卑的深层原因。经过心理分析，主动求助者领悟到，一个人之所以有自卑感，并不是自己的实际情况很糟，而是潜藏于意识深处的症结使然。

显然，自卑者会发现过去生活中的阴影影响今天的心理状态是没有道理的，从而，使他们有豁然开朗之感，最终从自卑的阴影中解脱出来。

5. 暗示法

暗示法就是个人通过积极的自我暗示、自我鼓励，进行自助的方法。人的自我评价实际上就是人对自我的一种暗示作用，它与人的行为之间有很大的关系。消极的自我暗示导致消极的行为，而积极的暗示则带来积极的行动。每个人的智力相差都不是太大，我们在做事的时候，就应不断地暗示自己，别人能做的我也一定能做好。

始终坚信"我能行"、"我也能够做好"。成功了，自信心得到加强；失败了，我们也不应气馁，不妨告诉自己"胜败乃兵家常事，慢慢来，我会想出办法的"。

6. 训练法

有自卑心理的人常常在性格上表现出不当之处，如内向，不与人交往，敏感多疑等，为此，我们不妨进行一下成功性格的训练。

其具体做法如下。

第一，随意找到四个你的熟人，问他们对你的印象如何，确定你是否喜欢他们的回答，判断你为什么喜欢或不喜欢留给别人的那种印象。

第二，确定一下，如果你是一名演员的话，愿意扮演什么角色，以及你为什么喜欢这个角色。

第三，选择任何一个你所崇拜的人，列出他身上那些使你崇拜的特征和品质。

第四，把第二和第三综合为你自己所选择的性格。

第五，改变你的形象、行为、个性中所不喜欢的东西，强化你所喜欢的东西。

第六，表现你的新个性。

(二)过度自我接受

1. 过度自我接受的表现

过度自我接受是有点自我扩张的人，他们高估自我，对自己的肯定评价往往有过之而无不及。他们拿放大镜看自己的长处，甚至把缺点也视为长处，拿显微镜看他人的短处，把别人细微的短处找出来，他们的人际交往模式是"我好，你不好"、"我行，你不行"。过度自我接受的人容易产生盲目乐观情绪，自以为是，不易处理好人际关系，而且，过高评价滋生骄傲，对自己易提出过高要求，承担无法完成的任务、义务而导致失败。

2. 调适的方法

自尊心和自信心、好胜心、独立感等诸多形式都是大学生自我意识发展的主要表现。要克服过度自我接受，首先要看到自己的不足，承认自己也需要不断完善；其次，要看到他人的长处，欣赏他人的独特性；再次，多与他人交往，以开放的心态尊重和认真对待来自他人的反馈意见。

(三)自我中心

1. 自我中心产生原因及表现

自我中心的人凡事从自我出发，不能设身处地进行客观思考。只关心自己，先替自己打算，不顾忌他人的感受和需要。他们往往颐指气使，盛气凌人，处事总认为自己对、别人错，好把自己意志强加于人，因而，他们不易赢得他人的好感和信任，人际关系多不和谐，行为做事难得他人帮助，易遭挫折。

2. 克服自我中心的方法

要克服自我中心，首先得摆正自己的位置，既重视自己也不贬低他人，自觉地把自己和他人、集体结合起来，走出自我的小天地；其次要实事求是、恰如其分地评估自己，既

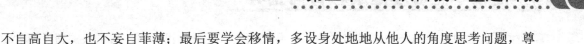

不自高自大,也不妄自菲薄;最后要学会移情,多设身处地地从他人的角度思考问题,尊重他人感受、关心他人。

(四)过分追求完美

1. 过分追求完美的表现

追求完美的大学生对自己持过高的要求,期望自己完美无缺,却不顾自己的实际状况。此外,他们不能容忍自己"不完美"的表现,他们对自我十分苛刻,只接受自己理想中的"完美"的自我,不肯接纳现实中平凡的、有缺点的自我,其后果往往适得其反,使其对自我的认识和适应更加困难。

2. 改善的途径与方法

(1) 树立正确的认知观念。人不能十全十美,每个人都有优缺点,一个人应该接纳自己的优缺点,并肯定自己的价值,不自以为是,也不妄自菲薄。

(2) 确立合理的评价参照体系和立足点。人应该选择合适的标准,更重要的是以自己为标准,按照自己的条件评定自己的价值,应该立足于自己的长处,明了、接受并尽力改进自己的短处。

(3) 目标合理恰当。在充分了解自己的基础上对自己有恰当的目标和要求,目标符合自己的实际能力,不苛求自己,也不被他人的要求左右。

(4) 接纳自己的不完美。人各有所长,各有所短,每个人都是独特的,与众不同的。欣赏自己的独特性,不断地进行自我激励。

(五)过分的独立意识与过分的逆反心理

从心理学的角度看,大学生正处于"第二断乳期",正在从幼稚走向成熟。新生入学后,自我意识的发展产生了一次飞跃。他们长大成人,常具有时代强者之感,十分讨厌居高临下的家长式教育态度;但对于刚刚脱离家庭而踏上独立之路的他们,面对许多实际问题,他们却束手无策,缺乏信心,难以作决断,缺乏独立解决的能力。因此,心理上产生了主观要求独立和客观上不能完全独立的自我意识矛盾。

大学生自我意识发展最显著的标志之一是独立意识日益明显。但是,独立意识过头,便会矫枉过正。很多大学生把独立理解成"万事不求人",不需要别人的帮助,其结果是在现实生活中,遇到困难挫折,只能自食苦果,活得沉重、痛苦。其实,独立并不意味着独来独往、我行我素和不顾社会规范,而是指在感情和行为上对自己负全部的责任。一个真正成熟的个体是独立的,他对自己负责,但绝不排除接受他人的帮助。逆反心理也是大学生自我意识发展的产物，其实质是为了寻求独立，寻求自我肯定，为了保护新发现的正在逐渐形成的，但还比较脆弱的自我，抵抗和排除在他们看来压抑自己的那种外在力量，这是青年阶段心理发展的必然现象。因为这个原因，青年期被称为"第二反抗期"。

从以上的分析中我们可以看到，大学生自我意识发展过程中出现的失误、偏离和障碍，是其心理还不成熟的表现，是由其身心发展和成长背景决定的年龄阶段的特征。这些失误、偏离和障碍是大学生自我意识发展中的普遍的、正常的现象，不需要大惊小怪，但是，必须进行调整和控制。只有认识到这一点，教育者和大学生本人才有可能去面对它、解决它，以达到大学生自我的真正统一和健康发展。

四、影响自我意识形成与发展的关键因素

根据我国学者对大学生自我意识所做的调查，我国大学生自我意识的发展基本上是积极的、健康的，但发展的过程并非直线向上，而是有起伏的矛盾斗争过程。总的说来，直到大学四年级，大学生的自我观念才基本趋于统一，自我意识的发展才趋于稳定。那么，在大学四年的学习过程中，到底有哪些因素制约着大学生自我意识的发展和变化呢？我们认为，自我意识的发展变化离不开整个社会环境与教育的影响，离不开学生自身的思维和实践体验。

(一)社会楷模的影响

自我成为一个什么样的人，总是离不开社会生活中各种楷模的影响。"孟母三迁"就是为了给儿子寻找一个适合效仿的楷模。中国古代十分重视树立良好的社会楷模，使受教育者同正人君子生活在一起，使他每天"目见正事，闻正言，行正道，左视右视，前后皆正人"（《大戴记》）。四面八方都是"正人"，自然不能不正了。

但是，大学生受社会楷模的影响并不是像少年那样，对所喜爱或崇拜的人直接模仿，而是从众多社会楷模身上吸取有意义的、令人敬佩的内容，作为创造理想自我的素材。例如，保尔·柯察金、吴运铎、雷锋、张华等英雄楷模的形象曾经是我国大学生创造"理想的我"的重要榜样。不同的时代有不同的楷模，他们对不同时代大学生自我意识中"理想的我"的形成起着重要的作用。

在对大学生进行的问卷调查中，当问到被调查的大学生希望成为一个什么样的人时，有个学生回答说，希望成为一个惩治贪污腐败的纪检干部；在问到最崇敬的人是谁时，他回答是海瑞、彭德怀；在回答最喜欢的文艺作品是什么时，他说是《七品芝麻官》。可见，大学生的思想已经围绕一些基本的观点形成了一个互相贯通的体系，他的理想同他的兴趣、爱好，以及崇敬的人物的理想都是相通的。由此也可看出，大学生建构的自我形象，并非

第三章 认识自我、塑造自我

来自对某一个人物楷模的直接模仿,而是从众多的楷模中吸取素材来创造的。

因此,为了帮助大学生塑造"理想的我"的形象,引导大学生学习古今中外历史上为人类社会的进步和发展做出贡献的科学家、思想家、教育家和革命家的光辉形象,有利于大学生从中吸取建构"理想的我"的养料,尤其是引导大学生学习那些和他们年龄与角色相近的同时代青年英雄和杰出大学生的光辉事迹,对于他们建构"理想的我"的形象具有重要的作用。

(二)他人评价的影响

俗话说,"旁观者清,当局者迷"。他人的评价是客观认识自己的一面镜子,可以帮助自己了解"现实的我"的形象,认识自己的长处和短处,知道自己在别人心目中是一个什么样的人,这既是作为建构"理想的我"的依据,也是提高"现实的我"的重要参照。

大学生可以通过某些会议、竞赛评比、表扬与批评、学习成绩报告单等途径获得别人非正式的评价,这些评价都可能对大学生的自我意识产生影响。

然而,别人的评价与大学生的自我评价总是会有一定的矛盾与距离的,如何使别人的评价与大学生的自我评价趋于一致,而为大学生所采纳,决定于许多因素。

(1) 评价要从肯定优点入手,对大学生的优点与缺点进行全面的评价。即使是指出缺点,也应从肯定成绩和优点入手,在一般的情况下,教育工作都应从正面对大学生进行肯定和鼓励,以激发其信心和斗志,不要一提优点就轻轻带过,一讲缺点和错误就大做文章,这种消极的批评难以收到积极的效果。

(2) 评价要从关心和爱护出发。出于爱护和关心的善意批评,即使是指出缺点和错误,也可使人心悦诚服;而恶意的指责、指桑骂槐、冷嘲热讽就难以被人所接受。

从关心和爱护出发的正面评价,常常能对大学生的自我实现产生强有力的激励作用。有个大学生牢记一位长者对他的评价:"你心地善良,待人宽厚,将来一定会有远大的前途。"他认为这个评价不仅使他对自我的个性品质产生了积极的体验,而且使他增加了对未来社会的信心。因此,亲人、爱人、受敬重的人所作的评价往往具有强大的激励作用。

有时,一个有威望的教师或长者的肯定评价甚至可以成为大学生刻骨铭心的座右铭,鼓舞他终身不懈地奋斗。

(3) 评价要尊重大学生的心理特点和人格。大学生是趋于成熟的青年,有强烈的自尊心和独立自主的精神。因此,对大学生的评价必须尊重他们的自尊心和人格。通过谈心或民主探讨的方式,使他人的评价与大学生自我的评价达成共识,较有利于促进大学生自我意识的发展;而采取专制性的批评指责,并强加于人,容易伤害大学生的自尊心,不仅会造成大学生的心情压抑和不满,甚至会产生逆反心理。

在对大学生进行评价前,还应该了解大学生自我评价的特点,才能进行有效的沟通,使别人的评价与大学生的自我评价趋于一致,从而达到提高自我认识的目的。

(三)个人实践的体验

大学生的自我意识是随着学习活动、课外活动和各种社会交往活动而不断发展的。他们通过实践活动增进对自我的认识,获得自我体验,并进一步修正自我观念,调整对自我的要求和自我实现的行动。

当他们在学习中获得显著的进步时,他们就体验到成功的愉快,提高了对自我学习能力的评价,增强了信心;而当学习成绩下降时,他们不但体验到失望和痛苦,而且会对自己的学习能力产生怀疑,降低对自我的信心。当他们参加某些竞赛活动(如唱歌、舞蹈、运动、绘画和演讲比赛等)而获奖时,他们会为自己过去未曾发现的才能而感到欣喜,并相应地提高对自己的评价;如果比赛受挫,有些人不但会感到失望和难过,可能还会认为自己"本来不是从事那项活动的料"而灰心丧气。有个大学生说:"我原来认为自己很聪明,可是第一学期几科成绩都考不好,我开始对自己的智力产生了怀疑,后来我的成绩又上去了,我又恢复了对自己智力的信心。"由此可见,实践的结果不断地影响着大学生的自我认识和自我评价。

实践中角色地位的变化也会影响到自我评价。一个学生当选为班长,会提高他对自我的积极评价,由此增加对自我的满意感和自信度;如果落选,则会降低对自我的评价和信心。

大学生对自我的评价和认识,通常并不是一次实践活动的直接结果,而是经过"实践——认识——再实践——再认识"反复实现的。大学一年级的时候,许多学生对自我尚缺乏全面的、统一的、稳定的认识,对自我的评估一般偏高。经过几年学习生活实践的反复认识后,他们才形成了比较统一的、稳定的认识,形成了比较确定的自我观念。

(四)网络信息交流的影响

目前,我国加入计算机互联网络的青少年日益增多,用户80%以上是青少年,其中,大学生占了很大的比例。现在,这些加入计算机互联网络的大学生不仅受到教师和家庭的影响,受到电视、电影等单向传播的影响,而且受到电脑互联网络交流信息的影响。当他们坐在计算机前同国内外其他人进行交流的时候,那种"老师讲、学生听"的传统教学方法顿显逊色,而"自我"的主体地位日益明显。当他们操作电脑、接受信息、处理信息和发布信息时,犹如"运筹帷幄"一般,发挥着自己的主动性、探索性和创造性,培养了自己独立分析问题、解决问题和创新的能力,以一种前所未有的方式促进自我意识的发展。

第三节　大学生健康自我意识的塑造

怎样培养大学生具有良好的自我意识，使他们具有健康的自我概念、自我体验和自我实现的意向呢？这主要靠两个方面的工作：一方面，家庭、学校和社会要创造一个有利于大学生自我意识发展的环境；另一方面，大学生要加强自我意识的修养。

一、营造良好的社会环境

营造良好的社会环境是涉及大学生教育培养全方位性的工作，是涉及家庭、学校和整个社会教育思想、教育制度和教育方法改革的大问题，需要慎重地加以对待。

(一)提倡新现代化的思想观念

一个民族的思维模式和社会性格总是同民族的文化渊源密不可分。我国传统文化历来重视人际之间的伦常关系和道德规范，往往使学生形成一种传统的思维模式和拘谨的性格特征。有人对我国青年学生观念现代化做了调查，发现有82.3%的学生处于由传统观念向现代观念的过渡阶段，13.4%的学生传统观念十分严重，只有4.3%的学生具有较为现代化的观念。

具有传统观念的学生对世界大局不关心，只关心本地区同自己密切相关的事情，表达意见谨慎；他们缺乏接受新事物的心理倾向，对周围的人缺乏信任感；他们关心国家的改革开放，但缺乏参与的积极性与勇气。

上述这种传统观念下的表现显然同时代的要求、同培养社会主义现代化人才的要求不相符。如果我们培养的大学生只能恪守传统，而没有自己的独立意识，缺乏参与竞争的精神，他们如何能在现代社会的竞争中坚定自信、克服困难、迎接挑战？他们又如何能在未来的事业中独立思考、开拓进取、做出新的发明和创造？

(二)改革传统的教育体制

由于受到传统思想的束缚，我国的大学生在集体主义、依从性等性格特征方面显著高于欧美人，而在独立性方面则明显不如欧美人。

根据教育部等单位所做的一项调查表明，有65.5%的学生经常会对老师和课本的说法表示怀疑，但公开质疑的人却很少；即使有人提出质疑，公开表示赞同的人也会很少，甚至有16.5%的同学认为，如果质疑，"大多数同学会予以非议"。随着年龄的增长，这种思维定势和对权威的服从会日益增强，这种状况显然不利于大学生自我意识的健康发展。只有当学习变成主动探索和发现的过程，大学生才能在学习的过程中不断自我发现、自我完善和自我实现。

(三)在家庭和学校中营造良好的人际关系氛围

有什么样的人际关系氛围，就会培养出什么样的自我意识。根据一项对全国 50 所大学 1580 名学生的家庭教养方式所做的调查发现，我国大学生家长的教养方式具有高拒绝、高否认和高惩罚的严厉特征，容易引发子女的高焦虑、自卑、敌对，不能正确认识自己等心理障碍，不利于大学生心理健康发展。因此，在处理亲子关系和师生关系时，都要讲民主，反对家长制的教育方式，要建立相互关心、相互尊重、相互信任、相互帮助的人际关系，使大学生能从日常的人际关系中感受到人性的温暖，获得爱的体验，使大学生热爱生活、关心他人，形成健康的自我意识。

二、加强自我意识的培养

为了帮助大学生能更好地完善自我，超越自我，健康成长，应让他们学会积极主动地了解自己，调整自我拒绝、自我否定、自以为是、自我中心等自我意识发展缺陷，形成正确的自我概念，培养健康的自我意识，使自我评价更加客观，自我体验更加积极，自我控制更加有力。

(一)正确地认识自我

正确认识自我，就是要全面地了解自我，其中特别重要的是要了解自己的长处和短处，把握自己与群体的关系，自己在社会生活中所处的位置，对自我做出恰如其分的评价。正确认识自我是建立健全自我意识的基础，有利于调适现在的我和构建未来的我。德国著名作家约翰·保罗(Iohnn Paul)曾说："一个人真正伟大之处，就在于他能够认识自己。"如果一个人能对自己有一个全面、正确的认识和评价，就能够扬长避短，取长补短，根据自己的实际情况，选择相应的目标为之努力奋斗。要做到正确认识自我，有以下几种方法。

(1) 在经常的自省中认识自我。孔子曰："吾日三省吾身"。要引导大学生学会自省，经常检查自己行为和动机正确与否，行为过程中有什么不足，结果如何，有哪些收获和缺憾，从中发现长短得失，以便他们有的放矢地进行自我调整。

(2) 通过他人的认识来认识自我。个体与社会、与他人有着密切的联系，个体要超出自身来认识自我，必须通过认识他人、认识外界来进行。所以，大学生应该积极地投身于认识世界、改造世界的社会实践，在其中不断丰富自己对自然、社会和他人的认识，并在此基础上进一步认识自我。深刻的自我认识是以深刻地认识和理解他人、社会为前提的。

(3) 在他人的评价中认识自我。心理学家认为，当一个人的自我评价与别人对他的客观评价有较大程度的一致性时，表明他的自我意识较为成熟。了解他人对自己的看法，常有助于发现自己忽视的问题。唐太宗有句名言："以镜为鉴，可以整衣冠；以人为鉴，可以知得失。"个体可以通过他人对自己的态度、期望、评价来进一步认识自己。当然，大学生不能简单地接受他人的评价，评价者的特点(是否学有专长，是否值得信任，是集体评价还是个人评价)、评价的特点(例行公事还是私人性质、与自我评价的差距大小、他人评价的一致性、评价是肯定还是否定)都会影响到大学生对他人评价的接受。因此，值得注意的是，对别人的评价应有一个正确的态度，不能因过高的评价而飘飘然，也不为过低的评价而失去信心。

(4) 在与他人的比较中认识自我。有比较才有鉴别。人们在缺乏客观评价标准的情况下，可以通过与他人的比较来评价自己。与周围的普通人比较，能认识自己的实际水平及在群体中的地位；而与杰出人物比较，则能找出自己的差距和努力方向。与他人比较，最重要的是要选定恰当的而不是盲目的参照系，同时还要学会用发展的眼光、辩证的方法去看待自己和他人，比较的视野越广阔，方法越科学，自我的位置就定得越恰当。恰当地与他人比较而正确地评估自己的人，就能做到既不妄自尊大，也不妄自菲薄，从而能合乎实际地确定自己的奋斗目标和行动计划。

(5) 通过自我比较来认识自我。人们不仅可以通过与他人比较来认识自我，还可以通过把目前的"自我"与过去或将来的"自我"相比较来进一步认识自我。心理学家曾提出"自尊＝成就/抱负"，这说明个体的自我评价不仅取决于他的成就，而且取决于他的抱负水平，取决于两者之间的比较。过去的成就水平越高，个体越容易积极地评价自己；而指向未来的抱负水平越高，个体越不容易满足，越难以对自己做出肯定的评价。所以，教育者在培养大学生正确的自我意识的过程中，一方面要鼓励大学生超越自我，不满足现有的成绩；另一方面也应该引导大学生确定能达到的目标，不要一味跟自己过不去。

(6) 以活动的成果来认识自我。活动成果的价值有时直接标志着自身的价值。社会衡量一个人的价值主要是通过活动成果认定的。理想的活动成果可以使个体进一步认识自我的能力，发现自我的价值，从而进一步开发潜能、激发自信。

(二)积极地悦纳自我

心理研究表明，心理健康者更多地表现出对自我的接受和认可，而心理障碍者则明显表现出对自我的不满和排斥。有些大学生对自己的容貌、性格、才能、家庭等某一方面或几方面不满意，而又无力改变，便产生自我排斥的心理，这是心理幼稚的一种表现。人总

高校学生心理健康教育与指导

要对自己有所肯定又有所否定,并且在自我意识的发展中建立起二者的动态平衡。悦纳自我是增进健康的自我意识的关键和核心,否则,对自己不满过于强烈,就会加剧心理矛盾,产生持续紧张的心理,这样不仅会使自己感到活得很累,还可能会引发心理问题,严重的可能出现悲剧。某校有位中文系男生,学习成绩中上,容貌俊秀,深受父母和姐姐的宠爱,但他总是责怪自己太平庸,厌恶自己,最后跳楼自杀身亡。

要学生积极地悦纳自我,教育者首先要引导他们积极地评价自己,这是促使他们产生自尊感、克服自卑感的关键;其次是在教育的过程中要处处保护学生的自尊心,即使在批评学生时,也要尊重学生的人格。

此外,就学生自身而言,需要强化四个理念:一是坚信"只要真正付出努力,同等条件下,别人行,我也一定能行",以此来增强自信。而强烈的自信和理智的努力则能激发个体的潜能,促进成功;成功后的愉悦又可以使个体进一步增添自信,形成良性循环。二是不忘"尺有所短,寸有所长",恰当地认识自己,而不是苛求自己。三是懂得"失之东隅,收之桑榆",正视自己的短处,既努力扬长也注意补短。一个人在某些方面自觉不足,如果通过积极的努力来补偿,以最大的决心和最顽强的毅力去克服这些缺陷,往往最终能取得成功。华罗庚以"勤能补拙"为良训,最终成为数学家就是例证。四是记住"失败是成功之母",正确地对待成功和失败,成功和失败是相辅相成的,成功的果实,只能在艰辛的努力中逐渐成熟。

(三)科学地塑造自我

大学生情感丰富,社会磨炼不足,加上人生观和价值观没有完全确立,很容易受到各种社会思潮与其他外部环境的影响,对待问题容易偏激和情绪化,对自己的长处和短处往往估计不足。顺境时,容易自视过高;遇到挫折时,又容易走到另一个极端,自卑自弃。

尤其是毕业生,要做出一生中重大的社会选择:进什么单位?从事什么工作?常面临"理想的我"和"现实的我","自我肯定"与"自我否定"等矛盾,常常表现出心理的不平衡,情绪体验较强烈,易振奋,也易波动。大学阶段不仅是人才的准备阶段,也是人生的转折时期。这个时期的大学生尤其需要注意塑造自我,为在日后的社会竞争中取得成功打下良好的基础。科学地塑造自我,需要做到以下几点。

首先要确立明确的行动目标。人的行为特点是有目的的,个体的行为是否有目的性,结果是不一样的。一般来说,有目标指向的行为较无目标指向的行为成就大得多。因为正确的目标能够诱发人的动机,强化人的行为,并促使其指向预定的方向。例如,有的同学能够抵御种种诱惑,刻苦攻读,学业优秀,是因为他把学习成绩与自己未来的发展联系起

第三章 认识自我、塑造自我

来了。确立正确的自我目标，关键是要按照社会的需要和个人的特点来进行设计，做一个"自如的我、独特的我、最好的我、社会欢迎的我"。所谓"做一个自如的我"，是指不要给自己提出力所不能及的过高要求，使自己总是陷入自责、自怨、自恨的境地，而是给自己设计只要付出相当的努力就能达到的目标，从而能够在坦然面对自己的客观存在的前提下，不忘积极地生活；所谓"做一个独特的我"，指不要一味地追求时尚，在刻意模仿中失去自我，而是在接受自我的过程中，扬长避短，得以自在地生活；所谓"做一个最好的我"，指立足于现实，选择适合自己的人生道路，尽最大的努力，达到最佳水平，充分实现自己的人生价值，能够满意地生活；所谓"做一个社会欢迎的我"，是指要有正确的价值取向，把自我实现的蓝图与祖国的富强、人类的文明结合起来，努力为社会做出自己最大的贡献，真正充实地生活。

其次要培养坚强的自控能力。在实现人生目标的旅途上，既有各种本能欲望的干扰，又有各种外界诱惑的侵袭。本能的欲望常令人失去理智，如贪图安逸、追求物欲等。名利和物质的诱惑，容易使人偏离正确的前进轨道，丧失奋进的斗志，放弃对远大目标的追求，甚至把青年学生引向堕落。一个人要想成就一番事业，就必须能够抵制诱惑，主宰自己的行动，这就需要有较强的自我控制能力，以保证理智地约束自己的情感，把握自己的行为。

自我控制的动力来源，在于从根本利益和长远利益上看问题。有些诱惑之所以对个体很有吸引力，就是因为它充分地显示了表面的、暂时的利益。比如，在学习紧张的时候，看一场精彩的球赛可能比枯燥的学习更有吸引力，因为它能使人度过一个更愉快的夜晚。类似的种种诱惑，每天都可能存在，如果不能抵御，作为学生，最终可能在考场上难以过关，在就业竞争中处于不利地位。如果能想到自己的根本利益和长远目标，就会有控制自己的动力，得以抵御表面的、暂时的利益诱惑。

个体在决定做某一件事的时候，常会产生各种对立动机的内部斗争，主要是高尚的动机(义务感、责任感、道德感等)跟低级的动机(满足个人的某种欲望)之间的斗争。这种斗争的结局，可以看出一个人自制力的高低。要检验一个人自制能力的强弱，可以看他的行为主要是臣服于本能的欲望或偶然的冲动、情感的驱使，选择"只要做"的事情，还是受理智的制约，选择"应该做"的事情。在自我意识未能达到高度统一时，个体觉得"应该做"的事情与感到"我要做"的事情往往是不一致或是有差别的。如果要有较强的自制力，那么，就要注意"应当做"的事情，善于强迫自己去做应当做的事情，克服妨碍"我要做"的愿望和动机(如恐惧、懒惰、过分的自爱、不良的习癖等)，从而自主地塑造自己。

最后要塑造健全的人格。人格，也称个性，"是一个人在与其环境相互作用过程中所表现出来的独特的思维模式、行为方式和情感反应的特征"，"它组织着人的经验并形成人的行为和对环境的反应"。因而，人格不仅是人的心理面貌的集中反映，而且是人心理行为的基础。它在很大程度上决定了人对外界的刺激做出怎样的反应，包括反应的方向、形式和程度等，因而，会直接影响人的身心健康、活动效果、潜能开发以及社会适应情况，进而也将影响一个人包括生理、心理和社会文化素质在内的综合素质的发展。医学研究认为，许多心理和生理疾病都有相应的人格特征模式，这种人格特征在疾病的发生、发展中起到了生成、促进和催化的作用。健康的自我意识的形成，除了要有对自我的正确认知外，还要有健全人格的支持。帮助大学生培养积极、和谐、健全的人格，对健康的自我意识的发展，将起到良好的促进作用。

心理助手——健康自我意识的培养

1. 题目：20个我是谁？

目的：认识并接纳自我，认识并接纳独特的他人。

操作：指导者可以先找出一个成员示范，连续让他回答"我是谁"，当他说出一些众所周知的特征时，如"我是男人"，指导者告诉大家，这种回答不反映个人特征，应尽量选择一些能反映个人风格的语句。然后指导者让大家开始边思考边回答"我是谁"这个问题，至少写出20个。当指导者看到最后1位放下笔时，请团体成员在小组(5~6人)内交流。任何人都抱着理解他人的心情，去认识团体内一个个独特的人。最后指导者请每个小组代表发言，交流活动的感受。

2. 题目：我是……

目的：理解自己，认识到自己的独特之处。

操作：让学生们拿出一张纸，在上面写作题为"我是……"的小诗。待学生写完后，让他们默读一遍，仔细体会自我的独特之处。然后请小组成员互相交流，并推举出一个人来念他写的小诗。

第一阶段	第二阶段	第三阶段
我是(我所具备的两种品格)	我假设(我想假设的事情)	我明白(我认定为真的事情)
我好奇(我所好奇的事情)	我感到(一种想象的感觉)	我说(我相信的事情)
我听见(一种想象的声音)	我触摸到(一种想象的触觉)	我梦想(我实在梦想的东西)
我看见(一种想象的情景)	我担心(实在令你心烦的事)	我试图(我真正努力去做的事情)
我愿(一个实在的愿望)	我哭泣(令你非常悲伤的事)	我希望(我真正希望的事情)
我是(重复本诗的第一行)	我是(重复本诗的第一行)	我是(重复本诗的第一行)

第三章 认识自我、塑造自我

3. 题目：小小动物园

目的：促进学生自我了解，并了解他人，学习接纳每个人的独特性。

准备：每人一支笔、一张卡片，给学生分组，大约6~8人一组。

操作：要求学生仔细思考，用一种动物代表自己，并在卡片上写下这种动物的名字。等所有人写完后，同时亮出卡片，请组内成员看看在这个小小动物园中有哪些动物，哪些与自己相似，哪些与自己不同。然后让大家讨论，轮流介绍自己为什么会选这种动物代表自己，该种动物的优点和缺点是什么。

附录：自我和谐量表

朋友，你具有和谐健康的自我状态吗？请仔细阅读每一条，根据你的实际情况，在右侧相对应的适当数字上划上一个√，A表示：一直这样；B表示：通常这样；C表示：很少这样，每题只有一个答案。

	A	B	C
1. 我对周围环境比较满意	A	B	C
2. 我视困难为机会	A	B	C
3. 我从失败中吸取教训，却不让失败打击自己的勇气	A	B	C
4. 我知道自己能力有限，但也有一技之长	A	B	C
5. 我以自己的潜能来评估自己的表现，而不是以别人的成就来衡量自己	A	B	C
6. 我避免因担心．小气和个人的怨恨而导致极端情绪	A	B	C
7. 我努力使自己在某方面做出成绩	A	B	C
8. 我知道成功离不开他人的帮助与合作	A	B	C
9. 我以积极的态度感染他人，他人也在影响着我	A	B	C
10. 我积极主动地参加各种活动	A	B	C
11. 我着眼于未来，有长期的奋斗目标和工作计划	A	B	C
12. 我既能在人生旅途中拼搏，积极生活，也能在大自然中轻松地享受	A	B	C
13. 我不受自己的消极情绪支配，能忍受挫折．恐惧和不安等情绪的冲击	A	B	C
14. 对于不能改变的事物，我很少抱怨，可以接受所有好的和坏的结果	A	B	C

续表

15. 我有自己的人生信念或人生哲学	A	B	C
16. 我也有负性情绪反应,如伤心. 后悔. 失望. 恼怒等,但它们是适当与适度的	A	B	C
17. 对自己的本性和情感,我不感到厌烦与羞愧	A	B	C
18. 我接受自己,也接受他人	A	B	C

评分与评价: 如果选A则得3分,选B得2分,选C得1分。将18个项目的得分相加,即得到总分。如果总分在24分以下,说明你的自我意识处于冲突状态;如果总分在36分以上,说明你有比较良好的心态;如果总分在24~36分,说明你一般能够保持均衡的心态,但仍需努力。

第四章 个性自我、快乐人生

每个人都有他自己在能力、情绪、需要、动机、态度、价值观、气质、性格和体质等方面不同于他人的心理因素以及相应的认知方式、情感反应方式和行为方式，组成一个人心理活动和行为表现各个方面的特征。有的人觉得世界充满爱，到处都有亲人、朋友和好人，到处都能够得到帮助和关心；有的人觉得这个世界就是人间地狱，到处都充满冷遇、欺骗、歧视、仇恨和虐待等。有的人助人为乐，有的人损人利己，有的人心直口快，有的人城府很深，有的人说到做到，有的人口是心非，我们把这些方面的差异都叫人格。

人格是人的素质的重要组成部分。学生阶段是一个人人格不断发展与重建的关键时期，拥有健康的人格，不仅是人类尊严的要求，也是时代发展的呼唤。不但人类生活的质量越来越多地取决于人类自身的人格健康状况，而且人格的健康发展也是促进社会健康发展的一种重要力量。健康人格的培养和塑造，是一个长期的过程，是在潜移默化之中不断改造、不断提升的过程。认识自己人格的特点，针对自己的优缺点取长补短，积极调适，促进人格的逐渐完善和发展。

第一节 人格概述

一、人格概念及结构

(一)人格概念

"人格"一词来源于拉丁语"面具"，原意是指希腊罗马时代戏剧演员在舞台上扮演角色时所戴的假面具，它用来表现剧中人物的身份和性格，正如同我国京剧中的脸谱一样。

在现代生活中，"人格"的使用非常广，不同的学科对其有不同的解释，社会学中把人格定义为人品；法学中把人格定义为权利、资格，如某人气愤地说"这是对我人格的污辱"；心理学中把人格定义为个性；伦理学中人格指的是品格，如这个人偷鸡摸狗、拈花惹草，人格太差，那个人舍生忘死、见义勇为，人格特别高尚；医学上通常以身体发育是否正常，智商高低，神经系统是否健康来研究人格，把人区分为健全人格和不健全人格；在国外，有的广告说这种产品能增进人的人格，这里的人格则是指容貌、仪表等给人的印象。

在心理学中，"人格"也是一个很复杂的概念。人格的定义与人格心理学家的理论观念有关，有多少种理论就有多少种定义。事实上，如何描述人的人格以及心理学的这个分支领域，应该包括哪些问题？关于人格的定义可以说众说纷纭，其中，影响比较大的有我国著名心理学家陈仲庚先生，他在《人格心理学》中提出："人格是个体内在的表现在行为上的倾向性，表现一个人在不断变化中的全体和综合，是具有动力一致性和连续性的持久的自我，是人生社会化过程中形成的给予人特色的身心组织。"另外美国心理学家杰里·柏格在《人格心理学》一书中把人格定义为："稳定的行为方式和发生在个体身上的人际过程。"为了便于交流和理解，目前，我国的一些心理学者倾向于把人格定义为："人格是一个人相对稳定的心理及行为特征的总和。"

综上所述，人格是指个人在一定社会中的角色、尊严、权力和作用的统一体，是具有个体心理特征的表里一致的做人的资格和品格。人格既包括外在行为及其表现，也包括内在的心理状态和精神面貌。

(二)人格的结构

人格是一个复杂的结构系统，它包含着多种相互联系的成分，可以归纳为以下三个方面。

(1) 人格倾向性系统。人格倾向性是人对事物的态度和倾向的动力系统，主要包括需要、动机、兴趣、理想、信念、世界观等。人的行为是以世界观为指导，在理想、信念的激励下，以需要为基础，在动机和兴趣的推动下去实现目标的过程。人格倾向性决定着人对现实的态度，决定着人格发展的方向。

(2) 人格心理特征系统。心理特征是人在心理活动中表现出来的比较稳定的心理特点，主要包括能力、气质、性格。能力是一个人能否顺利地完成某项活动，影响活动效率的心理特征；气质是人心理活动动力方面比较稳定的心理特征，它表现为心理活动的速度、强度、稳定性和指向性等方面的特点和差异组合；性格是人对现实稳定的态度以及与之相适应的习惯化了的行为方式。能力、气质、性格从不同的角度反映了人心理的个别差异，构成一个人心理面貌的独特性，体现着一个人独特的人格特征。

(3) 自我意识系统。自我意识就是主体对所有属于自己身心状况的意识，主要包括自我认识、自我体验和自我调控三个方面。自我认识是对自己的洞察和理解，包括自我观察、自我分析、自我评价等方面；自我体验是个体对自己的情感体验，如自尊、自信、自卑、自责等；自我调控是自我在行为上的表现，包括自我检查、自我监督、自我控制。个体通过自我调节系统对人格的各个方面加以整合，以保证人格的统一与和谐。

第四章 个性自我、快乐人生

二、气质

"气质"这一概念与我们平常说的"禀性"、"脾气"相近似。在日常生活中,我们可以看到,有的人总是活泼好动,反应灵活;有的人总是安静稳重、反应缓慢;有的人不论做什么事总显得十分急躁;有的人情绪总是那么细腻深刻。人与人在这些心理特性等方面的差异,叫气质的不同。

(一)气质的定义

气质是个人生来就具有的心理活动的动力特征。气质不是推动着进行活动的心理原因,而是使人的心理活动具有某种稳定的动力特征。所谓心理活动的动力特征,是指心理过程的强度(例如,情绪体验的强度、意志努力的程度)、心理过程的速度和稳定性(例如,知觉的速度、思维的灵活程度、注意力集中时间的长短),以及心理活动指向性特点(有的人倾向于外部事物,从外界获得新印象;有的人倾向于内心世界,经常体验自己的情绪,分析自己的思想和印象)等方面在行为上的表现。气质不仅表现在情绪活动中(例如冯特就是持这种观点),也表现在包括智力活动等各种心理活动中。它仿佛使人的全部心理活动都染上了个人独特的色彩。具有某种气质类型的人,常常在内容很不相同的活动中都显示出同样性质的动力特点。例如,一个学生具有安静迟缓的气质特征,这种气质特征会在学习、工作、参加考试、当众演说、体育比赛等各种活动中表现出来。个人的气质特点不以活动的内容为转移,它表现出一个人生来就具有的自然特性。

个体一出生,就具有由生理机制决定的某种气质。我们可以观察到,新生儿有的爱哭闹,四肢活动量大;有的则比较安静,较少啼哭,活动量小。这种先天的生理机制构成了个体气质的最初基础,在儿童的游戏、作业和交往活动中表现出来,同时,由于成熟和环境的影响,在个体生长发育过程中气质也会发生改变。例如,在集体主义的教育下,脾气急躁的人可能变得较能克制自己;行动迟缓的人,可能变得行动迅速起来。一个人的气质具有极大的稳定性,但也有一定的可塑性。

(二)气质的类型

1. 气质的体液说

在心理学史上,"气质"是一个很古老的概念。早在古希腊医学家恩培多克勒(Empedocles)的"四根说"中就已经具有了气质和神经类型学说的萌芽,这可以说是后来的气质概念的萌芽。

希波克拉底(Hippocrates)把四根说进一步发展为四液说。他在《论人类的自然性》这篇著作中写道："人的身体内部有血液、黏液、黄胆汁和黑胆汁，所谓人的自然性就是指这些东西，而且人就是靠这些东西而感到痛苦或保持健康的。"认为构成人体内的体液有四种：血液、黏液、黄胆汁、黑胆汁。并根据哪一种体液在人体内占优势，把人分为四种类型：多血质、黏液质、胆汁质和抑郁质。在体液的混合比例中血液占优势的人属多血质；黏液占优势的人属黏液质；黄胆汁占优势的人属胆汁质；黑胆汁占优势的人属抑郁质。希波克拉底认为，每一种体液都是由寒、热、湿、干四种性能中的两种性能混合而成，血液具有热——湿的性能，多血质的人温而润，好似春天一般；黏液具有寒——湿的性能，黏液质的人冷酷无情，似冬天一样；黄胆汁具有热——干的性能，黄胆汁的人热而躁，如夏季一般；黑胆汁具有寒——干的性能，抑郁质的人冷而躁，有如秋天一样。这四种体液配合恰当时，身体便健康；在配合异常时，身体便生病。按照希波克拉底的原意，他所谓的四种气质类型，其含义是很广的——即决定人的整个体质(也包括气质)，而不是单指现在心理学上的所谓气质。

希波克拉底的体液学说，在五百年后为罗马医生盖仑(C.Galen)所发展。他将四种体液作种种配合而产生出13种气质类型，并用拉丁语 temperameteum 一词来表示气质这个概念，这便是近代"气质"(temperament)概念的来源。

希波克拉底关于四种气质类型的概念，一直沿用至今。但限于当时的条件，他用四体液来解释气质类型是缺乏科学依据的。

2．高级神经活动类型与气质

关于神经系统类型的概念是巴甫洛夫在1909—1910年期间第一次提出的。1935年，巴甫洛夫在其"人和动物的高级神经活动的一般类型"一文中详细论述了高级神经活动的各种特性和判定方法。他指出，大脑皮质的神经过程(兴奋和抑制)具有三个基本特性：强度、均衡性和灵活性。

巴甫洛夫在"神经系统类型的生理学说，即气质的生理学说"一文中把气质和神经系统类型看成是同一个东西。他说："我们有充分的权利把在狗身上已经确立的神经系统类型……应用于人类。显然，这些类型在人身上就是我们称之为气质的东西。气质的每个个别的人的最一般的特征，是他的神经系统的最基本的特征，而这种最基本的特征就给每个个体的所有活动都打上这样或那样的烙印。"巴甫洛夫认为，兴奋型相当于胆汁质，活泼型相当于多血质，安静型相当于黏液质，抑制型相当于抑郁质。

巴甫洛夫根据这三种特性的独特结合，把动物高级神经系统活动划分成许多不同的类型，其中最典型的类型有如表3-1所示的四种。

第一,强而不平衡的类型。这种类型的特点是:兴奋过程强于抑制过程,阳性条件反射比阴性条件反射易于形成。这是一种易兴奋、奔放不羁的类型,所以,也称之为"不可遏制型"。

第二,强、平衡、灵活的类型。这种类型的特点表现反应灵敏、外表活泼,能很快适应迅速变化的外界环境,所以也称之为"活泼型"。

第三,强、平衡、不灵活的类型。这种类型的特点是:较易形成条件反射,但不容易改造,是一种坚毅而行动迟缓的类型,所以也称之为"安静型"。

第四,弱型。属抑制型,其兴奋和抑制都很弱,阳性条件反射和阴性条件反射的形成都很慢,表现得胆小,在艰难工作任务面前,正常的高级神经活动易受破坏而产生神经症。

表 3-1　高级神经活动类型及特征

神经类型(气质类型)	强 度	平衡性	灵活性	行为特点
兴奋型(胆汁质)	强	不平衡	—	攻击性强,易兴奋,不易约束、不克抑制
活泼型(多血质)	强	平衡	灵活	活泼好动,反应灵活,好交际
安静型(黏液质)	强	平衡	惰性	安静、坚定、迟缓、有节制、不好交际
抑制型(抑郁质)	弱	—	—	胆小退缩,消极防御反应将

(资料来源:《心理学导论》,黄希庭,1991)

以上四种类型是基本类型,是从现实的表现中抽取出来的具有典型性的类型。它们之间有许多中间形式和过渡类型。世界上纯属单一类型的人是少数,大多数人属于混合型。

巴甫洛夫关于神经系统基本特性和基本类型学说,是他在晚年对动物实验研究的结果,仅仅为气质的生理机制勾勒出一个基本的轮廓。他的研究不断地为后来的研究者证实。苏联以捷普洛夫为代表的一批心理学工作者,在巴甫洛夫关于动物神经类型研究的基础上,用条件反射测定法进一步研究了人的高级神经活动类型特点及其与气质的关系,取得了令人满意的成果。

三、性格

(一)什么是性格

在国外的心理学文献中,性格(character)一词源于希腊语,意为雕刻的痕迹或戳记的痕迹,这个概念强调个人的典型行为表现和由外部条件决定的行为。我国心理学界倾向于把性格定义为个人对现实的稳定的态度和习惯化了的行为方式。

人在活动的过程中,客观事物的种种影响,特别是社会环境的种种影响,通过认识、情绪和意志活动在个体的反映机构中保存下来,固定下来,构成一定的态度体系,并以一定的形式表现在个体的行为之中,构成个人所特有的行为方式。例如,一个人在各种场合总是表现出对同志热情忠厚、与人为善,对自己虚心谦逊、严于律己、遇事坚毅果断、深谋远虑,这种种对人对己对事的稳定态度和习惯化的行为方式所表现出来的心理特征,就是这个人的性格。又如,另一个人在各种场合总是表现出对同志尖酸刻薄、冷嘲热讽,对自己自高自大,宽于恕己、遇事优柔寡断、鼠目寸光,这种种对人对己对事的稳定态度和习惯化的行为方式所表现出来的心理特征,就是另一个人的性格。因此,性格也是个人在活动中与特定的社会环境相互作用的产物。

应当注意,并不是人对现实的任何一种态度都代表他的性格特征。在有些情况下,人对待事物的态度是属于一时情境性的、偶然的。例如,一个人处理事情通常很果断,偶尔地表现出优柔寡断,那么优柔寡断就不能看做是此人的性格特性,而果断则是他的性格特征。同样地,也不是任何一种行为方式都可以表明一个人的性格特性,只有习惯化了的行为方式,才能表明其性格特性。例如,一个人在某种特殊情况下,一反机敏之常态,表现的行动呆板,我们就不能把呆板看做是此人的性格特征。总之,作为性格的态度和行为方式,总是比较稳固的、习惯性的,甚至在不同的场合都会表现出来。

(二)性格的特征

1. 性格的态度特征

(1) 对社会、集体和他人的态度特征:如集体主义、富于同情心、诚实、正直、公而忘私、见义勇为等,相反的如对集体利益和荣誉漠不关心,对人冷酷无情、自私、虚伪、狡诈、唯利是图等。

(2) 对工作和学习的态度特征:如勤劳或懒惰、朝气与暮气、乐观与悲观、有责任心或粗心大意、认真或马虎、首创精神或墨守成规、节俭或浮华等。

(3) 对自己的态度特征:如谦逊或自负、胆怯以及自我批判精神等。

2. 性格的意志特征

(1) 行为目的明确程度的特征(自觉性):如独立性或易受暗示性;有目的性或盲目性;组织性、纪律性或放纵无羁、散漫性等。

(2) 对行为的自觉控制水平的特征(自制性):如主动性或被动性。

(3) 在长期工作中表现出来的特征(坚持性):如有镇定、果断、勇敢和顽强,以及献身

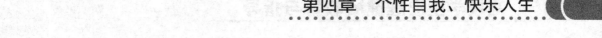

精神等；与此相反的则是惊慌、犹豫不定、软弱怯懦，以及贪生怕死等。

(4) 在紧急或困难情况下表现出来的特征(果断性)：如认真、有恒心、坚韧性等；与此相反的是轻率马虎、虎头蛇尾、畏难、动摇性等。

3．性格的理智特征

(1) 感知方面的性格特征有以下三方面。

① 感知和被动主动感知：前者易受暗示，后者具有主动性、独立性、计划性和思考周密的性格特征。

② 在知觉的详细分析和综合概括：前者多注意细节，后者多注意整体和轮廓。

③ 在感知的快速性和精确性：前者反应迅速但"粗枝大叶"，后者观察深入精细，表露出敏锐的判断力。

(2) 想象方面的性格特征：有主动想象和被动想象类型之分，前者借助想象来打开自己的活动界限，后者以想象来掩盖自己的无所作为。

(3) 思维方面的性格特征：如善于独立思考或搬用现成答案；偏好分析或偏好综合；富于创造性或思想保守；辩证、全面地看问题或主观、片面、爱钻"牛角尖"等。

4．性格的情绪特征

(1) 情绪的强度特征。例如，有的人情绪高涨、鲜明、富于热情，精神旺盛；有的人情绪安宁、冷漠等。

(2) 情绪的稳定性、持久性特征。例如，有的人忽冷忽热，只有几分钟的热情；有的人始终保持高涨的情绪。

(3) 主导心境特征。例如，有的人可能经常处在精神饱满、欢乐愉快的情绪之中，是个乐观主义者；有的人可能是抑郁消沉，多愁善感者。

(三)性格类型

1．按照心理活动的倾向性划分性格类型

瑞士心理学家荣格认为性格有外向性和内向性之分。

外向性：心理活动倾向于外露，社会适应能力强，对人对事都能很快熟悉起来，表情丰富。活泼、开朗、情感外露，易激发情绪，不善掩饰自己的思想和情绪，善交往，不拘小节，喜欢自由，缺乏谦虚态度，反应敏捷、动作迅速，好动但不太多思考，做事不太精细。

内向性：心理活动倾向于内敛，不易适应环境，社会适应能力弱，不轻易相信别人，不善与人交往，思想和情绪不易外露，愿独处、沉静、孤僻、喜欢安静。处事谨慎，往往

心胸狭窄，不宽容人，多思虑，好疑心，冷静，办事稳妥。

2. 性格类型论

斯普兰格(E.Spranger)认为按照社会价值取向可将性格分为以下几种。

理论型：以探求事物本质、追求真理、追求知识为人生的最大价值，有强烈的求知欲和钻研精神。

社会型：重视社会价值，以爱社会、关心他人、增进社会大众的福利为自我实现的目标，宽厚仁慈，能设身处地地为他人着想，立志献身于社会公益事业。

经济型：一切以经济为中心，注重效益和经济收入，以追求财富和获得财富作为个人生活的目的。

权力型：以获得权力、支配他人为生活的最高目标，具有强烈的权力意识与权力支配欲，甚至为了拥有权力、支配他人而不择手段。

审美型：以感受事物的美为人生最高价值，追求美和美好的创造，认为美是人生最伟大的追求，用审美价值来判断周围所有的事物。

宗教型：把信仰宗教、拯救灵魂作为生活的最高价值，相信超自然力量，坚信生命永存，注重各种神秘经验，皈依宗教，体验心灵特殊的充实，以爱世人、同情一切生物为行为标准。

四、人格的特征

任何事物都有其特性，人格的特性表现在以下几方面。

(一)人格的整体性

人格是具有倾向性的心理特征的总和。虽然有多种成分构成，但是，一个人的各种人格倾向、人格特征和心理过程总是有机地结合在一起，它们相互联系、交互作用，组成一个有机的整体。人的行动是人格的各种成分协调一致的结果，如人在做事的时候，其内在的价值观、动机、需要等对外部行为有直接的动力作用。一个人有清晰的自我意识，在实际生活中，他就能够扬长避短，发挥优势，并能够使自己的行为与社会保持一致；反之，一个人内心冲突激烈，其行为就会严重失调，会形成"多重人格"。

(二)人格的稳定性

人格是在人的成长过程中逐渐形成的，一旦形成了某种人格特征，就具有相对的稳定性。我们常说的"他就是他"、"他就这样"指的就是人格具有稳定性。孔子说："三十而立，四十不惑，五十而知天命"，从人的社会化过程来讲，"三十而立"就意味着人的社会化过程已基本完成，人格特征进入相对稳定的阶段。

理想、信念、世界观的确立，使人格具有倾向性，随着年龄的增长，人格特征变得日益巩固，由于人格具有稳定性，因而，我们可以推论一个人未来的发展。今天活泼开朗的人，明天也是活泼开朗的，在工作中喜欢竞争的人，在体育活动中也喜欢竞争，那些高成就需要者比其他人更有可能获得经济上的成功。个人行为中偶然表现出来的一时性的心理特征不能称其为人格特征，如一个内向的同学，平时严肃认真，但经过精心准备和多次练习，在某次晚会上表现得活泼开朗，并不说明他这个人具备活泼好动的人格特征。只有一贯的、在绝大多数情况下都得以表现的心理现象才是人格的反映。

人格的稳定性是相对的，一个人的人格也会随着生活环境、文化背景甚至身体条件的变化发生变化，典型的例子是：长期移民在外的人信仰、价值观会发生变化；一场大病也可使一个人的人格大变，本来活泼开朗，病后却变得沉默寡言了。

(三)人格的独特性

每个人的遗传基因不同，生活环境不同，个人主观反映不同，因而，每个人都有自己独特的心理特点，这就构成了人格的独特性，常言说："人心不同，各如其面"，就是指人格的独特性。在日常生活中，我们随时随地都可以观察到各种个性的大学生，他们在能力、气质、性格、动机和价值观等方面各不相同。再如，《红楼梦》中林黛玉的悲伤、懦弱，王熙凤的世俗、泼辣等人格特征各有千秋。

人格虽然具有独特性，但是，人们之间在心理和行为上也具有共同性。同一民族、同一阶层、同一群体的人们具有相似的人格特征，如勤劳勇敢是中华民族共同的传统美德；长期从事某种职业，由于职业的影响，也会形成某种相似的特点，如军人严格自律，护士体贴入微，医生细致耐心，会计细致谨慎等。

因此，不同的人虽然有不同的特点，但也有某些相同的特点，这些特点统一到一个人的身上，仍能体现出人和人的差异。因此，人格是独特性与共同性的统一。

(四)人格的社会性

人格的发展有其生物学基础，生物因素为人格的发展提供了物质前提，构成了人格形成的基础，影响着人格发展的方向和方式，影响着某些人格特征形成的难易，如，由于遗传的特点，父母与子女之间在气质方面有相似之处，为能力、性格特点的形成与发展奠定了基础，但它们却不能预定人格发展的方向，影响人格发展的决定性因素是社会生活。

人一出生就在一定的社会条件下生活，人的成长过程也是一个社会化的过程。社会环境、社会制度、文化氛围、社会地位民族、家庭等一系列的社会问题影响着他，人格倾向性的发展受社会的制约，人格心理特征的形成和发展也是在社会生活的影响下实现的，因此，一个人的人格必然会反映出他生活在其中的社会文化特点及所受到的教育影响。如在不同的历史和文化背景下，美国人独立、务实和积极性，法国人随意而浪漫，德国人严谨而规范，中国人含蓄而平和等。

因此，人格是生物性与社会性的统一体，生物因素是人格发展的物质前提和基础，社会生活是人格发展的决定性条件。

五、影响人格形成的因素

人格的形成是一个漫长的过程，一般认为从出生开始，随着年龄的增长，心理发育逐渐成熟，人格也就随着形成了。为了便于确立人在社会生活中的权利、义务、规范行为，人为地规定了一条人格定型的年龄线，年满18周岁的人，人格应当成熟。在人格形成期间，影响人格形成的因素非常多，主要有以下几方面。

(一)生物因素

(1) 遗传因素。生物因素是人格发展的自然物质前提。艾森克的研究表明，在同一环境中成长的同卵双生子，其外向性的相关为 0.42，而在不同环境下成长的同卵双生子，其外向性的相关为 0.61；而异卵双生子的外向性相关为 0.17，可见，同卵双生子因为遗传基因相同，即使分开抚养，其人格的外向性特点的相关也较显著，而异卵双生子虽生活在相同的环境下，人格外向性特点相关的程度却极低。在现实生活中，也常见到父母性格外向，好说好笑，儿女也活泼开朗的例子。

心理学家们对人格障碍的遗传因素做了许多研究，发现人格障碍患者亲属中，人格障碍的比例与血缘关系成正比，即血缘关系越近，发生率越高。意大利心理学家调查发现许多罪犯的亲属中患有反社会型人格障碍，因此，遗传因素对人格的形成有不可忽视的影响。

(2) 生理状况。人格的形成发展与生理成熟的程序是相适应的，如青春期青少年的身体发生了巨大变化，同时也是人格发展的关键期、转折期。在人格形成的过程中，离不开神经生理基础的作用，生理上的逐步成熟也不断地同心理发生交互影响，参与人格的形成。

个人的仪表、体型对人格的形成也会产生一些影响。符合社会所赞许的体格标准的人会有良好的社会反应；反之，有可能产生一些个人心理障碍。这是因为机体的状况中有些因素有助于社会上所认可的一些技能的发展，而有些因素有碍于一些技能的发展。有些身体特征是否符合当时当地的社会文化价值观念，往往会对一个人的自我意识产生重大影响。

有的人逐渐养成了自信的个性,有的人则产生了自卑的感觉。如先天畸形的人只有在遇到周围人的贬低和排斥时,才有可能形成自卑心理。

总之,生物遗传因素作为自然物质前提,影响着人格的发展,应注意的是,它在智力、特殊能力和气质方面影响较大,而人格倾向性方面受环境的影响较大。人的生理状况并不能直接决定人的心理特点,但它可以影响个体对社会环境的选择,也影响环境对个体的选择,从而决定了个体的人格特征。

(二)环境因素

1. 自然环境因素

自然地理、地质、地貌,对人格的形成也有影响,就是人们常说的一方水土养一方人,如草原人彪悍,平川人机警,山区人豪爽,海边人坦荡。自然环境的差异使不同国家、不同地区、不同民族间的人格差异非常明显。

2. 社会环境因素

(1) 家庭因素。任何人格的形成,都离不开家庭环境的影响。在一个人成长的过程中,家庭人际关系、父母的文化程度、教养方式往往决定其将来发展的方向和人格模式,其中,家庭教养方式对人格发展的影响较大。

家庭教养方式主要有三种:第一种是权威型的教养方式,这种方式父母过于支配、控制孩子,容易形成消极、被动、依赖、顺从、懦弱等人格特质或者产生逆反心理;第二种是放纵型的教养方式,这种方式父母过于溺爱孩子,容易形成任性、自私、野蛮、独立性差、唯我独尊等人格特征,更有甚者,由于父母、亲人的过分溺爱,使其自我中心的思想恶性膨胀,导致无视父母的教育,无视校规和法纪,容易形成反社会型人格障碍;第三种是民主型的教养方式,这种方式父母尊重孩子,考虑孩子的意见和建议,和孩子和谐相处,平等相待,容易形成活泼、直爽、独立性强、善于交往、富于合作等人格特征。

(2) 学校因素。学校对儿童人格的形成有重大意义,学校的校风、班风、教风,各种实践活动对学生人格的形成起直接或间接的作用。学校对儿童人格的影响主要有以下两方面作用:一方面,同龄人的交往对人格形成起推动作用,在与同龄人的交往过程中,互相学习,互相比较,他们很重视同伴对自己的评价,对来自同学的意见、要求很敏感,甚至自己的爱好、信仰、爱憎都受同学影响,这样,自我意识得到发展,人格不断成熟;另一方面,教师的言传身教对学生人格的形成起潜移默化的作用,学生模仿能力强,如果教师以自己的人格、学识为学生树立起榜样,教育就有力度,反之,如果师生之间关系疏远,感情淡漠,教师主观武断,不能以身作则,奖罚不明,学生就会顶撞师长,造成师生关系紧张进而产生认知障碍，因此，教师的素养对学生人格的影响非常重要。

(3) 社会因素。社会文化对人格发展的影响也十分显著，人在社会中生活必然要受到社会环境的影响，特殊文化中的道德信念和价值观念一旦被人接受，它们就逐步被内化，构成人格的一部分。社会文化氛围是善恶并举、利弊共存、好与坏相互交织，消极的社会因素对健康人格的形成有着不可低估的不良影响。如结交有品行问题的坏朋友、受大量淫秽、凶杀等不良作品和影视文化的影响，社会上存在的不正之风、拜金主义等社会现象，特别是扭曲的价值观念等都会对健康人格的形成产生消极影响。因此，净化社会环境，倡导文明的社会风气是建设文明社会的重要任务。

(三)个体的生活实践

在影响人格形成的诸多因素中，个体的生活实践对人格的形成起着决定性的作用。个体的经历不同，人格的发展也就不同。常言说："穷人的孩子早当家"，生活的艰辛，也就使这些孩子多体验了一些困苦和艰难，坚强的意志、强烈的独立意识就成为他人格的一部分。现在一些家长、教师抱怨当今的子女责任心不强，缺乏坚强的意志，耐挫折能力差，实际上是这些孩子缺少生活的磨炼和锻炼。

人格的发展也是自我塑造的结果，同样的环境，由于个人经历不同，也会形成不同的人格特征。人格的形成是外因和内因相互作用的结果。

第二节　大学生健康人格的培养

一、健全人格的标准

健全人格是人类追求的目标，健全的人格越来越受到人们的关注并成为多个学科研究的重点。健全的人格有助于大学生更好地适应环境，顺利地进行人际交往，正确地面对挫折；有助于大学生有意识地控制自己，掌握自己的命运，保持身心健康发展，为社会做出更多的贡献。

关于健全人格的标准，国内外有多种观点，概括起来有以下几点。

(1) 积极乐观，目标明确。心理健康的人对自己充满信心，能客观地评价自己的优点和缺点，能够悦纳自己，对生活充满希望，能乐观地对待困难和挫折，生活目标明确，不断地为实现目标而努力。

(2) 心理和谐发展。人格健全的人，内心协调统一，能客观地认识和评价自己的行为是否符合社会规范，是否符合客观需要，能主动地控制和调节自己的行为，能及时协调自己和外部世界的关系,表现出人格的整体性。

(3) 人际关系融洽。人际关系是社会关系的直接表现,是构成人类社会的最普遍,最直接的关系,人与人的交往和互动是社会存在和发展的前提。离开了人与人之间的交往与相互作用,人们的需要将无法得到满足,个体的心理发展也就无从谈起。心理健康的人能正视现实生活,主动适应环境,建立令人满意的人际关系,在人际交往中能够理解、信任、宽容地对待他人,保持良好的心态。

(4) 富有创新精神。心理健康的人能把自己的智慧和能力有效地运用到自己的工作和事业中,在学习工作中具有创造热情,富有创造力,具有开拓性,敢于尝试新事物,寻求事业上的成功,追求自我价值的实现,生活内容丰富多彩。

二、培养健全人格的意义

人格是人的心理行为的基础,是人性的升华与体现。现代社会发展迅速,对人才素质提出了更高的要求,不仅要求人们具备良好的道德素质、文化素质、能力素质,还要具备良好的心理素质。培养健全人格具有以下意义。

(1) 培养健全人格是身心健康的需要。医学研究证明,许多生理疾病都与相应的人格特征有关,这类人格特征在疾病的发生发展过程中起到了生成、促进和催化的作用。如多数神经衰弱患者不是胆怯、自卑、敏感、多疑,就是偏于主观、任性、自制力差等;易患心脏病的人多具有个性急躁、求成心切,争强好胜,攻击性强等人格特征;偏头痛患者多有刻板、好胜、嫉妒心强,刻意追求完美的人格特征。而癌症的发生常与癌症倾向性格有关,癌症倾向性格的人的心理和行为特征是:不能公开表达自己的情绪,谨言慎行,常常自责,怕失败;患病不肯求医,对人有戒心,没有很密切的人际关系;认命,生活无意义,无价值,无乐趣;与家人有很深的隔膜,不把心思向人倾诉,情绪不安时找不到倾诉的对象。所以优化人格要素,培养健康人格是防病健身的需求。

(2) 培养健全人格是时代的要求。21世纪社会迅速发展,现代化带来了社会的发展和人民的幸福,也带来了负荷和危机,它在增进人们健康的同时,也制造了有害心身的因素。人口膨胀、交通拥挤、空气污染、社会关系紧张、社会阶层复杂多变等,构成了不良的心理应激,面对四通八达的交通网,耸入云霄的摩天大楼,到处可见的电气化、自动化设备,人们会不时涌起孤独、渺小、无力、自卑、冷漠、茫然无助的感觉。现代化改变了人际交往的方式,修改了人际关系的准则,它一方面使天涯如咫尺,另一方面使咫尺如天涯;现代化社会生活节奏加快,竞争加剧,大大加重了人们的心理负荷;观念的多元和多变,使人失去了稳定感,变得难以认同,无所适从,所有这一切,都容易使人陷入焦虑、不安、压抑、苦恼中,从而产生了这样那样的心理问题,因此,培养健康的人格,才能使人们从根本上保持健康的心态。学会调节,控制自己,做新时代的主人。

(3) 培养健全人格是大学生自我发展的需要。现在的大学生都是将来的建设者,社会的进步,经济的发展,科技的创新与他们的高素质和健康的人格塑造是分不开的。现在,人们越来越多地认识到,影响一个人成才与成功的因素除了智力因素外,更重要的是非智力因素,而人格因素却是非智力因素的重要组成部分。一些天资聪颖、才华横溢却一生碌碌无为、一事无成者,很大程度上与人格缺陷有关;一个乐观开朗,热情大方,善于交际,诚实有信的人,比较容易获得他人的接纳和帮助。创造和谐的环境,有利于才华的施展。在就业市场上,拥有健康人格的毕业生就业机会就多,事业成功的机会也相对较多。从某种意义上说"人格即命运",也就是说除了才华和机遇外,人格是决定人的一生成功与否、快乐与否的关健因素。健康的人格,使人在困苦中品出快乐,在失利时取得成功,在平凡里创造辉煌。因此,培养健康的人格,具有完美、独立的人格是大学生自我发展的需要。

(4) 培养健全人格是学校教育改革发展的需要。学校教育改革特别是中小学教育改革正在全国范围内进行,现代的学校教育注重学生能力和个性特别是创造性的培养,提出了创新学习的概念,这与健康人格的培养是一致的。但是,有不少学生虽然没有智力缺陷,却在情感和行为方面存在明显障碍,在情感方面过于冷漠甚至冷酷,或极不稳定,变化无常;在行为表现上,或自制力差,容易受偶然动机,本能欲望的支配;或因人格发展的不协调,对周围环境刺激反应不适应,易发生冲突,给别人和社会造成伤害或破坏,且伤害或破坏的程度与其智慧成正比。因此,如果没有积极健康的人格为支持,教育改革是难以成功的。

三、培养健全人格的途径和方法

大学生健全人格的培养,需要社会、家庭、学校和大学生自身的共同努力,但是外因毕竟要经过内因才能起作用,因此,培养健全的人格,最关键的还是大学生自己。

(1) 确定积极可行的未来生活目标。人格健康的大学生积极进取,有自己奋斗的目标并努力实现它,追求自我价值的实现。人格健康的大学生生活态度乐观自信,对前途充满希望,对未来充满信心,在实现目标的过程中,体验到成功的喜悦,享受到生活的乐趣。选择某些良好的人格品质作为自己努力的方向,如勇敢、热情、勤奋、刚毅、正直、善良、自信、开朗等,针对自己人格上的弱点予以纠正,如自卑、胆小、懒散、任性、粗心、急躁等。

(2) 学会在智能结构上优化组合。荣格有句名言"文化的最后成果是人格"。培根说

第四章 个性自我、快乐人生

过:"知识就是力量。"他还具体地阐述道:"读史使人明智,读诗使人灵秀,数学使人周密,科学使人深刻,伦理学使人庄重,逻辑修辞之学使人善辩,凡有所学,皆成性格。"学习文化,增长智慧的过程也是人格优化的过程。事实上,无知使人自卑、粗鲁,丰富的知识使人自信、坚强等。知识之间相互联系又相互促进,可以说,有了知识基础,人格发展的速度和质量才有保证。历史上著名的学者、伟人,绝大多数都是博闻多识、兴趣广泛、全面发展而又各有专长的人;反之,兴趣绝对专一,才智片面发展的人,虽然也有可能成才,但不少是非痴即怪。对于大学生来说,处理好人格全面发展与专业成才的平衡关系,纠正其人格缺陷,才能更好地适应社会。

(3) 培养良好的习惯。一言一行往往是人格的表现,反过来,一个人日常言行的积淀成为习惯就是人格。如一个人东西经常摆放得整整齐齐,房间打扫得干干净净,衣服穿得整洁,鞋子擦得光亮,这些日常小事"聚沙成塔",最终形成优良的人格,老子说:"千里之行,始于足下",一个人的果敢坚毅,勤劳勇敢,细致周密等都是长期慢慢形成的良好的品格。

(4) 营造良好的环境氛围。人格的培养与形成受社会各方面潜移默化的影响,是个人与他人、家庭、学校、社会相互作用的过程。现在有些家长只重视智力的开发而忽视了其他方面,或家长本人的人格有缺陷,对孩子就会产生消极的影响。通过人际交往,人们可以以他人为镜,从与别人的比较中认识自己人格上的优缺点,通过交往也可了解自己的哪些方面受到赞扬、鼓励或受到指责、批判,从而有针对性地调整自己。

(5) 塑造和谐的人格。人格发展和表现的和谐是十分重要的,培养健康人格的过程中要掌握辩证的原理,塑造和谐的人格,否则就会"过犹不及"。具体地说,大学生应该是:坚定而不固执,勇敢而不鲁莽,理智而不冷漠,活泼而不轻浮,豪放而不粗俗,谨慎而不怯懦,自谦而不自卑,忠厚而不愚蠢,干练而不世故,自信而不自负,忍让而不软弱,自爱而不自赏。

和谐的人格除了表现在人格品质要协调发展、避免偏向外,还要因人、因时、因事、因地表现人格特征,如有时多表现勇敢坚定,有时多表现谨慎稳重,也就是说,培养出来的人格应有较强的应变、适应能力。

总之,培养健全人格的过程,就是一系列自我改造,自我实现的过程,要有坚强的意志,从小事做起,持之以恒。

心海泛舟——独立性人格

独立性人格包括三个方面的内容,即自立、自制与自主。

自立是指个体从自己过去依赖事物中独立出来,自己行动、自己做主、自己判断,并为自己的承诺和行为负责任的过程。

高校学生心理健康教育与指导

自制，指个体对自己的情绪和行为的自我调控的能力，自我控制能力是独立性人格不可缺少的特征。

自主，是指当个体面临外界的压力和影响时能够坚持自己的观点和立场，而不为他们所左右的意识和能力。

自立、自制、自主作为独立性人格的三个基本特征，有机地统一于人的心理和行为中，它们既有联系又有区别。自立、自制是基础和前提，自主是核心和独立性人格培养的归宿。

心理助手——形成独立的人格

◆ 自立

心理学研究发现，自立贯穿于个体的整个人生，大致可以区分为身体自立、行动自立、心理自立、经济自立和社会自立五种。

对大学生而言，身体自立和行动自立已经完成，心理自立、经济自立和社会自立也都具备了一定的基础。重要的是要进一步增强心理自立的意识，不断提高经济自立和社会自立的能力。

心理自立要做到：

△ 学会独立思考、理智判断。

△ "天生我才必有用"。

△ 积极的生活态度。

△ 精神愉悦，正确处理孤独感和寂寞感。

△ _____

△ _____

经济自立要做到：

△ 有充分的专业知识和能力储备。

△ 对自己从事某项工作的能力有充足的信心。

△ 具备一定的经济常识。

△ 有较强的理财能力。

△ _____

△ _____

社会自立要做到：

△ 有一定的社会学基础，能正确认识当今社会。

△ 遵循基本的社会行为规范。

△ 能够承担社会成员应尽的责任和义务。

△　有充分的信心和能力参与社会活动。
△　_____
△　_____

◆　自制

自制是对自己行为、言语、情绪的控制，是主观的我对客观的我的制约。

　　自制要做到：

行为自制：

△　对自己希望实现的活动的监督和控制。

△　对自己不希望实现的活动的制止。

言语自制：

△　说话之前要深思熟虑，尤其在正式场合；

△　掌握一定的语言艺术，促成积极的社会交往；

△　自激自励，进行积极的心理暗示。

情绪自制：

△　学会克服消极情绪的影响。

△　善于调整自己的情绪，营造积极的情绪体验。

◆　自主

自主是独立性人格的核心，也是独立性培养的最终归宿。要求我们抵制"从众"的压力，坚持自己的正确主张而不随波逐流。

　　自立要做到：

△　不盲目同意或执行他人的主张。

△　对别人的主张进行分析，找出可行因素，对自己的意见进行修正，最后的决定由自己做出。

△　_____
△　_____

活动设计：做一把自己的戒尺

1. 拿出一张纸，写下你的人生计划：

你希望在一生中做哪些事？_____(A 集合)

在这些事中，哪些事你自己打心眼里喜欢的_____(B 集合)

哪些是别人，如父母，老师要求你去做的_____(C 集合)

2. 在 C 集合中，哪些是你确实缺乏兴趣，做起来又很吃力的_____(D 集合)

3. 现在你知道了，D 集合中的元素，就是应该通过你的思考加以删除或改变的东西。

4. 从现在起，运用你自己手里的戒尺，做出自己的选择，节写自己的人生。

记住：在解决问题和做出决策时，家长和教师只是意见的提供者而不是决策者本身，学会自己为自己做出选择，并承担相应责任和义务。

案例分析：

老师，请救赎我的灵魂

这是一封学生来信："老师，您好！请你帮帮我，我觉得自己的灵魂在被恶魔吞噬，我在一步步走向罪恶，我真怕自己从此错下去，但是我真的不知道怎样走出来……一切都因为小丽，我的同班同学，以前我俩也算是形影不离的好朋友，是大家共同关注的焦点。我不知道她使了什么法，大家似乎更喜欢她，一些对我冷淡的同学对她亲密有加。她平时几乎和我在一起，一起上课，一起自习，一起逛街，但是她成绩总是比我考得好。从上学期起，她就特别走运，春风得意，先是获得了国家奖学金，优秀学生干部，还主持全系晚会……她就像一位美丽的公主，上帝把所有的光环都罩在她身上，我呢，就是衬托她美丽的丑小鸭。我不愿意这样活。那天，我和她同台在系晚会上唱歌，趁她不备，我弄坏了她演出服的拉链，等着看她出丑，结果她临时用丝带套上，大家都夸她聪明，服装别具一格，我当时差点喷火。期末考试快来了，她拿一本教材让我帮她去图书馆占座位，我把教材丢在垃圾筒里，谎称不知道怎么被偷了，虽然她没有说什么，但我知道她一定有所觉察。在寝室我接到找她去打工的电话，我假装她的声音，帮她推掉了，事后我被揭发了，小丽哭着问我为什么这样做。我们彻底决裂了。看着她哭，我也很难受，可我就是看不惯她什么都走运。现在同学间对我的非议也不少。有时想想自己怎么变成这样了，自己到底做了些什么，越想越害怕，我是不是成了坏人了？我到底应该怎样做？"

吞噬这位学生灵魂的恶魔正是嫉妒，嫉妒会让人迷失方向，几近疯狂。心理学家认为，嫉妒是担心别人超过自己而引起的抵触情绪的体验。从心理学角度，嫉妒是一种变异心理，嫉妒是对超过自己的人感到恐惧和愤恨的混合心理，是自私自利、唯我独尊的心理表现。巴尔扎克说嫉妒潜伏在人心底，如毒蛇潜于穴中，嫉妒者比任何不幸的人更为痛苦，别人的幸福和他自己的不幸都将使他痛苦万分。

好嫉妒者把别人的优势视作对自己的威胁，因而感到恐惧和愤怒，怕别人的优势对比出自己的低下，但他并不是通过自己的努力去弥补已经存在的差距，而是借助贬低、诽谤、中伤等手段攻击对方，给对方拉后腿，以求心理上的满足，似乎这样就可以缩短自己与对方的差距。

消除嫉妒心理，最重要的是加强思想意识修养，树立正确的人生观。因为嫉妒心理受人的理想、信念等个性倾向性的制约，只有逐步树立起高尚的道德情操和献身于社会的崇高理想，自私自利、唯我独尊的个性缺陷才能克服。

消除嫉妒心理，必须从狭隘的"自我"中解放出来，嫉妒的病根在于自私，如果我们克服私心杂念，严于律己，宽以待人，"心底无私天地宽"把别人的进步和优秀看做是自己的一样高兴。如果我们见贤思齐，凭自己的奋斗迎头赶上，那么，嫉妒心理就无法滋生。一旦嫉妒心理产生，不妨来个心理位置互换，站在对方的立场上，设身处地为对方着想，诚恳地肯定对方。

消除嫉妒心理，必须积极克服自己性格上的弱点。一般而言，虚荣心强，好出风头的人容易产生嫉妒心理；心胸狭窄，敏感多疑的人容易产生嫉妒心理。可见，加强自己的性格塑造，逐渐形成不图虚名，心胸开阔，坚毅自信的性格特征，对消除嫉妒心理至关重要。

消除嫉妒心理，还应该正确评价自己，增强竞争意识。世间万物的发展是不平衡的，所以，对自己的诸方面应该有一个正确的评价。承认自己某方面与别人的差距，欢迎竞争，积极参与竞争，努力实现自己潜在的价值的同时，与他人的竞争应该有所选择和侧重。有所选择是指要注意发挥个人拥有的优势方面；有所侧重是指在竞争中应该把主要精力放在对自己有较大意义的方面，避免分散精力，去做无谓的竞争。

如何消除嫉妒心理，培根给我们开了一剂灵丹妙药，他说："每一个埋头沉入自己事业的人是没有工夫去嫉妒别人的，能拥有它只能是闲人。"所以努力的学习与工作，就能消除嫉妒这颗毒瘤。

附录：气质测验

下面60道题，可以帮助你大致确定自己的气质类型，在回答这些问题时，你认为：很符合自己情况的记2分；比较符合的，记1分；介于符合与不符合之间的，记0分；比较不符合的，记-1分；完全不符合的，记-2分。

1. 做事力求稳妥，一般不做无把握的事。
2. 遇到可气的事就怒不可遏，把心里话全说出来才痛快。
3. 宁可一个人干事，不愿很多人在一起。
4. 到一个新环境很快就能适应。
5. 厌恶那些强烈的刺激，如尖叫、噪音、危险镜头等。
6. 和人争吵时，总是先发制人，喜欢挑剔别人。
7. 喜欢安静的环境。
8. 我善于和人交往。
9. 羡慕那种善于克制自己感情的人。
10. 生活有规律，很少违反作息制度。
11. 在多数情况下情绪是乐观的。

12. 碰到陌生人觉得很拘束。
13. 遇到令人气愤的事，能很好地自我克制。
14. 做事总是举棋不定、优柔寡断。
15. 遇到问题总是举棋不定、优柔寡断。
16. 在人群中从不觉得过分拘束。
17. 情绪高昂时，觉得干什么都有趣；情绪低落时，又觉得什么都没有意思。
18. 当注意力集中于一事物时，别的事很难使我分心。
19. 理解问题总比别人快。
20. 碰到危险情景，常有一种极度恐怖感。
21. 对学习、工作，怀有很高的热情。
22. 能够很长时间地做枯燥、单调的工作。
23. 符合兴趣的事情，干起来劲头十足，否则就不想干。
24. 一点小事就能引起情绪波动。
25. 讨厌那种需要耐心、细致的工作。
26. 与人交往不卑不亢。
27. 喜欢参加热烈的活动。
28. 爱看感情细腻、描写人物内心活动的文学作品。
29. 工作学习时间长了，常感到厌倦。
30. 不喜欢长时间讨论一个问题，愿意实际动手干。
31. 宁愿侃侃而谈，不愿窃窃私语。
32. 别人总是说我闷闷不乐。
33. 理解问题常比别人慢些。
34. 疲倦时，只要短暂的休息就能精神抖擞，重新投入工作。
35. 心里有话宁愿自己想，不愿说出来。
36. 认准一个目标就希望尽快实现，不达目的，誓不罢休。
37. 学习、工作同样一段时间后，常比别人更疲倦。
38. 做事有些莽撞，常常不考虑后果。
39. 老师或他人讲授新知识、技术时，总希望他讲的慢些，多重复几遍。
40. 能够很快地忘记那些不愉快的事情。
41. 做作业或完成一件工作总比别人花更多时间。
42. 喜欢运动量大的剧烈体育运动，或者参加各种文艺活动。
43. 不能很快地把注意力从一件事转移到另一件事上去。

第四章 个性自我、快乐人生

44. 接受一个任务后，就希望把它迅速解决。
45. 认为墨守成规比冒风险强些。
46. 能够同时注意几件事物。
47. 当我烦闷的时候，别人很难使我高兴起来。
48. 爱看情节起伏跌宕、激动人心的小说。
49. 对工作抱认真严谨、始终一贯的态度。
50. 和周围人的关系总是相处不好。
51. 喜欢复习学过的知识，重复做能熟练做的工作。
52. 希望做变化大、花样多的工作。
53. 小时候会背的诗歌，我似乎比别人记得清楚。
54. 别人说我"出语伤人"，可我并不觉得这样。
55. 在体育活动中，常因反应慢而落后。
56. 反应敏捷、头脑机智。
57. 喜欢有条理而不甚麻烦的工作。
58. 兴奋的事常使我失眠。
59. 老师讲新概念，常常听不懂，但是，弄懂了以后就很难忘记。
60. 假如工作枯燥无味，马上就会情绪低落。

气质测验答卷

胆汁质	题号	2	6	9	14	17	21	27	31	36	38	42	48	50	54	58	总分
	得分															
多血质	题号	4	8	11	16	19	23	25	29	34	40	44	46	52	56	60	总分
	得分															
黏液质	题号	1	7	10	13	18	22	26	30	33	39	43	45	49	55	57	总分
	得分															
抑郁质	题号	3	5	12	15	20	24	28	32	35	37	41	47	51	53	59	总分
	得分															

记分方法：

A. 如果某一项或两项的得分超过20，则为典型的该气质，例如：胆汁质项超过20，则为典型的胆汁质；黏液质和抑郁质项得分都超过20，则为典型黏液—抑郁质混合型。

B. 如果某一项或两项以上得分在20以下、10分以上，其他各项得分较低，则为该项一般气质。例如，一般多血质；一般胆汁—多血质混合型。

C. 若各项得分都在10分以下，但某项或几项得分较其余项为高(相差5分以上)，则为略倾向于该项气质(或几项混合)。例如：略偏黏液质型；多血质—胆汁质混合型。

D. 其余类推。一般来说，正分值越高，表明被试者越具有该项气质的典型特征；反之，分值越低或越负，表明越不具备该项特征。

要注意的是：气质问卷调查对气质类型的确定只是一种"大致的确定"。

4种气质类型的典型特征如下。

A. 胆汁质：直率热情，精力旺盛，脾气急躁，情绪兴奋性高，容易冲动，反应迅速，心境变化剧烈，具有外倾性。

B. 多血质：活泼好动，反应灵敏，乐于交往，注意力易转移，兴趣和情绪多变，缺乏持久力，具有外倾性。

C. 黏液质：安静、稳重、沉着，反应缓慢，沉默寡言，三思而后行，情绪不容外露，注意力稳定而较难转移，善于忍耐，偏内倾型。

D. 抑郁质：情绪体验深刻，行动迟缓，具有较高的感受性，善于觉察他人不易注意的细节，富有幻想，胆小孤僻，具有内倾性。

一般来说，在抑郁质项得分偏高，提示容易引起心理困扰或不适应；而典型胆汁质—抑郁质混合型的人面临挫折时，可能比其他气质类型的人有更明显、强烈的反应。咨询过程中，咨询员可借气质测验来寻找心理问题的影响因素，以及提供有针对性的心理调节、个性塑造的参考意见。

第五章　历经风雨 方见彩虹

常言道："人生逆境，十有八九。"在人的一生中，只要有追求、有欲望、有需求，就会有失败、有失望、有失落。每个人都享受过成功的喜悦，也都品尝过失败的沮丧。挫折与成功一样，是一个人成长与发展中不可缺少的，是人一生的"伴侣"。人们不仅要有迎接成功的准备，也要有面对挫折的勇气。

第一节　挫折产生的原因

引起大学生心理挫折的原因很多，从总体上可概括为两个方面：客观因素和主观因素。客观原因主要表现在社会政治、经济、文化、法律、道德、风俗习惯、艰苦的生活环境、学校管理水平和教育方式欠妥、教学设备条件差、同学关系紧张、考试成绩不佳、家庭和个人的异常事故等方面。个人生理和心理条件的限制，基础知识的薄弱，体力能力和智力上的不足，思想方法的片面和思维方式的局限性以及个人的动机冲突等，则是引起大学生心理挫折的主观原因。

一、客观原因

(一)自然因素

自然因素是指非人力所能及的一切客观因素，如自然灾害、台风地震、海啸、酷热、洪水、疾病、事故等。对于大学生来说，突如其来的自然灾害、疾病都会给他们的生活带来巨大的影响，产生挫折感。例如，一名一年级的大学生准备利用暑假外出旅游，放松心情，欣赏一下美景，结果，因一场早来的海啸而不能如愿。小张来自贫困山区，生活十分节俭，突然得知家里遭洪涝灾害，自己家的房子被冲垮了，本来父母供自己上学就十分辛苦，加上洪涝灾害，深感雪上加霜，这给小张带来很大的心理打击。

(二)社会因素

(1) 社会大环境。大学生生活在社会之中，社会的政治、经济、道德、文化与风俗习惯乃至社会重大变化都会给他们的生活带来很大影响。我们是一个拥有悠久历史的国家，传统文化对人们的影响很深，但现代社会的发展呼唤个人的主体意识，承认个人利益的合理性，鼓励积极竞争和个人的发展，要求人们锐意进取、开拓创新，安贫乐道、知足常乐的观念正受到严重的挑战。如何处理个人与他人、社会，个体发展与社会发展、合作与竞争等关系往往令成长中的大学生感到困惑：一方面，原有的价值观还在对其发生着影响；另一方面，他们又希望张扬自己的个性，施展自己的才华。这种冲突会增加大学生的挫折感。文化心理学家霍兰威尔(Holland Weill)提出，在某些情况下，外来文化移入压力会对人们的心理健康产生非常有害的影响。这是因为，当一种文化移入另一种文化时，由于文化刺激的泛滥，会造成价值体系的重新认知和整合，使人们难以依据自己已有的认知经验，合理而又准确地选择和认同一种社会价值观念系统，从而陷入无以参照、无以归附的境地，也容易产生心理失调和挫折感。

(2) 社会变化。社会转型期对大学生的需求、定位、评价都发生了变化。随着我国社会改革的进一步深化，尤其大学教育有精英化到大众化的发展，大学生已不再是"天之骄子"，大学毕业面临着更为激烈的就业竞争，这也会在一定程度上增加他们的心理挫折，尤其是长线专业，如哲学、历史、考古等专业的学生，一些地方院校的学生有强烈的自卑感。与此同时，大学生必须和大多数同龄人一样为生存而拼搏时，这种社会定位的反差，很容易使大学生产生挫折感。

(3) 学校环境。学校环境对大学生的心理挫折有直接影响。学校环境对大学生的心理影响主要有以下几个方面。

第一，期望值得不到满足。在大学校园里，有很多学生所上的学校或专业不是当初所报的，因此，学习积极性不高，同时，因各种因素又不得不学下去。还有一部分学生所学的专业虽是自己所报，但又由于对其缺乏了解，也会产生一种落差感。

第二，高校校园环境设施的陈旧。大学生往往对大学校园与大学生活有着美好的憧憬，但现实中的大学校园环境及设施往往与大学生想象中的"天堂"有一定差距，许多高校校园设施落后，住宿条件、就餐环境等后勤保障跟不上学生的需求，使大学生的不满情绪增加。尤其是随着扩大招生，学生人数的增加，许多高校教学设施却远远跟不上形势发展的需要，因而无法满足大学生的主动学习要求，对大学生的学习带来了消极的影响。

第三，校园文化的偏差。校园文化作为亚文化对大学生心理健康的影响直接而深远。近年来由于学业负担的沉重和就业观念的转变，校园文化出现气氛不浓、品味不高等现象，许多学生社团组织名存实亡。校园人际关系也变得庸俗化，同学之间相互猜疑、妒忌，小团体主义、个人主义现象时有发生，人与人之间的金钱关系、利益关系也或多或少地存在，这些现象使不少学生心理难以平衡，产生心灵的孤独感、寂寞感与强烈的不适应感。

第四，高校教育体制的改革对大学生心理带来的冲击。高校教育改革的不断深化，奖学金和助学金制度的改革，上学交费制度的实施，淘汰机制的推行，"双向选择、自主择

第五章 历经风雨 方见彩虹

业"，毕业分配政策的完善等，无不冲击着心理脆弱、社会经验不丰富的大学生。

(4) 家庭教育。家庭的一些潜在或显性的条件，如家庭的自然结构、家庭的人际关系、家庭的教育方式、家庭的抚养方式以及家长的素质等对大学生的心理挫折都有直接或间接的影响。有关研究表明，大学生的不少心理问题是与家庭生活的不良背景、早期不良的家庭生活经历联系在一起的。自小娇生惯养和过分受保护、被溺爱的孩子进入大学后，更容易产生心理挫折。家庭贫穷、双亲不和或单亲家庭的孩子，由于父母对他们过分管制或放任不管，他们上大学后，有些人表现得蛮横无理或做出一些违背社会规范的反常举动；有些人表现出内向、孤僻的性格，很少与人交往，不易表露感情，抑郁寡欢等，很容易产生心理挫折。

家庭的社会经济状况对大学生的心理产生着潜在影响，贫困大学生除所有大学生面对的个人发展与就业压力外，还面临着巨大的生活压力与经济压力，长此以往也会导致学生产生心理冲突和挫折感。

二、主观原因

(一)个体生理因素

生理因素是指个体与生俱来的身体、容貌、健康状况、生理缺陷等先天素质所带来的限制。例如，很多青年人对自己的相貌、身高甚至肤色等不满意，觉得低人一等；有的学生因身高问题而难于成为优秀篮球运动员而苦恼；在人际交往等社会活动中，有的可能由于其貌不扬使自己无法在社交场合中潇洒自如、谈笑风生、展示自己的才能，甚至连正常交友也受影响时，甚感沮丧等，这些都可能给大学生带来挫折感。

(二)心理因素

(1) 对生活环境的适应。在校大学生平均年龄在18～22岁之间，他们在生理上多已发育成熟，但其心理发展远没有成熟，仍带有一定的幼稚性、依赖性和冲动性。许多学生第一次离开家庭到一个全新的环境，一时难以顺利地适应环境，如水土不服、饮食不习惯、集体生活不适应、难以承受理想中的大学环境和现实中的大学环境之间的反差等，致使有的学生因为生活中遇到的一点困难或不如意，便产生挫折心理，出现孤独、苦闷、烦恼、忧愁等不良心理反应。同时，这个时期是人生由少年向成年过渡的阶段，他们的独立精神、自主精神还没完全成熟，许多学生无法适应新的生活，如相当多的学生对大学的学习方式不习惯，尤其不能适应大学生活里"充足的自由时间"，缺乏独立自主的学习能力和习惯。而且，随着年级的升高，逐渐感到学习的持久紧张与竞争的压力，很多大学生心理压力增大，容易产生茫然、空虚、压抑、紧张、无所适从感，导致心理挫折的产生。另外，某些学生的宗教信仰、风俗习惯得不到别人的理解、信任，或个人的才能无从发挥，也容易产生挫折感。

(2) 自我认知偏差。大学生缺乏社会经验，往往不能正确地认识自我：当取得一点成功时，自我评价偏高；而当遇到挫折与失败时，就会产生失败感或焦虑苦恼的情绪而低估自己甚至自我怀疑与否定。如一位大学生刚入学就提出了很高的要求：要过英语四级、六级，计算机四级考试，然而，新生在学习方法上、生活方面都有一个适应过程，需要调整一段时间。开始就主观盲目地给自己制订了过高的目标，其结果当然是实现不了，这对这位一年级大学生来说无疑是一次不大不小的挫折。还有少数学生自我评价是消极被动的，一遇到困难、阻碍便觉得"一切都没有意思"，结果就会变得畏缩不前，错过成功在望的目标。

(3) 人际交往不适应。在大学校园这一特定环境之中，大学生具有强烈的归属感，对友谊、对朋友有着热切的依恋和期望。但由于交往经验与技巧的不足，交往过程中沟通不足、关系失调、人际冲突等现象时有发生，从而导致心理挫折。如不少大学生都感觉到不知道如何与同学、老师交往，有的同学把一些人际交往的技巧视为狡猾的行为，对其不屑一顾。由于人际交往的受挫，不少大学生便产生了"大学同学之间的交往怎么和高中不一样？"、"在大学里没有知心朋友，感到孤独"的悲叹。此外，在大学生的人际交往中，那些具有封闭性和攻击性性格的学生，很容易与他人在心理上产生距离，虽然他们终日周旋于人们之间，却感到缺少知心朋友。在集体生活中往往不合群，受到周围人的排斥甚至孤立，人际交往中存在着冷漠、猜忌甚至敌意，这给他们的生活带来了挫败感。

(三)动机因素

动机冲突也是引起大学生挫折的重要原因。动机总是与人的需要紧密相关，当人们存在某种需要，而此需要与外部刺激(即诱因)相结合时，动机就产生了。在现实生活中，人的动机是多样的、复杂的。当两个以上的动机相互排斥，或同时存在难以取舍时，就会形成动机冲突的心理现象。因此，这种现象也称为心理冲突。动机冲突常常会造成动机部分或全部不能得到满足，同时，也使动机所指向的目标的实现受到阻碍，从而产生挫折感。丰富多彩的大学生活和社会转型期带来的大好机遇，在为大学生的全面发展提供了有利的条件和广阔的天地的同时，也给他们带来了选择的冲突，如在专业定向方面、社会交往方面、恋爱方面、择业方面的取舍问题。当若干个动机同时存在、难以取舍时，就会形成动机冲突。

一般而言，大学生的动机冲突主要有四种形式。

一是双趋冲突(approach-approach conflict)，又称正正冲突，指个体在有目的活动中同时有两个并存的、具有同样吸引力的动机，而实际条件限制形成两者不可兼得、难以取舍的心态，即"鱼和熊掌不可能兼得"。双趋冲突是大学生中最常见的心理冲突。例如，大学生在先升学还是先就业之间，往往举棋不定，难以取舍。如图 6-1 所示。

图 6-1　双趋冲突

二是双避冲突(avoidance-avoidance conflict)，又称负负冲突，指同时有两个可能对个体具有威胁性、不利的事发生，两种都想躲避，但受条件限制，只能避开一种，接受另一种，在作抉择时内心产生矛盾和痛苦，如入前有狼后有虎的两难境地。例如，在大学中，有的同学既不想用功读书，觉得读书太苦，又怕考试不及格，于是出现了"二者必居其一"的心理冲突。如图 6-2 所示。

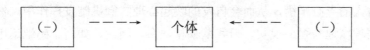

图 6-2　双避冲突

三是趋避冲突(approach-avoidance conflict)，又称正负冲突，指同一目标对于个体同时具有趋近和逃避的心态。这一目标可以满足人的某些需求，但同时又会构成某些威胁，既有吸引力又有排斥力，使人陷入进退两难的心理困境。例如，大学生既想涉足爱河，体验爱情的美好，又怕耽误时间，影响学习。如图 6-3 所示。

图 6-3　趋避冲突

四是双趋避冲突(double approach-avoidance conflict)，又称双重正负冲突，指同时有两个目标，存在着两种选择，但两个目标各有所长、各有所短，使人左顾右盼，难以抉择。例如，择业时有两个单位可供选择，而每个单位又利弊相当，就有可能举棋不定而陷入这种冲突中；一个男生同时面临两个各有千秋的女孩，就有可能会陷入这种心理冲突之中。如图 6-4 所示。

图 6-4　双趋避冲突

　　动机冲突常使大学生感到左右为难，内心极易产生激烈的冲突和焦虑不安的情绪。有些大学生为此寝食不安、心情烦躁、学习效率下降。随着社会的发展，大学生选择的自由度将会越来越大，而由此带来的动机冲突也必然会增加。

第二节　大学生的挫折反应与心理防御机制

　　挫折会引起一系列的反应，其反应可能是积极的，也可能是消极的，或者是积极和消极共存。这也说明挫折具有两面性，即对人有利也有弊。

　　挫折会打破人的身心平衡，从而会自发的唤起心理防御机制发挥作用。然而，心理防御机制总是不同程度地与歪曲现实、自我欺骗相联系。因此，如何正确地运用心理防御机制，既影响到对挫折的适应，又影响到一个人的心理健康状况。

一、大学生常见的挫折行为分析

　　大学生常见的挫折行为表现在以下几个方面。

(一)学习中的挫折行为分析

　　考上大学，获得继续学习的机会，对于一个青年来说是令人羡慕的。然而，学习并不是一件容易的事情，四年的学习生活难免有这样或那样的一些困难和挫折，在不同程度上困扰着每一个大学生。

　　(1) 专业上的挫折。金榜题名是人生大喜之事。因此，新生入学时的心情总是激动的、兴奋的、乐观的。可是，由于社会偏见的影响，由于各人对专业重要性认识不够，大学生往往从表面上看专业好坏，论专业主次、高低。有些学生会觉得自己的专业不好，没有意思，于是，便产生一定的失落感，甚至于产生厌学、弃学、转学的现象。

　　(2) 课程上的挫折。大学生对每门新课总是寄予希望的，可是，有的课程内容严重脱离实际，缺乏科学性和实用性，不仅在知识方面对学生帮助不大，在观念上和方法上也没有多大可取之处。这样的课程不仅白白浪费学生的时间和精力，而且严重地挫伤了学生的

第五章 历经风雨 方见彩虹

求知欲。

(3) 教师因素带来的挫折。大学生对任课老师都是抱有期望的，可是，有的教师在才学方面功底不深、基础不厚，还没有达到起码的要求，便仓促走上大学的讲台；有的教师"现买现卖"，以其昏昏，却要使人昭昭，学生本来对该门课程很有兴趣，可是，听了几次课，便对老师感到失望，有的甚至产生反感。

(4) 考试成绩不佳造成的挫折。考试既是检验教学的手段，又是督促学习、淘汰学生的措施。有些学生平时学习很努力，但是或因方法不对、基础不好，或因学习条件差异及身体的原因，学习成绩总是平平，因而，心情很郁闷，甚至产生自卑感。

(二)生活中的挫折行为分析

大学生活是美好的，它是许多青年人理想的殿堂。然而，四年的大学生活也并不是一帆风顺、事事如意，由于种种原因，难免会出现这样那样的挫折。

(1) 自尊心上的挫折。大学生走进大学校园，就进入一个几乎是全新的生活环境，在这个人才济济的天地里，大学生由过去出类拔萃的学习尖子变成了极普通的一员，有的甚至成了新集体中的落后者，先前的优越感已不复存在了，尤其是来自边远地区、农村的学生，自卑心理更强烈，于是，便产生了苦闷、不安的情绪。

(2) 失恋的挫折。大学生正值青春发育时期，情窦初开，对异性的追求是一种正常的心理现象。因此，在校期间有些男女大学生相识后，便建立了恋爱关系。然而，由于种种原因，尤其是大学生自身人格的发展还不够成熟，初恋往往不能成功。一旦失恋，对当事者来说都是巨大的打击，产生了悲伤、绝望、羞愧等复杂的心理，有的甚至走上报复杀人或自我毁灭的道路。

(3) 疾病上的挫折。大学生活是愉快的，也是紧张的。要完成繁重的学习任务，要求每个大学生必须有健康的身体作保证。由于巨大的压力与劳累以及营养不良等因素，有的学生难免患上疾病。常见的心理疾病如神经衰弱、忧郁症、焦虑症等，以及生理疾病如肺结核、肝炎、胃病等。这些不仅直接影响着大学生能否完成学业，而且还在精神上带来忧虑和恐惧。

(4) 痛失亲人的挫折。大学生在生理和心理上日趋成熟，又离开了家庭，因此和中学生相比较具有较强的独立性。但是，在经济方面和感情方面，大学生对家庭和亲人仍有着极大的依赖，家庭生活中的每一重大变化对大学生的心理都有着很大的影响。失去亲人是件不幸的事情，尤其是失去在感情上、经济上依赖较大的亲人，对大学生精神上的打击会更巨大、更沉重，甚至直接影响其学习、生活和心理状态。

(三)交往中的挫折行为分析

与人交往是社会的需要,然而交往不一定都是顺利的,也不一定都能给人带来愉快,大学生的交往也存在着种种挫折。

大学生一进入新环境,就发现一切都是新鲜而陌生的。先前熟悉的一切,如亲人,同学、朋友、老师都离开了,这就难免产生一种无以名状的孤独感。随着时间的推移,新的同学关系、朋友关系、师生关系开始建立起来。可是,大学生在交往中渐渐体会到,人际关系开始复杂化了,中学时代的那种纯洁的友谊不多见了,人们之间的关系开始渗入一些利害因素,这就会使一些思想单纯幼稚的学生感到苦恼。

总之,大学生的交往越来越多地受到社会的影响,尽管有许多不适应的地方,但这标志着大学生在人际关系方面开始走向成熟。因此,大学生应该不怕挫折,努力掌握与人交往的艺术。

大学生的挫折行为除上述一些表现外,像国家的政治、经济状况、社会的舆论和评论等都会引起大学生的挫折感。

二、挫折对个体的影响

人们心理挫折不论是由什么原因引起,都会对其生理、心理与行为带来一系列影响,其中对心理和行为的影响最为明显。挫折对个体心理的影响有两个方面:一是挫折对个体心理的有益影响;二是挫折对个体心理的有害影响。

(一)挫折对个体心理的有益影响

有益作用主要表现为以下几个方面。

(1) 挫折能增强个体情绪反应的作用。挫折是一种内驱力,它能推动个体为实现目标而做出更大的努力,花费更多的精力。有人虽然屡遭挫折,但却百折不挠,愈战愈强。社会生活中有许多虽身处逆境,但通过努力实现自己夙愿的佼佼者,他们的成功就是挫折这种内驱力驱动的结果。

(2) 挫折能增强个体的承受力。个体对挫折的承受力的大小,与其过去生活中的挫折经验有关。生活阅历丰富、饱经风霜的人比生活一帆风顺、涉世未深的人更能承受挫折。所以,个体经受挫折的锻炼多了,对挫折的承受力就会增强。

(3) 挫折能提高个体的认识水平。个体面对挫折与失败,往往会总结经验,吸取教训,改变策略,最终实现目标。所谓"吃一堑,长一智",就是这个道理。

(二)挫折对个体心理的有害影响

一般来说,挫折对个体心理影响的消极成分远远大于积极成分,其消极影响表现在以下几个方面。

(1) 影响个体实现目标的积极性。由于挫折,使个体的情绪处于不安、烦恼等消极状态之中,过低地估计自己的能力,过高地估计各种困难,信心不足,从而降低个体的抱负水平,影响积极性,难以达到预期的目标。一个经常遭受失败的人是不可能提出很高的目标的,其抱负水平也会每况愈下,最后变得胸无大志,得过且过,无所作为。

(2) 降低个体的创造性思维活动的水平。个体由于遭受挫折,引起情绪紧张、苦恼、失望等消极反应。如果是重大挫折,则会引起情绪状态的剧变,就会直接使神经系统、特别是大脑功能处于紊乱、失调状态,当然就无法进行创造性思维活动。因为只有当神经系统的功能正常并得到最佳发挥时,其创造性思维活动才能得以展开,现代生理心理学研究表明:在不良的情绪状态下,大脑会释放一种使人身心疲劳的有害物质,从而影响个体对问题的分析和解决。

(3) 有损于身心健康。个体由于遭受挫折,不能实现目标,会引起紧张、焦虑、矛盾冲突等心理状态。当情况严重却得不到解决时,就发展为应激状态。生理心理学研究表明,挫折所导致的应激状态对个体有威胁性的影响。加拿大生理学家谢尔耶(Selye)研究发现(1974),应激状态的延续能击溃个体的生物化学保护机制,从而降低抵抗力,易为病菌侵袭。个体因挫折而产生的消极情绪发展到应激状态是激发精神病的发病机制。近年来,病理心理学家和精神病学家在采用"应激"学说探索精神病的发病机制时发现,导致精神病的应激源来自躯体和心理,其中由各种各样社会心理因素造成的精神刺激是更为主要的原因,在社会生活中,人们由于长期心境不良而出现神经衰弱或其他神经症的,屡见不鲜。

减弱自我控制能力,发生行为偏差。由于挫折而处于应激状态时,感情易冲动,控制力差,往往不能约束自己行为的后果,以致言语偏激,甚至发生攻击行为,违反社会规范,严重的则会触犯法律。

三、心理防御机制

在挫折面前,大学生心理平衡遭到破坏,他们感到困扰、不适应,甚至痛苦,这些都对其行为产生较大的影响。这种反应有的不明显,有的以变相的行为表现出来,有的以积极的方式反映出来。这些反应经过强化和重复,逐渐成为对待心理挫折的一种习惯反应方式。

心理防御机制是指个人在挫折或者冲突的情境时,在其内部心理活动中具有的自觉或

高校学生心理健康教育与指导

不自觉地解脱烦恼，减轻内心不安，以恢复情绪平衡与稳定的一种适应性倾向。我们经常所说的"酸葡萄原理与甜柠檬原理"就是典型的心理防御机制。心理防御机制是人应对应激情境的自我保护，也为我们自身构筑起一道心理防护墙与缓冲带。心理防御机制既有积极的，也有消极的，积极的心理防御机制在缓冲心理挫折时，表现出自信、进取的倾向，有助于战胜挫折；而消极的心理防御机制大多则表现出退缩、冷漠、逃避的倾向，虽然能暂时缓解内心冲突，但从长远看，会阻碍个体面对现实，正确运用心理防御机制，更影响人生的健康发展。一般心理挫折的反应可以分为两大类：积极心理防御和消极心理防御。

(一)积极的心理防御机制

积极的心理防御反应方式是正视挫折，承认挫折，正确分析挫折产生的主客观原因，总结经验教训，争取积极的行为方式。其主要表现为：坚持、认同、补偿、幽默、升华。

(1) 坚持。指个体发现目标难以达到，要求自己做出加倍的努力，并要求通过个体不断的努力，使目标最终实现。美国电影《阿甘正传》中的主人翁阿甘就是一位智商并不高，他面对挫折的方法就是忽视它并坚持不懈地努力，最后赢得了人们的尊重，赢得了自己的事业，也获得了自己的生活。正如有的学者所说：成功就在于最后的坚持之中。

(2) 认同。指个体在现实生活中无法获得成功时，将自己想象为某一成功者，藉以在心里减弱挫折产生的痛苦；或者迎合能满足自己需要的人，按照他们的希望去支配自己的思想、行动，来冲淡自己的挫折感，并以此求得内心的满足。当一个人在没有获得成功与满足而遭遇挫折时，将自己想象为某一成功者，效仿其优良品质和其获得成功的经验和方法，能够使他的思想、信仰、目标和言行更适应环境和社会的要求，增强自信心，减少挫折感。例如，大学生常以一些历史名人、科学家，或小说中所欣赏的人物、老师甚至同学作为自己效仿的对象，建立自己心中的榜样，并依照榜样进行积极的自我激励与自我暗示。

(3) 补偿。即当个体行为受挫时，或因个人某方面的缺陷而使目标无法实现时，往往以新的目标代替原有目标，以其他方面的成功来补偿因失败而丧失的自尊与自信。这就是人们常说的"失之东隅，收之桑榆"。例如，某大学生没有当上班干部，无机会表现自己的能力，于是便努力使自己的成绩名列前茅；又如，某大学生恋爱失败了，便积极参加文体活动，用成功来补偿失恋的痛苦。

应该注意的是，补偿的行为反应并非都是积极的。由于个体要实现的目标有高尚与平庸之分，挫折后对补偿的选择也有进取与沉沦之别，因此决定了补偿有积极与消极之分。如果补偿选择的新的目标和活动符合社会规范和人的发展需要，这时的补偿反应行为是积极的、有益的；如果补偿选择的新的目标和活动不符合社会规范或有害于身心，虽然，这种补偿的反应行为使自己暂时获得了心理平衡和满足，也无助于心理健康发展，有时还会

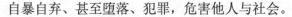
第五章 历经风雨 方见彩虹

自暴自弃、甚至堕落、犯罪，危害他人与社会。

(4) 幽默。当个体遭受挫折，处境困难或尴尬时，用幽默来化险为夷，对付困难的情景，或间接地表示出自己的意图。一般来说，人格较为成熟的人常常懂得在适当的场合，使用适当的幽默，把原来困境的情况转变一下，大事化小，小事化了，渡过难关，较成功地去应对窘境。

(5) 升华。即用一种比较崇高的具有创造性和建设性的目标代替，借以弥补因受挫而丧失的自尊与自信，减轻痛苦。升华是最积极的行为反应，从古至今演绎出绵绵佳话：仲尼厄而作《春秋》；屈原放逐赋《离骚》；左丘失明写《左传》；孙膑跛脚修《兵法》；司马迁受辱著《史记》。不仅如此，升华还是一种富有建设性的行为反应，它使人在遭受挫折后，将不为社会认可的动机和不良的情绪移到有益的活动中去，使其转化为有利于社会并为他人认可的行为。如一些貌不惊人的大学生最初在社交活动中受到制约，于是，他们在学问、个体思想道德修养上下工夫，最后，学习成绩出类拔萃，品德优秀，为同学所瞩目。

案例分析：

> 这是一名大二女生的网上咨询信件：考试刚刚结束，我的心情很沉重，很难过，不知为什么很想哭，似乎觉得一切都和想象中的相差甚远，我甚至都不知找什么样的借口来安慰自己。我只想要我想得到的，可为什么却觉得没有。我的感觉很不好，我准备了很久也自认为还可以，可不知为什么我做题的时候状态很不佳，我似乎开始对自己产生怀疑了，而且很怀疑。一生从未有过的感觉，似乎一点都不自信，从未有过的感觉！我感觉生活没有一丝的惊奇，没有一丝的期望。只感觉一切都像死灰一般，没有一丝的生机。追求确实是一个过程，必须要有回报。的确，失败是成功之母，可成功也是成功之母。如果没有一丝的成功，怎么再来期望成功呢？怎么再有奋斗的动力？我不知道成绩的结果，但感觉告诉我，成绩并没有达到我的目标。每当我有一丝的放松的时候，我都会受到惩罚，我不明白为什么？ 想想我的大学，恋爱失败、考试失利、评优受挫，我变得自卑、退缩、不敢相信自己了，我到底该怎么办？
>
> 这位有着辉煌中学时代的大学女生，被挫折感深深地包围着。在信中，她谈到自己的过去是踏着鲜花与掌声走过来的，从来没有遇到过挫折，因而，当挫折到来时，便有些束手无策。从信中可见，她的自我期望很高，有着强烈的成就动机，经过几次面谈，这位女生积极调整心态，认真面对自己的现状，主动地调整自己的目标，并将学业坚持下来，最后，战胜了挫折，又恢复了以往的自信与笑容。

(二)消极的心理防御机制

消极心理防御是指当大学生遭受挫折后所表现出来的带有强烈情绪色彩的非理性行为。常见的消极情绪行为方式有以下几种。

(1) 固执。当个体一而再、再而三地遭受到同样的挫折，就会慢慢失去信心，失去随机应变的能力，而形成刻板的反应方式，固执盲目地重复同样无效的行为。固执行为不同于意志力，在这种行为反应中，个体往往不能客观正确地分析失败的原因，反而采用刻板的方式盲目地重复着某种无效行为，是一种极不明智的对抗形式。如某一大学生多次违反校规校纪、晚归而受到批评，却固执地认为自己没错，屡教不改。在大学生中，固执行为往往容易发生在一些性格内向、偏强、看问题片面性的大学生身上，以及由情感为纽带形成的消极的大学生非正式团体中。固执是非理智性的消极的行为，它往往使人企图通过重复无效的动作以对抗挫折压力，对大学生的成长极为不利。

(2) 退化。又称回归，是指当个体受到挫折时，往往表现出与自己的年龄、身份很不相称的幼稚行为，或盲目地轻信他人、跟从他人等。表现这种行为方式的大学生往往对自己缺乏信心，看不到自己的力量，像孩子一样依赖他人，多指大人小孩状。如某一女生刚入校，参加学生会干部竞选失败了，感到很"委屈"，无法进行理智分析和看待，不吃饭，也不上课，成天蒙头大睡。

(3) 逆反。用通俗的语言来说就是"你要我朝东我偏朝西"。一般来说，个人的行为方向和他的动机方向应当是一致的。但是，当个体遭到挫折后，如果不仅是一意孤行，而且对正确的方面盲目地持反抗、抵制与排斥的态度，这种行为便是逆反。如某大学生因为上课时受到教师的批评，他便采取逃课或不理睬教师的教学等方式来表现自己的不满。持逆反心理的人往往为了排除内心的不满，会做出一些不符合社会规范、不被允许的行为。

(4) 反向。行为相反于动机而行，如：自卑的同学往往表现出高傲自大；对异性充满向往，却装出不屑一顾的样子等。持反向心理的人，往往不敢正面表露自己的真实动机，于是，便从相反的方向表示出来。虽然这种行为可以在一定程度上掩饰个体的真实动机，但是，掩饰包含着压抑，长期运用会从根本上扭曲自我意识，使动机与行为脱节，造成心理失常。

(5) 压抑。压抑是指把不愉快的经历和体验压抑到无意识中，不去回忆，主动遗忘；适度的压抑有利于情绪的调整，但长期的压抑会导致更强的挫折与心理不适。

(6) 冷漠。冷漠是指当个体遭受挫折后，所表现出来的对于挫折情境漠不关心或无动于衷等情绪反应。这是一种十分复杂的行为表现方式。

冷漠行为的发生同个体过去的经验密切相关。如果个体每遇到挫折后采取攻击方式就

第五章 历经风雨 方见彩虹

能够克服困境,那以后他就会继续采用攻击的方式;反之,若因采取攻击方式而招致更大的挫折,那他就会采取相反的方式,即逃避或以冷漠的态度来对待挫折。所以,冷漠一般是在行为主体反复遭受挫折后,对引起其挫折的对象无法攻击,又无"替罪羊"宣泄,也看不到改变境遇的希望等因素下发生的。

冷漠并非不包含愤怒的情绪成分,只是个体愤怒暂时压抑,或以间接的方式表现出来。而且这种现象表面显得冷淡退让,内心深处则往往隐藏着很深的痛苦,是一种受压抑的情绪反应。心理学家吉姆布莱(Jim Bligh)发现,冷漠反应多在以下情况出现:长期遭受挫折;情况表明已无希望;情境中包含着心理上的恐惧与生理上的痛苦;个体心理上产生了攻击与压抑之间的冲突。

(7)逃避。逃避是个体不敢面对自己所预感的挫折情境,而逃避到比较安全的环境中去的行为。主要类型有以下几种。

——逃向另一个"现实"中。这种情况在大学生中比较常见。某大学生过去在学习上一直很努力,但由于种种原因受到挫折后,他不仅不从主观上分析原因,而且一改过去刻苦学习的精神,变得漫不经心,得过且过,同时在娱乐、谈朋友上倾注其精力,试图以学习之外的活动避开因学习压力给自己带来的焦虑与不安。其实,从与自己成长和发展有最直接关系的学习环境逃避到其他活动中去,可能在某个时候有一定的缓解作用,但并不能真正消除内心紧张。因为紧张的心理以"潜意识"方式从当前现实转入"另一现实"之中,它在一定条件下和一定时期内,可能会对大学生产生更大的不良影响。

——逃向幻想世界。大学生在受挫以后,往往沉溺于不合乎实际的幻想之中,以非现实的想象方式来应付挫折。为了暂时解脱现实问题的困扰,展开了不受制约的想象,试图在幻想中求得平静和安宁。幻想在一定时期、一定程度上可使人暂时脱离现实,有缓解挫折感的作用。暂时的精神解脱,有助于对挫折的容忍,并提高个人对将来的希望,但是幻想毕竟是幻想,在多数情况下无助于现实问题的解决。因此,大学生应实事求是地面对现实,以便应对挫折。例如,某大学生平时学习不好,在考试失败后,幻想将来克服困难取得好分数和找到好工作的情况,这种幻想可能使他鼓起勇气学好功课,有一定的积极意义,但如果不面对现实,一味沉醉于幻想之中,就会形成一种不能适应生活的不良习惯。

——逃向生理疾病。在日常生活中,人们对一个人的行为总是有一定要求的。对于一个健康的大学生,应该能很好地适应社会,并学习刻苦、待人热情、精力充沛、奋发向上;但如果对象是一个病人,社会对他的各种要求都可能暂时取消或减轻,对他的过失也不作严格的计较。例如,一个大学生面对一次重大的考试,本应与其他同学一起考,并取得和大家相近的好成绩,但是,由于种种原因,他感到没有把握,可又不得不参加考试,因而内心极为焦虑。不过,如果他考前正好生病了,一切又另当别论,他不仅可以十分"安全"

地躲过这一"劫"(一是考试没把握,二是考砸了将面子丢尽),而且还会得到老师和同学们的同情。因此,一些大学生在失败或可能失败之时,巴不得自己生病,现实生活中还真的有人病倒了,这一类病,心理学上称为机能性障碍。当事者的器官是正常的,也检查不出什么器质性的疾病,但它们的功能却出了问题。比如,眼睛是健康的,却看不到东西;四肢是正常的,却呈瘫痪状态。这些人不自觉地(也可以说是无意识地)将心理方面的困难,转换成为身体方面的症状,借以逃脱他人及自己的责备,以维护自己的"尊严"。需特别注意的是,此类病人并非诈病,诈病可用来骗人,却骗不了自己。

(8) 攻击。攻击就是一个人受到挫折后产生的强烈的侵犯和对抗的情绪反应。当挫折与攻击之间没有必然的因果关系,攻击只是情绪反应中最常见的一种表现形式。攻击有直接攻击和转向攻击两种。

直接攻击,就是一个人受到挫折后,把愤怒的情绪指向对其构成挫折的人或物,多以动作、表情、言语、文学等形式表现出来。一般说对自己的容貌、才能、权利及其他方面较为"自信者",容易将愤怒的情绪向外发泄,采取直接攻击的行为。另外,一些年幼无知、缺乏智力、一帆风顺的人,也容易采用愤怒的直接攻击方式。由于缺乏理智,往往不考虑后果,因此,可能造成极为严重的后果。例如,1991年11月1日,卢刚,这位北京大学博士研究生,在美国衣阿华大学学习期间,由于未获得衣阿华大学D.C.斯普顿特1000美元的论文奖,开枪打死与该论文奖评比有关的6人(内有该校的教授、系主任、学术秘书以及一名中国留学生)后自杀。这一事件在美国学术界造成了极为恶劣的影响,不但使阿衣华大学遭受了十分惨重的损失,同时也使美国的天体力学研究迟滞了20年。此外,大学里发生的一些打架斗殴、损害公物现象,有些也与大学生受挫后的攻击行为有关。在高校发生的攻击行为,往往发生在那些缺乏生活经验,思想比较简单、鲁莽、易冲动的学生身上。

转向攻击,就是把由于挫折所引起的愤怒和不满的情绪转向发泄到自我或与挫折源不相关的其他人或其他事情上。转向攻击行为造成的后果同样是严重的,如,某高校一名男大学生失恋以后,他不能攻击他曾恋爱的女友,就用菜刀剁下自己的两节手指,这样做虽然似乎一时紧张的情绪得到了缓解,却留下了终身残疾,并直接影响了正常学习,这是转向自己的攻击行为反应。又如,某大学生受到老师批评以后,就把愤怒的情绪转而发泄到其他同学或公物上,往往寻衅斗殴,或者踢门砸窗、破坏公物,这是转向"替罪羊"的攻击行为反应。转向攻击行为大多数发生在克制力比较弱、自信心比较差的大学生身上。转向攻击通常在下列三种情况下表现出来。

第一,当个体察觉到引起挫折的真正对象不能直接攻击时,就把愤怒的情绪发泄到其他的人或物上去,这也就是我们通常所讲的迁怒。例如,一个人在单位受到批评,回到家里骂老婆、打孩子、摔东西,以发泄自己的情绪。

第二，挫折的来源不明，可能是日常生活中许多挫折积累综合作用的结果，也可能是自身疾病引起的。在这种情况下，找不出真正构成挫折的对象，于是就将这种闷闷不乐的情绪发泄到毫不相干的人或物上去。

第三，当一个人意志薄弱、缺乏自信或悲观失望时，易把攻击的对象转向自己。如埋怨自己能力不强、机遇不好、命运不佳、生不逢时等。

(三)心理防御机制与心理健康

积极的心理防御机制有助于人们适应挫折，化解困境，而消极的心理防御机制只能起到平衡心理的作用，不能解决问题，有时还会使当事人在一种自我欺骗中与现实环境脱节，降低自身的积极适应能力，埋下心理病变的种子。

值得注意的事，心理防御机制不仅本身有积极作用和消极作用之分，而且不同的人使用时也会出现不同的倾向与效果。一般来说，心理正常、人格健全的人，在使用心理防御机制是倾向于积极、成熟的方式，而且，可根据不同的挫折情境灵活选用。在他们身上，心理防御机制仅起到缓冲压力的作用，而且使用次数不多，作用时间也不长。同时，他们还能正确的感知自己在使用心理防御机制，并能合理地进行调节。因此，心理健康者能扬长避短，多在积极意义上使用心理防御机制。

相反，有些人格适应不良、有心理障碍者往往倾向于消极的、不成熟的方式，他们总是依赖心理防御机制，以至作为习惯，甚至唯一的反应方式。作用时间长，而且也很少变通，常常不顾情景的变化而刻板地采用相同的心理防御机制，因而，他们很难学会更有效的适应挫折的方法，而且在歪曲、掩盖或否认现实中耗费自己的活动能量，以一种自欺欺人的方式，被动地与挫折周旋，其结果是适应能力日趋削弱，人格和心理发展受到严重的影响。反过来，在某种意义上说，心理不健康亦是消极的心理防御机制使用过度的结果，两者常互为因果，互相影响，恶性循环。

第三节　心理挫折的应对

挫折对我们的影响既有消极的一面，也有积极的一面。如何看待那些对自身产生负面影响较大的挫折，怎样采取相应的方法降低他们对我们的消极影响？这就需要我们我们采取有效措施，积极应对。

一、挫折承受力

挫折承受力是指个体适应挫折、抵抗和应付挫折的能力，是个体在遇到挫折情境时，经受打击和压力,摆脱和排除困境而使自己避免心理与行为失常的一种耐受能力。挫折承受力是维护个体心理健康的一道防线。因此,挫折承受力较低的人,几经挫折的打击之后,容易失去人格的统一性,甚至会出现人格扭曲,形成行为失常和心理疾病。可见,挫折承受力是个体适应环境的必不可少的能力之一。

挫折承受力是后天学习得来的,因而,无论是家庭还是学校,都应该教育大学生学会承受日常生活中遇到的挫折,鼓励他们从挫折失败中获得经验教训,增强克服困难的信心,而且要通过提供适度的挫折情境,采取恰当的方法来锻炼大学生的挫折承受力。挫折承受力的大小反映了一个人的心理素质与心理健康水平,许多人的心理问题就是由于遭受挫折却又不能很好地排解和调节而造成的,增强挫折承受力,是获得对挫折的良好适应和保持心理健康的重要途径。

二、影响挫折承受力的因素

心理学研究认为:影响一个人的挫折承受力是有多种因素的。

(一)生理因素

身体健康的人比体弱多病的人更容易承受挫折。同样是失去亲人,身体健康者更容易经受住悲哀、忧伤的痛苦,抵抗更强的压力;而体弱多病者多因悲哀、忧伤的影响出现连锁反应,带来更多的挫折因素。

(二)心理因素

心理因素包括以下几方面:一是人格因素,性格开朗、个性完善、意志坚强的人比消沉抑郁、内向自闭的人更能应对挫折;二是自我认知,凡是建立积极的自我认知的大学生面临挫折时,容易客观正确地看待挫折并合理运用心理防御机制,化解挫折并将挫折转化为动力,而自我认知不足的大学生遭遇挫折时容易走极端,陷入管状思维中;三是心理预期,个体对自我的心理预期越高,遭受挫折的心理承受力越弱。一个优秀的大学生很难接受自己平凡的现实,因而感受很受挫;反之,一个对大学生活没有很高预期的学生面临挫折心理相容度会更高些。

(三)个人因素

个人因素包括以下两点:一是个人目标理解,行为所指向的目标对个体越重要,受到挫折后的反映越强烈,如一个渴望出国深造的学生拒签后的心理承受力会更低;二是目标距离,目标距离越近,则对挫折的承受力越大,即当个体几乎达到目标时经历失败会不甘

第五章　历经风雨　方见彩虹

心而继续努力尝试，如果一开始就失败，会早早放弃，心理承受力反而小。

如心理学家(S·Williams & E·Williams，1943)对老鼠的实验：在一条长通道的一端给老鼠喂食物，这食物是老鼠所希望得到的目标，然后在通道的不同位置设立路障，营造到达目标的挫折。结果发现，如果路障设得越接近目标物，大鼠在放弃尝试前走的次数越多。另一个以大学生为对象的实验研究，是让他们试走迷宫，在不同地点堵塞通路，也发现越是走到接近出口处的人，越不愿放弃目标，从而做出更多次数的尝试。

(四)社会因素

社会因素包括两方面：一是生活阅历，随着生活阅历的丰富，人们逐渐在挫折中成长，承受挫折的能力也就增强了；二是社会支持，一个人拥有的社会资源越多、社会支持体系越完备，获得的心理援助越多，更容易走出挫折情境。

三、提高挫折承受力

(一)正确认识挫折

事实上，挫折并不都是坏事，处理得好的话，它也可以成为自强不息、奋起拼搏、争取成功的动力和精神催化剂。生活中许多优秀人物就是在挫折磨炼中成熟，在困境中崛起。相反，过于一帆风顺的生活反而会使人沉迷于安逸、丧失斗志，在挑战到来时措手不及。因此可以说，挫折也是一种机会。只要能坦然面对挫折，树立战胜挫折的勇气和信心，就可以适应任何变化的环境。挫折虽然带来的是不愉快的情绪体验，但挫折对人的影响并不都是负面的。法国大文豪巴尔扎克根据自己丰富的人生体验，形象地把挫折比作一块石头。石头本身是中性的，无所谓好坏，但对于不同的人就会产生不同的影响："对于强者它可以成为垫脚石，让人站得更高；对于弱者，它可以成为绊脚石，使人一蹶不振。"经历挫折，可以使人从失败中吸取经验教训，磨炼意志，增加克服困难的勇气，提高解决问题、适应环境的能力。俗话说，吃一堑长一智、失败是成功之母，就是这个道理。相反，挫折承受能力差的人却可能因此产生心理上的痛苦，情绪不稳、行为失态，甚至导致生理和心理疾病。可见，挫折犹如一把双刃剑，可以为我们所用，也可以伤害我们，关键要看我们怎么用它了。

奶酪的故事

2001年，一本由斯宾塞·约翰逊写的小说在全球销量超过两千万册，书名是《谁动了我的奶酪》，讲述了两个小人哼哼与唧唧、两只小老鼠嗅嗅与匆匆的故事，核心观点是：变化总是在发生，既要预见变化又要追踪变化，尽快适应变化并做积极的改变，尝试冒险并享受变化！记住：适应变化与享受变化，不经历风雨不能见彩虹。

蝴蝶的故事

一天，一只茧上裂开了一个小口，有一个人正好看到这一幕，他一直在观察着，蝴蝶在艰难地将身体从那个小口中一点点地挣扎出来，几个小时过去了……

接下来，蝴蝶似乎没有任何进展了。

看样子它似乎已经竭尽全力，不能再前进一步了……

这个人实在是看得心疼，决定帮助一下蝴蝶：他拿来一把剪刀，小心翼翼地将茧破开。蝴蝶很容易地挣脱出来。

但是它的身体很萎缩，身体很小，翅膀紧紧地贴着身体……

他接着观察，期待着在某一时刻，蝴蝶的翅膀会打开并伸展起来，足以支撑它的身体，成为一只健康美丽的蝴蝶……

然而，这一刻始终没有出现！

实际上，这只蝴蝶在余下的时间都极其可怜地带着萎缩的身子和瘪塌的翅膀在爬行，它永远也没能飞起来……

这个好心的人并不知道，蝴蝶从茧上的小口挣扎而出，这是上天的安排，要通过这一挤压过程将体液从身体挤压到翅膀，这样它才能在脱茧而出后展翅飞翔……

有时候，在我们的生命中需要奋斗乃至挣扎。

如果生命中没有障碍，我们就会很脆弱。我们不会像现在那样强健，我们将永远不能飞翔……

我们祈求力量，上帝给我们困难去克服，使我们变得强壮……

我们祈求智慧，上帝给出问题让我们去解决……

我们祈求成功，上帝给我们大脑和强健的肌肉……

我们祈求勇气，上帝便设置障碍让我们去克服……

我们祈求爱，上帝指引我们去帮助需要关爱的人……

我们祈求荣耀，上帝给我们创造荣耀的机会……

从上帝那里，我们没有得到任何我们祈求的东西，但我们得到了所有必须具备的东西。毫无畏惧地生活，直面所有障碍和困境，并充满信心地去克服。

名人名言

尽可能少犯错误，这是人的准则，不犯错误，那时天使的梦想。

——雨果

第五章　历经风雨　方见彩虹

我坚持奋斗55年，致力于科学的发展，用一个词可以道出我最艰辛的工作特点，那就是失败。

——美国的一位物理学家、数学家凯尔文

(二)改变不合理信念

心理学研究表明，引起强烈挫折感的与其说是挫折、冲突，不如说是受挫者对所受挫折的看法，以及所采取的态度。常见的不合理观念有以下几种。

——此事不该发生。有些人把生活中的不顺利，学习、交往中的挫折、失败看作是不应该发生的。他们认为，生活应该是愉快的、丰富的，人际关系应该是和谐的、互助的。一旦生活中出现诸如人际之间的冲突、成绩滑坡、好友背叛、评不上优秀等事件，就认为它不应该发生，而变得烦躁易怒、束手无策、痛苦不堪、失去信心。

——以偏概全。有些人常常以片面的思维方式看待事物，简单地以个别事件来断言全部生活，一叶障目。例如，有人对自己不友好，就得出结论说自己人缘不好或缺乏交往能力；一次考试不如人意，就认为自己彻底失败，不是读书的料；一次失恋就认为自己对异性没有吸引力等，从而导致自责自怨、自卑自弃的心理而焦虑、抑郁。以偏概全不仅表现在对自己的认识上，也表现在对他人、对社会的认识中。例如，因一事有错而对他人全盘否定；因社会有缺陷，存在阴暗面，就看不到光明，而彻底丧失信心。

——无限夸大后果。有些人遇到的是一些小挫折，却把后果想象得非常糟糕、可怕。夸大后果的结果是使人越想越消沉，情绪越来越恶劣，最后难以自拔。例如，一门功课考试不及格，就认为自己能力不行，学不下去，毕不了业，找不到工作，人生没前途，生命没价值。这实际上是一种自己吓唬自己，给自己施加压力的做法。

只有改变不良的认知方式、纠正错误的观念，才能实事求是地评价挫折带来的后果，从困难中看到希望。

阴影是条纸龙

人生中，经常有无数来自外部的打击，但这些打击究竟会对你产生怎样的影响，最终决定权在你手中。

祖父用纸给我做过一条长龙。长龙腹腔的空隙仅仅只能容纳几只蝗虫，将其投放进去，它们都在里面死了，无一幸免！祖父说："蝗虫性子太躁，除了挣扎，它们没想过用嘴巴去咬破长龙，也不知道一直向前可以从另一端爬出来。因此，尽管它有铁钳般的嘴壳和锯齿一般的大腿，也无济于事。"当祖父把几只同样大小的青虫从龙头放进去，然后关上龙头，奇迹出现了：仅仅几分钟，小青虫们就一一地从龙尾爬了出来。

高校学生心理健康教育与指导

> **温馨提示**
> 命运一直藏匿在我们的思想里。许多人走不出人生各个不同阶段的或大或小的阴影，并非因为他们天生的个人条件比别人要差，而是因为他们没有思想要将阴影纸龙咬破，也没有耐心慢慢地找准一个方向，一步步地向前，直到眼前出现新的天地。

只有改变不良的认知方式、纠正错误的观念，才能实事求是地评价挫折带来的后果，从困难中看到希望。

(三)确立合理的自我归因

在生活中，人们对行为的成功与失败进行归因是一件很平常的事，然而，在这一过程中，形成的归因倾向则对人的心理承受力有很大的影响。心理学家研究表明，在归因中，有些人倾向于情境归因，认为外部复杂且难以预料的力量是主宰行为的原因，如一个学生认为自己成绩不好主要是由于教师教学水平或是考卷难度太大方面的原因；有些人倾向于本性归因，即认为自身的努力、能力是影响事情的发展与行为结果的主要原因，例如一个学生认为自己成绩不好是由于学习不够努力造成的。一般来说，进行本性归因的学生对自己的行为与学习有更多的自我责任定向与积极态度；但是从对失败的归因方面来看，由于他们倾向于把原因归于主观因素，就容易自我埋怨、自我责备。如果这种自责、悔恨过多，就会给他们带来挫折感和心理损伤。因此，大学生首先要学会多方面收集关于事件的信息，了解困难的原因所在；其次要学会合理的归因，避免归因的片面性，学会实事求是地承担责任，克服过分承担或完全推诿责任的倾向，避免过多自责带来的挫折感；再次要积极采取措施主动改变挫折情境因素，从而有效地应对挫折。例如，在学习过程中发现最近学习效率不高，通过原因分析之后，在解决内在问题的同时，可以尝试改变学习地点、学习时间，或改变学习科目的顺序、学习结构等，从而避免学习效率不高给自己带来的压力和困扰。

(四)优化自身人格品质

挫折承受力与人格特征有关。以下几种人格类型的人常常容易引起挫折感。

——性情急躁的人。他们情绪变化大，易动怒，火爆脾气一点就着，常常因为一点芝麻绿豆的事而引起挫折感。

——心胸狭窄的人。他们气量小、好猜疑，喜欢斤斤计较，容易体验消极的情感。

——意志薄弱的人。他们做事缺乏耐力和持久，患得患失，害怕困难，只看眼前利益，经不起打击和挫折。

——自我偏颇的人。他们缺乏自知之明，或者自高自大、目空一切，或者自卑自贱、

第五章 历经风雨 方见彩虹

畏首畏尾。

为了提高承受挫折的能力，每个人都应主动地培养自己良好的人格品质，改变那些不适应发展的不良的人格品质。重点应培养自信乐观、自强不息、宽容豁达、开拓创新等品质。自信才能乐观，乐观才能自信，两者相辅相成。当遇到挫折、困境时，如果相信自己一定能取胜，那就会积极去改变现实，克服困难，战胜挫折，这是自信的作用；乐观者在面临挫折、困境时，不会被眼前的困难吓倒，而是能够透过表面的不利看到蕴藏在背后的希望，相信明天是美好的，从而信心十足地去战胜困难。

自强不息是良好的意志品质，是一切成功者的共同特征，生命不息，奋斗不止。通向成功的道路不是平坦的，挫折、逆境常常会出现，只有坚强不屈、顽强拼搏，才能到达光辉的顶点。而那些一遇挫折就偃旗息鼓者，只能半途而废，永远不可能成功。

宽容豁达和开拓创新的人胸怀宽阔，对挫折不是被动的适应，一味忍耐，而是面向未来，积极进取，勇于创造新生活。

因此，提高承受挫折的能力应从培养良好的人格品质入手，从细微小事中严格要求自己，努力在实践中锻炼，使自己的心理得到充分、有效的发展，心理健康达到高水平的状态。

(五)心理防御机制的正确运用

心理防御机制是挫折发生后，人在内部心理活动中所具备的有意或无意地摆脱挫折造成的心理压力、减少精神痛苦、维护正常情绪、平衡心理的种种自我保护方式。心理防御机制的意义有积极和消极之分：其积极的意义在于能够使主体在遭受困难与挫折后，减轻或免除精神压力，恢复心理平衡，甚至激发主体的主观能动性，激励主体以顽强的毅力克服困难，战胜挫折；其消极的意义在于使主体可能因压力的缓解而自足，或出现退缩甚至恐惧而导致心理疾病。

受挫后的心理防御机制有很多，但有利于大学生成长的积极的心理机制表现为以下几个方面：升华、补偿等。升华的心理防卫机制能够使大学生在遭遇挫折后，把内心痛苦化为一种动力，转而投入到有益的学习生活中，这无疑是人们在受挫折后的最佳应用。补偿、文饰、幽默等心理防御机制能使大学生获得平衡心理，保持自尊，减轻内心的痛苦和焦虑，因而，也不失为受挫后较理想的心理防御方式。另外，合理的情绪宣泄也是缓解大学生受挫后心理紧张和焦虑，保持其身心健康的有效机制。总之，构建成熟的心理防御机制，不仅有助于大学生提高自身的心理健康水平，也有助于大学生自信心的培养与意志力的磨炼。

第六章　我的情绪我做主

大学阶段是人生的第二个"心理断乳期"，是一个非常关注自我，注重个性表达，情绪体验丰富，情绪波动起伏较大的时期。在这个时期里，大学生常常会有快乐、兴趣、羞愧、内疚、羞涩、悲伤、惊奇、敌意、愤怒、蔑视、厌恶、恐惧等情绪。我们都渴望幸福情绪的体验，尽可能地避免不良情绪的影响，当事与愿违时，我们如何调节自我情绪，实现美好的情绪感受呢？本章就从认识情绪入手，解读大学生的情绪特点，剖析大学生常见情绪问题形成的原因，并提供大学生情绪调适的方法与技巧。

第一节　大学生的情绪特点与情绪评定

情绪世界是一个丰富多彩、五彩斑斓的世界。每个人每时每刻都有情绪，情绪是我们身体的一部分。那么情绪到底是什么呢？大学生的情绪特点有哪些？我们的情绪是如何评定度量的呢？

一、什么是情绪

情绪是人类心理的一个重要方面。普通心理学关于情绪的定义是：伴随着认知和意识过程产生的对外界事物的态度，是对客观事物和主体需求之间关系的反应，是以个体的愿望和需要为中介的一种心理活动。情绪包含情绪体验、情绪行为、情绪唤醒和对刺激物的认知等复杂成分。一般认为，情绪包括基本情绪和复杂情绪两方面。

人的基本情绪有四种，具体表现为快乐、悲哀、愤怒和恐惧。快乐是指盼望的目标达到和需要得到满足之后，继之而来的紧张性解除时的情绪体验，快乐程度细分为：满意、愉快、欢乐、狂喜等；悲哀是指所热爱对象的遗失、破裂以及与盼望东西的幻灭相联系的情绪体验，悲哀程度可细分为：遗憾、失望、难过、悲伤、极度悲痛；愤怒是指由于事物或对象再三妨碍和干扰，使个人的愿望不能达到或产生与愿望相违背的情景时，逐渐积累紧张性而发生的情绪体验，愤怒程度可细分为：不满意、生气、愠、怒、忿、激愤、狂怒等；恐惧往往是指由于缺乏准备，不能处理、驾驭或不能摆脱某种可怕或危险情景时所表现的情绪体验，恐惧程度可细分为：害怕、惊慌、惊恐万状等。

在这四种最基本的情绪之上，还可能派生出许多种类，组成复合的形式，形成高级的情感，也就是我们所说的复杂情绪。如与感知有关的厌恶与愉快；与自我评价有关的骄傲、自卑、自信、羞耻、罪过、悔恨等；与评估他人有关的热爱和怨恨、羡慕、妒忌等体验。

由于情绪的存在方式多样性，强度变化千差万别，所以要对情绪做出严格的定义和分类是相当困难的。以上对情绪的定义和分类仅仅是一种较为简单，并易于被大众接受的论述。当前有影响力的情绪理论(如詹姆斯-兰格理论、坎农-巴德理论、二因素理论等)和情绪分类方法(如积极与消极情绪、简单与复杂情绪、对立情绪、情绪强度分类法和三维分类法等)，都试图详细精确地阐释环境中的事件和生理唤起是如何相互作用引发主观的情绪体验，并归纳总结，形成具有独特风格的理论体系，但至今尚没有哪一种理论和分类法能够得到所有心理学家的普遍认可。

二、大学生的情绪特点

情绪是个体与环境、事物之间关系的反映，它具有独特的主观体验和外部表现形式，对人的活动有着非常重要的影响。作为特殊群体的大学生，生理基本成熟而心理尚未完全成熟，易受到外界的干扰，因而，对人、事、社会等各种现象特别关注，对新鲜事物十分好奇，对学业和未来充满信心，朝气蓬勃、积极进取，拥有许多形式各异的情绪，其特点具体表现为以下五个方面。

(一)丰富性和复杂性

从生理发展阶段来看，大学生正处于多梦的年龄阶段，几乎人类所具有的各种情绪，都可在大学生身上体现出来，并且各类情绪的强度不一，例如，有悲哀、遗憾、失望、难过、悲伤、哀痛、绝望之分；从自我意识的发展来看，大学生表现出较多的自我体验，自我尊重的需要强烈，易产生自卑、自负等情绪体验；从社交方面来看，大学生的交际范围日益扩大，与同学、朋友及师长之间的交往更细腻、更复杂，有的大学生还开始体验一种更突出的情感——恋爱，而恋爱活动往往又伴随着深刻的情绪体验，这种特殊的体验对大学生有十分重要的影响；在情绪体验的内容上，大学生的情绪呈现出相当丰富多彩的特征，以惧怕的情绪来说，大学生所怕的事物，主要与社会的、文化的、想象的、抽象复杂的事物和情势有关，诸如怕考试、怕陌生人、怕惩罚、怕寂寞等。同时，伴随着大学生社会实践活动的增加，了解社会的机会越来越多，学习社会的道德规范，对自己的身份、角色、志向、价值等问题也有了更深入的思考，理智感、美感、集体荣誉感等高级情感也有所发展。

(二)波动性和两极性

大学时期是人生面临多种选择的时期，学习、交友、恋爱等人生大事基本在这一阶段完成。社会、家庭、学校及生活事件，都会对大学生的情绪产生影响。尽管大学生的认识水平有了一定的提高，对自己的情绪已有了一定的控制能力，情绪亦趋于稳定，但同成年人相比，大学生相对敏感，情绪带有明显的波动性。一句善意的话语，一个感人的故事，一支动听的歌曲，一首情理交融的诗歌，都可能致使大学生的情绪发生骤然变化，特别是在社会转型过程中，社会的变迁、体制的变革，新与旧价值观的更替，种种复杂的社会现象更容易使大学生产生困惑和迷茫，产生情绪的困扰与波动。

同时，由于大学生正处于情绪表现的"动荡时期"，自我认知、生涯发展及心理发展还未成熟等原因，大学生的情绪起伏较大，带有明显的两极化特征：胜利时得意忘形，挫折时垂头丧气；喜欢时花草皆笑，悲伤时草木流泪，情绪的反应摇摆不定、跌宕起伏。有人对大学生进行调查，发现70%的人情绪都是经常两极波动的，也就是像"波动曲线一样，忽高忽低，忽愉快忽愁闷"。另外，由于大学生的人生观、价值观还未完全定型，认知能力还有待提高，大学生的情绪活动往往强烈而不能持久，并且容易从一个极端走向另一个极端，情绪呈现不稳定状态。

(三)冲动性和爆发性

心理学家霍尔(Hall)认为青年期处于"蒙昧时代"向"文明时代"演化的过渡期，其特点是动摇的、起伏的，他把这一时期称为"狂风暴雨"时期。由于知识水平和认知能力的提高，大学生对自己的情绪能够有所控制，但由于兴趣广泛，对外界事物较为敏感，加之年青气盛和从众心理，因而，在许多情况下，其情绪易被激发，犹如急风暴雨不计后果，带有很大的冲动性。大学生往往对符合自己信念、观点和理想的事件或行为迅速发生热烈的情绪；对于不符合自己信念、观点和理想的事件或行为，则迅速出现否定情绪。个别的甚至会出现盲目的狂热，而一旦遇到挫折或失败又会灰心丧气，情绪来得快，平息得也快。也有的心理学家把青年期形容为"疾风怒涛"时期。大学生的情绪往往表现得快而强烈，常因一点小事振奋不已，豪情万丈。大学生情绪的冲动性一般表现为对外部环境或他人的不满，情绪失控，语言、行动极富攻击性，如果不予以引导，会给大学生本人以及社会带来危害。

大学生情绪的冲动常常与爆发性相连的。大学生的自制力较弱，一旦出现某种外部强烈的刺激，情绪便会突然爆发，借助于冲动的力量驱使，以至于在语言、神态及动作等方面失去理智的控制，忘却了其他任何事物的存在，极易产生破坏性的行为和后果。

(四)阶段性和层次性

大学阶段由于在不同年级的培养目标和培养重点不同，教育方式和课程设置有所区别，

第六章　我的情绪我做主

各个年级面临的问题不同，大学生的情绪特点也不同，呈现出阶段性和层次性特点。大学新生所面临的是环境适应、学习方法的改变、新的交往对象的熟悉了解以及新的目标确立等问题。新生自豪感和自卑感混杂，放松感和压力感并存，新鲜感和恋旧感交替，情绪波动大。经过了一年级的适应过程，二、三年级能够融于校园生活中，情绪较为稳定。毕业班学生面临毕业论文(毕业设计)及择业等多方面的重大问题，压力大、情绪波动大、消极情绪多。另外，由于社会、家庭及自身要求、期望不同，能力、心理素质的差别，大学生也会体现着不同的情绪状态。

(五)外显性与内隐性

大学生对外界刺激反应迅速敏感，喜、怒、哀、乐常形于色，比起成年人来，比较外露和直接；但比起中小学生来，大学生会掩饰、隐藏或抑制自己的真实情感，表现出内隐、含蓄的特点。一般而言，大学生的很多情绪是一眼就能看出的，如考试第一名或赢得一场球赛，马上就能喜形于色。但由于自制力的逐渐增强，以及思维的独立性和自尊心的发展，他们情绪的外在表现和内心体验并不总是一致的，在某些场合和特定问题上，有些大学生会隐藏或抑制自己的真实情感，有时会表现出内隐、含蓄的特点。例如，对学习、交友、恋爱和择业等具体问题，他们往往深藏不露，具有很大的内隐性。另外，随着大学生知识水平的提高，思想内涵的丰富，社会化的逐渐完成与心理逐渐成熟，已具备在一定的情景下压抑控制自己愤怒、悲伤等情绪，并且能够根据特有条件、规范或目标来表达自己的情绪，使得自己的外部表情与内部体验的不一致性。例如，对一件事情或对某人明明是厌烦的，但由于种种原因，可能表现出较好的或不在意的态度。

心灵鸡汤：从四个小故事谈大学生的情绪

故事之一：保持清醒与知足的心态

大哲学家柏拉图带着他的七个徒弟来到一块麦田前，说："你们现在从这块田地里走过去，捡一枝最大的麦穗。你们只能拾一穗且谁也不准回头，如果谁捡到了，这块田地就归谁。"

"这还不简单！"徒弟们听了，很高兴地说。

"好，我就在对面等你们。"柏拉图说。

于是，那七个徒弟从田地走到对面，可最后他们都失败了。原因很简单，他们以为最大的麦穗在前头，所以一路上总是匆匆向前，结果到了尽头，却发现最大的麦穗已经被自己错过——追求最大却失去最大。

我们常常胸怀大志，可很多时候，却是空有理想。理想是那枝最大的麦穗，在前头，

高校学生心理健康教育与指导

但如果不抓住机会,它可能就是麦地终点那株瘦小的麦秸。在人生的路上,我们要头脑清醒,学会辨别,善于把握机会,定位要准确、目标不能过高。认识自己优势与劣势,明确自己的核心竞争力,明确自己未来的发展方向。对自我的评价要接近实际,切忌过分地高估或低估自我,避免在实践中出现焦虑、紧张不安以及狂妄自大等不良的心理状态。

故事之二:保持自信与勇敢的心态

有一位女歌手,第一次登台演出时,十分紧张,担心会忘记歌词。在她准备上台时,一位前辈塞给她一个纸卷,并轻声对她说:"这里面写着你要唱的歌的歌词,如果你在台上忘词了,就打开来看。"她握着这张纸条上了台,心里踏实了许多。演唱非常成功,她走下舞台感谢那位前辈。前辈笑着说,我给你的是一张白纸。女歌手展开手中的纸卷,果然上面什么也没有写。她感到惊讶,自己凭着握住一张白纸,竟顺利渡过了难关,获得了演出的成功。女歌手沉思许久,感触良多。她拜谢了前辈,在后来的舞台人生中,她战胜了一个又一个困难,成为了一个红遍大江南北的著名歌手。

其实,故事中女歌手握住的白纸并不是一张白纸,而是个人的自信。人生的舞台就是要握住自信,战胜一个个困难。有人说:"一个人的才能不是看你拥有多少,而是看你发挥出来多少。"在人生道路上,我们需要有过硬的业务素质和才华,更需要有展现业务素质和才华的能力。人们都知道"艺高人胆大"这句话,尤其在就业过程中,扎实的专业能力和良好综合素质能让人自信,却很少有人去思考另一句话"胆大艺更高",充满自信往往让你自己的能力和才华得到更好的发挥。

故事之三:保持积极与乐观的心态

在日本,有一个23岁的小伙子赤手空拳和同伴们一起来到东京闯天下。到了东京后他们惊讶地发现:人们在水龙头上接凉水喝都必须付钱。同伴们失望地感叹道:"天哪!这个鬼地方连喝冷水都要钱,简直没办法待下去了。"言罢,都纷纷返回故乡了。

这个小伙子也看到了这幕情景,但他却想:这地方连冷水都能够卖钱,一定是挣钱的好地方嘛!于是,他留在东京,开始了创业生涯。后来,他成为日本著名的水泥大王,他的名字叫浅田一郎。

浅田一郎的成功给我们的启发是深刻的:面对同样的情况,他与常人的看法和做法却大相径庭,他用积极的心态看到了隐藏的商机并因此而逐渐走向成功。

故事之四:保持坚强与冷静的心态

有一天,某个农夫的一头驴子,不小心掉进了一口枯井里,农夫绞尽脑汁想办法救出驴子,但是几个小时过去了,都没有成功。农夫决定放弃,他想:这头驴子年纪大了,不值得大费周折去把它救出来,不过,无论如何,这口井还是得填起来。于是,农夫便请来左邻右舍帮忙一起将井中的驴子埋了,以免除它的痛苦。

邻居们手拿铲子开始将泥土铲进枯井中，驴子了解自己的处境时，刚开始哭得很凄惨，一会儿之后，井底下就没有声音了。众人叹了一口气，探头往井下一看，井下的景象令大家大吃一惊：当铲进井里的泥土落在驴子背部时，驴子的反应令人称奇——它将泥土抖落在一旁，然后站到铲落的泥土堆上面！

就这样，驴子将大家铲在它身上的泥土全数抖落在井底，然后再站上去。很快地，驴子便上升到井口，在众人的欢呼声中快步地跑开了。

从故事回到生活，大学生应接受就业挫折的现实，正确分析原因，以求得问题的解决，同时要冷静分析自己的心理准备是否充分；面对挫折要学会改变认知，进行自我安慰和激励，也可以采取自我辩解和自我安慰的方式，使不良的情绪困扰减轻并得到转移和升华，使自己重新振作起来；面对挫折要坚强、要冷静，切忌自暴自弃！

三、情绪评定的量度：情商

情感智商(Emotional Quotient 缩写为 EQ 简称情商)是由美国心理学家丹尼尔·高尔曼(Daniel Gdeman)提出的，他认为：利用智力测验或标准化的成就测验来衡量一个人的智力，并预测其未来的成败，实际上比不上利用情绪的特质来衡量它更具有意义。情商是相对于智商(Intelligence Quotient 缩写为 IQ)的一个概念，是情绪、情感商数的简称，也是情绪评定的量度。长期以来，智商一直作为测量与衡量一个人智力的指标。但是，大量事实表明，高智商者不一定就踏上了成功的坦途，而智商平平者也不乏卓越超群的成功者。于是，越来越多的心理学家对智商的权威性提出了质疑与挑战。

情商与智商虽然不同，但并不冲突，每个人都是两者的综合体。一般而言，多数人都是情商与智商协调发展，很多研究表明：情商仍然是大学生人格能否健全、完善发展的重要因素。专家研究后发现，学业上的聪明与情绪的控制关系不大，再聪明的人，也可能因情绪失控而铸成大错。情感智商是发自内心的智慧，不仅决定着现实智力水平的发挥，还可预示着良好的发展趋势。具体说来，情商包含以下五种能力。

(一)认识自己的情绪

认识情绪的本质是情感智商的基石，当人们出现了某种情绪时，应该承认并认识这些情绪而不是躲避或推脱。只有对自己的情绪有更大的把握性，才能成为生活的主宰，才能更好地指导自己的人生，更准确地决策婚姻、职业等大事；反之，不了解自身真实情绪的人，必然会沦为情绪的奴隶。

(二)妥善管理情绪

情绪管理是指能够自我安慰,能够调控自我的情绪,使之适时、适地、适度。这种能力具体表现在通过自我安慰和运动放松等途径,有效地摆脱焦虑、沮丧、激怒、烦恼等因失败而产生的消极情绪的侵袭,不使自己陷于情绪低潮中。这方面能力较匮乏的人常需与低落的情绪交战;而这方面能力高的人可以从人生挫折和失败中迅速跳出,重整旗鼓,迎头赶上。

(三)自我激励

自我激励指能将情绪专注于某项目标上,为了达成目标而调动、指挥情绪的能力。任何方面的成功都必须有情绪的自我控制——延迟满足、控制冲动、统揽全局。拥有这种能力的人能够集中注意力、自我把握、发挥创造力、积极热情地投入工作,并能取得杰出的成就;缺乏这种能力的人,则易半途而废。

(四)认知他人的情绪

认知他人的情绪即移情的能力,是在自我认知的基础上发展起来的最基本的人际技巧。具有这种能力的人,能通过细微的社会信号敏锐地感受到他人的需要与欲望,能分享他人的情感,对他人处境感同身受,又能客观理解、分析他人情感。此种能力强者,特别适合从事监督、教学、销售与管理的工作。

(五)人际关系的管理

人际关系的管理就是管理他人情绪的艺术。大体而言,人际关系的管理就是调控与他人的情绪反应的技巧。这种能力包括展示情感、富于表现力与情绪感染力,以及社交能力(组织能力、谈判能力、冲突能力等)。人际关系管理可以强化一个人的受欢迎程度、领导权威、人际互动的效能等。能充分掌握这项能力的人,常是社交上的佼佼者;反之则易于攻击别人、不易与人协调合作。因之,一个人的人缘、领导能力及人际和谐程度,都与这项能力有关。

故事一则:我是拿破仑

有一个法国人,42岁了仍一事无成,他自己也认为自己简直倒霉透了:离婚、破产、失业……他不知道自己的生存价值和人生意义。他对自己非常不满,变得古怪、易怒,同时又十分脆弱。有一天,一个吉普赛人在巴黎街头算命,他随意一试。

吉普赛人看过他的手相之后,说:"你是一个伟人,您很了不起!"

"什么",他大吃一惊,"我是个伟人,你不是在开玩笑吧?!"

吉普赛人平静地说:"您知道您是谁吗?"

"我是谁?"他暗想,"是个倒霉鬼,是个穷光蛋,是个被生活抛弃的人!"

但他仍然故作镇静地问:"我是谁呢?"

"您是伟人",吉普赛人说,"您知道吗,您是拿破仑转世!您的身体流的血、您的勇气和智慧,都是拿破仑的啊!先生,难道您真的没有发觉,您的面貌也很像拿破仑吗?"

"不会吧……"他迟疑地说,"我离婚了……我破产了……我失业了……我几乎无家可归……"

"哎,那是您的过去",吉普赛人只好说,"您的未来可不得了!如果先生您不相信,就不用给钱好了。不过,五年后,您将是法国最成功的人啊!因为您就是拿破仑的化身!"

他表面装作极不相信地离开了,但心里却有了一种从未有过的伟大感觉。他对拿破仑产生了浓厚的兴趣,回家后,就想方设法找与拿破仑有关的书籍著作来学习。渐渐地,他发现周围的环境开始改变了,朋友、家人、同事、老板,都换了另一种眼光、另一种表情来对他,事情开始顺利起来。

后来他才领悟到,其实一切都没有变,是他自己变了:他的胆魄、思维模式都在模仿拿破仑。13年以后,也就是在他55岁的时候,他成了亿万富翁、法国赫赫有名的成功人士。

故事感悟:人只有不断进行自我激励,改变自己,才能不断地获得成功,取得光辉的业绩。

四、情商与大学生的发展

新世纪要求人才必须具备较高的综合素质,既要有较高的思想政治素质,又要有健康的身心素质;既要有合理的知识结构,又要有多样化的综合能力;既要有竞争意识,又要懂得与人交往,与人合作。因此,情感智商是当代大学生综合素质中的一个重要方面,并在一定程度上影响着大学生综合素质其他方面的提高。

(一)情商与大学生身心健康

大学生时期是大学生逐渐向成人过渡的重要时期,是其身心发展的高峰期。健康的身心素质是大学生成才的保证。情绪与大学生的身心健康有着密切的关系:良好的情绪则使大学生全身各系统、器官的功能更加协调、健全,有利于其身体健康,并有助于大学生更好地与他人相处,对学习、对工作、对生活更富有激情和创造力,更有力量去克服挫折与困难;不良情绪不仅会造成大学生生理机制的紊乱,从而导致各种躯体疾病,而且会抑制大学生大脑皮层的高级心智活动，使他们的意识范围变得狭窄，正常判断力减弱，甚至使人精神错乱、神志不清，导致各种神经症和精神病。情商能使大学生通过对自己情绪的认知、调控来保持良好的情绪，促进其身心健康。

(二)情商与大学生的人格完善

人格是一个人素质的重要组成部分，是由许多相互作用、不断变化着的部分组成的。大学阶段正是人格发展、重组、完善的重要时期。情感智商会在一定程度上促使大学生形成成熟的自我意识，帮助大学生在积极、良好、稳定的情绪状态下正确认识自我发展中的变化与挑战，获得自我一致的心理感受；情感智商有利于塑造大学生的良好性格，有助于大学生培养乐观向上、积极进取、百折不挠、真诚友好、宽厚大度、善解人意等良好性格；情感智商也有利于增强大学生的耐挫力，它能针对受挫以后的种种消极情绪，分别施以不同的调节、控制，使其向积极、健康的情绪转化，提高大学生对挫折的免疫力和抵抗力。

(三)情商与大学生的人际关系

人是社会的人，人必须在与别人的交往中生存下去。积极的人际交往，多方面、多层次的和谐的人际关系，有助于大学生获得社会生活所必需的人格品质、价值取向、理想信念以及社会赞许的行为方式，加快社会化进程；有助于大学生与他人进行交流、比较，深化对自我的认识；有助于大学生获得友谊、理解和支持，增强自我价值观和安全感，降低挫折感，保持身心健康。情绪在人际关系中起着信号作用，是人际关系交往的重要手段。对自我情绪的认知、表达和调控，对他人情绪的觉察和把握，有助于自身情感智商的提高，有助于大学生处理好人际交往问题，建立和谐的人际关系，增强自身的人际交往和社会适应能力。

(四)情商与大学生智力

大学生正处在智力增长期和高峰期交接之际，处于智力发展的黄金时期。知识经济时代，知识更新速度越来越快，这就要求大学生不仅要有学习、储存新知识的能力，更重要的是要有可贵的开拓精神和创新能力，进行创造性思维。在大学生进行思维活动中，情感智商具有重要的促进作用。首先，情感智商对大学生的思维活动具有选择和引导功能；其次，情感智商对思维活动具有促进和支持功能，使大学生身心处于最佳状态，思路开阔，并能从多个角度进行思考，打破定势，发挥潜能，进行创造性思维。

有趣的实验：

有一个很有趣的实验能够说明问题。心理学家米切尔(Walter Mischel)曾经设计过一个实验来分析控制冲动、延缓满足、抵制诱惑的水平对今后的成功的影响。实验人员对 4 岁的孩子说，你现在可以马上得到一颗果汁软糖，但是，你如果等我外出办事回来就可以得到两颗糖。说罢便离开了，二十分钟后才回来兑现了承诺。观察发现，一些孩子(A组)在实验人员出门的一刹那就抓取并享用了一颗糖，另一些孩子(B组)为抵制诱惑，或闭目低头，或喃喃自语，或玩游戏甚至去睡觉一直等到实验人员回来得到两颗糖的回报。然后，实验人员对 A、B 两组的孩子进行追踪研究，并一直持续到其高中毕业，在 12~14 年后，B 组孩子表现出较强的社会竞争性、较高的自信心、能较好地应付生活中的挫折；A 组孩子中有 1/3 的人缺乏上述品质，而且有较多的人出现心理问题。两组孩子高中毕业时在 SAT 学业能力倾向测量中，B 组的平均分数高出 A 组 120 分。因此，这项追踪研究得出结论——延缓满足、抵制诱惑的自我控制能力是个人获得成功的要素之一。从这项实验中我们可以看到，在家长对儿童的早期教育中，培养儿童情商的重要性。

第二节 情绪的功能与大学生常见的情绪问题

情绪是多因素的组合，所有的心理问题最终都是通过不良的情绪所体现出来的。人的情绪是一种心理表现，伴随着情绪活动有一系列的表情动作和生理变化，如紧张、激昂、烦躁、低沉、懒散、忧郁等。情感反常、喜怒无常，都会影响神经系统的正常活动，从而引起植物神经系统功能的失调和新陈代谢障碍而发生疾病。因此，只有学会有效地控制自己的情绪、管理自己的情绪、优化自己的情绪，才能够成为心理健康的人。

一、情绪的功能

(一)情绪是适应生存的心理工具

在低等动物种系中，几乎无情绪可言，即使在低等脊椎动物中，所有的也只是一些具有适应价值的行为反应模式。例如，搏斗、逃跑、哺喂和求偶等行为。这些适应行为在特定的生理唤醒过程中，动物在脑中产生相应的感觉(感受)状态并留下痕迹，就是最原始的爱、怒、怕等情绪反应。因此，情绪是进化的产物。

当特定的行为模式、生理唤醒及相应的感受状态三成分出现后，就具备了情绪的适应性，其作用在于发动机体中能量使机体处于适宜的活动状态，将相应的感受通过行为(表情)表现出来，以达到共鸣或求得援助。所以，情绪自产生之日起便成为适应生存的心理工具。

人类继承和发展了动物情绪这一高级适应手段，人类个体发育几乎重复了动物种系发生的过程。人类婴儿在出生时，由于脑的发育尚未成熟，还不具有独立行动和觅食等维持生存的基本能力,他们以情绪表达来传递信息,得到成人的哺育;成人正是通过婴儿的情绪反应体察他们的需要,并及时调整他们的生活条件的。

因此,情绪的适应功能从根本上说是服务于改善和完善人的生存和生活条件的。无论是儿童还是成人,通过快乐表示情况良好;通过痛苦表示急需改善的不良处境;通过悲伤和忧郁表示无奈和无助;通过愤怒表示将进行反抗的主动倾向。同时,由于人生活在高度人文化的社会里,情绪的适应功能的形式有了很大的变化,例如,人用微笑向对方表示友好,通过移情和同情来维护人际联结,掩盖粗鲁的愤怒行为等,情绪起着促进社会亲和力的作用。但是,人们也看到,在个人之间和社会上挑起事端引起的情绪对立,有着极大的破坏作用。总之,各种情绪的发生,时刻都在提醒着个人和社会,去了解自身或他人的处境和状态,以求得良好适应。社会有责任去洞察人们的情绪状态,从总体上做出规划,去适应人类本身和社会的发展。

(二)情绪是激发心理活动和行为的动机

情绪构成一个基本的动机系统,它能够驱使有机体发生反应、从事活动,在最广泛的领域里为人类的各种活动提供动机。情绪的这一动机功能既体现在生理活动中,也体现在人的认识活动中。一般来说,生理内驱力是激活有机体行为的动力,但是,情绪的作用则在于能够放大内驱力的信号,从而更强有力地激发行动。例如,人在缺水或缺氧的情况下,血液成分发生变化,产生补充水分或氧气的生理需要。但是这种生理驱力本身并没有足够的力量去驱策行动,而这时产生的恐慌感和急迫感起着放大和增强内驱力信号的作用,并与之合并而成为驱策人行动的强大动机。

此外,内驱力带有生物节律活动的刻板性,例如,呼吸、睡眠、进食均按生物节律而定时。情绪反应却比内驱力更为灵活,它不但能根据主客观的需要及时地发生反应,而且可以脱离内驱力而独立地起动机作用,例如,无论在任何时候和何种情况中发生,恐惧均能使人退缩,愤怒定会发生攻击,厌恶一定引起躲避等。情绪的动机功能还体现在对认识活动的驱策上,这一点通过兴趣情绪明显地表现出来。严格说来,认识的对象并不具有对活动的驱策性,促使人去认识事物的是兴趣和好奇心。兴趣作为认识活动的动机,导致注意的选择与集中,支配感知的方向和思维加工,从而支持着对新奇事物的探索。

(三)情绪是心理活动的组织者

情绪是独立的心理过程,有自己的发生机制和操作规律,作为脑内的一个监测系统,情绪对其他心理活动具有组织的作用。情绪的组织作用包括对活动的瓦解或促进这个两方面,一般说来,正性情绪起协调的、组织的作用;负性情绪起破坏、瓦解或阻断的作用。

有研究证明，情绪能影响认知操作的效果，其影响效应取决于情绪的性质及强度，中等唤醒水平的愉快和兴趣情绪为认知活动提供最佳的情绪背景，愉快强度与操作效果曲线呈倒"U"形，过低或过度的愉快唤醒均不利于认知操作。这些研究结果符合关于不同唤醒水平的情绪对手工操作的不同效应的叶克斯—道森规律。而对负情绪来说，痛苦、恐惧的强度与操作效果呈直线相关，情绪强度越大，操作效果越差。与痛苦、恐惧不同的是，由于愤怒情绪具有自信度较强的性质和指向于外的倾向，中等强度的愤怒一旦爆发出来，有可能阻止个体倾向于面对的任务，导致较好的操作效果。这些研究结果则补充了叶克斯—道森曲线。上述结果表明，情绪执行着监测认知活动的功能，不同性质和不同强度的情绪起着不同程度的组织或瓦解认知活动的作用。

情绪的组织功能也体现在对记忆的影响方面。鲍维尔的研究表明，当人处在良好的情绪状态时，更容易回忆那些带有愉快情绪色彩的材料；如果识记材料在某种情绪状态下被记忆，那么在同样的情绪状态下，这些材料更容易被回忆出来。这说明情绪具有一种干预记忆效果的作用，使记忆的内容根据情绪性质进行归类。

情绪的组织功能还表现在影响人的行为上。人们的行为常被当时的情绪所支配，当人处在积极、乐观的情绪状态时，倾向于注意事物美好的一面，态度和善，乐于助人，并勇担重任；而当处于消极情绪状态则使人产生悲观意识，失去希望与渴求，也更易产生攻击性。

(四)情绪是人际通信交流的重要手段

情绪和语言一样，具有服务于人际通信的功能。情绪通过独特的无词通信手段，即由面部肌肉运动模式、声调和身体姿态变化所构成的表情来实现信息传递和人际间互相了解，其中面部表情是最重要的情绪信息媒介。

语言是人际交流的主要工具，情绪信息的传递则应当说是语言交际的重要补充。而且，在许多情景中，表情能使言语交流所造成的不确定性和模棱两可的情况明确起来，成为人的态度、感受的最好注解；而在另一些场合，人的思想或愿望不宜言传，也能够通过表情来传递信息。在电影业发展早期，无声电影正是通过演员的各种表情动作来向观众传递信息的，但是，表情信息的交流则出现得比语言要早得多，情绪是高等动物信息传递的主要工具，也是前言语阶段婴儿与成人互相沟通的唯一渠道和手段。情绪的适应功能正是通过其通讯作用实现的。

表情信号的传递不仅服务于人际交往，而且往往成为人们认识事物的媒介。这一现象在婴幼儿中表现得最明显，在成人中也经常发生。例如，婴儿从一岁左右开始，当面临陌生的不确定情境时，往往从成人面孔上搜寻表情信息(鼓励或阻止的表情)，然后才采取行动

高校学生心理健康教育与指导

(趋近或退缩),这一现象称作情绪的社会性参照作用。情绪的参照作用对于儿童和成人都有助于社会适应,尤其对于儿童的心理发展起着关键的作用,它有助于促进儿童探索新奇环境、扩大活动范围和发展智慧能力。

情绪的通信交流作用还体现在构成人际之间的感情联结上。例如,母婴之间有着以感情为核心的特殊的依恋关系,这是最典型的感情联结模型。半岁以上婴儿在母亲离开时会表现不安和哭闹,称为"分离焦虑"。婴儿在七、八个月以后,在母亲经常接近和离开的不断重复中,学会预料母亲接近和离开的后果,形成"依恋安全感"。依恋安全感的建立是儿童情绪健康和人格完善发展的重要基础,它使婴儿经常快乐,更容易同他人接近并建立友好关系,更愿意认识和探索新鲜事物。此外,感情联结还有其他多种形式,例如友谊、亲情和恋爱,都是以感情为纽带的联结模式。

情绪的功能和作用向我们揭示,情绪既服务于人类基本的生存适应需要,又服务于人类社会群体生活的需要。人们每时每刻发生的情绪过程,都是自然环境和社会环境对人发生影响相结合的反应。情绪卷入人的整个心理过程和实际生活,成为人的活动的驱动力和组织者。

故事一则:落在主球上的苍蝇

故事发生在1965年9月7日,当时美国纽约正在举行世界台球冠军争夺赛。决赛的两名选手一名叫刘易斯·福克斯,另一名叫约翰·迪瑞。起初,刘易斯·福克斯的得分一路遥遥领先,只要再得几分便可稳拿冠军了。

就在这个时候,突然发生了一件令他意想不到的小事——一只苍蝇落在了主球上。刘易斯开始没在意,一挥手赶走了苍蝇。

可是,当他俯下身去击球,目光落在主球上时,那只可恶的苍蝇又飞回到主球上来了,在观众的笑声中刘易斯再一次起身驱赶苍蝇,情绪明显受到了影响。苍蝇好像故意跟他作对,他一回到台盘,它也跟着飞回来,惹得在场的观众哄堂大笑。

刘易斯·福克斯的情绪恶劣到了极点,终于失去冷静和理智,愤怒地用球杆击打苍蝇,一不小心球杆碰到了主球,裁判判他击球,他因此失去了一轮击球机会。刘易斯·福克斯方寸大乱,连连失利,而他的对手约翰·迪瑞本以为败局已定,见状,勇气大增,则愈战愈勇,赶上并超过了他,最后夺走了桂冠。第二天早上,人们在河里发现了刘易斯·福克斯的尸体,他投河自杀了!

提示:情绪会对一个人的行为和生活产生重大的影响。刘易斯因为一只小小的苍蝇的干扰而导致急躁愤怒的情绪,从而在一场稳操胜券的比赛中失利,最后以自杀来结束自己的生命。与其说是一只小小的苍蝇杀死了刘易斯,倒不如说是刘易斯自己的情绪杀死了他。

二、大学生常见情绪问题

(一)情绪对大学生健康的影响

根据现代生理学、心理学和医学的研究成果表明,情绪对人的身心健康具有直接影响。若能保持愉快的心境,为人开朗乐观、积极向上,则人体免疫功能活跃旺盛,可以减少患病的机会,有益健康。良好的情绪不仅使大学生对生活充满希望,对自己满怀自信,而且能够使他们的求知欲增强、思维敏捷、富于创造力、爱好广泛、建立良好的人际关系,促进他们的全方位发展。

与此相反,消极的情绪对人的身心健康危害极大,在压抑、紧张、焦虑、恐惧等消极情绪的长期作用下,人的免疫能力下降,容易患各种传染性疾病,内脏功能也会受到伤害。许多研究表明,消极情绪是健康的大敌。突然而强烈的紧张情绪会抑制大脑皮层高度心智活动,破坏大脑皮层的兴奋和抑制的平衡,使人的意识范围狭窄、判断力减弱,失去理智和自制力。调查发现,大学生中常见的消化性溃疡、紧张性头痛和偏头痛、心律失常、月经失调、神经性皮炎等,都与消极情绪有关。

(二)情绪对大学生学习的影响

情绪不仅与大学生的身心健康有关,而且与大学生的潜能开发、工作效率有关。良好的情绪情感往往使大学生乐于行动,有兴趣学习、工作和活动,有助于开阔思路,注意力集中,富有创造性。研究发现,精神愉快、心情舒畅、紧张而轻松是思考和创造的最佳状态,能有效地进行智力活动。

心理学家用实验方法研究情绪与学习成绩的关系时,通常将焦虑程度与学习成绩分别作为自变量和因变量,然后采用自我评定法和生理反应法来研究它们之间的函数关系。研究结果表明,焦虑程度与学习成绩的关系呈倒"U"形。适度的焦虑能使大学生取得最好的学习效率,焦虑程度过高或过低,均难以取得优异的学习成绩。在生活中常有这种现象:有的大学生在考试时过分紧张,结果出现"晕场"现象;反之,有的学生对考试采取不以为然的态度,考试成绩也不高。

(三)情绪对大学生人际关系的影响

具有良好情绪特征的人,例如,乐观、热情、自尊、自信,是人际间产生相互吸引的重要条件,能彼此间心理距离缩短、情感融洽;而自卑、情绪压抑、爱发怒的人,往往不能与他人正常相处,难沟通、易疏远,使人与人之间疏远。

情绪具有感染性与传染性，因为良好的情绪、积极而稳定、适度的情绪反应，正性情绪大于负性情绪的人，在人群中更受欢迎，更容易获得别人的赞赏，容易形成良好的人际关系。一位大学生这样形容宿舍另一位同学：他的情绪正如六月的天，喜怒无常，无法把握，与他相处，有些如履薄冰，我们时刻要受他情绪的支配与感染。我们认为：他没有用坏情绪影响我们好心情的权利，因此，我们选择逃避，尽量少与他交往。与此同时，大学生在人际交往中，注重提高自身修养，学会适度控制与调适自己的情绪，做情绪的主人，才能拥有良好的人际关系。

(四)情绪对大学生行为目标的影响

1979年，心理学家埃普斯顿(Epstein)在《人类情绪的生态学研究》这篇文章中，介绍了他对大学生的自我观念、情绪与行为变化之间关系的研究成果。结果表明，当体验到的是积极的情绪，如感到高兴、亲切、安全、平静，大学生的行为目标也往往是积极、生动的，对新经验的接受和开放、对周围人的尊重和理解、对价值和长远目标的献身精神等，都有明显增强；当体验到的是痛苦、愤怒、紧张或受威胁等消极情绪时，一部分大学生的社会兴趣下降，反社会行为增加，对新经验持谨慎，甚至闭锁的态度，另一些大学生的行为并没有向消极方面转化，而是汲取教训，准备东山再起。

埃普斯顿的实验结果表明：积极的情绪体验与积极的行为变化总是有一致的关系。因此，在大学生活中要尽可能多地缔造这种关系。积极引导消极情绪，使之转化为长远目标和价值献身的精神。

情绪与健康：坏情绪会让人变丑

调理饮食、按摩理疗、使用护肤品、涂脂抹粉等是人们常用的美化容貌的方法，有些人用尽了各种美容方法却仍达不到理想的美容效果，这里原因有很多，其中一个很重要但却很容易被忽视的原因就是情绪因素。

众所周知，情绪活动对人的身体影响很大，长期的不良情绪可导致人的生理功能紊乱，甚至产生疾病。不仅如此，不良情绪还对人的容貌有很大的影响。有关专家发现，不良情绪可促发荨麻疹、牛皮癣、湿疹和过敏性皮炎等皮肤病。

情绪对面部的影响也是很直接的。面部的大部分肌肉参与表情活动，其活动直接受情绪的影响。如果某些表情肌过多地收缩，会使局部皮肤弹性减弱而产生皱纹，故而长时期的焦虑、紧张、忧郁等不良情绪往往会导致额部、眼角等部位的皮肤皱纹增加，经常紧锁双眉的人，两眉之间会长出一条自上而下的皱褶。

另外，忧虑、急躁、暴怒等情绪还可使面部产生色素沉着，并使痤疮加重。

第六章 我的情绪我做主

> 情绪紧张对毛发的影响也很大,俗话说:"愁一愁,白了头。"这句话虽然有些夸张,但不良情绪确实会使人的头发变白。在日常生活中,我们经常看到那些多愁善感的两鬓发白的人。此外,极度的恐惧、紧张会导致头发脱落。

第三节 大学生常见情绪困扰和情绪调适方法与技巧

情绪性品质在人的职业成功和事业发展中比知识、智力等认知性品质更为重要。情绪调节作为一种重要的情绪品质,近年来也受到越来越多的关注。情绪调节方式对控制个体在不同社会情境中的行为、促进个体自身发展、提高个体的社会化程度都具有重要的作用。

一、大学生情绪健康的基本标准

健康的情绪是健全人格的必要条件之一。一般而言,情绪的目的性恰当、反应适度,不带有幼稚的、冲动的特征,符合社会规范的要求,就是情绪健康的标准。

心理学家瑞尼斯(Rainisto)等人提出情绪健康的六项指标:①发展出某些技巧以应付挫折情境;②能重新解释与接纳自己与情绪的关系,不会一直自我防卫,能避免挫折并安排替代的目标;③知觉某些情境会引起挫折,可以避开并找寻替代目标,以获得情绪满足;④能找出方法,缓解生活中的不愉快;⑤能认清各种防卫机制的功能,包括幻想、退化、反抗、投射、合理化、补偿,避免成为错误的习惯,以至防卫过度,造成情绪困扰;⑥能寻求专家的帮助。

心理学家索尔(Sol)也指出情绪健康的八个特点:①独立,不依赖父母;②增强责任感及工作能力,减少与外界接纳的渴望;③去除自卑情结、个人主义及竞争心理;④适度的社会化与教化,能与人合作,并符合个人良心;⑤成熟的性态度,能组织幸福家庭;⑥培养适应能力,避免敌意与攻击;⑦对现实有正确的了解;⑧具有弹性以及适应力。

对大学生来说,情绪健康具体表现为:情绪的基调是积极、乐观、愉快、稳定的,对不良情绪具有自我调控能力,情绪反应适度;高级的社会情感(理智感、道德感、美感等)能得到良好的发展。

心理测试:大学生情绪稳定性自我测验量表

【指导语】情绪是身心健康的重要标志,一个人的情绪是否稳定就反映了他的身心健康状况。那么怎样测量你的情绪是否稳定呢?请做一做下面这个测验。该测验共有30道题,每道题都有三种答案可供选择,请你从中选择出与自己的实际情况最接近的一种答案,对测验题中与自己生活、身份不相符的情况可不选。

1. 看到自己最近一次拍摄的照片，你有何想法？
   A. 觉得不称心　　　　　B. 觉得很好　　　　　C. 觉得可以
2. 你是否想到若干年后会有什么使自己极为不安的事？
   A. 经常想到　　　　　　B. 从来没有想过　　　C. 偶尔想到过
3. 你是否被朋友、同事、同学起过绰号、挖苦过？
   A. 这是常有的事　　　　B. 从来没有　　　　　C. 偶尔有过
4. 你上床以后是否经常再次起来，看看门窗是否关好？
   A. 经常如此　　　　　　B. 从不如此　　　　　C. 偶尔如此
5. 你对与你关系最密切的人是否满意？
   A. 不满意　　　　　　　B. 非常满意　　　　　C. 基本满意
6. 在半夜的时候，你是否经常觉得有什么值得害怕的事？
   A. 经常有　　　　　　　B. 从来没有　　　　　C. 偶尔有
7. 你是否经常因梦见可怕的事而惊醒？
   A. 经常　　　　　　　　B. 从来没有　　　　　C. 极少有
8. 你是否曾经有过多次做同一个梦的情况？
   A. 是　　　　　　　　　B. 否　　　　　　　　C. 记不清
9. 是否有一种食物使你吃后呕吐？
   A. 是　　　　　　　　　B. 否　　　　　　　　C. 记不清
10. 除去看见的世界外，你心里是否有另外一个世界？
    A. 是　　　　　　　　　B. 否　　　　　　　　C. 偶尔是
11. 你心里是否时常觉得你不是现在的父母所生？
    A. 是　　　　　　　　　B. 否　　　　　　　　C. 偶尔是
12. 你是否曾经觉得有一个人爱你或尊重你？
    A. 说不清　　　　　　　B. 否　　　　　　　　C. 是
13. 你是否常常觉得你的家庭对你不好，但你又确知他们的确对你好？
    A. 是　　　　　　　　　B. 否　　　　　　　　C. 偶尔是
14. 你是否觉得没有人十分了解你？
    A. 是　　　　　　　　　B. 否　　　　　　　　C. 说不清
15. 在早晨起来的时候，你最经常的感觉是什么？
    A. 忧郁　　　　　　　　B. 快乐　　　　　　　C. 讲不清楚
16. 每到秋天，你经常的感觉什么？
    A. 秋雨霏霏或枯叶遍地　B. 秋高气爽或艳阳天　C. 不清楚

17. 在高处的时候,你是否觉得站不稳?
A. 是　　　　　　　　B. 否　　　　　　　　C. 偶尔是
18. 你平时是否觉得自己很强健?
A. 是　　　　　　　　B. 否　　　　　　　　C. 不清楚
19. 你是否一回家就立刻把房门关上?
A. 是　　　　　　　　B. 否　　　　　　　　C. 不清楚
20. 当你坐在房间里把门关上时,是否觉得心里不安?
A. 是　　　　　　　　B. 否　　　　　　　　C. 偶尔
21. 当需要你对一件事做出决定时,你是否觉得很难?
A. 是　　　　　　　　B. 否　　　　　　　　C. 偶尔是
22. 你是否常常用抛硬币、玩纸牌、抽签之类的游戏来测凶吉?
A. 是　　　　　　　　B. 否　　　　　　　　C. 偶尔是
23. 你是否常常因为碰到东西而跌倒?
A. 是　　　　　　　　B. 否　　　　　　　　C. 偶尔是
24. 你是否需用一个多小时才能入睡,或醒得比你希望的早一个小时?
A. 经常这样　　　　　B. 从不这样　　　　　C. 偶尔这样
25. 你是否曾看到、听到或感觉到别人觉察不到的东西?
A. 经常这样　　　　　B. 从不这样　　　　　C. 偶尔这样
26. 你是否觉得自己有超越常人的能力?
A. 是　　　　　　　　B. 否　　　　　　　　C. 不清楚
27. 你是否曾经觉得因有人跟你走而心里不安?
A. 是　　　　　　　　B. 否　　　　　　　　C. 不清楚
28. 你是否觉得有人在注意你的言行?
A. 是　　　　　　　　B. 否　　　　　　　　C. 不清楚
29. 当你一个人走夜路时,是否觉得前面潜藏着危险?
A. 是　　　　　　　　B. 否　　　　　　　　C. 偶尔
30. 你对别人自杀有什么想法?
A. 可以理解　　　　　B. 不可思议　　　　　C. 不清楚

【计分与评价】
以上各题的答案,凡选A得2分,选B得0分,选C得1分。请将你的得分统计一下,算出总分。根据你的总分查下面评价表,便可知你的情绪稳定水平。

总分	情绪稳定水平
0～20 分	情绪稳定，自信心强
21～40 分	情绪基本稳定，但较为深沉、冷静
41 分以上	情绪极不稳定，日常烦恼太多

二、大学生情绪困扰及其形成因素

(一)大学生的情绪困扰

情绪困扰，是指人的某一情绪发生的频度和强度过度时，引起情绪之间、情绪与认知及人格适应性的冲突，并加重负性情绪的反应。

大学生情绪困扰的主要表现类型有：①抑郁，即指自己对某一方面的需要得不到满足而引起的一种持续稳定的心理状态，如沉闷、压抑、悲哀、自暴自弃、缺乏生活力、冷漠、精神萎靡、睡眠障碍、注意力不集中等反应；②过度焦虑，即指过分担心发生威胁自身安全和其他不良后果的一种情绪反应，如适应焦虑、考试焦虑、健康焦虑、选择焦虑等，容易导致失眠、疲倦、头痛、紧张、恐惧、忧虑、担心、过渡警觉等不良反应；③强迫观念，即指明知不必要，但又无法摆脱，重复出现的观念、情绪行为，如重复出现的强迫想法、想象和冲动等；④自卑，即由于某种生理或心理上的缺陷或其他原因而引起的自我轻视情绪体验；⑤恐怖，即指在某种特定事物、处境或与人交往时而发生强烈恐惧，主动采取回避方式来解除焦虑不安，其具体表现为胆小、害羞、被动、依赖、焦虑等反应；⑥孤独感，即由于缺乏正常的人际交往关系而产生的空虚感与失落感；⑦易激惹，即指大学生情绪易波动，出现易怒倾向和攻击行为；⑧人际交往中的紧张与退缩，即指大学生在人际交往中常表现出的紧张、动作不自然，缺乏自信心、思维不清及讲话缺乏逻辑性，有时甚至不知所措，形成人际障碍等诸如此类。

(二)大学生情绪困扰的形成因素

大学生情绪困扰的直接转归是导致行为和社会适应不良，进而导致心理疾病，引发有机体本身器官功能障碍，甚至躯体疾病。究其形成因素主要有以下几方面。

(1) 认知因素。认知在人的情绪体验中是个极重要的因素。相同的情境，如果对其做出不同的认知评价，就会产生不同的情绪体验。大学生对于自己的学习与生活问题，若能做出正确的认知评价，就会产生积极的情绪体验和行为反应；反之，也会产生消极的情绪体验和行为反应。大学生作为一个特殊的社会群体，自然也存在许多特殊的问题，诸如对新的学习环境、学习任务的适应问题，理想与现实的冲突问题，人际关系与恋爱问题，学习劳动的付出与就业回报的反差等问题。由于认知的偏差，易导致各种心理冲突和负性情绪，如果根据就业好坏来评价知识的有用价值性，便会降低专业学习兴趣，产生厌学；对自身学习不正确的认知也会引起心理的紧张、焦虑、强迫、压抑、自卑等不良情绪反应。伴随其自我意识发展而出现的认知冲突、不满情绪和回避行为，较易产生孤独感、抑郁、内疚等消极情绪体验。人际交往中的认知偏差同样会引起恐惧、焦虑、紧张和排斥心理。职业选择中所遇到的心理挫折和冲突更易导致抑郁、焦虑，甚至大失所望。可见，认知因素对情绪困扰的形成存在直接作用。

(2) 遗传因素。遗传对情绪的影响主要表现在人的神经类型上，不同神经类型的人在情绪体验上存在较大差异。前苏联生理学家伊凡·彼特诺维奇·巴甫洛夫(Lvan Petrovich Pavlov)根据神经类型的三个基本特征，即兴奋和抑制过程的强度、灵活性和平衡性，把人的气质类型分为四个基本类型：①不可遏制型，这种类型的人兴奋和抑制过程都很强，而且兴奋相对抑制过程要更强些。这种人的外向性格较为明显，好斗，脾气暴躁，精神负担重；②活泼型，这种类型的人神经活动的兴奋和抑制过程较为平衡，虽然易兴奋，但有很大的灵活性，在面临各种应激情境时具有很大的自我调节能力；③安静型，这种类型的人神经活动很难从一种状态转移到另一种状态，表现很平静、很冷静，具有较强的忍耐力和宽容别人的能力，有时也表现得有些压抑，但有很强的自我调节能力；④脆弱型，这种类型的人情绪压抑，情感脆弱，经不起挫折和打击，容易出现异常情绪。

(3) 精神状态。良好的精神状态，可以促使大学生产生积极的情绪状态和行为，表现为情绪高涨，对生活和学习充满信心；当情绪状态不佳时，可以使大学生产生消极的情绪状态和行为，通常表现为情绪低落，思维不清，身体疲惫，行为退缩。大学生精神状态受多种因素的影响，如睡眠不好，过于疲劳，学习与生活压力等。

(4) 躯体健康。身体健康状况对情绪也有较大的影响。病态躯体会扰乱人的正常心理活动，从而可能导致情绪异常以及各种不良心理反应。不少大学生不能正确认识自身疾病和生理缺陷，而产生不同程度的情绪困扰。

(5) 环境因素。环境对大学生的情绪波动在一定程度具有极重要的作用。①社会因素，由于大学扩招，社会就业市场竞争加剧，对人才要求高，就业难的问题，增加了大学生的心理压力和焦虑程度；②学校因素，填鸭式的授课模式，限制了大学生创造性思维的发展和人格的完善，不利于其认知水平的发展和情绪的成熟；③家庭因素，家庭经济状况，成员关系及其变更都会触动大学生脆弱的心理。一些贫困生由于经济问题，过早地承担了生活压力，又由于缺少社会支持，易产生认知偏差，在同辈群体中表现为自卑和退缩性行为，并以消极的眼光来审视自己、他人及社会，同样产生情绪困扰。

三、大学生情绪调适方法与技巧

我们常常会有心情低落的时候,觉得自己很可怜、糟糕、差劲、倒霉,好像整个人都陷在生命的谷底,被一片愁云惨雾笼罩着……这时,有些人很快地找到了轻松与平静,回到原有的生活之中;有些人却在情绪之海里面挣扎,怎么也游不到对岸,常常由于一时冲动而失去一个好朋友或一份好工作,破坏一段好婚姻,甚至断送一生,或者一直活在后悔、抱怨、愤世嫉俗之中。快乐是可以寻找的,情绪是可以调控的。如果我们能调整、管理好自己的情绪,就有彩色的、美好的人生。

(一)做情绪的主人

"当自求解脱,切勿求助他人。"这是释迦牟尼圆寂时的最后一句话。我们不必去当佛教徒,我们也无须拒绝他人的援助之手。但当我们为心理困境所扰时,也应该首先学会自救。

人难免有脾气,难免会为事情感伤,但将这种负面的情绪加在自己与别人身上好吗?当然不好。没有人会想当你的出气筒的,每个人都是自己心情的主人,你可以控制你的喜、怒、哀、乐,运用自如。但就是因为你可以运用自如,情绪就像飘浮在空气中的一氧化碳或是高含氧的密室,只要放在你心中的那根火柴起了些小火花,"嘭……"的一声,就可以炸伤你自己和连累周遭的许多人。很危险,不是吗?它们就像气球,你必须用线牵着它,否则很快就会飘走。

身为情绪主人的你,是否像不管小孩的父母一样,放任它们到处捣蛋?这可不行,万一闯了什么祸,身为主人的你有100%的责任,因为你不懂得去管它们,间接地会影响到人们对你的评判。

班长和朋友在报摊上买报纸,班长礼貌地对报贩说了声"谢谢",但报贩却冷口冷脸,没发一言。"这家伙态度很差,是不是?"他们继续前行时,朋友问道。班长回答:"那是他的选择,我的情绪我做主。"

(二)树立健康的情绪管理态度

在学会调控情绪之前,首先,我们应对情绪建立比较健康的态度,能够去了解、接纳情绪,并学习如何与它相处。

1. WHAT——我现在有什么情绪

由于我们平常比较容易压抑感觉,或常认为情绪是不好的,常常忽略我们真实的感受,

第六章 我的情绪我做主

因此，情绪管理第一步就是要先能察觉我们的情绪，并且接纳我们的情绪，情绪没有好坏之分，只要是我们真实的感受，我们就要学习正视并接受它。

2. WHY——我为什么会有这种感觉(情绪)

我为什么要生气？我为什么难过？我为什么觉得挫折无助？我为什么……找出原因，我们才知道这样的反应正常吗？找出引发情绪的原因，我们才能对症下药。

3. HOW——如何有效处理情绪

想想看可以用什么方法来缓解自己的情绪呢？当你心情不好的时候，你都怎么办？什么方法对你是比较有效的呢？也许是透过深呼吸，肌肉松弛法，静坐冥想，运动，到郊外走走，听音乐等来让心情平静；也许是大哭一场，找人聊聊，涂鸦，用笔抒情等方式来宣泄。

《情绪 AB 剧场》

1. 一天，在上学的路上，我与好朋友为了一件小事吵起架来，我们互不理睬，后来边走边想，觉得很难过。我这样想：

A：又失去了一个好朋友，烦死了。

B：这次吵架是谁的错呢？

2. 为了向好友道歉，我打算趁他生日期间买一个礼物送给他，于是拿着 50 元钱上街了。可是到了商店，发现钱没有了。我这样想：

A：50、50、50 元！真是太痛心了。

B：50 元，我买了一个教训。

3. 于是，我回家重新拿了钱，来到商店买东西。售货员对我的态度很差。我这样想：

A：我什么地方错了？他这样对我！

B：他一定是自己有了麻烦，不是对我有气。

引导领悟：人的烦恼不在于事件，而在于他对事物的看法。

(三)了解引发情绪的原因与信念

通常造成我们某种情绪的原因，主要来自于我们对于事情的看法或想法，因此，当我们能洞悉究竟有哪些想法在左右我们的情绪时，就能根据这些想法加以回应。

美国临床心理学家阿尔伯特·艾利斯(Albert Ellis)在 20 世纪 50 年代创立了理性情绪疗法(Rational-Emotive Therapy 简称 RET)，其核心是去掉非理性的、不合理的信念，建立正确的信念。非理性信念的特点是绝对化、过分概括化、糟糕透顶。艾利斯的 RET 理论认为：

情绪并不是由某一诱发事件本身直接引起的，而是由经历这一事件的个体对这一事件的解释和评价所引起的。这一理论也称为情绪困扰的ABCDE理论，A指诱发性事件(Activating Event)，B指个体所遇到的诱发性事件之后产生的相应信念(Belief)，即他对这一事件的想法、解释和评价，C指在特定的情景下，个体的情绪及行为的结果(Consquence 情感智商)，D即驳斥、对抗(Dispute)，实际上也是一个咨询治疗过程流程图，产生有效的治疗效果E(Effect)。

当一名大学生因考试成绩平平(A)而焦虑甚至产生抑郁时(C)，这是因为他有这样的信念(B)，大学生应当在各方面都应当是优秀的，出类拔萃的，否则情况就非常糟糕，合理的解释(D)是大学生未必各方面都优秀，做最好的自己是最重要的(E)。人的思想、情感和行动三者都是同时发生的，即当人思考时，也在感受和行动；同样，当人在感受时，也在思考与行动。情绪问题正是不断地用非理性的话对自己言语、暗示或指示的结果。

在理性情绪心理学中，认为人的想法应区分为理性与非理性两种，而非理性就是只对自己、他人或生活中之情况持有不健康的想法与信念。列举如下。

1. 扩大化

过度强调负向事件的重要性或影响力。例如："这次考试考差了，我一定完蛋了！"

2. 选择性地推论

忽视积极的一面，只以片段的事实来下结论，忽略了整体的内容。

3. 个人化

任何外在事件都与自己产生关联。例如："今天晚上去参加××学校的毕业舞会，我不太会跳，一定很多人看到我的洋样。"

4. 极端化的思考

极端化的思考是指在思考或解释事情时，解释为全有或全无。如："如果我不能在每一方面都表现得很出色，那么我就是一个表现不好的学生，老师一定不喜欢我。"

5. 过度类化

过度类化是将某些事件的结果推论到与此无关的事件或环境中。例如："若篮球打得不好，其他球类一定也打不好，我注定是个运动白痴！"

6. 独断地推论

独断地推论是指没有充足或相关的证据，就妄下结论。例如："昨天到小利家聚餐，他爸妈没有热情地招呼我，一定是不喜欢我。"

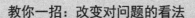

> **教你一招：改变对问题的看法**
>
> 自我激励 "天将降大任于斯人也，必先苦其心智，劳其筋骨，饿其体肤，空乏其身，行拂乱其所为，所以动心忍性，增益其所不能也……"
>
> 比下有余 "虽然缺钱，但还有一口气在，比起不幸在灾难中丧生的人，自己还是幸运的。"
>
> 见贤思齐 "成功的人找方法，失败的人找借口，应该多学学别人成功的经验。"
>
> 同舟共济 "这是时机太坏，大家都一样难过，不只是我一个人的问题。"
>
> 信靠天意 "上天这样安排，自然有其用意。" "永远相信，永远盼望，永远忍耐，爱是永不止息。"
>
> 请你思考：我必须是十全十美的人吗？
> 1. 我必须让人喜欢与称赞吗？
> 2. 过去的影响到以后无法改变吗？
> 3. 逃避比面对容易吗？
> 4. 凡事都按照我期待或喜欢的方式进行吗？
> 5. 我的烦恼无法控制吗？
> 6. 个性是无法改变的吗？

(四)冲突缓解

烦恼是一种不愉快的情绪体验。然而，一个心理健康的人是不会无缘无故地出现这种情绪体验的，必然是事出有因。其"因"往往是个人的心理冲突。什么是心理冲突呢？当我们面临两种不相容的目标时，往往会感到左右为难，这个时候你就会产生一种矛盾的心理，这种体验就是心理上的冲突。如果你对自己心理上的冲突处理不当，烦恼就会自己找上门来。那么，在什么情况下，会出现自寻烦恼呢？

当你考虑自己前途，又想升学，又想就业，徘徊不定的时候，你就会产生不能同时达到两个目标的矛盾心理。这就是接近——接近型心理冲突。这种情况处理不当，会造成你的烦恼。

当你面临同时需要回避的两个目标的时候，你往往左右为难，进退维谷，甚至企图摆脱这种困境，这时的心理矛盾，就是回避——回避型心理冲突。例如，当你听了别人的教唆，违心地干了一件坏事，自己内心非常痛苦，决心悄悄改正的时候，那个教唆你的人出来威胁说："如果不继续干，我就将这件事宣扬出去！"这个时候，你只有依靠老师和家长的帮助，才能摆脱痛苦；否则，将会更深地陷入无限的烦恼之中。

高校学生心理健康教育与指导

"心理冲突"都是在你内心世界里发生的。一方面，同样的情境，同样的事情，你可能有烦恼的情绪体验，而别人就未必有同样的体验；另一方面，同样的烦恼，有的人不以为然，有的人则纠缠不休。可见，烦恼有强烈的主观性，要预防和解除烦恼也必须从这个"主观性"上想办法。

那么，怎样预防和解除你心头的烦恼，甘之如饴地生活和学习呢？

首先不要自寻烦恼。人们往往说，烦恼是自找的。这话是有一定道理的。当你感到烦恼的时候，引起烦恼的事情往往并没有发生，甚至根本不会发生，只是自己跟自己过不去。美国著名作家马克·吐温(Mark Tuain)曾经说过："我知道的烦恼很多，但却大部分都始终没有发生！"可见，一个人不去多想烦恼的事，他就不会烦恼。

其次要做一个"乐天派"。一个长期被烦恼纠缠不休的人，不可能取得事业上的成功。然而，在事业上获得成功的人，也不可能事事如意，一帆风顺。在前进的道路上是不可能没有烦恼和忧愁的，问题在于他们是现实主义者，是情绪开朗的"乐天派"。当遗憾、悔恨、难过、内疚等消极情绪袭来的时候，他们能用"过去的已经过去"，"俱往矣，数风流人物，还看今朝"来调节自己的情绪。其实，当你真的干起来的时候，当你的时间和精力只能保证你紧张忙碌地做事情的时候，你就会"顾不得"烦恼。正像鲁迅所说的："但我也并未遇到全是荆棘毫无可走的地方过，不知道是否世上本无所谓穷途，还是我幸而没有遇着。"

故事二则：

其一：乐观者在每次危难中都看到了机会，而悲观的人在每个机会中都看到了危难。

父亲欲对一对孪生兄弟作"性格改造"，因为其中一个过分乐观，而另一个则过分悲观。一天，他买了许多色泽鲜艳的新玩具给悲观孩子，又把乐观孩子送进了一间堆满马粪的车房里。

第二天清晨，父亲看到悲观孩子正泣不成声，便问："为什么不玩那些玩具呢？"

"玩了就会坏的。"孩子仍在哭泣。

父亲叹了口气，走进车房，却发现那乐观孩子正兴高采烈地在马粪里掏着什么。

"告诉你，爸爸。"那孩子得意洋洋地向父亲宣称，"我想马粪堆里一定还藏着一匹小马呢！"

其二：从前，有一位奶奶，她有两个儿子，大儿子卖雨伞，小儿子开了家洗染店。天一下雨，老奶奶就发愁地说："哎！我小儿子洗染的衣服到哪里去晒呀！要是干不了，顾客就该找他的麻烦了……"

天晴了，太阳出来了，可是老奶奶还是发愁："哎！看这大晴天，哪里还有人来买我

第六章　我的情绪我做主

大儿子的雨伞呀！"就这样，老奶奶一天到晚，愁眉不展，吃不下饭，睡不着觉。一位邻居见她一天天衰老下去，便对她说："老奶奶，你好福气呀！一到下雨天，你大儿子的雨伞就卖得特别好，天一晴，你小儿子的店里顾客盈门，真让人羡慕呀！"

老奶奶一想，对呀！我原来怎么就没这么想呢！从此以后，老奶奶不再发愁了，她吃得香，睡得甜，整天乐呵呵的，大家都说她好像变了一个人。

温馨提示：乐观者与悲观者之间，其差别是很有趣的：同一个圆圈，乐观者看到的是油炸圈饼，悲观者看到的是一个窟窿。

遇事不要拖延。烦恼都是由具体的事情引起来的，为了预防和解除烦恼，你要把你认为烦恼的事——记下来，需要你抉择"拿主意"的事，慎重地分析利弊，然后下决断："如果这件事发生，我便这样去做；如果那件事发生，我就那样去做。"将需要付诸实施的，立即完成，绝不拖延。例如，有的人常常为"作业太多"而烦恼。其实，你愁思一夜，不如"开点夜车"，还可以赢得睡上一个好觉的时间。

自我创设解脱烦恼的情境。有人说，用遗忘的方法去解除你的烦恼，有的时候，这种方法并不能奏效。因为记忆心理学里有这样一条规律：有意遗忘是困难的。例如，我们想忘掉某件事，但偏偏总是出现在脑海里。因此，要想解除烦恼可以有意识地找点别的事，如看电影、看戏、散步、打球、唱歌、听音乐，或跟天真活泼的孩子们一起玩等。烦恼往往是自找的，解除它也主要靠自己，这就是"解铃还须系铃人"。

不要回避使你烦恼的事情。首先，要平心静气地考虑，使你烦恼的事会不会产生，如果不会发生，就不要杞人忧天；其次，对预料中的事情，应有一个切实可行的方案，对不能预料的事情要作好充分的思想准备，并以饱满的热情去迎接它。因为有些事情只能是"车到山前必有路"而过早的忧虑只能是自寻烦恼。

解除烦恼，还需加强修养。前面已经说过，同样的情境，同样的事情面前，有人泰然自若，有人烦恼不休。这说明外因是条件，内因是根据。一位改革家在谈到自己战胜烦恼情绪的体会时说："不是吗？马克思在受到攻击时，就是把流言蜚语当做蛛网一样轻轻抹掉！我们为什么不学学伟人的胸怀？争议，何足惧之！何足恼之！世界是在争议中被认识的，真理是在争议中完善和发展的，人是在争议中得到锻炼的。"有了这样的思想境界，就会正确对待人生，烦恼的情绪也就挡不住你前行的脚步了。

(五)合理发泄情绪

有经验的人总要劝告别人：该哭的时候就哭，该笑的时候就笑，过度的压抑，使内心的苦闷不能发泄出来，就会导致疾病。所以，青少年朋友们不要为保持所谓的"尊严"、"体面"而强行束缚自己的感情，解脱这种不良情绪的办法就是合理发泄。合理发泄情绪是指以不伤害自己和他人的健康，不破坏社会道德生活的方式，把心理上积存的郁闷通通打发出来，使神经通路畅通无阻。在适当的场合，用适当的方式，来排解心中的不良情绪，它可以防止不良情绪对人体的危害。

1. 哭——投入地哭一次

哭是自我心理保护的一种措施，它可以释放不良情绪产生的能量，调节机体的平衡，促进新陈代谢。哭是解除紧张、烦恼、痛苦的好方法。许多人哭一场过后，痛苦、悲伤的心情就会减少许多。

2. 喊——痛快地喊一回

当受到不良情绪困扰时，不妨痛痛快快地喊一回。通过急促、强烈的、无拘无束的喊叫，将内心的积郁发泄出来，也是一种方法，它可以使人人的心理达到平衡，有助于培养自信心。

3. 诉——向亲朋好友倾诉衷肠

俗话说："快乐有人分享，是更大的快乐；痛苦有人分担，就可以减轻痛苦。"把不愉快的事情隐藏在心中，会增加心理负担。向朋友诉说是一种良好的宣泄方法。找人倾诉烦恼，诉说衷肠，不仅可以使自己的心情感到舒畅，还能得到别人的安慰、开导以及解决问题的方法。请记住培根的名言："把快乐告诉一个朋友，将得到两个快乐；把忧愁向一个朋友述说，则只剩下半个忧愁。"

如果找不到可以倾诉的对象，也可以通过写日记的方式对自己倾诉。写日记是一种良好的自我疏导方法。报纸上曾介绍，一位少女消除自己苦闷情绪的方法——写日记。她把憋在肚子里的话，毫无顾忌地全盘托在日记里面，借以消除亢奋的情绪。她自拟题目为"不投邮局的信"。过了许久以后，翻开日记不禁觉得自己可笑。然而，当时的不良情绪却早已消失得无影无踪了。

(六)转移注意力

转移注意力就是把注意力从引起不良情绪的事情转移到其他事情上，这样就可以使人从消极情绪中解脱出来，从而激发积极、愉快的情绪反应。

转移注意力可以通过改变注意的焦点来达到目的。当自己的情绪不好时，可以做一些自己平时感兴趣的事，做一些自己感兴趣的活动，通过游戏、打球、下棋、听音乐、看电影、读报纸等正当而有意义的活动，使自己从消极情绪中解脱。另外，还可以转移话题或回忆自己高兴、幸福的事，使消极情绪转移到积极情绪上去。

转移注意力还可以通过改变环境来达到目的。当自己的情绪不理想时,到室外走一走,到风景优美的环境中玩一玩,会使人精神振奋,忘却烦恼;把自己困在屋里,不仅不利于消除不良情绪,而且可能加重不良情绪对你的危害;即便不走出去,如果能够改变一下自己所处的环境,也可以使心理得到转机,如收拾一下房间、改变一下格局、点缀一些花草,都不失为一种好办法。转移注意力的方法看起来是一种消极的调节方法,但会收到良好的效果,它适合于比较容易排解的情绪。

(七)学会控制情绪

自我控制情绪的方法很多,我们只给大家介绍四种。我们先做一个小实验:你平心静气,在心中默念"喜笑颜开","开怀大笑",并且想象这些情景,你会产生什么感觉呢?

1. 自我暗示法

通过上述实验,你也许会产生一种真的很高兴的感觉。这个实验说明了语言能对人的情绪产生暗示作用,因此,我们可以利用语言的暗示作用来对不良情绪进行调控。自我暗示可以控制不良情绪的产生,而且,可以对已经产生的不良情绪进行缓解。当你发怒时,可以反复地暗示自己"不要发怒,发怒有害无益";当你陷入忧愁时,可以暗示自己"忧愁没有用,无济于事,还是振作起来吧"。这种缓解情绪的方法称为自我暗示法。

2. 自我激励法

自我激励法是用生活中的哲理或思想来鼓励自己。这是用理智调控情绪的一种方式,是一种精神动力。一个人在消极的情绪中,通过名言、警句进行自我激励,能够有效地调控情绪。林则徐为了调控自己的情绪,写了"制怒"的条幅,在屋中悬挂,以此告诫自己。

3. 心理换位法

心理换位法就是打破思维的定势,站在别人的角度上思考问题。这样,充当别人的角色,来体会别人的心态与思想,就会增加相互间的理解与沟通,防止一些不良情绪的产生。心理换位法更重要的是可以消除自己不能调节的情绪。

4. 升华法

升华法即把消极的情绪与头脑中的积极因素相联系,把消极的情绪转化为积极的行为使消极的情绪成为自己前进的推动力。升华法其实是一种高水平的发泄,是将情绪激起的能量引导到对人对己、对社会都有利的方向。塞万提斯(Sauvedra)在早年不幸的基础上,写出了《堂·吉诃德》;歌德(Johann Walfgang von Goethe)在失恋的基础上,写出了《少年维特之烦恼》，这都是利用升华法调节情绪的典型事例。

(八)P•A•C自我写照法

1959年，美国医生埃里克•巴恩(Eric Bahn)创立了一种心理调节方法——P•A•C法。P•A•C分别为"双亲"(Parents)、"成人"(Adult)、"儿童"(Child)的英文字头。巴恩指出，要保持心理健康，一个人一生要保持这样三个心理。

P.要保持慈善。要像父母双亲关心子女那样体谅别人，关心别人，有一颗慈善的心；A.要保持理智，要有成人般的成熟心理，遇事冷静，能够理智地、正确地观察现实，适应现实生活；C.要保持"童心"，不要强行压抑自己的本能性需要。人的一生要有孩子般自然、朴素的情感。总之，一个人要保持心理健康，必须以P•A•C为标准，即保持儿童般的天真、自然和热情，成人般的理智和父母对子女般的慈善。

人的P•A•C不是天生的，但是，人在年幼时形成的种种不同的行为模式对人的成长起着"蓝图"的作用，它强烈地影响着一个人一生的行为倾向。伟大的戏剧家莎士比亚(W.Willian Shakespeare)曾说："人生是一个大舞台。"一个人怎样在这个舞台上活动，扮演什么样的"角色"？这就要看你的P•A•C从幼儿时起得到怎样的培养和塑造。换句话说，为什么有些人爱发脾气，有些人总是忧郁寡欢，又有些人总是焦虑不安？这就需要从个性形成的历史中去找原因，即从你的经历和所处的环境中去分析，寻找这些现象的症结。这就是自我写照，也叫做心理分析。

因此，每个人都可以根据自己的个性特征运用这个方法，调节自己的情绪，本着缺什么学什么的原则完善"自我"。P•A•C三项中，你认为到哪一项薄弱，就要朝那个方面弥补自己的缺陷，完善"自我"。你这样做了，也就掌握了自己，你的心理就会得到和谐和安宁，你也可以美满和愉快地与他人相处和交往。

(九)文体活动调节法

大学生都喜欢体育和音乐，其实，失去体育和音乐"细胞"的人，是不健康的人，即使能得个好分数，也只是个短期效应。别忘了身体也是情绪的"杠杆"。体育记者常常报道，情绪是运动员水平发挥的杠杆。一位奥运会金牌获得者曾说："奥林匹克水平的比赛，对运动员来说，20%是身体方面的竞技，80%是心理上的挑战。"当然，这种数据是没有什么科学依据的，但它至少可以说明情绪与体育运动之间的密切关系。

通过体育运动是可以调节不良情绪的，可是许多青年人并不理解这一点，常常忽视适当参加体育锻炼。人们一般把参加体育活动都说成"玩"，大家一般都重视"吃好"、"睡好"，但是，不主张"玩好"，殊不知这种"玩"也是生命的需要。健康的精神寓于健康

第六章 我的情绪我做主

的身体之中,这是有一定道理的。《红楼梦》里的林黛玉是曹雪芹笔下的一位古典美人,她多病多愁,终日也没个好情绪,尽管贾宝玉对这位"病美人"情深意笃,也无奈林妹妹体质虚弱,最终"香魂一缕随风散"。人们在同情之余不禁感叹:黛玉要有个好身子骨,那该多好呀!

世界名人法国伟大的浪漫主义作家雨果 40 岁时患心脏病,但他在医生指导下坚持体育运动,一直活到 80 岁。他对我们的启示是,只有保持健康的身体,才能保持旺盛的精力和情绪。

保持健康的身体最主要的方法就是"运动"。人们常说:"生命在于运动"。但是,怎样的运动才有益健康,有利于调整情绪呢?据报载,最近国外一家保险公司,在调查了 5000 名已故运动员的生前健康状况发现:其中有些人 40~50 岁左右就患有心脏病,许多人的寿命竟比普通人还短,这是为什么呢?研究表明,锻炼身体能否收到良好效果与运动量是否适当有关。剧烈运动往往破坏人体的平衡,加速体内某些器官的"磨损"和生理功能的失调,结果导致人生命的缩短。所以体育运动要适量,才有益于健康、有益于情绪的调节。

怎样运用体育运动调节情绪呢?这就是平时我们常讲的"7+1>8"。什么是"7+1>8"呢?就是说,我们学习工作 8 个小时,不如从 8 小时中拿出 1 小时来安排体育运动。所以大学生朋友要记住:早晚慢跑 10 分钟,两操两课不放松;课间活动要适量,兴奋过度负效应;体育运动调情绪,身体健康有保证。

"音乐是最情真意切的艺术"。音乐可以调节人的情绪,也可以治病祛邪,这早已为人们所发现。但许多人"知其然"而不知其"所以然"。音乐疗法被看做是一门科学的心理治疗方法,还是最近几十年的事情。音乐疗法的倡导者是 18 世纪末的阿特休勒(Altshuler),他发现音乐对精神病患者的治疗有促进作用。后来又有人发现,高血压病人听了一首协奏曲,血压竟下降了 13~20 毫米汞柱。英国剑桥大学口腔治疗室,用音乐代替麻醉剂,成功的拔牙 200 多例。此后,又发现音乐可以调节动物的情绪,促进奶牛多产奶,母鸡多下蛋。有人研究了世界上 35 位著名的交响乐队的指挥,发现他们平均寿命为 73.4 岁,而且最小年龄为 58 岁。研究者还发现,精神愉快是这些人的共同特点。于是得出结论:"在正常情况下,一个人终生喜爱音乐可能是长寿的妙方!"

音乐可以治病,其主要原因就是音乐对大脑皮层的刺激可以改变脑电波,可以调节情绪。那些典雅、庄重、平和的音乐可以让人全身放松,使身体本身的节奏(如心跳、呼吸、行走等)与音乐同步同调。心理学研究还证明,某些特殊性质的音乐,会给人们以特殊性质的"声波信息",可消除紧张,使人的脑子处于冥想状态的单一化、秩序化。

一些和谐、肃穆或赞美的歌曲，往往会使人整个心灵"无忧无虑"地沉浸在宁静、超脱、升华的感受状态之中，正像一位音乐大师所说："语言所不能传达的，音乐往往能曲尽其韵。它的节奏的起伏往往促使人的心理产生精微的变化。"

人们研究发现，贝多芬的《田园交响曲》能使人心情平静，柴可夫斯基的《悲怆交响曲》却使人悲哀，甚至产生绝望的情绪。年青朋友喜欢的现代流行的摇滚乐、迪斯科舞曲可以使人情绪激昂。因此，用音乐来调节情绪应该根据自己的精神状态进行选择。当你感到烦躁不安、紧张过度时，可以听柔和的音乐；当你感到忧愁、提不起精神时，听一听雄壮的乐曲或节奏感强烈的现代音乐，可以促使你兴奋。

以上介绍的是体育运动和音乐对情绪的调节功能，至于文体活动，它包括的范围就更广泛了，例如：钓鱼、养花、绘画、书法、集邮、跳舞等。有人称八小时之外的活动为"休闲疗法"，这些活动，可以使生活更有意义，可以排除烦闷，增添生活情趣，还可以修身养性，陶冶情操，因此，是人们调节情绪，保持心理健康不可缺少的活动。

(十)笑声调节法

美国记者诺曼·卡曾斯(Norman Cousins)由于器官结缔组织严重损伤，因而行动艰难，医生认为这是一种不治之症。卡曾斯得知这一消息后冷静地想到："悲观会导致生病，快活有益于治疗。"为了达到快活，他想出了一个奇妙的自我治疗方法：让自己笑。他借来大量喜剧幽默录像带，每天欣赏娱乐。他高兴地发现，10分钟大笑，竟能缓解疼痛，能使他安静地睡上两个小时。后来，他索性就看几小时笑几小时，自己安排了以"吃饭"、"大笑"、"睡觉"为主要内容的每日三部曲。10年过去了，这位记者奇迹般地活过来了，而且，身体越来越好，他采用的方法就是笑疗法。笑是精神上的消毒剂，这种方法也可以叫做精神消毒法。

美国医生雷蒙德·穆迪(Raymond A.Moody)在《笑有益于血液》一书中引用了上面这个例子，并解释了笑为什么在这位病魔缠身的记者身上显示了神奇的功效。笑，不仅是面部肌肉的运动，而且是胸、腹部肌肉的共同运动。笑，使横膈膜的蠕动加快，哈哈大笑时，四肢、颈部肌肉也参与运动。这样就加强了血液循环，促进了新陈代谢，使身体各器官更好地发挥协调作用，使内分泌稳定，从而抑制了病情的发展。如果这位记者不是用笑驱病，而是陷入忧郁、绝望的情绪中，那么他的身体的免疫系统就会被抑制，病情就会恶化。

有个研究情绪与疾病关系的医生发现不少恶性肿瘤患者，一经明确诊断，病情立即恶化。所以，国外有的医生警告说"忧郁、失望、悲哀是癌症发生的前兆"。

由于"笑"可以使人心情舒畅、精神愉快、驱除疲劳，所以"笑"能治病防病，可以调节人的情绪，使人保持良好的心境。那么，我们应该怎样利用"笑"来调节情绪呢？

第六章　我的情绪我做主

自我改变面部表情，使脸上带上微笑。人的心情不好，做什么事都会索然无味，就是美味佳肴也难以下咽。人总是希望从这种心境中自我解脱出来。那么，怎么办呢？自我改变面部表情，让微笑挂在脸上，就是一种简便易行的方法。"笑"是由面部肌肉、皮肤的一系列变化引起的，面部肌肉属于骨骼肌，受人的主观意志的调节，所以控制表情可以改变心境。比如，一个演员要表演悲伤，那么他可以先做出悲伤的表情，不久，心情会逐渐感到沉重，甚至悲痛欲绝，从而完全进入角色。平时，若有几位朋友在一起无缘无故地大笑，旁观者也会跟着快活起来。所以，你在心境不好、抑郁不快时，不妨从改变表情入手，对着镜子练习微笑，要笑得自然大方得体，使自己学会能够轻易地、自然而然地发笑。可以体会一下，当练习微笑时，心情是不是感到轻松。

不要拘泥于笑的方式，该笑就笑。舞台上的"笑"是艺术的需要；有体统，有规矩的笑，是某些场合交往的需要。然而，我们这里是为了调节情绪，为了身体健康的笑，这种笑就要无拘无束，开怀畅笑。一件事引起你发笑时，就要尽情地笑，不要计较笑的形式。凡是发自内心的、触动情感的自然的笑，不论是开怀大笑，还是含情脉脉的微笑，都有益于调节情绪，都可以给人带来快慰和希望。当然，笑也讲究场合，要与客观环境相一致。现在的青年朋友，多数都处在紧张有余而欢乐不足的气氛中，这就更需要大家创造条件，追求笑。英国有一所大学创办了一间"幽默教室"，在那里人们可以用各种方式发笑，那些英国学生还建立了城市娱乐中心，作为促进人们集体大笑的场所。

材料：

英国科学家法拉第，年轻时体质较差，加上工作紧张，用脑过度，身体十分虚弱，多方求治也不见效。后来，一位名医给他进行了检查，没有给他开药方，只送他一句话："一个小丑进城，胜过一打名医。"法拉第细细品味这句话，悟出了其中的奥妙。从此，他经常抽空去看马戏和喜剧，精彩的表演，总是令他开怀大笑；他还到野外和海边度假，调剂生活，经常保持愉快的情绪。久而久之，法拉第的身体逐渐地康复了。

故事一则：生命的柠檬茶

有这样一个故事：一对情侣在咖啡馆里发生了口角，互不相让。然后，男孩愤然离去，只留下他的女友独自垂泪。

心烦意乱的女孩搅动着面前的那杯清凉的柠檬茶，泄愤似的用匙子捣着杯中未去皮的新鲜柠檬片，柠檬片已被她捣得不成样子，杯中的茶也泛起了一股柠檬皮的苦味。

女孩叫来侍者，要求换一杯剥掉皮的柠檬泡成的茶。

侍者看了一眼女孩，没有说话，拿走那杯已被她搅得很混浊的茶，又端来一杯冰冻柠檬茶，只是，茶里的柠檬还是带皮的。

原本就心情不好的女孩更加恼火了，她又叫来侍者，"我说过，茶里的柠檬要剥皮，你没听清吗？"她斥责着侍者。

侍者看着她，他的眼睛清澈明亮，"小姐，请不要着急，"他说道，"你知道吗，柠檬皮经过充分浸泡之后，它的苦味溶解于茶水之中，将是一种清爽甘洌的味道，正是现在的你所需要的。所以请不要急躁，不要想在三分钟之内把柠檬的香味全部挤压出来，那样只会把茶搅得很混，把事情弄得一团糟。"

女孩愣了一下，心里有一种被触动的感觉，她望着侍者的眼睛，问道："那么，要多长时间才能把柠檬的香味发挥到极致呢？"

侍者笑了："十二个小时。十二个小时之后柠檬就会把生命的精华全部释放出来，你就可以得到一杯美味到极致的柠檬茶，但你要付出十二个小时的忍耐和等待。"

侍者顿了顿，又说道："其实不只是泡茶，生命中的任何烦恼，只要你肯付出十二个小时忍耐和等待，就会发现，事情并不像你想象的那么糟糕。"

女孩看着他，"你是在暗示我什么吗？"

侍者微笑："我只是在教你怎样泡制柠檬茶，随便和你讨论一下用泡茶的方法是不是也可以泡制出美味的人生。"

侍者鞠躬，离去。

女孩面对一杯柠檬茶静静沉思。

女孩回到家后自己动手泡制了一杯柠檬茶，她把柠檬切成又圆又薄的小片，放进茶里。

女孩静静地看着杯中的柠檬片，她看到它们在呼吸，它们的每一个细胞都张开来，有晶莹细密的水珠凝结着。她被感动了，她感到了柠檬的生命和灵魂慢慢升华，缓缓释放。十二个小时以后，她品尝到了她有生以来从未喝过的最绝妙、最美味的柠檬茶。

女孩明白了，这是因为柠檬的灵魂完全深入其中，才会有如此完美的滋味。

门铃响起，女孩开门，看见男孩站在门外，怀里的一大捧玫瑰娇艳欲滴。

"可以原谅我吗？"他讷讷地问。

女孩笑了，她拉他进来，在他面前放了一杯柠檬茶。

"让我们有一个约定，"女孩说道："以后，不管遇到多少烦恼，我们都不许发脾气，静下心来想想这杯柠檬茶。"

"为什么要想柠檬茶。"男孩困惑不解。

"因为，我们需要耐心等待十二个小时。"

后来，女孩将柠檬茶的秘诀运用到她生活中的各个层面，她的生命因此而快乐、生动和美丽。

第六章 我的情绪我做主

女孩恬静地品尝着柠檬茶的美妙滋味,品尝着生命的美妙滋味。

记住那位侍者的话:"如果你想在三分钟内把柠檬的滋味全部挤压出来,就会把茶弄得很苦,搅得很混。"

生命如茶,慢慢的等,细细的品,滋味无穷。

第七章 学海泛舟 苦中作乐

"你会学习吗？"

如果这个问题摆在你的面前，也许你会陷入深思，也许你会茫然无措，更多的人也许会嗤之以鼻。你可能会说："我在学校里都学了十多年了，连高考都对付过来了，怎么还问我这种幼稚的问题？"然而，实际情况是，我们在现实中发现好多大学生不会学习。诸如：有些学生不会自主学习，有课就上，没课的时候不知干什么；有些学生天天在上课、上自习，但究竟为了什么而学，却是茫然不知，学习只是习惯的行为；也有些学生对什么都感兴趣，但常常是顾了这头顾不了那头，结果两手空空；有些学生在学习上花了很多时间，也很努力，但看不到学习的成效等。

学习活动是大学生活的主导活动，它不但影响着大学生心理的发展变化，也影响着大学生对职业所要求的重要知识、技能和能力的获得。学会学习不仅关系着大学生的就业和进一步深造，也与大学生的心理健康密切相关。许多大学生在进入大学后，面对不同于中学的大学教育内容和教学方法，表现出困惑和不适应，出现了考试紧张、焦虑、抑郁、偏执、厌学、自杀等问题。所以，了解大学生学习的特点，提高大学生学习的方法和能力，重视和预防大学生可能出现的问题，解决已经出现的问题，提高大学生的自我调节能力是十分重要的。心理学家认为，我们怎样学习比学习什么更重要。

第一节 大学生学习心理概述

一、学习的含义和分类

(一)学习的含义

学习一词，我国古代文献中早就有之。孔子说："学而时习之，不亦说乎？"又说"学而不思则罔，思而不学则殆"。孔子的这一观点，在一定程度上揭示了学习与练习、学习与情感、学习与思维的关系。但长期以来，人们对学习仍无一个统一的概念。

许多心理学家、教育学家和哲学家从不同的观点角度提出了学习的定义。桑代克Tnndike说："人类的学习就是人类本性和行为的改变，本性的改变只有在行为的变化上表现出来。"(1931)；罗伯特·米尔斯·加涅(Robert Mills Gagne)说："学习是人类倾向或才能的一种变化，这种变化要持续一段时间，而且不能把这种变化简单地归之为成长过程"

(1977)；希尔加德(Emest R.Hilgard)说："学习是指一个主体在某个现实情境中的重复经验引起的，对那个情境的行为或行为潜能变化。不过，这种行为的变化不能根据主体的先天反应倾向、成熟或暂时状态(如疲劳、醉酒、内趋力)来解释的"(1987)。联合国教科文组织在1987年所作的《学习，财富蕴藏其中》报告中指出："学习是指个体终身发展、终身教育的理念。"

通过对前人关于学习概念论述的分析，我们可以从广义与狭义两个纬度对其进行归纳和总结。从广义上讲，学习是人和动物在生活过程中通过实践训练而获得的由经验引起的相对持久的适应性的心理变化，即有机体以经验方式引起的对环境相对持久的适应性的心理变化。在这个定义中，体现了四个论点：一是学习是动物和人共有的心理现象，虽然人的学习是相当复杂的，与动物的学习有本质区别，但不能否认动物也是有学习的；二是学习不是本能活动，而是后天习得的；三是任何水平的学习都将引起适应性的行为变化，不仅是外显行为的变化(有时并不显著)，也有内隐行为或内部过程的变化，即个体内部经验的改组和重建，这种变化不是短暂的而是长久的；四是不能把个体的一切变化都归为学习，只有通过学习活动产生了变化才是学习(如由于疲劳、生长、机体损伤以及其他生理变化所产生的变化都不是学习)。狭义的学习是指学生的学习。学生的学习是在教师指导下，有目的、有计划、有组织、有系统地进行的，是一种特殊的学习过程，它有特定的学习内容和各种各样的方式。

(二)学习的分类

学习是一种极其复杂的现象，不仅范围广，形式也多种多样。对学习活动进行分类，有利于认识不同学习类型的特点及其规律，便于提高学习的效果。由于心理学家们对学习所持的观点不同，对学习分类的角度不同，其分类也不尽一致。

1. 根据学习内容和结果来分类

根据学习内容和结果来分类，学习可以分为以下四种。

(1) 语言文学和科学知识的学习。知识是人类对客观事物的属性、联系和关系的反映，是人类社会经验的主要组成部分，是人类进行交际、生活、生产的主要工具，是人类学习的主要内容之一，是学习过程有别于其他类型的学习。知识的学习是学生学习中的一种主要而特殊的学习类型。

(2) 技能的学习(主要指运动的、动作的技能学习)。技能是一种有规则的行动方式，是人们顺利地完成行动所不可缺少的调节因素。它是人类经验的重要组成部分，它和知识学习不同、技能学习不仅要解决知与不知的矛盾，还要解决做什么和怎样做的问题，要解决会与不会、熟练与不熟练的问题。所以，技能的学习也有其特殊性。

(3) 心智的、以思维活动为主的能力学习。能力是直接影响人们顺利而有效地完成学习和其他各种活动任务的个性心理特征，它是在掌握各种智力技能过程中形成并发展起来的更为概括的一种本领。学生学习的目标，不仅要掌握一定的文化科学知识和技能，更重要的是在学习知识与技能的过程中培养、发展分析问题和解决问题的能力，并发展其具有一定水平的创造力。

(4) 行为准则、习惯和道德品质的学习。行为准则也称社会行为规范，是人类社会生活中各种人与人之间关系的反映，是用以调节人的社会行为的工具。在不同的社会中，人的社会行为规范不同。在阶级社会中，不同阶级的行为规范和道德标准不一样。这是一项更为复杂的学习，不仅有认识问题，更有行为和习惯问题。言行是否一致，是学习的重要标准。

2. 根据学习过程、活动方式和学习材料的简繁程度来分类

在美国，最流行的是加涅(1965)的分类，他开始把学习分为八类，1971年经修改最终归纳为六类。它们分别是：连锁的学习；辨别的学习；具体概念的学习、定义概念的学习；规则的学习；解决问题的学习。

二、学习与心理健康的相互影响

(一)学习对心理健康的影响

可以说，学习是现代人赖以生存的必要条件，学习是促进人的全面发展和提高的根本途径。学生以学习为本，学习是学生的第一任务，学习能促进学生的心理健康和心理发展。这种积极影响作用有以下几方面。

(1) 学习能发展智力，开发潜能。每个人都有与生俱来的智力和潜能，但是这些潜能必须通过后天的学习才能被挖掘出来，并进一步得到开发，一个人的智力也是在学习中不断发展提高的。新时期的大学生应该利用大学的有利条件，勤奋学习，在学习过程中开发、利用、提高自己的智力和潜能。心理卫生学认为，一定的智力水平是心理健康的基础，而智力的发展程度也反映了心理健康的水平。

(2) 学习能带来满足和愉快。大凡善于学习、勤于工作的人，也总是把学习和工作当做自己的所爱，从中体味到幸福和快乐。通过努力学习，取得一定的成绩，得到学校、老师和同学的认可，获得一些荣誉，就会发现自己的价值和尊严，就会收获到喜悦和满足。而当遇到不如意的事情时，如果埋头学习，忘掉不快，并从学习成果中得到安慰，以学习为乐，也有助于健康心理的发展。

(3) 学习使心理健康的水平不断提高。大学生的学习活动能逐渐纠正错误的认知观念，形成正确的认知观念，学会合理的认知方式。通过学习活动，尤其是文学、艺术方面的学习，有助于发展健康的情绪和丰富的情感。在集体中学习，同学之间相互学习，各取所长，既有利于培养健全人格，提高自己的适应能力，还有助于同学之间的交流、合作，从而建立和谐的人际关系。心理健康不是一蹴而就的，它需要不断地去学习，去实践，只有不断加强学习，才能提高自己的心理健康水平。

学习活动是人类实践活动的一个重要方面，而要通过学习去认识世界，就必须遵循学习活动的心理规律。大学生的学习是一项艰苦而复杂的脑力劳动，如果不遵循学习心理过程的规律，学习也会给心理健康带来消极影响。例如：有的同学对学习的期望值超过了自己的能力承受水平，造成心理压力过大，从而产生过度紧张和焦虑；有的同学学习方式不当，付出与收获不成正比，丧失学习的积极性；有的同学学习不健康的内容，则会造成心理污染，甚至误入歧途；还有的同学不懂得劳逸结合，忽视了必要的休息、娱乐活动，则会产生过度疲劳等。以上这些情况，都会对自身的心理健康造成不利影响，应当注意学会调节。

(二)心理健康对学习的影响

许多研究证明：大学生的学习成绩和智商之间并没有一一对应的关系。现在的大学生都是经严格选拔进入大学的，个体的智力差异不是很大，但是在学习成绩方面，有的同学突出，而有的则较差。可以说，对于具备一定智商基础的大学生来讲，学习动机、兴趣、情绪、态度、意志等心理因素对学习更具有影响作用。因此，良好的心理健康状况，如正常的智力、良好的情绪、坚强的意志、良好的个性、正确的自我意识、和谐的人际关系、较强的适应能力等，是大学生进行学习活动的重要保障。反之，心理健康状况较差，甚至发展成心理疾病，则会在不同程度上影响大学生的学习。影响小者，考试不及格；影响大者，甚至无法学习以至被迫休学、退学。例如：一个女同学，在刚入学时，成绩在班内居中上等，后来由于与父母之间缺乏沟通产生误解，偏执地认为自己非父母亲生。她的这种心理倾向刚开始没有得到及时调整，后来，性格内向的她在学校又不善于与其他同学交流，以至于发展为精神分裂症，不得不休学治疗。所以，大学生一定要注重自身的心理健康状况。

三、大学生学习心理的特点

(一)大学生学习的特点

(1) 大学生学习的特殊性。大学生学习是学习的一种特殊形式，学习是大学生的主要任务，大学生正处于智力发展的高峰期，记忆力、观察力、思考力、逻辑思维能力与创造性都有很大的发展。大学生学习既不同于儿童的学习，也不同于成人的学习。大学生学习既有一定的专业性、目的性和探索性，又有深刻的社会意义，表现出广泛的兴趣和各种各样的学习方法。大学生学习的特殊性具体表现如下：一是大学生的学习是一种特殊的认识活动，是掌握前人积累的文化、科学知识，即间接的知识，在学习中会有所发现与创造，但其主要内容还是学习前人积累的知识与经验；二是学生的学习是在教师的指导下，有目的、有计划、有组织地进行的，是以掌握系统的科学知识为前提的；三是大学生的学习是在较短时间内接受前人的知识与经验，重要的是间接经验的学习与掌握，学生的实践活动是服从于学习目的的；四是大学生的学习不但要掌握知识经验与技能，还要发展智能、培养品德及促进健康个性的发展，形成科学的世界观。

(2) 自我选择性。中小学生的学习是在教师指导下进行的，这种学习具有强制性。在大学生阶段，学习虽然也有一定的强制性，但是与中小学相比要少得多。首先，大多数大学生的所学专业是自我选择的，是他们所感兴趣的；其次，大学生除了要学习基础知识外，还要掌握各种专门知识，成为某学科的专门人才，这就要求大学生必须善于自觉地、主动地学习。同时，大学生根据自己的兴趣和爱好，选择某些选修课，独立地阅读各种书籍，制订学习计划，采用适合自己的有效的学习方法，也体现出较大的自主性。因而，大学教师应认识到大学生的这一学习特点，给学生以充分的主动机会和条件，成为大学生学习的合作者。有的学生虽进入大学，但仍然采用中学的学习方法，任何知识都希望教师来"喂"，不善于自主学习，这显然不能适应大学学习，甚至影响学习效果。

(3) 专业性。大学学习的专业性十分明显。大学生的学习实际上是专业学习，从入学开始就有了职业定向，再经过几年的学习，大学生逐步成为基础知识扎实、专业知识结构合理、能力强、创造性高、品行高尚的德智体全面发展的高级专门人才。大学生的知识结构、智能结构和各种素质结构，都深深地打上了专业的烙印。大学生要正确处理"博"与"专"的问题，做到"博"与"专"的统一。"博"指学习知识的广度，而"专"指学习知识的深度；"博"是学习成才的基本条件，而"专"是对人才的基本要求。

(4) 多样性。大学生的学习形式是多种多样的，虽然课堂教学还是大学学习的主要途径，但大学生可以依靠多种渠道来获得知识。大学生与中学生相比，自习时间较多，而且大学的实践性教学活动占有很大的比重，这就要求大学生不仅要认真上课，而且要通过自学、研讨、聆听学术讲座、参加第二课堂等活动来获取知识，加强实验、实习、社会实践和科研等实践性的环节，这些都是大学增长知识和才干的重要途径。

(5) 探索性。和中学相比，大学的学习具有明显的探索和研究的性质。大学的教学内容更多是介绍各派理论观点和最新学术发展动向方面的知识，这就要求大学生的学习观念从正确再现教学内容向汇集百家之长，形成个人见解的方向转变。大学生从在教师指导下完成作业，到独立完成毕业论文(或毕业设计)，都带有明显的探索性质。

(二)大学生学习心理的一般特点

(1) 大学生学习动机的特点。学习动机就是激励学生进行学习活动的心理因素，它是直接推动学生进行学习的一种内部动力。学习动机可以是由学习活动本身引起的，称为内部动机，也可以是由外部刺激条件引起的称为外部动机。首先，在大学生的学习动机中，发展成才的需要始终占据首要地位，这是一种内部动机，它对学习能起到持续有力的推动作用；其次，受市场经济文化的影响，大学生的学习目的日趋现实，对个人利益的追求成了重要的外部动机。从性别差异来看，男生比女生更重视对个人和社会利益的追求，更注重成功，较少害怕失败；女生的成就动机明显低于男生。也有部分学生考入大学后，学习目标就算实现了，不再给自己设立新的学习目标，学习上只求及格，缺乏学习动机和学习兴趣。

(2) 大学生学习行为的特点。整体来说，大学生能在思想上明确学习和掌握知识技能的重要性，却较少能在行动上"一贯努力"、"充分地、有计划地利用时间"，结果又会因自己没有充分利用时间而后悔、自责。在大学里，大部分学生能自觉学习，积极参加各种专业训练活动，努力提升自身素质；也有部分学生无心向学，经常无故旷课，即使到了课堂上也是看小说或聊天。他们把课外时间都用来娱乐、发展个人兴趣、爱好，或是用来外出打工，结果因考试成绩不合格，不得不重修或留级。

(3) 大学生学习方法的特点。大学的学习不仅是学知识、学专业，更重要的是学方法、学策略，发展和提升学习能力。对于多数大学生来说，都较好地掌握了科学的学习方法，如正确做课堂笔记、抽象与具体相结合的理解记忆等；但仍有部分学生在课前预习、上课听讲、课后整理笔记、根据遗忘规律及时复习、信息素养提高、合理知识建构、实践能力培养、参与社会等方面存在问题，有待提高。

四、几种有效的大学生学习方法

(一)整体与部分学习法

整体学习法是指将学习材料作为一个整体来学习。在学习过程中，将材料从头至尾反复学习，以获得对材料的总体印象和了解，进而了解一些较为具体的内容。部分学习法是指将学习材料分成几个部分或几个具体的概念，每次集中学习其中一部分或一个具体概念，对每个具体的部分或概念要根据其难易程度的不同，具体安排学习时间或次数。

这两种方法使用起来各有利弊。整体法使人较易把握学习材料的全貌，但对具体的材料内容就可能掌握不好；而部分法则能使学习者较好地掌握每一个具体部分，但却难以对材料形成一个总体印象，从而使具体学习的各部分内容不能很好地融会贯通起来。要使这两种方法更好地发挥作用，可以将两者结合起来使用，采取整体——部分——整体的方法。具体方法是：首先，采用整体法，对所学材料有一个大概的了解，在头脑中形成一个较为清晰的轮廓；其次，采用部分法，对学习材料实行"各个击破"，并重点学习那些较难或较重要的问题；最后，再采用整体法，将已仔细学习过的材料作为一个整体重新复习一遍，让各部分的具体内容前后联系起来，在头脑中形成一个更为清晰全面的印象。实践证明，二者相互结合的方法比分别采用某一种方法更有效。

(二)集中与分散学习法

集中学习法是指较长时间地进行学习活动，学习的次数相对少一些。一次学习时间的长短则取决于所学习的材料的性质及其他因素。一般来讲，比较复杂难懂的材料，用集中法较为合适，这样可以保证学习者在一定时间内集中注意力，有利于理解并掌握那些抽象难懂的材料。但集中学习的时间不宜过长，否则容易引起学习者的疲劳，使学习效率下降。至于多长时间为宜，要视个人的体力与脑力情况而定。

分散学习法与集中法不同，它是指将学习时间分成几个阶段，每学习一段时间就稍事休息。实验证明，假如分散学习的时间不是太短，这种方法是较为有效的。至于每次分散学习的时间多久为宜，也要视学习材料的性质以及个人的具体情况而定。

(三)过度学习

所谓过度学习，是指对知识达到勉强可以回忆的地步后，继续进行学习。也就是说，在对知识技能全部学会以后，再继续学习一段时间，以达到巩固学习成果的目的。

美国心理学家克鲁格曾做过一项实验，他让被试者识记一组序列词汇。第一组学习到全部能回答时就停止学习；第二组则继续学习，进行50%的过度学习；第三组则进行100%的过度学习。实验结果表明，过度学习对材料的保持率起着很重要的作用，过度学习越多，保持率越高。但有一点也要注意，过度学习超过50%之后，对内容的记忆效果有下降的趋势。因此，并非过度学习越多，学习效果越好，它有一个限度，在这个限度之内，过度学习的学习效果较好。一般来讲，中等程度的过度学习效果较佳。

百　宝　箱

过度学习理论是由德国著名的心理学家艾宾浩斯提出的，主要含义是一个人要掌握所学的知识，一定要经常提醒自己通过反复练习，才能得到巩固。

> 艾宾浩斯所说的"过度学习"不是毫无限度的"超度学习"。一般认为在一定范围内，过度学习是必须的，超过了一定限度，就是很不经济的，因为过度学习需要更多的时间和精力。一般说来，学习程度以150%为佳，其效应也最大。超过150%，会因学习疲劳而发生"报酬递减"现象，学习的效果就会逐渐下降，出现注意力分散、厌倦、疲劳等消极效应。
>
> 艾宾浩斯的"过度学习"实际上是"适度紧张学习"。要防止"报酬递减"就应该做到：当学习巩固到不再出现错误的水平时，就可以停止。如果此时再要求自己进行精力投入，那么学习效果将会下降，掌握能力将发生递减，在这种情况下，学习时间越长，越学习不进去。

(四)迁移学习

迁移学习就是指先前的学习或训练的内容对后来的类似学习或训练内容的影响。在迁移学习中，也有正迁移与负迁移之分。在应用迁移学习的方法时，要尽可能地促进正迁移，而避开负迁移。心理学家埃利斯的研究表明，迁移的条件是：对刺激(信息)的反应如果相同时迁移量就大，反之则小。迁移量取决于刺激和反应的类似程度。另外，学习时间的间隔也会影响迁移的效果。

为了获得迁移学习的成功，在平时的学习中就要注意掌握最基本的知识，这样就可以形成基本知识对一些具体知识与应用的正迁移。另外，还要注意使新的学习材料与原有知识由"近"至"远"的安排，即使新学习的材料先尽可能接近原有的知识，然后逐渐扩展到新知识的范围，这样有助于形成正迁移。

(五)自学的方法

完全靠自己探索的自学与在教师指导下的自学的特点略有不同。大学生在校期间主要以后一种形式的自学为主，而毕业走上工作岗位后则主要以前一种方式为主。一个人的工作时间要比在校时间长得多，为了帮助大学生在今后的工作中更顺利地进一步自学本专业的知识，这里介绍一下完全靠自己自学的方法。在校的自学与之并无本质上的区别，所以，尚在校学习的大学生也可以从下面的介绍中了解自学的基本规律，用以指导自己的学习。

自学的首要任务是确定自学的目标。自学者可以问自己："我为什么要自学？是为了跟上本专业的发展，还是为了进一步拓宽自己的知识面，以适应各种工作需要？抑或是从自己的长远和全面的利益出发，进一步学习本专业的知识，以适应社会潮流？"自学的目标有许多，只有明确了自学目标之后，才能根据既定的目标选自学的内容和具体方法。在确定了自学目标之后，下一步该做的就是制订较为详细的自学计划，明确自学内容、进程以及具体的学习时间安排等,这对自学者同样是很重要的。自学过程中,也要注意自学方法的选择,科学的学习方法将使自学达到事半功倍的效果。自学并不排除寻求老师的指点,在老师的指点下,自学者可以少走一些弯路。另外,自学者也应在可能的情况下寻求学习伙伴,这样,彼此就可以互相帮助、互相促进,共同提高自学的效果。还有一点也十分重要,那就是自学贵在坚持。自学可能不如在校学习那么轻松自由,它可能会受到各种因素的干扰,这当中也包括自学者自身的懒惰等因素。为使自学达到预定的目的,就必须约束自己,以一定的毅力来坚持自学。另外,自学过程中还应注意多思考,并尽可能使自学与工作相结合,这样才能达到自学的真正目的。

五、影响大学生学习的心理因素

(一)智力因素

智力因素即指在智慧活动中直接参与对客观事物的认知和处理各种内外信息等具体操作认知性心理机能,包括观察力、注意力、记忆力、想象力、思维力、创造力等能力。其中思维能力为核心,创造力是智力的高级表现。有人形象地把它们之间的关系比喻为:注意力和观察力是智力的窗户,外界的一切信息只有通过注意和观察才能源源不断地进入大脑;想象力是智力的翅膀,只有展开丰富的想象,智力才能像矫健的雄鹰一样翱翔万里;记忆力是智力的仓库,只有仓库中储存的信息丰富充足,智力这座工厂才能很好地进行加工;思维力是智力的核心,其他因素为它提供加工的信息原料和活动的动力资源,若没有思维力这一加工机器的工作,信息原料和动力资源都将是一堆废物,也就是说必须有思维力的参与,甚至创造性思维能力的参与,才能发挥其应有的作用。从这个比喻中我们也可看出:智力因素具有较强的整体性。在学习活动中,组成智力因素的诸多因素是作为一个完整的整体共同发挥作用的。

智力因素是进行学习活动的基础。一般来说,智力水平的高低直接影响学习的效率和质量。而智力水平的高低既有先天的遗传因素,也有后天环境影响和教育开发的因素,先天的因素决定一个人的智力潜能有多大,而后天的因素决定一个人能否充分开发自己的智力与潜能。

人类的智力潜能是巨大的。20世纪初,美国著名的心理学家威廉·詹姆斯就曾断言:普通人只用了他们全部潜能的极小部分。他说:"与我们应该成为的人相比,我们只苏醒了一半。我们的热情受到打击,我们的蓝图没能展开,我们只运用了我们头脑和身体资源中的极小部分。"现代科学已证明了这一点。珍妮特·沃斯在《学习的革命》一书中说道,人脑解剖学和生理学的研究结果表明：人的大脑有 1 万亿个脑细胞，包括 1 千亿个活动神经细胞和 9 千亿个"粘着"、滋润和隔离活动细胞的其他细胞，能在 1 千亿个活动神经细胞的每一个上生长起 2 万个"分支"，一个人脑中有三个不同的脑：本能脑、情感脑、奇妙的大脑皮层；有和谐工作的"学术性"左脑和"创造性"右脑，管理着一个在左脑和右脑之间每秒传输数百万信息的"电话交换中心"。因此，智力潜能开发利用潜力巨大。

另外，关于人的智力发展趋势也不是单调递增的：婴儿从出生到 5 岁智力发展得最快；5～10 岁智力发展速度不如 5 岁之前，但仍有很大的增长；10～13 岁智力发展速度减慢，14～16 岁以后智力发展渐趋成熟；20～34 岁是智力发展的高峰，以后缓慢下降。大学生正值智力发展的高峰期，所以要抓住有利时机，充分挖掘自身的智力潜能，也就是说发展集中的注意力，敏锐的观察力，良好的记忆力，丰富的想象力，敏捷而有创造性的思维力。智力因素得到很好发展，将会有助于学习效率和学习质量的提高。

(二) 非智力因素

心理学研究表明：影响大学生学业成绩的主要因素是学业中的非智力因素，学习中的非智力因素主要是指兴趣、态度、意志、情感、性格等方面对学习的影响。

1. 兴趣与学习

学习兴趣历来为教育工作者所重视。俗话说："兴趣是最好的老师"，充分说明了兴趣与学习的关系。浓厚的兴趣能推动个体进行探索性的学习，对某一学科有着强烈而稳定兴趣的大学生，会将此学科作为自己的主攻方向，学习中主动克服困难，排除干扰。

1) 大学生学习兴趣的发展规律

兴趣一般要经过有趣、乐趣、志趣三个阶段。有趣是兴趣发展的低级水平，它往往是由某些外在的新异现象所吸引而产生的直接兴趣。其特点是：随生随来，为时短暂。乐趣是兴趣发展的中级水平，它是在有趣的基础上逐步定向而形成起来的。其特点是：基本定向，持续时间较长。志趣则是兴趣发展的高级水平，它与崇高的理想和远大的奋斗目标相结合，是在乐趣的基础上发展起来的。其特点是：积极自学，持续时间长。兴趣只有上升到了志趣阶段，才会使学生全身心地投入到学习活动中去。经历中学阶段的学习，大学生进入了专业学业领域阶段，面临着学习兴趣的再确认任务，因为大学生对学习的理解已脱离了有趣，而向着乐趣与志趣发展，从对专业的不了解到了解专业性质，再拓展到喜爱专业，需要培养专业兴趣。

2) 中心兴趣与广阔兴趣相互促进

从兴趣的广度可分为中心兴趣和广阔兴趣。中心兴趣是对某一方面的事物或活动有着极浓厚而又稳定的兴趣;广阔兴趣是对多方面的事物或活动具有的兴趣。信息时代要求大学生具有广阔的兴趣,知识广博,并在此基础上,对某一专业进行深入钻研,培养起中心兴趣。现代社会需要的 T 型人才就是指在广博基础之上的专业型人才,而目前倡导的复合型人才需要坚实的计算机与外语基础与精深的专业知识,这两者的结合,实际上也就是学习中的"博"与"专"的结合。正如掘井,如果井口太小,不可能挖出一口深井;如果井口太大,井口消耗过大,没有能力挖成一口深井。

3) 好奇心、求知欲和兴趣密切联系,逐步发展

好奇心是人们对新奇事物积极探求的一种心理倾向,它可以说是一种本能。好奇心人皆有之,在儿童期最为强烈,它主要表现在好问、好动方面。求知欲是人们积极探求新知识的一种欲望,它带有一定的情感色彩。青少年时期是求知欲望最旺盛的时期。某一方面的求知欲如果反复地表现出来,就形成了一个人对某一事物或活动的兴趣。兴趣是人们积极认识某种事物或关心某种活动的心理倾向。从横的方面看,好奇心、求知欲、兴趣是互相促进、彼此强化的;从纵的方面看,三者又是沿着好奇心、求知欲、兴趣的方向发展的。在学习活动中,好奇心不仅可以成为大学生学习的动力,甚至会导致具有重大意义的发明或发现;而求知欲不仅是大学生走上科学之路的诱因,也是促使大学生进行创造性活动的主要动机。因此,我们一方面要促使好奇心尽快地向求知欲发展,最终培养良好的学习兴趣;另一方面也要珍惜好奇心,增强求知欲,提高兴趣水平,使这三种心理因素都得到培养和发展。

4) 兴趣与努力不可分割

兴趣与努力是相辅相成的,兴趣可以通过后天的培养,努力是通往成功的必经之路,而兴趣使这条路走得更顺利。兴趣与努力是大学生成才的两个重要方面。大学生可能对自己所学的专业不感兴趣,经过刻苦学习,大学生在专业学习上取得了一定的成绩,也会激发学生的专业兴趣。大学生有学习兴趣后,可以促进他们刻苦钻研,向着更高目标迈进。因此,学生的学习活动既离不开学习兴趣,也离不开勤奋努力,兴趣与努力不断相互促进,才能获得预期的学业成就。

2. 情感与学习

我国著名的教育家孔子将学习分为三个不同层次认识,"知之者不如好之者,好之者不如乐之者"。三个层次呈递进状态,乐学是最高层次的学习热情。现代的教育实践也表明,与学习相联系的情感活动主要有以下特点。

1) 情绪逐步向情操发展

人的情感并非与生俱有,而是随着年龄的增长、交往的扩大、经验的增加,在教育与

社会的影响下逐渐发展起来的。情绪与情操这两种形式的情感又往往交织在一起，在同一个人的身上表现出来。

情绪是比较低级的情感形式。它一般与人的生理需要相联系，但与社会需要也有联系；它持续的时间比较短暂，但也有比较持久的；它的外部表现比较显著，但也有不太明显的。其主要表现形式有激情、心境和热情，统称为情绪状态。而情操则是习得的、比较高级、比较复杂的情感。它与人的社会需要相联系。其主要表现形式有理智感、道德感和审美感，统称为高级社会情感。在学习活动中，适当的激情、良好的心境、饱满的热情是学习的重要心理品质；而情操则是推动学习的强大动力，是一个人取得学业成就大小的先决条件。人是自己情感的主人，在学习过程中，学生既要通过学习活动形成和发展自己的情操，又要保持和激发积极的情绪状态，满腔热情地投入到学习中去。

2) 情感与认识相互促进，相互干扰

情感是认识的基础上产生和发展起来的，它既可能推动和加深人们的认识，也可能妨碍对事物的进一步认识，甚至产生不正确的认识。

心理学的研究表明，情感的产生虽然与生理上的激活状态紧密联系，但它并非单纯地由生理激活状态所决定，而必须通过人的认识活动的"折射"才能产生。美国心理学家沙赫(S.Schachter)提出了"情绪三因素说"，认为情绪的产生归于三个因素的整合作用，即刺激因素、生理因素和认知因素，而认知因素在情绪的形成中起着重要的作用。事实证明：对客观事物没有一定的认识，就不可能产生什么情感。人的情感越丰富、越深刻，则认识也同样越丰富与越深刻。同时，人的情感又可以反作用于人的认识活动。心理学的有关研究表明，人们回忆那些愉快的经历较回忆那些痛苦的经历要容易得多，也深刻得多。一般来说，一个在学业上取得较大成就的学生，是与他对学习活动的满腔热情分不开的。但是，情感与认识又是互相干扰的。对某一事物的认识不当，也会使人对该事物产生不适当的情感；对某一事物产生了不适当的情感，也会妨碍对该事物进行深入的认识，甚至产生不正确的认识。学生的学习热情是在学习过程中培养起来的，丰富的知识可以使之产生丰富的情感。我们要学会用理智支配情感，做情感的主人，以克服消极的情感，防止它们对学习活动产生阻抑作用。

3) 情感与需要相互制约

一方面，情感是在需要的基础上产生与发展起来的，另一方面，情感又可以调节一个人的需要。只有当客观事物与人的主观需要处在一定的关系之中时，才能使情感产生。一般而言，凡是与主观需要相符合，并能使之得到满足的事物，就会产生肯定的、积极的情感，反之，就会产生否定的、消极的情感。学生将学习活动、求知欲望当做自己的优势需要，就会产生热爱学习、立志成才的需要；反之，一个厌恶学习的学生会将学习当做负担。

在学习活动中，大学生必须明确学习目的，培养合理正当的需要，以利于形成自己的高尚情操；同时，又必须使自己的较为低级的情绪服从较为高级的情操，从而使自己的需要受到这种高尚情操的支配和调节。

3．意志与学习

对于意志在学习中的作用，古今中外的学者都有深刻认识。荀子提出"骐骥一跃，不能十步；驽马十驾，功在不舍；锲而舍之，朽木不折，锲而不舍，金石可镂"。苏轼也说："古之成大事者，不惟有超世之才，亦必有坚忍不拔之志。"陶行知先生将育才学校的创业宗旨总结为十句话："一个大脑，二只壮手，三圈连环，四把钥匙，五路探讨，六组学习，七体创造，八位顾问，九九难关，十必克服。"有人对大学生的学习曾做了这样的描述，大学生差别最小的是智力，差别最大的是毅力，因此，意志在大学生的学习中起着重要作用。

1) 意志由简单意志发展到复杂意志，由软弱意志发展到坚强意志

人的意志不是与生俱来的，而是随着年龄的增长、体质的增强、知识的丰富、交往的扩大而逐步发展起来的。意志的发展逐步由简单到复杂、由软弱到坚强。简单与软弱性意志的体现是：其一，愿望不稳定，此所谓有志者，立长志，无志者，常立志；其二，容易冲动，不能克制自己；其三，易受暗示，容易模仿别人。学习是一项艰苦的脑力劳动，要使学习活动坚持下去并取得较好的效果，就必须有复杂而又坚强的意志参与。人是自己意志的创造者，大学生应有意识地培养和锻炼自己的意志。当然，意志的培养不是一蹴而就的，我们必须从最简单的事情入手，逐步学会不畏劳苦、持之以恒、勇于攀登，才能成为一个意志坚强的人。

2) 意志过程的三个阶段，即决心、信心、恒心密切联系、互相促进

决心是意志过程的第一阶段，这个阶段中往往有一系列复杂的心理活动：认清客观条件，积极进行思维。下定决心主要表现在两个方面：一是确定行动的目的；二是选择达到目的的行动方法和方式。信心是意志过程的第二阶段，包括树立确信感，建立坚定信念，形成远大理想。信心的树立主要取决于三个因素，即活动的结果，他人的态度和自我评价。恒心是意志过程的第三阶段，具有更为本质的意思。恒心的确立主要在于两点：一是要善于抵制不符合目的的主观因素的干扰；二是要善于持久地维持已经开始符合目的的行动。意志过程的三个阶段密切联系，缺一不可，形成一个整体，又互相交织，彼此促进。在学习活动中，学生第一要下定决心，明确学习目的；第二要树立信心，相信自己的力量；第三要持之以恒，百折不挠，才能取得学习的成功。

3) 意志和行动不可分割

人的意志总是在一定的行动中表现出来的，它的发生、发展和形成都离不开行动。人

的行动按其目的性、意识性的程度，可分为无意行动和有意行动两种；同时，按是否有意志参与为标准，又可将有意行动分为一般行动和意志行动两种。所谓意志行动，就是有意志参与的一种有意行动。意志只是意志行动中的主观方面，它是在意志行动中体现出来的。没有意志，也就没有意志行动。意志行动必须包含意志因素，它是人的意志的一种外部表现。正因为如此，我们也可以把意志过程称为意行过程。在学习过程中，必须通过具体的学习、工作来培养自己的意志，必须通过攻克难关、迎战困难来锻炼自己的意志，必须通过攻克难关、迎战困难来锻炼自己的意志。总之，要利用一切机会和环境培养自己良好的意志品质。只有那些在学习上克服重重困难、勇于攀登高峰者才能称为意志坚强的人。

4) 意志的强度与克服困难的大小、多少呈正相关性

在一定条件下，一个人的意志越坚强，就越能克服更大更多的困难；一个人的意志越软弱，就只能克服较小较少的困难，甚至于什么困难也不能克服。当一个人确定前进的目标，并向这目标奋进的过程中，总会遇到各种各样的困难。但众多的困难归结起来，不外乎两种：一是来自于外部的困难，亦叫客观困难；二是来自于内部的困难，亦叫主观困难。这些困难阻碍着我们目标的实现，影响了活动的顺利进行。只有意志坚强的人，才能克服众多的、难以想象的困难，赢得成功。在学习活动中，我们要经常给自己设置一些难题，"跟自己过不去"，不断地克服困难、战胜困难，在困难中磨炼自己，使自己的意志日益坚强起来。

4．性格与学习

陶行知先生从教育实践中得出良好的性格特征主要有以下四个方面：一是努力奋斗，"奋斗是成功之父"；二是实事求是，"知之为知之，不知为不知"；三是独立意识，"独立的意志，独立的思想，独立的生计与耐劳的筋骨"；四是创造精神。一个具有优良性格特征的大学生，可以保证其具有正确的学习动力、稳定的学习情绪、持久的学习和顽强的学习意志，提高心智活动的水平，获得学业成功。

1) 性格的稳定性与可塑性相互制约

一般而言，性格既具有稳定性，也具有可塑性，作用于性格的诸多因素是在不断发展变化的。在学习活动中，我们一方面要看到性格的稳定性，看到它在学习中的作用，进一步认识到培养良好性格的重要性，以使它们在学习中发挥更大的积极作用；另一方面，又看到性格的可变性，看到它是可以通过各种途径培养的，因此，应当重视大学生良好的性格的塑造，改变那些不良的性格。

2) 性格的先天性与后天性相互结合

人的性格的形成，既以先天因素为基础，亦有后天因素起作用，是先天因素与后天因

素的"合金"。性格是在一个人的先天因素的基础上,在后天诸多因素的共同作用下,通过主体的实践活动逐步形成的。一般认为,先天因素是性格形成的自然前提,而后天因素(主要是环境)则对性格的形成起决定作用,其中,尤以社会环境的影响为大。许多研究表明,对性格形成起重要作用的最初是家庭,它在儿童的性格形成上有着深远的影响,尤其对性格的影响最为全面、深刻;学校教育对学龄儿童性格的形成具有重要意义,它可全面影响学生的意志特征和理智特征;宏观的社会背景也影响着儿童性格的形成,且在情绪特征中表现尤为突出。在学习活动中,我们既要看到先天因素对性格形成的影响,不排斥这种因素的作用;又要特别重视后天因素在性格形成中的作用,充分利用家庭、学校教育、宏观的社会因素等方面的一切有利因素,培养自己的良好性格,以期使学习取得成功。

3) 性格与气质相辅相成

心理学的研究表明,性格与气质既有区别又有联系。一般来说,气质主要是先天的。首先,有关研究认为,许多人很难找到自己原始气质特点的外在原因,大约有 30%左右的被调查者叙述了自己的气质特点和亲生母亲是相同的或相似的;而性格则主要是后天的,更多是体现其社会性特征。气质是性格的基础,每个人的性格必然会打上自己的烙印。其次,具有不同气质类型的人可以形成同样的性格特征,而具有同一气质类型的人又可以形成不同的性格特征。最后,气质影响着性格特征的形成和发展的速度。另外,性格可以掩盖甚至改变气质的某些特性,特别在经历了大的变革后更是如此;而性格对气质某些特性的改变则是由于神经活动类型的先天特性得到改变而实现。因此,可以这样说,性格的发展和气质的变化始终是渗透在一起的。大学生学习中,各种气质类型的人都可以培养积极的性格特征。因此,大学生不必为自己的气质类型而烦恼,而应在各自气质的基础上,培养诚实、勤奋、独立、创新、勇敢、果断等良好的性格特征。

5. 态度与学习

态度是指一个人对人、事、物和某种活动所持有的一种接近或背离、拥护或反对的稳定的心理倾向性。它包括认识、情感与意向三种成分。学生的学习态度是指学生在学习情境中表现出来的比较稳定的心理倾向。大学生的学习态度直接影响其学习行为和学习成绩。影响大学生学习态度的因素主要有:教师的讲课,教师的人格魅力与教学水平等。很多情况下,学生会有意或无意地吸取或模仿教师的某些行为,把教师作为自己心目中的楷模,学习会产生积极的态度,否则会产生消极态度。教学过程,教学过程中所涉及的学科内容、组织方式、授课艺术和讲课策略都会影响到学生的学习态度。如有的学生对专业不感兴趣,会直接影响其课程学习。许多研究表明:以不同教学形式与各种课堂活动情境下呈现出严谨而不失趣味的教学内容,易使学生产生积极的学习体验,从而形成或改变其学习态度;而消极的学习态度,往往伴随着枯燥的学习内容、呆板的教学形式和沉闷的课堂情境。

第二节　大学生学习心理问题及调适

　　大学生的学习是繁重而紧张的，它需要个体生理和心理的相互支持与配合，才能够顺利完成，在现实的学习活动中，确实有一部分学生存在时间或长或短，程度或轻或重的学习困难，致使学习效率低，学习效果差，学习任务不能顺利完成。常见的学习心理问题有：学习动机障碍、学习方法和习惯问题、学习疲劳的调适、考试心理障碍及调适等。

一、学习动机障碍

　　学习动机对学习活动起着发动、推进和维持的作用，但是并不等于学习动机的强度越大，学习效果就越好。学习动机对学习活动的影响效果存在一个最佳水平的控制问题。根据心理学研究的结果，动机对学习的作用，是以人的专注水平为中介的。动机之所以促进学习，是由于它能唤起、集中并保持学生的注意，使他们能专注于学习。若动机缺乏，则学生不能专注于学习，学习行为也无法进行，更不能维持；若动机过强，不论是个体内部的抱负水平和期望过高，还是外部的奖惩诱因过强，都会使学生专注于自己的抱负和外部的奖惩，而不是专注于学习，从而阻碍了学习。

(一)学习动机缺乏

　　(1) 大学生学习动机缺乏的主要表现。学习动机缺乏是指学习上没有明确的目标和方向，学习上无压力和动力，从而导致对学习无兴趣，即对学习"没劲头"。主要表现在以下几个方面。

　　① 尽力逃避学习，不愿学习，上课无精打采，不愿看书，课后不复习，不做作业，对学习敷衍了事。

　　② 注意力易分散，兴趣易转移，学习肤浅，易受各种内外因素的干扰，满足于一知半解。

　　③ 缺乏成就感，缺乏学习的自尊心和自信心，毫无知识需求，不求进取，懒于学习。

　　④ 缺乏正确的学习策略和方法。由于动机缺乏，根本不愿也不积极去学习，更不会寻找适合自己的学习策略和学习方法，因而，常常难以适应新的学习环境。

　　(2) 大学生学习动机缺乏的原因分析。造成大学生学习动机缺乏的原因归结起来有以下四大方面。

　　① 社会原因。在社会主义市场经济发展趋于完善的过程中，还存在一些不良现象，如拜金主义、分配不公、读书无用论、知识贬值、腐败现象等，对大学生难免产生一些影响，导致大学生的学习动机减弱或缺乏。

② 学校原因。校园的环境、教学设施、师资水平、校风、校纪、学风等都会影响到学生的动机。例如，学校专业设置的不合理，教育教学方法陈旧，单调的校园文化活动等都会导致学生学习动机缺乏或减弱。

③ 家庭原因。学生家庭的经济条件，父母不恰当的期望等都会对学生的学习动机产生直接的影响。

④ 个人原因。学习动机缺乏是多种因素造成的，但个人因素是导致学习动机缺乏的主要因素。例如，社会责任感不强，学习动机不明确，对所学专业缺少兴趣等。有一位大二的男生在日记中这样写道："我考上大学后好像没有什么明确的目标和定位，我是服从调剂志愿来到这个学校的，现在的专业我根本不感兴趣，没办法。平时我想听课就去听听课，不想听课就睡懒觉。睡觉是我最喜欢的事，因为睡觉的时候什么都可以想，什么都可以不想。"还有一位女同学在专科时学的是法律，专升本时选了较为热门的经济管理专业，后来，经过严格的考试终于考取了理想中的经济管理专业本科，但是她开学后第三个月就开始逃课，泡网吧，四个月后她走进了学校的心理咨询中心，请求老师帮她找学校找专业，因为这位女生以前是文科生，"高等数学"，"统计学"等专业基础课感觉有困难，同时发现自己的兴趣根本不在这个专业上，专升本时只是感觉经济管理专业很热就盲目地报了。

(3) 学习动机缺乏的调适。克服学习动机缺乏应从以下几个方面做起。

① 培养专业兴趣，增强学习动机。兴趣是最好的老师，只有对所学专业具有浓厚兴趣，才是推动学生学好专业知识的最强有力的因素。目前，由于社会原因，教师、家长的影响，大学生入校前选择专业时存在学习兴趣和所学专业不相符的现象，致使入校后产生学习动机缺乏障碍。大学生可根据所在学校的条件，能转入感兴趣的专业更好。学校方面有必要对学生进行专业思想教育，有目的地培养学生的专业兴趣，让学生了解本专业的特点，了解本专业在社会发展中的作用等；同时围绕本专业开展丰富多彩的活动，吸引学生，激发学生学习本专业的兴趣，从而增强学习动机，学好专业课。

② 增强成就动机。所谓成就动机是指个体对认为重要的或有价值的学习和工作，积极去从事和完成，并能取得进步或者成功的一种内在的推动力量。成就动机是推动个人进步和成长的力量源泉。激发学生的成就动机，能增强学习的主动性和自觉性，在学习过程中体验到获得知识的乐趣，在战胜困难过程中增强自信和勇气，在创造性的劳动中体验愉悦。大学阶段，也是为人一生的发展奠定基础的关键阶段，只有确立了奋斗的目标，并采取切实的行动为之奋斗，才能不断激发和增强成就动机。

(二)学习动机过强

1. 学习动机过强的表现

(1) 精神紧张。学习动机过强常伴随着严重的焦虑，使大脑一直处于高度紧张、兴奋

第七章 学海泛舟 苦中作乐

状态，长时间的超负荷学习，巨大的精神压力，而导致心理承受力下降，也会使精力易分散、思维迟钝、记忆力减退、学习效率低，甚至还伴随头痛、头晕、失眠多梦、惊慌、胸闷、胃肠不适等症状。

(2) 过于刻苦勤奋。学习动机过强者，往往是全身心地投入学习，不怕苦、不怕累，可以做到废寝忘食。这些学生往往认为，学习才是至高无上的，把时间花在娱乐活动中就是一种浪费。

(3) 对自我要求过严，容易产生自责。动机过强者追求学习上的高目标，对自己的要求是只能成功，不能失败。一旦失利，自己责备自己，并给自己施加更大的压力，久而久之，这样超强度的运转，必然导致最后的失败。

2. 学习动机过强的原因

(1) 成就动机过强。有的同学对自己的能力缺乏正确的认识，自我估计过高，所确立的抱负和期望远远超过自己的实际水平，因而，不但不能使自己专注于学习，还会由于心理压力太大，最后多半导致失败，而失败的体验又会挫伤自信心和自我效能感，最终使抱负和期望变得很低。因此，不符合实际的成就动机越强，心理压力越大，失败的可能性也越大。

(2) 自尊心过强。过分看重成绩和荣誉。

(3) 有一定的补偿心理。有的大学生除学习以外没有其他的爱好和特长，不能在校园里和同学中引人关注，因而，希望通过学习上的出类拔萃来得到补偿。

3. 学习动机过强的调适

(1) 客观地认识自己，提出与自己的能力相适应的抱负和期望。

(2) 制订切实可行的阶段性目标，脚踏实地去履行。

(3) 淡化名利得失，把关注点聚集在学习活动中，而不是关注成败后果，从而使学习效率提高，更能发挥水平，更有利于成功。

二、学习方法和习惯问题

同中学阶段的学习相比，大学学习的任务要求更高，内容更丰富，学习深度和难度加大，而教师教学的个性化增强，这些方面的变化要求大学生不仅要刻苦学习，更要不断探索和总结适合于自己的学习策略和学习方法，要逐步培养独立自主的学习能力。有些同学仍沿袭中学阶段的学习方式，可谓刻苦努力，但却得不到好成绩的回报，正像有的同学说："我天生不是学习的材料。"并为此焦虑、自卑甚至自暴自弃。例如，一位大二的同学，

高校学生心理健康教育与指导

他是全班公认的学习最刻苦的学生,每天总是第一个进教室,最后一个出教室,可是对于大学老师通常不按一本固定的教材内容顺序讲课的教学方式和老师的考试题目很灵活又需要综合学过的知识分析或论述问题的方式一直不适应,总觉得不得要领,因此,考试成绩不理想。看着自己在班上越来越下滑的名次就心生焦虑,晚上也因此失眠和偏头疼。在中学时代,他的学习成绩其实一直不错,进入大学后,他认为只要像以前一样,上课认真听讲,认真记笔记,考前认真背笔记就能成为学习成绩优秀的学生了,但结果却没能如他所愿。大学生在整个学习过程中应高度自觉地意识到自身思维认识和整个学习活动的心理状态,学会不断地总结自己的学习经验和策略,学会学习,才能让自己达到健康高效的学习状态。

学习小绝招

个性化学习方案的形成

一、目标:

(1) 认知目标:认识到"适合自己的学习方法才是最好的方法"。

(2) 学会设计适合自己认知特质和学习现状的学习方案。

二、过程:

(1) 热身。

① "模仿秀"。请几个同学出来先后模仿本班某一同学的表情、语言和动作(注意不要具有侮辱和攻击的意味),由大家猜测被模仿者是谁。

② "移花接木"。在电脑上调出某同学的头像,把另一个同学的嘴(或眼睛、鼻子)移接到他脸上。

③ 简单分享上述活动的感受。

④ 教师小结:由于每个人都有自己的特点,以上模仿和拼接看起来很别扭,但是,如果我们在学习的时候也这样机械模仿的话,就不是"别扭"那么简单了。

(2) 案例分析。

陈红是班上的"记忆大王"。小花发现陈红在记东西的时候总是在纸上画很多图表和符号来帮助记忆,于是,小花也学着她的样子来做,但是效果却非常差。小花很苦恼,你能帮帮她吗?

讨论:小花的问题在哪里?

教师点评:陈红是视觉型的人,对图表和符号提供的信息比较容易接受,而且印象深刻。小花显然不是这一类型的人,她需要用另外的方法!

(3) 了解自己的认知特质和学习现状。

教师提供感知类型和思维类型的测试问卷(附后),帮助学生了解自己属于哪一种类型,并解释每一种类型的特点与对策。

① 你属于哪一种学习类型？
② 你觉得自己在什么状态下，用什么方法学习效果最好？
③ 你觉得自己在什么状态下，用什么方法学习效果最差？
④ 你觉得一天要睡几个小时才能保证良好的体力和精力？
⑤ 在一天中，什么时候学习效果最好？
⑥ 你觉得一天需要多少时间做作业和温习功课？
⑦ 哪些运动或娱乐能使你迅速消除疲劳？
⑧ 你能跟得上教师的教学进度吗？
⑨ 除了做作业之外，你还有时间用来查漏补缺吗？
⑩ 当前，你觉得学习上最困难的是什么？

(4) 个性化学习方案的设计。

在认真回答上述问题后，尝试设计以下两套方案。

① 作息方案。制作一个作息时间表，要求做到舒缓有致，张弛有度，以保证旺盛的精力。

② 学习方案。这一方案必须是适合你的身心特点的，是"你自己的方案"。它必须符合以下原则。

A. 学习内容必须适合你现在的水平。有的人基础未打好就去钻那些偏、怪、难的题，是非常愚蠢的。

B. 学习方式必须适应你的认知特质。

C. 巧妙地运用生物节律。

D. 调配好各科的学习时间和间隔。

E. 在学习时如何保持自信和愉快。

(5) 在今后的学习实践中不断地调整和校正这一方案。

三、学习疲劳的调适

学习疲劳，是指学习时间过长，学习强度过大而造成学习效率逐渐降低并有渴望停止学习活动的生理和心理现象。具体表现为：学习错误增多，学习效率下降，动机行为改变，生理失去平衡等。学习疲劳分生理疲劳和心理疲劳两种类型。生理疲劳的表现有：肌肉痉挛、麻木、眼球发疼、腰酸背痛、动作不准确、打瞌睡等；心理疲劳一般是由于长时间从事心智活动大脑得不到休息引起的，表现为：感觉器官活动机能降低、注意力涣散、思维

高校学生心理健康教育与指导

迟钝、忧郁、厌烦、易怒、学习效率下降等。学习疲劳中,心理疲劳是主要的。

学习疲劳是一种保护性抑制,经过适当的休息即可得到恢复,这是合乎生理、心理规律的,对大学生的发展不会造成什么不良影响,但如果长期处于疲劳状态,勉强让大脑继续保持兴奋,就会导致大脑兴奋和抑制过程的失调,严重的会引起神经衰弱。这时学生会对学习产生厌恶和烦躁情绪,学习效率大大降低。

学习疲劳是影响学习效率的重要因素,因此,要注意对学习疲劳现象的防治,具体方法有以下几点。

(1) 培养学生丰富的学习兴趣、创设良好的学习氛围。只有对学习感兴趣,学习时才会情绪高涨,不易产生疲劳,相反,就会感到枯燥无味,学不进去,很快进入疲劳状态。当然,创设良好的学习氛围同样重要,它也有助于减轻学习的疲劳。如,学习环境尽量布置的优雅、整洁,使人感到心情舒畅;不要在噪闹的背景下学习,避免心烦意乱,焦躁不安;不在光线太明或太暗的地方学习,避免视觉疲劳。

(2) 遵循人体生物规律。人体的各种生理和心理功能会随着时间的推移而规律运动,苏联科学家研究发现,人在一天中,生物机能上午7～10时,逐渐上升,10时左右精力充沛,处于最佳工作和学习状态,之后趋于下降,下午5时再度上升,到晚上9时又达到高峰,11时过后便又急剧下降。在现实中,不同人的最佳学习时间分配也有一定的差异:早上型,早上醒来精力充沛,下午衰退,晚上衰竭;晚上型(猫头鹰型),上午无精打采,晚上精力十足;白天型(百灵鸟型),日间精神好,晚上效果差。大学生最好把握一下自己学习的"黄金时间",此时安排从事难度较大的学习,这样不易疲劳。

(3) 善于科学用脑。大脑两半球具有不同的功能:左半球擅长抽象逻辑思维,主管计算、阅读、分析、书写等活动;右半球则擅长于具体形象思维,主管想象、色觉、音乐、幻想等活动。如果一个人长时间从事一种活动,则容易引起疲劳。因此,应根据大脑两半球的不同分工科学用脑,比如在从事计算、分析、哲学等活动时,穿插进行音乐、绘画、幻想等艺术活动,这样可延缓疲劳的产生。如革命导师马克思在写资本论时,就常把数学题当做一种消遣和休息。

百宝箱:如何科学用脑?

大脑是全身耗氧量最大的器官,占人体总耗氧量的1/4,因此,氧气充足有助于提高大脑的工作效率,保持高度的注意力。用脑时,需特别注重学习、工作环境的空气质量。

大脑80%以上的成分由水组成,大脑所获取的所有信息都是通过细胞以电流形式进行传送,而水是电流传送的主要媒介。所以,在读书或做功课前,先饮一至两杯清水,有助于大脑运作。

听听舒缓的音乐,对大脑神经细胞代谢十分有利;与朋友或者陌生人聊天也会促进大

第七章　学海泛舟　苦中作乐

脑的发育和锻炼大脑的功能；多读书多看报，不是用书来消遣时间，而是让你的大脑愈加丰富起来；观察周围的事物，并注意及时往大脑中储存信息，然后加以记忆，活跃思维。

保健食品：根据有关研究，对大脑生长发育有重要作用的物质主要有以下8种：脂肪、钙、维生素C、糖、蛋白质、B族维生素、维生素A、维生素E。所以，富含这8种物质的食物都可算作是健脑食物。其中最突出的是这样一些食品。

① 核桃。它富含不饱和脂肪酸，这种物质能使脑的结构物质完善，从而使人具有良好的脑力，所以人们都把它作为健脑食品的首选。

② 动物内脏。动物内脏不但营养丰富，其健脑作用也大大优于动物肉质本身，因为动物内脏比肉质含有更多的不饱和脂肪酸。

③ 红糖。红糖中所含的钙是糖类中最高的，同时，它还含有少量的B族维生素，这些对大脑的发育很有利。

还有一些食物如豆芽、鱼虾类、海藻类、蜂蜜、豆类等，也是非常好的健脑食品。常吃可以健脑的食物，可以让你更聪明。这些食物主要有：鱼头、猪肝、猪脑、瘦猪肉、牛肉、鸡肉、鸭肉、骨髓、海参等。多吃鱼头可以让小孩更聪明，这是大家都知道的。这是因为鱼头含有蛋白质、氨基酸、维生素和大量微量元素，对补五脏，健脑益智有很好的效果。猪肝有养血补肝、健脑的功效。猪脑具有补脑，止头昏的效果。

(4) 注意劳逸结合，保证充足的睡眠。"不会休息的人就不会工作"。对于大学生而言同样如此，不会休息的人就不会学习。所谓劳逸结合，是指在持续一段时间的工作、学习或劳动之后，做一些放松的活动。换句话说，采用脑力劳动和体力劳动相交替的工作、休息方式，并形成良好的生活习惯。

要养成良好的学习、工作习惯。大脑、肌肉在工作一段时间以后，会疲劳，学习、工作效率就会降低，肌肉疲劳，就容易引发事故或差错。注意劳逸结合，张弛有度，不仅是健康的需要，也是提高工作、学习效率的需要。

要养成经常参加文体活动的习惯。参加体育锻炼和娱乐活动，对维护身体健康、心理健康和提高社会适应能力都有好处。文体活动的形式和每次活动的时间都要与自己的身体状况、兴趣爱好相适应。

要养成良好的睡眠习惯。有规律的睡眠对保证睡眠质量，维护健康有很大益处。睡眠时间应当根据年龄和个人体质特征确定。一般成年人每天需要睡7~8小时。晚上10点至凌晨4点，这段时间睡眠质量最高。过了夜里11点后，人反而会变得兴奋，更难入睡。凌晨两、三点，是熬夜的人感到最困的时候，而天亮后，人就开始进入浅睡眠期，这种睡眠的质量不高。有些人喜欢睡"回笼觉"，其实这时补充的主要是浅睡眠，效果不如早睡早起所能获得的深睡眠。睡眠不足可使人的注意力和记忆力下降，同时还影响新陈代谢，加快人的衰老。睡眠过长对人体有害无益，它会使中枢神经系统长期处于抑制状态，起床后便会觉得无力、头晕。睡眠时间过长还会使呼吸减慢，吸入氧气减少，心脏、肺和血液循环的负担加重，增加心脏病和脑血管栓塞的风险。

四、考试心理障碍及调适

在大学里，考试仍然是大学生面临的重要刺激源之一。虽然不像高考影响那样严重，但是考试种类多，像期终专业课考试，各种竞赛活动，过级考试如英语四、六级考试，计算机等级考试等，仍然给大学生们带来很大压力，从而产生过度焦虑。

(一)过度考试焦虑及其危害

考试焦虑是一种正常的心理反应。在一定的应试情况下，产生一定的心理压力，引起适度的焦虑。一般来说，考试过程中有适度的焦虑会对个体产生一定的激励作用，使其在考试中较好地发挥自己的水平，取得较好的成绩，随着考试的结束，焦虑也随之消除。如果对考试毫无焦虑，甚至满不在乎，是不能取得较好的成绩的，同样也是不正常的。

过度考试焦虑则是不正常的，且一般考试过后，焦虑感仍然不能消除，其表现有：紧张、恐惧、心烦意乱、情绪失常、失眠、注意力不集中等。过度的考试焦虑对学习有极大的危害，甚至对人的身心健康造成不利影响。具体表现如下。

首先，过度的焦虑会影响考试中正常水平的发挥，因为注意力不能集中，不能专注于学习和考试过程，而是专注于各种担忧之中，记忆受影响，不能正常回忆，无法回忆起学过的内容，思维陷入混乱之中，甚至思维停滞，创造性思维更无从谈起。

其次，过度的考试焦虑易诱发心理问题。像失眠，神经衰弱，特别是考试过后长久不能消除焦虑的就容易转为慢性焦虑，而慢性焦虑会影响到大学生的学习和生活，甚至转为焦虑症。

最后，过度考试焦虑会危害身体健康。过度考试焦虑会使消化系统功能紊乱，如有的学生在考试期间出现不明原因的腹泻，就是消化系统功能紊乱的临床表现，若这种状况持续，就容易发展成胃炎等胃肠疾病，过度考试焦虑还会影响心血管系统的功能，出现心律不齐、高血压、冠心病等。

总之，长期的、过度的考试焦虑既不利于考生在考试中的正常发挥，又会危及考生的身心健康，应该尽可能避免。

(二)导致过度考试焦虑的原因

综合来讲，过度考试焦虑的产生既有外部原因，又有学生自身内部的原因。外部原因主要是来自学校、家庭、社会对大学生能力、素质的评价，仍然是以考试成绩为主要依据。如果成绩优异，就会受到较好的评价，从而增强自尊、自信，提高学习积极性；如果成绩较差，就会产生挫折感。

学生自身内部的原因则主要是自己认知方式的偏差。有的学生要求过高并且绝对化，以偏概全，认为一次考试失败，自己的前途也完了；有的学生过分自尊，但对自己又缺乏自信，总担心考试失利影响自身的形象；有的同学性格内向，拘谨，过分敏感，脆弱，有较高的特质焦虑，即指神经系统属于弱型，极易对刺激环境产生紧张反应，这种类型的人较易产生考试焦虑；有的学生考试准备不足，又缺乏一定的应试技能，自然就担心考不好；还有的学生由于以前考试失败的经历而产生畏惧心理和焦虑等。

(三)如何防治过度考试焦虑

第一，改变对考试的不合理认知。一个人对考试的认知正确与否影响其考试焦虑的程度，因此，要力求形成对考试的正确认知，树立正确的考试观，减轻心理压力。如明确考试只是衡量学习好坏的手段之一，考试成绩不能全面反映一个人的学习能力和知识水平，更不能决定一个人的前途和命运，不必把考试成绩看得过重。

第二，认真复习，充分准备。考试要有适度紧张，早作准备。认真复习，在知识技能上真正灵活掌握，做好物质和身体方面准备，确保身体心理的良好状态，准备好学习用具，避免临时慌乱。在做好各项准备的基础之上，增强对考试的自信心，相信自己，以自己的知识水平能够自如地应对考试并取得令人满意的成绩。

第三，掌握必要的应试技能。考试主要考查学生对知识的掌握情况，考试成绩的好坏主要取决于学生的知识水平，知识准备不充分，只懂应试技能无疑是不会提高考试成绩的。在知识准备充分的基础上，学会一定的应试技能，则会消除考试焦虑，有利于提高学习成绩。

不同的科目考试应试技能有差别，现在介绍应试技能的一般方法。

(1) 做好充分准备。不但要做好知识准备、学习用具的准备，还要对考试的题型，解题思路，答题要求和评分标准等进行全面的了解，这样在考试中才能从容应对。

(2) 以平静的心态对待考试。最好提前入场，先适应考试环境，发下试卷后，不要提笔就答，而应先将试卷整体浏览一遍，了解题量及各题的难度等情况，以便分清轻重，合理分配时间。在答题过程中，一是认真审题，正确审题是正确解答的前提。二是先做容易的后做难度大些的题。三是对待难题时，可以采取时间延隔，即先放一放，隔一段时间再做，就可以"豁然开朗"；采取积极的自我暗示，自己觉得难，别人可能也同样觉得难，不必过分担忧；在紧张时做几次深呼吸，放松身心；努力"追忆"，就是利用中介联想，

高校学生心理健康教育与指导

寻找回忆线索，例如在头脑中再现当时的情境、老师的特点等，都可成为回忆线索，帮助我们找到解题的方法和答案。最后，答完题后，只要有时间，一定要认真审查，查漏补缺。

(3) 参加多科考试时，在一场考试结束后，不要再过分关心考试的科目，将已考过的课程抛开，避免对下场考试的不良影响。全心准备下场考试，这一点很重要，有利于减轻考试焦虑。

第四，寻求心理咨询的帮助。考试前如果觉得自己难以克服过度考试焦虑，应积极寻求心理咨询的帮助，接受自信训练，放松训练和消除焦虑的系统脱敏的心理治疗等。

案例分析：

某女，19岁，某重点大学学生，大学一年级。自幼学习上进，记忆力较强，深受老师的器重，每逢市里的一些学科竞赛，学校都推荐她参加，这对她的精神压力很大，她本人对数学兴趣不浓，但是教师仍然很看重她，她自己认为这是一种荣誉，是学校和老师对自己的器重，也不好违抗。考前一夜没睡，在考场上脑子很乱，原来复习过的内容也想不起来了，急得浑身出汗，心慌意乱，勉强交了试卷，考试成绩失败。从此以后出现了睡眠障碍。

在中学学习时数学就不是强项，对数学不感兴趣，因而报考了社会科学专业，没想到这个系也要学习数理统计，数学和统计学在大一、大二两个学年都要学，这就给她带来了沉重的心理负担，每到期末复习考试临近期间就紧张焦虑，还伴有严重的睡眠障碍。

分析：

该案例是以考试焦虑为中心的心理障碍，伴有睡眠障碍，主要是由于心理负担太重，使她的情绪一直不能平静，反而更影响了复习的效果。

我们从以下几个方面进行了帮助和指导：①从认知入手。消除对考试的不必要顾虑，通过谈话、回忆、分析，寻找致病的根源，过去的考试成绩一般都较好，考前也无畏惧心理，虽然数学成绩较差，是学习中的薄弱环节，对数学应加强平时的复习和练习，对成绩的期望值不要过高，退一步讲，万一没考好也不必惧怕，补考及格同样升班毕业。②改善睡眠要从多方面入手。首先加强体育锻炼，通过体育锻炼增强体质，调节神经功能的紊乱，有助于睡眠的改善，同时要有意识放松情绪，在考前不要人为地增加紧张。③帮助其分析自己个性中的优点与缺点，通过心理测查，进一步了解自己在个性特征的强项和弱项，有意识地克服敏感多疑，顾虑重重、情绪不稳定等弱点，培养和训练豁达大度的个性。④在心理治疗中进行生物反馈治疗，失眠严重辅以药物治疗。经过长达一年的心理咨询与治疗，该生睡眠状况有改善，对考试的紧张焦虑明显减弱，考试焦虑的心理问题得到了及时的帮助和解决。

第七章 学海泛舟 苦中作乐

思考题：
1. 什么是学习？学习与心理健康的关系怎样？
2. 大学生学习的特点有哪些？
3. 影响大学生学习的心理因素包括哪些？
4. 自己有哪些学习困扰？怎样来克服自己的学习困扰？
5. 讨论如何利用学习心理，有效地提高学习效果？

附录1：知觉倾向性调查问卷

这是一个简易的知觉倾向调查表。要快速地从A、B、C中选出最适合你的答案。

1. 为了放松，你喜欢（　　）。
   A. 读书、看电视或录像
   B. 与别人交谈或听点儿什么
   C. 活动一下或运动

2. 告诉别人该怎么做时，你喜欢（　　）。
   A. 告诉他们怎么做　　B. 画图进行说明　　C. 用手势和行动

3. 你最容易被什么分神（　　）。
   A. 人或东西在周围动　　B. 事物看上去的样子　　C. 噪音

4. 独处时，你喜欢（　　）。
   A. 活动一下或做点儿什么
   B. 打电话给别人或听收音机
   C. 看电视或录像或阅读

5. 你解决问题的最佳途径是（　　）。
   A. 把可能的解决方法都讲一遍
   B. 回想实际的经验
   C. 勾勒出可能的解决方案

6. 排队时，你喜欢（　　）。
   A. 晃动、总是坐立不安、动动手脚
   B. 看过往的人或周围的景色
   C. 自言自语或与别人交谈

7. 关心别人时，你会（　　）。
   A. 选择寄一张卡　　B. 打电话　　C. 拜访

8. 拼写一个较难的单词时，你喜欢( )。
   A. 听起来觉得是对的　　B. 写起来是对的　　　C. 写出来、看起来是对的
9. 你喜欢你的事情( )。
   A. 看起来是对的　　　　B. 听起来是对的　　　C. 感觉是对的
10. 在班上，你喜欢( )。
    A. 听讲和讨论　　　　B. 做实验和搞活动　　C. 图表、图画和录像
11. 你更喜欢问( )。
    A. 你知道了吗？　　　B. 你看懂了吗？　　　C. 你听明白了吗？
12. 学诗歌的时候，你会( )。
    A. 反复地读
    B. 不停地走动把握诗歌的节奏
    C. 大声地朗读
13. 你判断别人的情绪时，喜欢( )。
    A. 看别人的脸　　　　B. 听别人的声音　　　C. 注意别人的动作
14. 你喜欢什么样的幽默( )。
    A. 不停地说话的喜剧演员
    B. 动作喜剧
    D. 色彩丰富的喜剧和动画片
15. 在派对上，你喜欢花大量的时间( )。
    A. 到处转悠或跳舞
    B. 观察正在发生的事
    C. 和别人交谈或听别人讲话
16. 你喜欢怎样的解释方法( )。
    A. 图表、图画、地图　　B. 交谈、听课、讨论　　C. 实践
17. 向朋友讲述在假日的情况，你会( )。
    A. 打电话
    B. 给他们看你的照片
    C. 去看他们，与他们一起分享你的经历
18. 你买衣服时( )。
    A. 颜色和样式最重要　　B. 质地最重要　　　　C. 别人的意见最重要
19. 在什么情况下，你才能听得最清楚( )。
    A. 你边走边听(或别人边走边讲)

B. 闭上眼睛(或不看说话的人)

C. 能清楚地看见说话的人

20. 你最容易记住别人(　　)。

A. 说过的话　　　　B. 做过的事　　　　C. 别人的长相

说明：A 代表听觉倾向，B 代表视觉倾向，C 代表动觉倾向。如果三种选项的数量基本一样(大约 6 或 7)，那么你没有很强烈的倾向。如果某一项选了 10 个以上，表明你有该项强烈的倾向。

附录 2：思维类型调查问卷

这是一份简单的思维类型调查问卷。要从 A 和 B 中快速地选出最适合你的答案或经常发生在你身上的答案。

1. A. 你喜欢制作清单、计划和时间表　B. 你喜欢随心所欲地做事
2. A. 你喜欢与他人竞争　B. 你喜欢与他们组成团队进行合作
3. A. 你喜欢工作的地方干净整洁　B. 你喜欢工作的地方舒适，但不一定整齐
4. A. 你喜欢别人一步一步按顺序向你解释事情　B. 你喜欢别人首先告诉你大意，然后再讲细节
5. A. 你对老师的个人生活不感兴趣　B. 你对老师的个人生活感兴趣
6. A. 你通过把所有的知识组块学习　B. 你通过顿悟的方式学习
7. A. 你关心是否能按时完成一件事　B. 你并不关心最后期限，也不会因为没有完成而着急
8. A. 你可以清楚地表达你的思想和感觉　B. 你有时在表达自己的感觉方面有困难
9. A. 你喜欢记忆事实和细节　B. 你喜欢记忆大意，容易忘记细节
10. A. 你买衣服时很仔细，一般事先已经决定好了　B. 你只要看见喜欢的就会买
11. A. 你常常一次只做一件事，而且能做得很好　B. 你常常喜欢一下子做好几件事
12. A. 你喜欢明确的规则　B. 你喜欢灵活的规则
13. A. 你喜欢查字典找出确切的含义　B. 当别人要找出确切的意思时你会生气
14. A. 你喜欢照着食谱做菜　B. 你喜欢按自己的想法做菜
15. A. 你能坚持记清单、日记和收支　B. 你开始会做记录，但不久就忘记了
16. A. 你敬佩有明确计划的人　B. 你敬佩有想象力和冲劲的人
17. A. 你喜欢仔细、有逻辑地做决定　B. 你喜欢凭感觉临时做决定
18. A. 你喜欢研究有确切答案、有事实根据的问题　B. 你喜欢研究与思想有关的课题

19. A. 你喜欢老师一次在投影仪只显示一个知识点　B. 你喜欢在投影仪上看到整个概貌

说明：A 选项代表分析型的思维方式，B 选项代表总体把握型思维方式。有分析思维倾向的人会选 15 个以上的 A，而有总体把握思维倾向的人会选 15 个以上的 B。有些人不会有 15 个以上 A 或 B，因为他们没有很强的思维倾向。这可以帮助人们认识自己思考的方法和过程。

附录3：考试焦虑自测

请根据自己的实际情况回答以下问题，其中，与自己的情况"很符合"记 3 分，"较符合"记 2 分，"较不符合"记 1 分，"很不符合"记 0 分。

1. 在重要考试的前几天，我就坐立不安了。
2. 临近考试时，我就拉肚子。
3. 一想到考试即将来临，身体就会发僵。
4. 在考试前，我总感到苦恼。
5. 在考试前，我感到烦躁，脾气变坏。
6. 在紧张的复习期间，常会想到"这次考试要是得个坏分数怎么办"。
7. 越临近考试，我的注意力越难集中。
8. 一想到马上就要考试了，参加任何文娱活动都感到没劲。
9. 在考试前，我总预感到这次考试将要考坏。
10. 在考试前，我常做关于考试的梦。
11. 到了考试那天，我就不安起来。
12. 当听到考试的铃声响时，我的心马上紧张得跳起来。
13. 一到重要的考试，我的脑子就变得比平时迟钝。
14. 考试题目越多、越难，我越感到不安。
15. 在考试过程中，我的手会变得冰凉。
16. 在考试时，我感到十分紧张。
17. 一遇到很难的考试，我就担心自己会不及格。
18. 在紧张的考试中，我却会想些与考试无关的事情，注意力集中不起来。
19. 在考试时，我会紧张得连平时背得滚瓜烂熟的知识都忘得一干二净。
20. 在考试中，我会沉浸在空想之中，一时忘了自己在考试。
21. 考试过程中，我想上厕所的次数比平时多些。
22. 考试时，即使不热，我也会浑身出汗。

23. 考试时，我会紧张得手发僵或发抖，写字不流畅。
24. 考试时，我经常会看错题目。
25. 在进行重要的考试时，我的头就会痛起来。
26. 发现剩下的时间来不及做完全部考题时，我会急得手足无措、浑身大汗。
27. 我担心如果考了坏分数，家长或教师会严厉指责我的。
28. 在考试后，发现自己懂得的题没有答对时，就十分生自己的气。
29. 有几次在重要的考试之后，我腹泻了。
30. 我对考试十分厌烦。
31. 只要考试不记成绩，我就会喜欢考试。
32. 考试不应当像在现在这样紧张的状态下进行。

评分与解释：

1. 各题得分相加为总分。

2. 若得分为 0~24 分(属"镇定")，说明你能以较轻松的态度对待考试。若分值很低，说明你对考试太不在乎。

3. 若得分为 25~49 分(属"轻度焦虑")，说明你面临考试时有轻度不安，但这是正常的。轻度焦虑会有助于考试成绩的提高。

4. 若得分为 50~74 分(属"中度焦虑")，说明你面临考试时心情过于激动，焦虑感过高，难以考出实际水平，并会对身心健康有损害。

5. 若得分为 75~99 分(属"重度焦虑")，提示你患有"考试焦虑症"，每逢考试来临便会不由自主地产生莫名其妙的恐惧感，容易发生"怯场"，会严重影响学习水平的正常发挥，对身心健康很不利。

第八章 快乐人际从身边做起

个体的心理健康状态主要是在与他人的交往中表现出来的。和谐的人际关系不仅是心理健康不可缺少的条件，同时也是获得心理健康的重要途径。

如果一个人不善于与人交往，没有知心朋友，或很少和朋友交流思想感情，尽管他工作是好的，行为是正常的，却不能说他的心理没有缺陷。

英国哲学家培根说："一个得不到友谊的人将是一个终身可怜的孤独者，一个没有友谊的社会将是一片繁华的沙漠。"

我们都需要结交知心朋友，有了知心朋友，可以交流思想、寄托情感、互吐衷肠、互相扶持，度过心理危机。有人说，一个幸福两个人分享，就会变成两个幸福；一个痛苦两个人分担，痛苦就会减轻一半。

我们处在一个合作型的社会，单枪匹马闯世界的时代早已过去，交往能力也是适应社会的重要能力之一。

第一节 大学生人际交往的现状和特点

一、大学生人际交往的现状

大学生进入大学后，就意味着踏入了半个社会。之所以这样说，是因为大学校园比中学更加开放，却比社会封闭，它是一个特定的环境，而不能算一个完全的社会。当人置身于社会环境中，每天都不可避免地与他人交往，每天也有可能遇到社交的难题，交往也给人带来幸福和欢乐。马克思曾经说过：人是各种社会关系的总和，每个人都不是孤立存在的，他必定存在于各种社会关系之中。大学生在进入学校的那一刻就已决定了其交往需要，交往需要是大学生人际交往的基础，是大学生活中重要的一个课题。

(一)人际交往的心理需求

从生理规律的角度看，大学生正处在热情、自信、充满着了解欲和尝试欲的年龄阶段，当他们摆脱了中学时期繁重的课业负担和升学压力，步入环境相对宽松、轻松的大学校园，那种渴望了解和被了解、渴望参与和成功的"合群天性"被淋漓尽致地释放出来。大学生们对于人际交往有着强烈的心理需求，他们渴望友情，希望在同龄人的群体活动中拥有家的温暖、体味团队精神、分享合作的快乐，在家、团队、合作的基础上建立起真挚的友谊。

他们渴望亲情，或许是空间距离的遥远更拉近了心理距离，他们希望在电波中感受亲人的关爱，也学着去关爱亲人。他们渴望师生之情，不满足仅仅存在于课堂上的"学业传授与接受"的刻板的师生关系，渴望课堂之外师生有更广泛的话题交流，有更平实、更融洽、更亲切的师生情谊。他们渴望广泛的社会交往，渴望融入社会，被社会接纳。

(二)人际交往的心理障碍

大学生们对人际交往有着强烈的心理需求，但在交往行为上却存在着这样那样的偏差。深入考察发现，这些交往行为上的偏差，源于他们对人际交往认知的模糊及能力的欠缺，由此形成了人际交往的心理障碍。归纳起来主要有：恐惧心理、封闭心理、冷漠心理、嫉恨心理等心理。

(1) 恐惧心理。调研资料的分析还说明，不少同学对人际交往有恐惧感，或者觉得自己不善交际举止无措，或者觉得人心如潭高深莫测，更有少数同学觉得人心险恶不得不防。在人之本性的善恶问题有恐惧心理的人不是不愿与人交往，而是不敢与人交往，心中跃跃欲试，行动上却畏首畏尾，自信心的培养对他们是至关重要的。

(2) 封闭心理。大学生中有封闭心理的不乏人在，他们喜欢流连于自己的内心世界沉思默想，他们囿于"人性是自私"的判断避开群体独往独来，他们对周围的人不屑一顾孤芳自赏，他们宁愿把喜怒哀乐都自己扛，也不愿与人交流与人分享。

(3) 冷漠心理。一部分同学很少关心他人冷暖，也不屑于集体事务，不关注公益事业，对一切都抱着"冷眼观看、保持距离"的态度。

(4) 嫉恨心理。嫉恨在部分同学的心中有滋长的土壤。嫉恨心理是人际交往中最有害的一种心理，它容易降低人的理智，使人处在情绪化状态，在这种状态下，人往往会有偏激、冲动、暴怒等过激行为，从而恶化人际关系。

当代大学生们在人际交往方面既有着强烈的心理需求，又有着许多心理障碍，他们渴望交往，渴望通过交往建立良好的人际关系，从而为自己融入社会、成就事业打下坚实的基础，但他们在面对交往时又显得力不从心，面临着这样那样的问题与障碍。探究这些问题的成因，形成解决这些问题的思路并对切实解决这些问题、提升大学生的交往能力、满足他们的交往需求有所帮助。

二、大学生人际交往的特点

大学生人际关系既有一般人际交往的共性，又有一些特性。一般来说，大学生人际交往特点有以下几点。

(一)交往愿望强烈

大学生已自觉意识到了良好的人际关系对于学习和生活的重要性，他们不愿意把自己封闭在一个狭小的个人小圈子里，而是迫切希望能够建立良好的人际关系。

(二)交往目的多样化

根据部分大学生的抽样调查表明，大学生对于不同的交往对象，抱有明显不同的目的。男女生以及不同年级的大学生在交往的目的上还表现出一定的差异。如在与同性朋友的交往上，男生的娱乐目的强于女生，女生的互助目的强于男生；在与异性朋友的交往上，男生在助人、安全和自我表现三个方面高于女生，女生的自我中心高于男生；在与老师的交往上，男生在功利、自我中心方面较女生要强，而女生在客观要求方面要高于男生；在与父母的交往中，男生在自我中心方面较女生要强等。年级差异主要表现在：在与同性朋友的交往上，一年级的功利性交往目的比二、三年级要弱一些；在与异性朋友的交往上，一、三年级的互助与助人的交往目的比二、四年级要强一些；在与老师的交往上，低年级的互助性交往目的比高年级要强些等。

(三)理想色彩浓厚，比较纯洁、真诚

大学生正处在求知阶段，思想比较单纯，对美好未来充满向往和自信。因此，在日常交往中总是崇尚高雅，鄙视庸俗；崇尚真诚，鄙视虚伪。我们的调查表明，大学生对最喜欢与什么样的人相处的选择依次为：诚实、平等待人、关心别人、谦逊、有才干、其他；反之，对最害怕与什么样的人相处的选择依次为：虚伪、利用别人、心胸狭窄、傲慢、脾气暴躁、其他等。事实情况也正是如此，在大学里，那些学习认真、成绩优秀、有才能、有智慧，同时为人又正直、坦率、忠厚老实，凡事善于替别人考虑，善于关心别人，帮助别人，谦虚朴实，在荣誉和利益面前能保持良好心态的大学生人缘都特别好，大家都乐于交往。反之，那些对集体和他人漠不关心、见利忘利、喜欢斤斤计较，为人虚伪不正派，甚至自以为是、自视高明、处处利用别人、心胸狭窄、反复无常的人，有的尽管学习也比较用功，成绩也很优秀，但人缘却极差，班集体中其他同学往往都与之对立或避而远之。

(四)比较简单、稳定

大学生的活动范围主要是在校园内，其接触的对象主要是同学和教师，交往的目的是为了交流思想、联络感情、切磋学问、关心国事、探索人生、抚慰鼓励以及排遣烦恼等，交往方式主要是接触交谈。因此，大学生的人际关系相对比较简单。而且同一年级、同一

专业的大学生要在一起生活、学习好几年,天天吃在一起,住在一起,学习在一起,相濡以沫,相识相知,即使有时发生某些不愉快的事,由于彼此之间没有根本的利害冲突,问题也比较容易解决,一般不会有较大的波动,所以,大学生的人际关系比较稳定。

(五)认知因素起主导作用

研究表明,影响人际关系的认知因素、情感因素和人格因素,在不同层面学生中有着不同的特点。中小学生交往联谊偏重兴趣、爱好和义气,而大学生交往联谊则偏重理性和认知。明显的表现是:大学生在人际交往中有较强的主见和选择能力,即认知能力。什么人能交往,什么人不能交往,大学生已能分清良莠,择善交往。

三、大学各个阶段交往的特点

交往作为人际沟通,建立良好的人际关系的中间桥梁,存在于任何主体之间。不同的主体交往的特征往往不同。大学生不同于中学生,又不同于社会上的特殊群体,在人际交往时呈现出许多特色,在众多的特色里最主要的特色是随着年龄的增长而呈现出不同的特点。它表现在以下四个方面。

(一)大一的交往,具有开放性,面宽而不深

大一学生刚从中学里解放出来,步入大学殿堂,面对一个全新的环境和一张张新的面孔,一切都是那样陌生,便迫切需要了解大学情况,尽快适应环境,这些又只能靠与人交往,才能实现。同时,又特别喜欢参加各种活动,获得信息,满足自己的需要,于是,交往热情高涨。在交往时,开放性地进行结交,大面积地撒网,交往对象十分广泛。同学、亲戚、熟人、教官、老师等都在交往之中。通过这些交往获得有用的信息,交往的态度普遍表现诚实,但与异性的交往保持着谨慎的态度。

(二)大二的交往,具有选择性,并向纵深方向发展

经过一年时间的相处,彼此都对对方有所了解。此时,要求从过去众多的交往对象中,确定一个交往范围,缩小交往面:哪几个将成为自己的知心朋友,哪几个只是泛泛而交,哪些成为"hi—bye"的交往对象,哪些不可继续交往,大家心里都有一本账。对于那些与自己趣味相投的,将成为重点交往的对象,并向纵深方向发展,成为终身的同学好友。在大二,学生开始注意打扮自己,重视外表包装,特别是女生,越来越俏。当然,男生也不逊色。有不少女生便在此时坠入爱河,陷入两人世界里。

(三) 大三的交往，趋向稳定，并向集约型发展

大三了，离严峻的就业又近了一步，心里有些压力，而课业负担比两年更重了。冷静地一想，甚至惊呼："哎呀，大学光阴逝去了一半！"很多学生开始警醒，赶紧树立自己的人生目标，无论是学习，还是交往都趋向平静，立下坐怀不乱的决心，杀向书山题海，攻专业、过六级、考研的战车，开始轰隆隆地踏上征程。人际交往圈子不断地缩小，君子之交淡如水，好友也只能是偶尔聚集，一切莫能大于自己设计的前程，哪怕是渺茫得很，也要认真拼搏一场！当然，也有一部分人在加紧寻找自己的白马王子和接受玫瑰花的对象。

(四) 大四的交往，趋向黄昏起高潮的状态

实习毕业论文或设计，找工作跑市场，四处推销自我，忙得大学生们焦头烂额，已无心思去谈心，去相聚酒吧了。今天一个面试，明天一个试讲(应聘)，而且，常常被用人单位婉言恭维出门，使情绪降到最低点。因此，这一年过得比前三年都艰难。交往热情自然会冷却，并趋向黄昏状态，这是正常的。待工作确定后，人人一个故事，丰富多彩，妙语横生，笑声连天，欢聚一堂，举杯痛饮和高歌，激起黄昏之后的一个结束高潮，给大学四年交往画上一个句号！当然，在惜别之际，也有恋人在花前月下浪漫温存，鸳鸯相伴的场面，最终各奔前程，东西南北中，让美好的记忆留在各自心中。

心理测试：你会交朋友吗？

你的人际关系怎样？你是不是受欢迎的人？如果你对这些问题感兴趣，请你试着做美国一位心理学家设计的小测验。

请根据自己的实际情况，对下面的15个测验题如实回答后，按后面的评分标准算出你的总分，再看看后面的结果分析，你就会知道自己是不是善于交朋友，应该怎样和朋友相处。当然，测验结果仅供参考。

1. 最近你交了一批新朋友，这是因为( )。
   A. 你发现他们很有意思，令人感兴趣
   B. 他们都很喜欢你
   C. 这是你的需要
2. 外出度假时，你是否( )。
   A. 很容易交上新朋友
   B. 喜欢自己一个人消磨时间
   C. 想交新朋友，但又感到很困难

第八章　快乐人际从身边做起

3. 你本来约好要去会见一位朋友，此时感到很疲倦，却不能让朋友知道你的这种处境，你(　　)。

   A. 希望朋友会谅解你，尽管你没有到他(她)那里去

   B. 还是尽力赴约，并且试图让自己过得愉快

   C. 到朋友那里去了，并且问他(她)假如你早点回家，他(她)会有什么想法

4. 你结交朋友的时间(　　)。

   A. 数年之久

   B. 说不定，合得来的朋友能长期相处

   C. 一般不长，经常更换

5. 一位朋友告诉你一件极为有趣的个人私事，你是否(　　)。

   A. 尽量为其保密而不对任何人讲

   B. 根本没有考虑过把此事告诉别人

   C. 那位朋友刚离开，就马上与别人议论此事

6. 当你有了问题时，你(　　)。

   A. 通常是靠自己去解决

   B. 找自己信赖的朋友商量

   C. 只有万不得已时才找朋友帮助

7. 当你的朋友遇到问题时，你是否发现(　　)。

   A. 他们都喜欢求助于你

   B. 只有那些和你关系密切的朋友才来找你商量

   C. 一般都不愿意来麻烦你

8. 你交朋友的途径通常是(　　)。

   A. 通过熟人介绍

   B. 在各种社交场合

   C. 必须经过相当长的时间，而且不容易交上朋友

9. 你认为选择朋友时最重要的是(　　)。

   A. 具有使你感到快乐和幸福的能力

   B. 为人可靠，值得信赖

   C. 对你感兴趣

10. 你给人的印象是(　　)。

    A. 经常会引人发笑

    B. 经常启发人们去思考问题

C. 别人和你在一起时感到很舒服

11. 假如有人邀请你参加一次活动、一次比赛，或者在晚会上请你表演节目，你(   )。

A. 会婉言谢绝

B. 欣然接受

C. 直截了当地拒绝

12. 对你来说，下列哪种情况是真实的(   )。

A. 我喜欢当面称赞自己的朋友

B. 我认为诚实是最重要的品质之一，所以我时常提出与朋友不同的看法

C. 我对朋友的态度是：既不奉承，也不批评

13. 你是否发现(   )。

A. 你只是同那些能够与你分担忧愁和快乐的朋友相处得很好

B. 一般情况下能和任何人相处

C. 有时甚至愿意与那些和你脾气不相投的人和睦相处

14. 如果朋友们和你恶作剧(开玩笑)，你会(   )。

A. 和大家一起大笑

B. 感到气恼并且表现出来

C. 根据当时自己的情绪和精神状态，可能和大家一起大笑，也可能恼怒

15. 假如别人想依赖你，你的态度是(   )。

A. 对此并不介意，但是想和朋友们保持一定距离，保持一定的独立性

B. 觉得这样很好，我喜欢让别人依赖我

C. 要小心谨慎，尽量避免承担责任

请根据下面的评分标准算出总分数。

1. A—3分 B—2分 C—1分
2. A—3分 B—2分 C—1分
3. A—1分 B—3分 C—2分
4. A—3分 B—2分 C—1分
5. A—2分 B—3分 C—1分
6. A—1分 B—2分 C—3分
7. A—3分 B—2分 C—1分
8. A—2分 B—3分 C—1分
9. A—3分 B—2分 C—1分

10. A—2分 B—1分 C—3分
11. A—2分 B—3分 C—1分
12. A—3分 B—1分 C—2分
13. A—1分 B—3分 C—2分
14. A—3分 B—1分 C—2分
15. A—2分 B—3分 C—1分

如果你的得分在36～45分之间，说明你和朋友们相处得很好，你能够从日常生活中得到许多乐趣。你在朋友中有一定的威信，他们比较信赖你。也就是说，你会交朋友，你的人际关系很好。

如果你的得分在26～35分之间，说明你的人际关系处理的不太好，也就是说，你和朋友们的关系并不牢固，时好时坏。你确实想让别人喜欢你，想多交些朋友，尽管你自己作出了很大努力，但别人并不一定喜欢你，朋友们和你在一起时很可能不会感到轻松愉快。你只有认真检查自己的言行，真诚对待朋友，学会正确地待人接物，你的处境才会改变。

如果你的得分在12～25分之间，你很可能是一个孤僻的人，思想很不活跃，不开朗，喜欢独处，但是这一切并不意味着你不会交朋友，主要原因是你对社交活动、对人际关系不感兴趣。你要认识到，人生活在社会之中，就要和睦相处，互相帮助，互相关心，广交朋友。

第二节　大学生人际交往的原则和方式

一、大学生人际交往的基本原则

(一)平等的原则

平等原则是一条最基本的原则。社会中的人年龄悬殊，分工不同，经历各异，他们交往的原则和方式相对较复杂。但就大学生而言，年龄、经历、文化水平等都大体相似，无论来自城市、农村，无论学文学理，并无尊卑贵贱之别。大学生之间的人际交往的原则应该是平等的。无论何时何地，无论年级高低，任何大学生都要自觉做到平等待人，绝不允许任何人自视特殊，居高临下，傲视他人，否则就会脱离集体，成为孤家寡人，造成心理上的孤独感。调查表明，那些优越感很强，喜欢显示个人特长或家庭背景的大学生多数人缘关系较差，即使能力很强，也无法发挥，因为不坚持交往平等原则的人，是不会受他人欢迎和接纳的。

(二)尊重的原则

生活中每个人都有自己的人格尊严,并期望在各种场合得到他人的尊重,生活的实践告诉人们,只有尊重别人的人,才能获得别人的尊重,所以,大学生首先必须学会尊重别人,包括尊重别人的人格、权利和劳动成果。古人说"敬人者,人恒敬之"。俄国大作家屠格涅夫有一天走在街上,一个年迈体弱的乞丐向他伸出发抖的双手,大作家找遍所有的衣袋,分文没有,感到惶恐不安,只好上前握住乞丐那双脏手,深情地说道:"对不起,兄弟,我什么也没有,兄弟!"哪知,大作家这一声"兄弟",却超过了钱币的作用,立刻使老乞丐为之动容,泪眼婆娑地说:"哪儿的话,这已经很感恩了,这也是恩惠啊!"这个故事说明,无论什么人,无论地位高低,渴求得到尊重的心情是一样的。所以,大学生在人际交往中一定要学会尊重别人。

(三)真诚的原则

真诚待人通常被认为是人际交往中最有价值、最重要的原则。美国一位心理学家曾于1968年设计了一种表格,列出555个描写人品的形容词,让大学生说出最喜欢哪些、最不喜欢哪些,结果学生评价最高的品质是:真诚。在8个评价最高的形容词中,有6个和真诚有关,即真诚、诚实、忠诚、真实、信赖和可靠;而评价最低的品质中,虚伪居首位。由此可见,真诚在人际交往中的意义和分量。大学生在交往中,一定要坚持做到真诚坦率,一是一,二是二,表里一致,言行一致,说老实话,办老实事,做老实人。古人说:"以诚感人者,人亦诚而应。"

(四)宽容的原则

人际交往中难免会遇到一些不愉快的人和事,总不能豁出去拼了或因噎废食干脆从此就不与人交往了。从长计议,还是要学会宽容,学会克制和忍耐。苏轼说得好:"匹夫见辱,拔剑而起,挺身而出,此不足为大勇也。天下有大勇者,猝然临之而不惊,无故加之而不怒,此其所挟持者甚大,而其志甚远也。"大学生在人际交往中,心胸一定要宽,姿态要高,气量要大,遇事要权衡利弊,切不可斤斤计较、苛求他人、固执己见,要尽量团结那些与自己有歧见的人,营造宽松的交际环境。

(五)谦逊的原则

谦逊是一种美德。谦虚好学者,人们总是乐于与之交往,反之,狂妄自负、目无他人,人们往往避而远之。在人际交往中，大学生一定要有旷达的胸怀，谦虚谨慎，戒骄戒躁，虚心学习他人之长，切勿狂妄自大，傲视他人，更不能不懂装懂，知错不改。

(六)理解的原则

人们常说："金玉易得，知己难寻。"所谓知己，即是能够理解和关心自己的人。相互理解是人际沟通、促进交往的条件。理解也不等于知道和了解。就人际交往而言，你不仅要细心了解他人的处境、心情、特性、好恶、需求等，还要根据彼此的情况，主动调整或约束自己的行为，尽量给他人以关心、帮助和方便，多为他人着想，处处体恤别人，自己不爱听的话别送给人，自己反感的行为别强加于人。古人说："己欲立而立人，己欲达而达人，己所不欲勿施于人。"大学生在交往中，一定要耳聪目明，善解人意，处处理解和关心他人，相信别人也不会亏待你。

二、大学生交往的主要方式

(一)传统交往形式的表现

大学生在这个特定的半社会化环境中，交往的对象主要是同学、老师和社会上部分人员，所采用的交往方式是传统的交往方式，即直接和间接交往，又以直接交往为主，间接交往为辅。

(1) 同学之间的交往。几年大学生活，同校同班同专业甚至同宿舍，朝夕相处，形影相随，一方面，增加了了解，形成了共同的兴趣和爱好，有的建立了一生中最要好的朋友；另一方面，在交往的过程中，同性同学交往难于与异性同学的交往，这几乎是所有同学得出的共同结论。同性同学交往像两块磁铁的同极，离得越近，斥力就越大；离得远一点，就会相安无事。这一点同寝室的同学更有切身体会，往往感觉与其他寝室的人相处更容易一些，而与同寝室的室友却怎么也容不下，总是有矛盾和冲突发生。这就说明了一个常识性的道理：距离产生美。

(2) 学生与老师的沟通。在大学里，学生与老师也走得较近，老师既是大学生的学业导师，又是大学生的引路人。当然，大学生也愿意同老师交往，直接获得学业上的指导和良好人格的影响。但也要看到，在当今这个信息多元化的时代里，老师提供给学生的信息有时满足不了学生的需要，大学生为了获得更多的信息或知识，他们必须把触角向外延伸。

(3) 与外面社会的联系。传统的向外延伸交往，就是与社会上部分人员接触，其交往方式仍然是直接往来的居多。有的是为了友谊而交往；有的是为了寻找事业上的合作伙伴而往来；有的是为了经济上的利益而选择交往对象；有的是为了提高自己的地位而寻友等。大学生在这个交往过程中，一方面获得了交往的收益，锻炼了人际交往能力，提高了交往的水平；另一方面由于阅历不深，经验不足，常常被欺骗或被耍，也引起众多的烦恼。因此，大学生应该注意选择交往对象。

我们应该看到，大学生传统的直接交往方式可以判定信息的真伪，对方的诚实与否，解决问题的及时性，得到实际的互相帮助，以及观察交往双方非语言行为的传情达意等优点。

(二)基于网络环境下的交往形式

各种交往对象在直接交往时都存在一定的弊端，大学生迫切希望减弱或摆脱这种传统的交往方式，寻求新的交往方式来进一步体验人际交往的技巧。而网上交往这一新方式适应了大学生的心理需要并使其需要变成了现实，因此，是大学生交往又一重要的表现形式。从网上可以下载你喜欢的照片；可以远隔重洋地与别人下棋玩游戏；可以在网上进行商业谈判和购物；可以阅读报纸、收听广播、收看电视；还可以查询本学科的有关资料以及就业信息等。总之，你可以做的事情太多了。特别是在网上聊天，即网上交往，这种交往，人不面对面的接触，但又能获得满足各自需要的信息。交往时，它抹去了真实姓名，不知对方的性别、年龄、特征和职业，不受时间和空间的限制，一切是陌生的，但又十分新鲜，所以，天南地北、古今中外，天上地下，远大理想，近期目标，喜怒哀乐，一切都可以放手击键，向对方传文表意，使大学生们忘了传统的直接交往方式所带来的烦恼，而沉浸在这种新的交往方式的快乐之中。

经济上，也比传统的间接交往方式划算。传统的间接交往方式，如打一小时的电话，那么，就要花去几十元，而网上交往却只需要一两元左右，而且，获得的信息量也是丰富的。因此，网上交往正改变着大学生的交往方式，将会越来越受到青睐。从宏观上说，它可以与世界范围的有关人士交往，知异国他乡之事，有世界尽收眼底的感觉；从中观上讲，它可以与本国家的有关公民接触，知国内他乡人情风俗，新闻要事及其他有用的信息；从微观上看，它可以在自己的校园内通过校园网与其他专业的同学、学者、教授和一般老师进行交谈，一样获得能满足自身需要的信息。

总之，网上交往再也不受传统的交往方式的约束，它可以缓解同学之间在直接交往中产生的隔阂和矛盾以及尴尬局面，弥补与教师交往中不能满足学生需要的缺点，暂时回避与社会上部分人员交往时所遭受欺骗或被耍后带来的内心痛苦，进行新的交往方式的体验，从中探讨新的交往技巧。因此，网上交往备受现代大学生的喜爱是必然的。

第八章　快乐人际从身边做起

人际课堂：

人们一般都希望能与他人建立起和睦的人际关系，都希望自己在人际交往中能够具有吸引力，那么，你不妨检验一下自己，看看自己的性格气质中，有哪些是容易产生吸引力的因素？

【人际课堂之一】富有人际吸引力的个性特征

根据社会心理学家的研究，在人际交往中富有吸引力的人，一般具有以下特征。

1. 具有与他人建立和维持和睦关系的良好愿望的人，乐于同别人友好相处，也希望别人同自己友好的人，富有吸引力。
2. 尊重他人，关心他人，乐于帮助他人的人，对人富有同情心，感情动机很强的人，对同事或下级没有亲疏，一视同仁的人，富有吸引力。
3. 热情、开朗、性格外向，喜欢与人交往，积极参加各种社会活动的人，富有吸引力。
4. 持重、耐心、忠厚老实，为人可靠，对人、对集体有强烈责任感的人，富有吸引力。
5. 聪明能干，善于独立思考，在学习或事业上有成绩的人，富有吸引力。
6. 具有自尊心和自爱心，重视自己的独立性和自治性，不过分取悦或依赖于别人，并且有谦逊的品质的人，富有吸引力。
7. 兴趣广泛，有多方面的爱好的人，富有吸引力。
8. 宽容厚道，不苛求他人的人，富有吸引力。
9. 有审美的眼光，幽默但不油滑，不尖酸刻薄的人，富有吸引力。
10. 仪表端庄，服装整洁，举止文雅的人，富有吸引力。

【人际课堂之二】社交场合握手的方式及一般原则

握手是人际交往中双方身体接触的特殊沟通方式。心理学家调查认为，握手是目前世界上使用得最多，适用范围最广的沟通行为之一。

但是，无数事实又表明，事情并不这么简单，有时握手的效果和握手人的初衷并不一致，不同的握手方式可以给被握者完全不同的感受。对方往往可以从几秒钟的握手中，判断你对他的真实态度以及你的整个心态。

海伦·凯勒曾经谈过她与别人握手后的感受：有的人握手可以使你感到拒人千里之外；有的人握手却使你感到温暖；有些人的手像凛冽的寒风，有些人的手充满阳光。在现代社会，握手是习以为常的见面礼，然而，握手的方式却千差万别，社交场合的握手方式主要有以下几种。

1. 支配性与谦恭性握手。握手时手心向下，传递给对方支配性态度。研究证明，地位显赫的人，习惯于这种握手方式；掌心向上与人握手，传递一种顺从性的态度，愿意接受对方支配，谦虚恭敬。若两人都处于支配地位，握手则是一种象征性的竞争，其结果是，双方的手掌都处于垂直状态。研究表明，同事之间、朋友之间、社会地位相等的人之间往往会出现这种形式的握手。

2. 直臂式握手。握手时猛地伸出一条僵硬挺直的胳臂，掌心向下。事实证明，这种形式的握手是最粗鲁、最放肆、最令人讨厌的握手形式之一。

3. "死鱼"式握手。握手时，我们常常接到一只软弱无力的手，对方几乎将他的手掌全部交给你，任你摆握，像一条死鱼。这种握手，使人感到无情无义，受到冷落，结果十分消极，还不如不握。

4. 两手扣手式握手。右手握住对方的右手，再用左手握住对方的手背，双手夹握，西方亦称"政治家的握手"。接受者感到热情真挚，诚实可靠，但初次见面者慎用，以免反效果。

5. 攥指节式握手。用拇指和食指紧紧攥住对方的四指关节处，像老虎钳一样夹住对方的手，不言而喻，这种握手方式必然让人厌恶。

6. 捏指尖式握手。女性常用，不是亲切地握住对方整个手掌，而是轻掠地捏住对方的几个指尖，给人十分冷淡的感觉，其用意大约是要保持与对方距离的间隔。

7. 拽臂式握手。将对方的手拉过来与自己相握，被称之为"拽臂式"握手。胆怯的人多用此式，但同样给人不舒服的感觉。

8. 双握式握手。用双手握手的人是向对方传递真挚友好的情感：右手与对方握手，左手伸出加握对方的腕、肘、上臂、肩等部位。从手腕开始，部位越往上，越显得诚挚友好，肩部最为强烈。

心理学家经过研究，也曾总结出社交场合握手的一般规则，以便使人们能够通过握手，成功地给对方留下良好印象，这些规则主要有以下几方面。

握手者必须从内心真诚接纳别人。

握手应热情有力，避免钓鱼式、死鱼式、抓指尖式握手。

作为主人、上级或女性，应主动伸手与人相握。

不要戴手套与人握手。

男性一般不抢先与女性握手。

握手时保持适当的目光接触。

第三节 影响大学生人际交往的因素

一、影响大学生人际交往的客观因素

(一)家庭因素

在校的大学生们多数都是独生子女,家长对子女的过分关爱甚至是溺爱,容易使子女形成自私、自利、偏激、不合群等不良性格。一些家庭里,父母子女长时期不生活在一起,子女无法体味家庭的温暖、父母的关爱,容易形成自卑、自闭,抑或是过分自尊等消极性格;部分家长对子女的期望值过高,给子女一定的心理压力,一旦期望不能实现,挫败感就会油然而生。另外,家长的知识素养、人生观、价值观,家庭的社会属性、经济状况都是影响子女性格形成的重要因素。家长良好的知识素养、积极向上的人生观会培养子女良好的性格,反之,则会对子女不良性格的形成起示范效应。家长对自身社会属性和经济状况正确理解并对子女正确引导,能培养子女富贵不骄、贫贱不馁的良好性格。

(二)环境因素

进入大学,原来相对稳定、相对熟悉的环境发生了较大变化,大学里相对宽松的学习和管理氛围对他们的自我约束能力是一种考验,大学里来自五湖四海有着不同语言、生活方式、风俗习惯的人际环境对他们的适应能力是一种考验,大学里各种各样的社团、丰富多彩的活动对他们的参与能力是一种考验。大学,实际上是一个融入社会的准备期。这就要求大学生必须具备一定的人际交往能力去应对全新的环境,然而,正是这种"全新",有时会令他们不知所措,从而导致人际交往的失败,而这种失败又会使得一些同学把交往视为负担,视为畏途,心理障碍由此产生。

二、影响大学生人际交往的主观因素

(一)交往理念缺失

在较长时期的应试教育的氛围里,大学之前的求学阶段无论是家庭、学校还是学子们自身都难以对人际交往的理念给以系统关注,进入大学,专业的不同也使得大部分同学接触到的人际交往的理论知识少之又少,以至于较难了解、把握人们在交往中心理变化的原因、形式及过程,进而难以在交往中形成有效互动。当交往过程出现滞涩、卡壳等问题时,不是首先从自身找原因,而是责难对方,甚而是逃避交往,使人际关系难以维系。久之则

高校学生心理健康教育与指导

易视交往为畏途，形成人际交往的心理障碍。

(二)交往认知有误

大学时期是一个生理、心理、思维等各方面由成长到成熟的时期。这一时期，大学生们对自己和周围的一切还难以作出全面、中肯的评价，也难以对人和人之间的关系作正确的理解，于是就会产生认识上的偏差。比如，过高或过低地估计自己，过高或过低地估计他人，把自己和他人作不切实际的比较等。在这个过程中，难免会出现自傲或自卑、成功或挫败、驾驭或屈从、乃至气馁、嫉恨、冲动、暴怒等心理感受，从而形成人际交往的心理障碍。

(三)交往技巧欠缺

无论是小学、中学还是大学，学生们的生活空间相对有限，交往范围相对狭窄，交往理念相对贫乏，交往实践相对不足，这就决定了他们交往技巧的欠缺。

三、网络对大学生人际交往的影响

网络是一柄双刃剑。作为技术的产物，它在给人们以正面影响的同时，负面作用也不容忽视。网络对大学生人际交往的负面影响主要有：

(一)网络交往弱化了大学生的人际沟通能力

网络交往的自由随意性契合大学生的心理特点，使大学生对网络交往青睐有加，但过频的网络交往容易使大学生漠视、疏远现实生活中融洽的人际交往，引发心理孤独与压抑，有的会表现为情绪低落、兴趣丧失、精力不足、思维迟缓、自我评价能力降低，有的甚至在心理上出现焦虑、强迫、忧郁、依赖、逃避等特征，从而弱化人际沟通能力。美国斯坦福大学学者诺曼尼就曾经指出：国际互联网会制造一个充满孤单者的世界。网络交往的自由随意性也可弱化大学生在有着层级结构的垂直社会的人际交际沟通能力。现实社会对人们之间的交往有一系列礼仪要求，但当网上交往的自由随意成为习惯后，网下的交往也会不可避免地打上自由随意的烙印，会产生一系列的不符合礼仪要求的交往行为，导致交往的失范与失败。而且网上结交的虚拟朋友一旦进入现实，其人际关系相当脆弱，所谓网友"见光死"就是这一道理。同时，自由随意的网络交往容易导致人际信任危机。因为网络交往具有虚拟性，人们无法判断交往对象信息的真实性，这使人们以怀疑心态看待网络中

第八章　快乐人际从身边做起

的事物，并进而影响到现实的人际交往态度，对现实中的人际交往对象的真诚性产生怀疑，从而导致信任危机，影响良好人际关系的建立，最终降低大学生的现实人际沟通能力。

(二)网络交往导致了大学生人际交往的失范

网络自身的特点和技术方面的原因使网络具有弱监控性。特别是网络信息传播的超地域性特点使全球各种不同的文化形态、思想观念在网上汇聚交织，鱼龙混杂，容易导致大学生人生观、价值观的冲突与迷失。另外，网络交往是直面内心的精神交往，在网络中人们更为率真，而在现实交往中人们必须使用"面具"伪装，网上网下判若两人，若网上网下人格特征转换过频，则易出现心理危机，导致双重或多重人格的出现。这些容易引发大学生不健康心理的形成，最终将导致其正常人际交往的失范与失败。

心理加油站：人际交往的底线

本杰明·富兰克林深受世人的敬仰，不仅因为他是美国的开国元勋和杰出的科学家、政治家，更因为他一直被后人推崇为人类精神最完美的典范。

一天，富兰克林和年轻的助手一道外出办事，来到办公楼的出口处时，看见前面不远处正走着一位妙龄女郎。也许是她步履太匆忙，突然脚下一个趔趄，身体失去平衡，一下子就跌坐在地上。富兰克林一眼就认出了她，她是一位平时很注重自己外在形象的职员，总是修饰得大方得体、光彩照人。助手见状，刚要迈开大步，上前去扶她，却被富兰克林一把拉住，并示意他暂时回避。于是，两人很快折回到走廊的拐角处，悄悄地关注着那位女职员的动静。面对助手满脸困惑的神情，富兰克林只轻轻地告诉他：不是不要帮她，但现在还不是时候，再等等看吧。一会儿，那位女职员就站起来，她环顾四周，掸去身上的尘土，很快恢复了常态，若无其事地继续前行。等那位女职员渐行渐远，助手仍有些不解。富兰克林淡淡一笑，反问道：年轻人，你难道就愿意让人看到自己摔跤时那副倒霉的样子吗？助手听后，顿时恍然大悟。

行走在人生的旅途上，谁都会有"摔跤"的时候，当初的尴尬、狼狈，暂时的脆弱、痛楚也在所难免。这个时候，一个人最需要的是有一个独自抚平创伤、恢复自尊的时间和空间。诚然，这世界需要爱，并因为爱而充满希望。但当你向对方表达善意、施与关爱的同时，千万别误伤了对方的自尊，哪怕他是你最亲近的人。富兰克林说："彼此的自尊，是人际交往的底线。"

第四节 大学生人际交往常见的问题与调适

一、大学生人际交往中常见心理障碍

(一)认知障碍

认知是人基于客观环境对自身及周围人或物的一种主观感受与评价,对自我、他人和人际交往过程等的错误认知,成为影响大学生人际交往,造成交往障碍的关键原因。

(1) 由于自我意识尚未成熟与完善而产生的认知障碍。进入大学,大学生自我意识迅速增强,他们开始了主动、交往,但受社会阅历及客观环境的限制,他们尚未能全面接触社会、了解他人的整体面貌,加上心理不成熟,在人际交往中习惯用自己的一套交往模式,交往标准去衡量外界、衡量他人,带有理想化的色彩,在人际交往上容易产生偏见,主观臆断,或以偏离现实的标准来评价人际关系,造成对现实人际关系状况的不满,这种不满反过来又对其人际交往带来消极影响,产生人际交往障碍。

(2) 由于认知结构不成熟而产生的认知障碍。大学生自我意识能力迅速增强,自我分析、自我评价、自我监督的能力有了较大提高,他们深切关心自我的发展,独立感、自尊心、自信心十分强烈,因此,他们强烈地关注自我,在交往中容易以自我为中心,过多地注重自己的需求、自我形象以及行为表现,此外,他们不轻易改变自己的态度,坚持自己的观点,然而,这种强烈的自尊与自我中心意识的认知结构,往往会把他束缚在狭窄的自我圈子里,封闭交往,造成人际交往障碍。

(二)情感障碍

情感是人们对客观事物的态度体验,是一种好恶倾向,交往过程中的情绪因素包括对交往的情绪反应、人与人之间的情感关系及心理距离的远近。大学生感情丰富但不成熟,心境易变,对人对事有时过于敏感,容易凭一时的好恶改变对一个人的看法,使得人际交往缺乏稳定性和理智性,产生各种障碍。大学生人际交往中的情感障碍集中表现在以下几个方面。

(1) 自卑与孤傲心理。在人际交往中,有的大学生对自己不能做出客观公正的评价,容易产生自卑心理。自卑的浅层感受是别人瞧不起自己,而深层体验是自己看不起自己。自卑的一个突出特点就是具有弥散性,这种心理常常使人感到处处不如人,因而,在交往时,过于拘谨,缺乏自信;在社交场合,不敢抛头露面,担心当众出丑,如果受到耻笑和侮辱,通常采取消极回避方式。也有的大学生自视甚高,认为自己与众不同、高人一等,

第八章　快乐人际从身边做起

这种孤傲的心理使他们在交往中容易摆出目中无人的态势，或对别人吹毛求疵，这难免引起对方的厌倦或反感。

(2) 嫉妒与报复心理。嫉妒表现为对他人的优点成绩心怀不满，进而嫉恨，乃至行为上的冷嘲热讽，甚至采取不道德的行为。有的大学生在人际交际中对别人的长处或成绩不平衡，讽刺挖苦诋毁甚至攻击，或者在别人遭遇挫折和不幸时幸灾乐祸。无疑，嫉妒易导致人际冲突和交往障碍，另外，与嫉妒心理常相伴而生的还有报复心理，即在交往中，自认为受了委屈或者情感、人格被伤害时所产生的伺机反击的心理。有的大学生对别人在不经意间伤及自己的言行久久不能释怀，甚至伺机报复，双方本来可以化解的矛盾加剧，造成人际关系的恶化。

(3) 羞怯与闭锁心理。羞怯与闭锁是人际关系中重要的心理障碍。大学生渴求交往，渴望友谊，但部分大学生缺乏交往的勇气和行动：一是自卑性羞怯，对自己的现状悲观失望，担心被人看不起，总觉得自己无能或不得志而怕与人交往；二是敏感性羞怯，走进人群中就觉得不自在紧张，总感到别人在注意挑剔轻视或敌视自己，担心被别人否定而放心不下；三是挫折性羞怯，曾在主动交往中被人冷遇，担心会有类似的情况发生；四是习惯性羞怯，因从小养成了羞怯习惯，怕与人交往。

二、大学生人际交往能力的培养途径

大学生如何学会交往，赢得朋友，可以从这些方面努力。

(1) 肯定他人，真诚地关心他人。人类行为有个极重要的法则——时时让别人感到重要！詹姆士曾经说过："人类本质中最殷切的需求是渴望被肯定。"在人际交往中，要想得到朋友真诚的肯定和帮助，就要学会真诚地肯定朋友、关心朋友。在人际交往中有一条黄金原则，那就是永远要像希望别人如何对待你那样去对待别人。

纽约电话公司曾采用电话通话做过一项调查，看哪一个字是人们最常用的。相信你已经猜到了，正是"我"这一字眼。500个通话中，这个字约用了3900次。

每个人首先关注的始终是"我"，而不是其他任何人，所以，如果要别人真诚地帮助你，自己就要先真诚地肯定他人、关心他人、帮助他人。

(2) 学会"听话"。要与他人处好关系，耐心地倾听他人的讲话十分必要。一个13岁的荷兰移民小男孩成了世界"第一名人访问者"，原来他买了一套"美国名人传说大全"，他给这些名人写信，请他们讲成为名人有趣的事情，于是他收到了许多名人的信。他深深懂得"一些大人物喜欢善听者胜于善谈者"。

(3) 学会说话。要善于表达自己的情感与想法；注意在不同场合讲话的分寸；不讲不该说的话;在讲话中注意幽默感则能增加人际吸引力,克服尴尬场面;在谈话中,注意谈起对方感兴趣的事情和最为珍视的东西,使之高兴,你就不难与之接近了。

(4) 掌握主动权。在大学里不要把自己封闭起来,总期望别人主动找你沟通、交流思想,这是不现实的。在人际交往中与其被动等待,不如主动出击。爱生爱,恨生恨,用主动的善意换取友谊。在平时的生活中,做到主动与同学打招呼,主动和同学讲话,主动帮助别人,这点我们要学习日本人,他们有个习惯,来到新环境,第一件事就是向周围的人做自我介绍,请大家关照,希望得到大家的信任和帮助。

(5) 塑造自身健康人格。一个人是否能拥有好人缘,还取决于他是否具有吸引朋友的可爱品质,如宽容、真诚、谦逊等。因此,要想提升自己的人际交往能力大学生应该努力塑造自身的健康人格。

(6) 学会把自己看低一点。我们在为人处世时要学会把自己看低一点。把自己看低一点,就容易与人平等相处,更容易听取别人的意见,就能闻过则喜,闻过则改。当你遇到困难时,就会有人主动帮你想办法;当你有不足时,也会有人敞开胸怀给你指正,从而,让你走得更远,走得更稳。倘若夜郎自大,时时处处都认为自己高人一等,看不起周围的人,听不进不同的意见,最终只能自己高唱"独角戏",成为孤家寡人。

有一个年轻人,以优异的成绩考上了大学。他在学校学习的每个阶段,都是深受学生拥戴的学生领袖。但在他身上,丝毫不见一些佼佼者身上常见的清高孤傲和盛气凌人,相反,他为人谦和,从内心深处尊重欣赏他身边的每一个人。因此,老师和同学都非常喜欢他。一天晚上,他邀请几个朋友到他的房间吃晚餐。在吃饭过程中,一个朋友发现了他的座右铭,座右铭只有三个字:我第三。朋友不理解,他解释道,临上大学时,他的妈妈对他说:"孩子,什么时候都不要忘记,上帝第一,别人第二,你永远第三。"其实,把自己看低一点,自己不一定就低了,把自己看低一点,虚怀若谷,更利于自己的人际交往。

富兰克林在参加某次议会活动时,有位议员对他大肆攻击。富兰克林并不反驳。他知道这位议员非常博学,又听说他珍藏了几部非常珍贵的书,于是修书一封,希望借书一阅。议员立即把书送来。一星期后,富兰克林将书送还,并附了一封热情洋溢的信。那位议员本来不和富兰克林说话,但自从"借书事件"之后,遇到富兰克林,竟然主动上来打招呼,并表示愿意帮他任何忙。

按照一般做法,要和一个人搞好关系,最好是去帮别人。富兰克林却是相反,要求攻击自己的人帮助自己。为什么这种一反常态的做法竟然取得这么好的效果呢?关键的一点,是人有多重需求。他既有得到帮助的需求,也有被尊重的需求。对某些能力较弱的人来说,需要帮助的要求更大一些;对某些能力较强、自我感觉又好的人来说,自己被尊重的愿望更强一些。像富兰克林的做法,反倒使人觉得亲近,让对方更有成就感,因此,更好地取

第八章 快乐人际从身边做起

得别人的肯定。

这一故事其实也说明了一个人际关系的辩证法：有时受(接受)比授(给予)，更能给人以快乐，并让人有更大成就感。

人际交往是一门学问，也是一种艺术。它要讲原则，也要讲究技巧。原则与技巧的关系，就是内容和形式、体和用的关系。"工欲善其事，必先利其器"。人际交往技巧形形色色，多种多样，无论在理论上还是在实践上，人们都取得了丰硕的成果，几乎人人都有自己的切身体验，人人都可成为专家。但是，人际交往的大原则固然重要，小细节也不可忽视。细节问题在心头堆积多了，总有一天要像火山一样猝然爆发，终至不可收拾。"千里长堤，溃于蚁穴"，这是个千年古训。也许有人会认为，这样的人际交往是否太累了？有一点累是肯定的，因此，必须得有点耐性，要知道优雅的背后就是忍耐。一旦优雅成了习惯，也就不觉得累了，它成了一个人的高贵品质的自然组成部分，成了一种美的境界。

心理测验：测验你的人际关系如何？

你周围的人愿意接近你还是疏远你，也许你还没意识到这个问题。那么，请你回答下列问题，可以帮你了解它。

1. 如果有人邀请你，这次邀请对你来说又很重要，你去时(　　)。
   A. 穿着舒适、随便
   B. 穿适合这种场合的衣服
2. 你并不赞成你朋友新的爱好，如果他征求你的意见时(　　)。
   A. 直截了当地表示反对
   B. 试图找出一个得体的说法
3. 你由于疏忽，同一天安排了两个约会，那么你将赴哪个呢？(　　)。
   A. 赴先定的那个约会
   B. 赴更重要的约会
4. 你的朋友因家庭纠纷找你，希望能听一听你的意见，你怎么办呢？(　　)。
   A. 不表示自己的态度
   B. 按你的看法评价谁是谁非
5. 有一个朋友滔滔不绝地讲述一个电视节目，而你认为这个节目没有意思，于是你说：
   A. 这个节目我没有看过，但我想看看
   B. 我看过，但不喜欢
6. 你朋友怀疑他自己买的新车太贵了，而你认为确实买贵时(　　)。
   A. 你直接说出你的看法

B. 向他表示祝贺

7. 作客时，有人讲个趣闻，但记不清如何结尾了，而你知道结尾时(　　)。

A. 你将结尾讲出来

B. 你保持沉默

8. 如果你遇见一个人，但想不起他的名字时，你怎么办呢？(　　)。

A. 难为情地急于走开

B. 坦率地承认你记不起他的名字了

9. 如果有件小事(如头痛或家务事)使你烦恼时(　　)。

A. 你闷在心里

B. 随便告诉熟人

评分办法：

你对每个问题看过之后，在两个答案中选出1个。如果你的答案与下列答案相符，得1分；反之不得分。

正确答案：

1. A；2. B；3. A；4. A；5. A；6. A；7. B；8. B；9. B。

【判断】

得0~3分，你很诚实、坦率，但常常使周围的人误会你。你应尽量避免说出自己所有的想法，只有这样，才能减少交往中的麻烦。

得4~6分，你的人缘不错，但有时你会感到很难做个诚实人。你要克服爱批评别人的毛病。

得7~9分，你很善于观察周围人，很少疏远别人，你的人际关系很好，有不少真心朋友。

第九章　网络是我们的助手

　　网络是我们的助手，网络的普及对大学生的积极影响不言而喻，其开放性、平等性和互动性为大学生开创了一个全新的网络环境，提供了一个便利的交流平台。在这个虚拟的网络里，大学生可以尽情地展示自我个性，发挥自我想象，追求自我超越，体验自我成功。但同时，网络的虚拟性、隐蔽性和无约束性之特征又极大地助长了学生的侥幸与放纵心理。很容易诱发网络犯罪，影响了大学生的社会责任意识、创造力和价值观。

第一节　网络对大学生的影响

　　目前，全球约有1亿多互联网用户，而且以每6个月翻一番的速度增长。到2011将有3亿人在互联网上遨游，更有人大胆预言，5年后将有10亿人参加这一网上世界。我国互联网的发展同样异常迅猛。1998年12月31日，我国共有互联网用户210万，而到了1999年6月底，用户数已达400万，基本和世界发展速度同步。据调查统计，我国经常上网的多数为年轻人，21~35岁的比例高达78.5%，而这些人主要集中在高校和企业。

　　网络与传统媒介相比，具有实时性、跨地域性、个性化、交互性等特点，这是崇尚知识、个性鲜明、追求时尚、反叛传统的大学生们理想的"空间"。同时，大学生在网络的世界中又具有得天独厚的优势：学校提供的便利条件(现在多数高校或将网络接通宿舍，或设立网络室)、良好知识结构和外语基础，这一切都使得大学生与网络的不解之缘会更长久、更牢固。

　　网络本身是个中性的东西，由于它在大学生学习生活中的空间越来越大，对他们的成长环境、思维方式、行为方式的影响也越来越大。

一、网络对大学生成长的正面影响

(一)网络带来了教育方式的改变

　　大学是传授知识的殿堂，从广义来说，学习也就是知识的传播、信息的传递。求新、求快、求奇的大学生追求知识的特点，网络本身的特性可以极大地满足大学生的需求。互联网的发展极大地加快了文化传播的速度，信息的实效性进一步突出，知识更新的周期大大缩短，传播的时空限制已基本消失，信息交流意义上的"地球村"正在形成，网络正成为大学生获取知识和信息的主要方式。

随着电脑普及程度的提高和互联网技术的拓展,新的教育方式也正在逐步形成,传统的课堂教学、家庭教育因为具有强制性和局限性,使学生获取知识的主动性大打折扣,还容易产生逆反心理,而网络教育因具有高度的开放性和平等性,会使更多的学生愿意通过网络来接受知识和观念。现在,以远程教育网络为依托的开放教育系统正在形成之中,作为制度性教育的重要渠道,高校的部分社会职能会由网络来承担,目前,网络学院的学生已经在多所大学开始学习。可以预见,将来通过网络完成学业、掌握生活技能的会大有人在。

(二)网络带来了交往方式的改变

网络最突出的特点是它的交互性,它不仅是一个信息的载体,作为媒体,它实现了人与人之间的交流。各种各样的读者论坛、聊天室,"虚拟社区"使读者间可以直接交流思想,发表自己的意见和见解,使个人有了更多的机会表达自己的观点和看法,"结交"各式各样的朋友。

目前在校的大学生绝大多数是独生子女,他们渴望与人交流,有自己的交友空间,但由于他们在家庭中处于中心位置,走出家门在交友中常常会遇到许多苦恼。在大学生心理障碍中,人际交往的恐惧和烦恼几乎超过学习方面。再者,现代校园生活丰富多彩,学生爱好各异,加之学分制的实行,传统的班组概念越来越弱,每个人都具有相对独立的生活和空间,对待朋友既希望他能招之即来,同时有时也需要挥之即去,"君子之交淡如水"已是越来越多大学生追求的境界。网络上的隐蔽性、不担负责任正可以满足大学生的交友需求。用一个代号,一个化名,可以在网上广交朋友,与朋友交谈既可以推心置腹,又可以恣意调侃,抒发情感,交流思想,排遣空落。

(三)网络带来了生活方式的改变

近年来,国内多项调查显示,获取信息、聊天、下载软件、玩游戏和购物是上网的五大主要内容。网络交友、网络文学、网络旅游、电子商务等概念层出不穷,以共同的网络倾向为基础的网上俱乐部、网友联谊会、网上社区孕育而生。在将来,网络将成为生活的必需,大学生无疑会成为网络中最自由的畅游者。

(四)网络带来了成才方式的改变

随着信息技术和网络经济的发展,网络将为大学生的创业和成才提供更多的机遇。迄今为止,还没有哪一个产业像计算机网络这样激发起年轻人极大的创业热情。近几年,网络的发展推动了一大批在校大学生的自主创业行动,他们掌握先进的信息技术和网络发展规律，首次创业的年龄普遍在 20 岁左右，甚至更低。更重要的是，创业的成功和经历，使他们改变了对成长的传统看法和判断依据，注重的不仅是文凭和学历，更重要的是头脑和技术。

二、网络对大学生成长的负面影响

网络像一匹黑马，闯入了大学生的生活，并将伴随他们一路前行。就像任何事物都有两面性一样，网络也是如此，它带来无限信息和便利的同时，也给大学生带来不可避免的负面影响。

(一)西方思想渗透和文化侵蚀

网络是一个没有国界和地域的全新媒体，具有全球性和开放性特点，但是，网络语言环境、信息流量和价值判断等方面，对大学生的影响是不可低估的。根据有关统计，互联网在语言使用上，英语的内容约占 90%，法语的内容占 5%，其他国家的内容占 5%；在信息的流量上，美国等西方发达国家占 95%以上，我国则不足 1%。此外，在信息技术和软件投资上，美国等西方发达国家平均每年投入高达 6000 亿美元。这就意味着西方发达国家基本垄断了互联网上的大多数信息资源，继而形成了以少数发达国家的语言、思想和文化为核心的全球传播体系。这一体系所提供的信息也主要服务于少数发达国家的政治、经济利益，这势必对我国的思想文化阵地和意识形态领域形成新的冲击，不利于大学生接受和树立优秀的传统文化观念、正确的民族意识和爱国主义思想。

(二)违法和不道德行为

由于网络具有的隐蔽性和虚拟性，网民以"隐性人"的身份在网上自由操纵，他们摆脱了现实社会诸多人伦、道德等约束，极易放纵自己的行为，忘却社会责任，丧失道德观。目前，青少年网上犯罪呈上升趋势。据统计，目前计算机犯罪大约只有 1%被发现，侵犯知识产权、恶意制造计算机病毒、黑客入侵和网络诈骗等案件逐年上升，而偷看他人私人邮件、查阅黄色图片和文字、发布不健康信息等不道德行为也成为网络公害。

(三)色情信息

《中国教育报》记者以暗访的形式对一些城市的商业网吧进行明察暗访。在报道中，记者写道：在一些聊天网站室里，中学生是绝对的"主力军"，其中，高中生占大多数。登录聊天室的中学生们主要内容就是和网上"恋人"谈情说爱，他们大多有一个浪漫时髦颇诱惑力的名字，如"我是美女"、"恋恋风尘"、"红颜知己"、"孤枕难眠"等。中

高校学生心理健康教育与指导

学生是大学生的后备军，可以想象他们走进大学，有着更加便利、自由的空间和条件，这些"网上恋情"将会继续进行的。在大学生中，沉溺于网上情海的人也是为数不少。在互联网上，要得到含有色情内容的图片、数字影像、文字是一件轻而易举的事情。由于在某些国家，这些含有色情的信息对年满18岁的成人是合法的，所以提供色情服务的网站在网络上相当普遍。人们可以便利地在网站上下载色情图片、影像等。根据网络最著名的搜索引擎雅虎(Yahoo)统计，人们上网搜索最常用的是"sex"——性。大学生正处于青春期，在情感上还不能完全控制自己，容易沉溺其中不能自拔。

网络形成的虚拟社会也会造成大学生逃避现实，人际交往的机会大大减少。上网的大学生网民中出现了程度不同的心理问题，"网络迷恋症"、"网络孤独症"等现象在每一所大学几乎都存在，沉溺其中不能自拔，为此而荒废学业的大有人在。网络的虚拟环境不仅如此，还可能扭曲大学生的人格，导致个人主义的倾向。

面对网络社会这个人类自己开辟的新的生存空间，面对它给大学生带来的一系列震撼和影响，只有积极应付，才能趋利避害。

第二节 大学生网络成瘾的表现及原因

网络成瘾，又称网络成瘾综合征，临床上是指由于患者对互联网络过度依赖而导致的一种心理异常症状以及伴随的一种生理性不适。

一、大学生网络成瘾的表现

(一)重度网络成瘾

重度网络成瘾这类大学生的表现主要在于以下几个方面。

(1) 网络孤独症。网络孤独症是指过分迷恋上网络上建立的友谊、爱情，并用这些关系取代现实生活中的人际关系的心理问题。这类大学生，由于长时间地沉迷网络上虚幻的交往，忽略了外面丰富多彩的现实生活，导致了他们的合作能力和交往能力下降，回到了现实生活中就会感到无所适从，出现人际关系冷漠、人际情感萎缩、人际距离疏远，从而，常常感受到强烈的孤独感，出现了网络孤独症。患有网络孤独症的大学生一般表现为独来独往，缺少团队协作精神、情感过度个人化、社会适应能力下降、神情恍惚，倚赖网络来宣泄情绪和表达情感。

(2) 网络强迫症。网络强迫症是指过度沉湎于网络聊天、网络游戏，迷恋于网上赌博、网上拍卖等信息，表现为强迫性的网络行为。患有网络强迫症的大学生对网络的迷恋是一种精神依赖的表现，上网时就会精神亢奋，离开网络就会出现无聊、烦躁、失落、心慌等负面情绪。他们靠上网来取得心理满足感，所以他们常常荒废了学业，对待友情亲情都十分淡漠。

(3) 网络色情痴迷。网络色情痴迷是指沉迷于网上的色情内容，热衷于在网络是寻求刺激、获得满足的心理问题。患者每日热衷于在网上搜寻色情报道，浏览黄色网站，及色情电影，热衷于网恋等。

(4) 网络人格障碍，网络人格障碍是以人格结构失衡为特征的网络心理问题。网络的匿名性使谎言防不胜防。大学生也在其中学会了欺骗的行为，长此以往，会导致大学生的人格出现变化，他们往往言行不一致，口是心非。此外，上网者如果常常不注意调节时间，就会破坏生物钟，很多大学生由于过度上网，或者是时间不合理，会造成紧张和疲劳等身体上的症状，进而发展为心理上的缄默、孤僻、冷漠，甚至是暴力和缺乏责任感。

(5) 网络犯罪倾向。网络的隐蔽性，给人们的犯罪行为也提供了安全的屏障，从而使少数自我约束力比较差的大学生容易产生犯罪冲动，养成倾向犯罪的心理。

(二)一般网络成瘾

一般网络成瘾这类大学生相对于重度网络成瘾来说，数量较多。

一般网络成瘾者所表现出来的症状相对于重度网络成瘾来说比较轻。具体来说，表现为：上网次数和时间比自己预计的要多；因上网使得自己在学习、工作和社交等方面，受到了或多或少的影响；曾经有过戒网的经历，但是常常以失败告终；虽然意识到了上网给自己带来的问题，但是常常克制不住。很多大学生曾在有一段时间的网络成瘾的经历，或者是成瘾的程度不深，但是，也同样影响到了正常的学习和生活。比如说，在人际交往上面，常常采取回避的态度来面对现实中交往困难，而愿意去接受虚拟的网络世界中的人际交往；有些大学生在学习和工作上面受到挫折后，自信心受到了打击，于是，就在网络游戏中寻求精神寄托，出现了短期的网游迷恋现象；还有一些大学生的兴趣爱好单一，在生活中寻求不到乐趣，于是，迷恋于网络上的娱乐和休闲，比如看电影、娱乐性网站等。这类网络成瘾者在大学生中比较普遍，因此，我们在重视重度网络成瘾者的心理治疗的同时，更应该多加关注一般网络成瘾者，避免其发展成为重度网络成瘾者。

二、大学生网络成瘾的原因

(一)外部原因

首先，信息时代的迅猛发展，计算机网络的普及，都为大学生接触并熟识网络提供了条件。网络的表现形式丰富多样,而且信息容量大、覆盖范围广、传播迅速快,娱乐性的网站、腾讯QQ、博客、MSN、BBS,以及当下较流行的大学生互动空间(校内网)等,都为大学生广泛获取信息和交流提供了重要的渠道。

其次,大学生在空间和时间上具有独特的条件。大学生其自身独特的生活学习结构,既没有中学生繁重的课业压力,也没有成年人琐碎的家庭和工作的压力,这为其提供了充足的空闲时间;大学生所处的独特的生活环境,大学校园有丰富的网络资源,如各个大学的寝室都装有网络端口,设有多处计算机房,以及大学校园周边大量网吧的存在,也为其提供了良好便捷的上网环境。

最后,网络自身所具有的特点。网络具有开放性、虚拟性、隐匿性和便捷性的特点。这些特点就会吸引大学生接触网络,并在其中获得平等感和自由感,满足其在现实生活中所无法获得的满足。

(二)内部原因

首先,大学生正处于青年时期,有着天然的、自发的积极探索外部世界的心理倾向。大学生在网络中可以获得超越生活的独特感受,满足他们在日常的生活中难以满足的某些精神需求。如,网络游戏给人带来强烈的感官刺激的同时,还可以弥补大学生在现实生活中的挫败感,发泄情绪;网上聊天可以没有现实生活中面对面交谈的压抑和戒备;在论坛上发帖、在博客上写文章,可以无所顾忌地发泄对现实社会的种种不满,而不必担心受到惩罚。

其次,有些大学生生活空虚,缺乏人生的目标和人生的信仰,失去了进取求学的动力,兴趣爱好很少,对社团和班级的活动不感兴趣,甚至有抵触的情绪,他们常常觉得生活空虚无聊,只有靠上网来打发时光。久而久之,丧失生活的激情,沉溺于网络之中,无法自拔。

最后,网络成瘾的大学生往往具有某些特殊的人格倾向,具有一些与抑郁相关的人格特征。如有明显的多疑、喜欢独处和不合群,并且倾向于情绪不稳定、易烦恼、抑郁、缺乏自信等。他们往往在现实生活中受到了小小的挫折后,就很容易走向虚幻的网络世界,以逃避现实,为暂时减轻困扰,寻求精神寄托和心理安慰,但是,这种错误的解脱烦恼的方法只不过是饮鸩止渴罢了。

第三节 网络心理问题的调适方法

面对新时期日益严重的大学生网络心理问题,高校德育工作任重道远。高校只有进一步解放思想、与时俱进、调整思路、拓宽视野,才能提高工作的针对性和有效性,胸有成竹地迎接挑战。因而,我们必须强化创新意识,开拓新思路,探索新方法,转变新观念,

第九章　网络是我们的助手

大力加强和改进德育工作。一方面，既要注重大学生的网络心理教育及其素质培养，着力提高他们的网络道德素质和选择网络信息的能力，引导他们正确看待互联网的积极影响和负面效应，树立正确的网络观；另一方面，又要加强领导，保持网络优势，大力开发德育信息资源，实现思想政治工作与网络技术的结合，积极推进思想政治工作进网络的工作，大力加强校园网络的规范化和法制化建设，建设一支高素质的工作队伍，努力实现思想政治工作在网络条件下的全面创新。

一、教育和引导大学生树立正确的网络道德观

大学生对网络的认识，普遍偏重于技术的掌握和运用，他们被网上丰富多彩的信息和自由交往的形式所吸引，但对网络的本质究竟是什么，网络给人类社会究竟带来什么，如何正确利用网络，看待网络发展过程中出现的种种弊端，以及网络对自身素质发展的影响、网络道德规范的真空、网络对人类生活的影响等网络道德范畴的深层问题缺乏思考，这就要求高校德育工作者要教育引导大学生树立正确的网络道德观。

(一)大力加强学生的网络道德教育

网络已逐渐渗透到大学生学习生活的方方面面，我们必须通过各种有效载体和丰富多彩的形式，大力加强学生的道德教育，注重培养他们的文明修养和良好的思维方式，倡导道德自律和自制能力，帮助他们增强网络文明意识和抗干扰能力，加强个性锻炼、完善人格修养，宣传网德，使大学生正确使用网络，自觉地将社会的道德规范和网络道德内化为自身的行为准则，以加强网上文明建设。

(二)主动占领网络新阵地，因势利导

加强大学生的上网教育和引导面对大学生日益严重的网络心理问题，我们不能仅仅埋怨，必须主动出击，占领网络新阵地，唱响网上主旋律。《中共中央关于加强和改进思想政治工作的若干意见》明确指出："思想领域的阵地，马克思主义不去占领，非马克思主义甚或反马克思主义的东西必然会去占领。"而网络具有较强的隐蔽性，学生在网上阅读什么、受到了哪些方面内容的影响，我们往往很难知道，这无疑会使思想政治教育无的放矢。因此，我们要积极开发和占领网络这块阵地，拓展德育空间。一方面，要创建德育主流网站和网页，吸引学生来访问，随时在网上获取丰富的思想教育资源，接受生动形象的马克思主义、毛泽东思想、邓小平理论和"三个代表"重要思想的教育；另一方面，积极开发思想政治教育软件，实现德育与网络技术的密切结合，同时，应开辟供学生聊天和发表意见的场所，给学生提供交流和交流感想的空间，如"聊天室"、"BBS"、"学术空间"

等。网上交流空间是我们了解学生思想动态的"晴雨表",也是网络时代德育的"主战场"之一。在这里,我们不仅可以知道学生的兴趣和关注点,也可知道他们对这些问题及社会热点问题的看法,从中了解学生的思想动态。同时,网上思想政治工作队伍也可进入"聊天室"、"BBS",参与学生的聊天,参与学生所关心的热点和焦点问题的讨论,在聊天与交流中针对网络中出现的带倾向性问题有的放矢,加以合理地教育和引导。

(三)开展网络伦理道德教育,培养大学生的自律意识

著名未来学家尼葛洛庞帝在《数字化生存》一书中指出:"在网络上,每个人都可以是一个没有执照的电视台。"高校必须大力开展大学生网络道德教育,借助于道德的力量,依靠高度的自觉性和自律性,培养学生的网络伦理素养,防止网络越轨的发生,抵制有害信息的侵蚀,倡导文明的网络行为,使学生上网时能够进行比较好的自我管理。网络生活作为社会生活的一部分,其道德规范源于现实社会道德规范,因此,要规范网络道德,就必须加强社会主义道德建设,真正确立符合社会主义市场经济和现代化建设事业发展要求的、全国人民普遍认同和自觉遵守的行为规范,从主观上净化学生在网络社会中的行为,提高他们对假、丑、恶的分辨能力和政治觉悟,树立是非观,增强他们在网络社会中的责任感。

(四)合理利用技术手段,引导学生登录主流网站和网页

理论和现实的统一不会自动生成,需要我们发挥自身的主体性,面对网络的优势,就需要我们合理利用技术,引导学生登录主流网站和网页。例如,我们需要及时了解学生在某方面的想法或状况,传统的做法往往是发问卷,而现在我们无需直接面对学生收发问卷,可以通过对现有的、学生乐于登录的网站网页进行一定的技术处理,让学生在网上答卷。所谓技术处理,就是指通过一定的程序设置,当学生需要了解某方面信息时,需先回答问卷,并提交问卷,方可登录。例如,学生非常关注用人单位信息和本专业同学的分配去向,而学校又急需掌握学生在就业方面的思想动态,于是,学生处就业网页可设计如下登录程序:输入学号、姓名-弹出问卷-提交问卷-弹出账号窗口和密码窗口-提交账号和密码、弹出用人单位信息。当然,需要强调的是,技术处理必须合情合理合法,必须坚持不损害学生利益的同时,又有利于工作的原则。

二、重视大学生网络心理素质的教育和培养

网络心理教育是信息网络社会发展的需要和必然。网络社会是由人主宰的社会,这就

第九章 网络是我们的助手

决定了它既具有个性,又具有社会性;不仅充满了人性,而且也滋长了人性中的劣根性;既是一个有序的社会,也是一个无序的社会。既然网络社会不是人的真空地带,不是人的心理的真空地带,因而,也就不可能是心理教育的真空地带。何况网络社会也是一个问题较多的"真实"社会,现存的诸多网络心理问题需要心理教育来解决,这就迫切需要现代心理教育的直接介入。

(一)注重对大学生进行网络心理教育

大学生正处于心理走向成熟而尚未成熟的时期,易受丰富多彩的网络信息的困扰和影响而引发心理变异。因此,高校要积极应对互联网带来的心理问题,注重对大学生进行网络心理教育。网络心理教育是指利用网络对大学生进行心理素质培养、解决心理问题,提高其心理健康水平的专业性教育手段和措施,包括网上心理的咨询、训练、辅导、测验、诊断、治疗等。

(1) 培养网络心理教育的主体。网络心理教育主体包括网络心理教育工作者和大学生两个方面。一方面,思想政治教育工作者要做好当代大学生网络心理的教育、转化和引导工作,只有努力学习网络知识,熟练掌握网络技术,才能走进他们的心理世界,才能发现并帮助其解决存在的心理问题;另一方面,我们要认真研究大学生的心理动态和心理变化,注重启发和引导大学生自觉接受心理帮助与服务的能动性,引导他们成为自我心理教育的主体。

(2) 建立网络心理教育系统。一是要善于利用信息网络技术拓展心理教育的空间和渠道,通过开展网络沙龙、开辟网络论坛、举办网上征文等网络心理教育活动,直接让大学生进行情感交流和心理沟通;二是要加强校园网络信息资源的开发,建立一个比较完善的站点,在校园网中设立一些权威性的专业学术站点,设立专业学术主页,这样,学生需要更多时间用于专业学习,以减少网络性心理障碍发生的可能;三是要促进网络在教育中的应用,在网络教学环境下,教师通过网络了解学生的思想状况,与学生进行思想交流,使他们的思想、心理问题能够及时得到沟通和化解。

(二)提高大学生自我教育自我管理的能力

苏联著名教育学家苏霍姆林斯基曾经说过,真正的教育是自我教育。因为,教育者所施加的教育影响只有为受教育者真正接受,才能实现思想政治教育工作的价值和功能;否则,是没有价值和意义的。网络的开放性使德育工作者不再具有信息上的优势和权威,人们获取信息往往并不难,难的是分析信息的价值,有效地利用信息。从信息传播的角度来讲,对受教育者进行思想教育的主要方式应以引导他们能自觉选择吸收正确的东西,摒弃错误的东西,增强对错误思潮和腐朽思想的抵抗力和免疫力。

(三)加强大学生的网络心理素质培养

加强大学生的网络心理素质培养,应采取如下措施:①开设心理学选修课程,根据大学生实际心理问题举办心理培训班;②加强高校心理咨询的投入和研究,学校应对有心理问题的同学建档案,进行跟踪服务;③校园网站应建立"学生心理在线"网页,开设"网上心理测试"等栏目。

(四)大力开展旨在提高大学生网络心理素质的校园文化活动

要培养大学生的网络心理素质,还必须借助网络载体大力开展丰富多彩的旨在提高大学生网络心理素质的主题活动,以丰富学生的课余生活。例如开展大学生电脑网络知识竞赛、网络创意大赛、Flash 动画设计竞赛、程序设计竞赛、网上征文等活动,将学生思想政治教育的职能融入其中,吸引广大学生积极参与,加深大学生对网络的理解,从而将网络文化与校园文化紧密结合,充分激发同学们的上进心和创造性,引导大学生走积极、健康的网络之路。

三、加强大学生心理咨询体系的建设

(一)加强网络心理咨询体系的建设

要解决大学生的网络心理问题,还必须大力加强现有心理咨询体系的建设,尽快进行大学生网络心理的研究。进一步做好大学生心理档案的建档工作,普及心理卫生知识,做好学生心理咨询的面谈、信件咨询、电话咨询等各项咨询服务,为大学生提供及时高效的心理支持。与此同时,开展网上心理咨询,可以从以下几方面入手:一是利用网络快捷、保密性好、传播面广的优势,开设网上心理咨询如设立心理咨询网站,传播心理知识,进行网上行为训练的指导,开设在线心理咨询(采用网上心理恳谈等方式);二是抓好大学生上网的心理、网络人际交往的心理特征、网络心理障碍、虚拟与现实的人际关系的比较等大学生网络心理问题的研究,确立一套可操作的、有效性强的网络心理障碍咨询方案。

(二)大学生网络成瘾的对策

针对网络成瘾,国内外都有相关的对策研究。在国外,主要有药物治疗,认知行为治疗(包括 Davis 的认知行为疗法和 Young 的认知行为疗法),以及政府积极干预措置(比如韩

第九章 网络是我们的助手

国成立网络中毒咨询中心、法国制定家庭公约限制青少年上网）；在国内，主要的网络成瘾对策有：加强心理健康教育，家庭治疗，学校责任与防治措施，利用技术干预手段以及政府与社会联合。在具体问题上，根据网络成瘾者的表现，主要有以下几点对策。

1．对于重度网络成瘾的对策

重度网络成瘾的大学生，他们表现为具有较高的强迫、恐怖和抑郁水平、不易与人相处、有较高的敌对性的精神障碍，要针对这些大学生进行必要的心理咨询和治疗。治疗的原则应是以心理治疗为主，药物治疗为辅的方法。网络成瘾的抑郁水平较高，给予一些抗抑郁药物能起到较好的效果。在心理治疗中，采用行为认知疗法效果最佳，通过此疗法可以纠正网络成瘾者的错误认知，从而达到控制其行为习惯的效果，帮助成瘾者从心理上戒掉网瘾，从而达到初步的心理康复。在治疗的同时，可以结合患者的人格特点、心理需求等具体情况给予适度的心理咨询，增加患者的社会支持，重塑因网络成瘾而受到影响的人格。

2．对于一般网络成瘾的对策

首先，正确认识和看待网络。大学生应当正确认识网络这个虚拟的世界，网络虽然给我们的生活带来了极大的便利，但它并不能代替现实中的人际交往活动。大学生在克服网络消极作用时，也不能全盘否定，认为上网是罪大恶极的事情。应该以辩证的观点来看待网络。

其次，应该以健康的方式来使用网络。正确理智地使用网络，关键在于自身必须锻炼出坚强的意志和自我调控能力，这就要做到三项要求：第一，在上网之前制订好目标，把目标定在学习知识、方便工作和适当的娱乐上面；第二，还要严格且自觉地限制上网时间，根据学习和娱乐的需要，给自己制订严格的上网时间制度表，并主动要求接受老师、室友和同学的监督。控制上网时间是戒除网瘾的关键性一步。

最后，发展其他兴趣爱好，把注意力转移到现实的学习和生活中来。网络的虚幻和不真实，让很多学生沉溺于其中，无法自拔。现实生活中，他们往往对很多事物不感兴趣、孤独退缩、很少与同龄人交流、集体认同感差，还有一些网络成瘾的大学生缺乏自信、有严重的自卑感。所以，培养一个人的兴趣爱好显得尤为重要。当一个人拥有某种长处的时候，会增加一个人的自信心，从而使得他可以更加容易地融入到集体中去。大学生应当积极参加学校和班级组织的各种社团活动、文体活动及社会实践活动，培养和锻炼自己各个方面能力，培养多种兴趣爱好，丰富自己的课余生活，这样，不仅增强了自身的素质，也陶冶了情操，调节了不良情绪；更重要的是，在各类活动中，逐渐学习了人际交往的技巧，学习处理人际关系，这是摆脱网络成瘾最有力也是最关键的武器。

高校学生心理健康教育与指导

网络成瘾的治疗关键还在于成瘾者自身，大学生要积极锻炼自己的意志力，要有坚定的决心和顽强的毅力，才能从根本上摆脱网络带给我们的困扰，才能真正地发挥网络的积极作用。

个案分析：

基本资料

王某，男，1993年2月出生，大学本科文化程度。

(一)背景资料

家庭背景：患者家庭条件优越，父亲为局级干部。患者的父母工作较忙，他自幼长期跟姐姐一起玩耍，因此，姐姐对他影响比较大。患者姐姐从小比较喜欢上网，每次上网的时候都喜欢带着患者一起去网吧，久而久之，患者逐渐养成了上网的习惯并形成了网瘾。

个人情况：患者从小学到高中因为父母在自己身边，因此，对其形成了一定的约束力，所以患者的网瘾表现并不是特别明显。后来，患者进入安徽省一所高等学校就读，从此，父母对其管教变得越来越少。由于患者性格比较内向，进入陌生环境后平常与同学们的交流比较少，因而，更加比较喜欢进入网络世界宣泄自己的情绪。

(二)主要问题

患者进入大学学习后迷上了一款某著名网络公司开发的网络游戏，因此沉迷于网游，经常出入网吧，彻夜不归。由于患者家庭条件比较优越，父母对于患者在大学的生活费并没有做出严格限制，所以患者的上网费用不成问题。患者进入大学以后学习欲望基本消失，长期沉溺于虚拟的网络世界。当被问及大学学业完成以后，患者有什么规划或者目标时，他却无法给出什么具体答案，表现十分茫然。

(三)问题分析

患者的主要问题是由不肯面对现实引起的。首先，患者在现实生活中并没有什么作为，但是，在网络游戏世界中患者却有着卓越的成就，患者从网络世界中获得了自己在现实世界中无法得到的赞许与认可；其次，患者通过网络游戏得到了许多现实生活中无法给予他的东西(如友情、成就等)，网络对他的回报在他看来是非常大的。正是由于这些原因，使得患者沉溺于网络世界，并与现实世界脱离得越来越远，甚至对大学及其以后的人生连一个简单的规划都没有，这也是患者不肯面对现实的一种表现。

(四)服务模式：交流治疗法

基本步骤：

与患者加强感情联络，巩固朋友关系，引导患者积极融入现实生活中，使患者感受到现实生活中的美好与温暖。

对患者进行心理干预，使患者明白自身目前的状况，并了解网络成瘾的严重性和危害性，积极劝导患者主动配合，接受治疗。

患者答应接受治疗以后，对患者进行行为评估，使患者对自己目前的行为有比较全面而又深刻的了解。

制订切实可行的治疗方案，针对患者自身情况量身定制治疗计划，并积极协助患者严格落实计划。

(五) 服务计划

总体目标：帮助患者摆脱网瘾，重新面对现实，展开新的人生追求，对患者未来的人生做好规划。

工作计划：

(1) 认真研究患者的生活习惯以及兴趣爱好，通过与患者交流他感兴趣的话题，进而增强患者对工作预案的好感。

(2) 对问题本身进行更深一步的讨论，倾听患者的内心想法，了解患者的真正需求。

(3) 总结交流成果，并针对交流过程中出现的问题进行汇总，制订帮助患者治疗网瘾的工作计划表。

(4) 与患者讨论工作计划表的可行性，并针对提出的意见与建议对工作计划表进行调整与修改，使之尽量符合患者的实际情况。

(5) 评估治疗效果，为进一步加强治疗做好准备，直至帮助患者彻底戒除网瘾。

(六) 介入过程

与患者进行了全面而深入的谈话后，患者主动与工作人员讨论治疗计划，并在工作人员的协助下，自己做出了一份详细而合理的计划书。在此之后的一段时间里，患者基本上比较严格地执行了自己做出的计划书。每当自己松懈的时候也能主动找到工作人员进行沟通，及时摆正自己的心态，主动配合治疗。

经过一段时间的心理治疗以后，患者的精神面貌已经发生了较大的改观，面对现实生活的态度也变得比较积极，治疗成果初步显现。

(七) 服务评估

个案治疗比较成功，患者在经过一系列心理干预后基本戒除了网瘾，治疗过程与结果都比较令人满意。

(八) 案例反思

大学生网络成瘾的原因十分复杂，虽然原因复杂多样，但是，也有其普遍性。大学生网络成瘾问题在如今社会越来越突出，通过对以上案例的分析与探索，相信会对大学生网瘾戒除起到一定的良好作用。我们从特殊之中概括抽象出他们的普遍性，从而进一步积极探索根治网瘾的办法。

不过，一个个案始终不能完全总结出大学生网络成瘾的社会因素，因此，如果想要进一步探究大学生网络成瘾的原因以及解决措施，必须参考更多的案例，进行更加广泛而深刻的社会实践工作。

第十章　玫瑰花香　小心刺手

爱是什么？不同的人有不同的理解。弗洛姆说："爱是我们对所爱者的生命与成长的主动关切，没有这种关切就没有爱。"莫里哀说："恋爱是一所学校，教我们重新做人。"卡尔·罗杰斯说："爱是深深的理解和接受。"柏拉图说："肉体上的两性爱，不是真正意义上的爱情……爱情是心灵上的一种狂迷，是一种人神相通的带有神秘色彩的精神状态。"在大学生的眼里，爱情又是什么呢？

第一节　大学生恋爱心理特点及爱情心理透视

一、什么是爱情

爱情是人类产生以来就一直存在的社会现象，它是一个古老而又常新的话题；它是两性结合的基础，是新生命的创造者，人类得以繁衍的基础；它是情爱与性爱的统一。纯洁的爱情是"人生之花"，是"高尚的精神产品"。那么，究竟什么是爱情呢？

(一)爱情的含义

按哲学心理学家弗洛姆在其名著《爱的艺术》一书中将人类的爱分为五种：兄弟之爱，父母之爱，异性之爱，自我之爱和神明之爱，我们这里要讲述的就是所谓的异性之爱。

爱情的本质是男女之间基于一定的物质条件和共同的人生理想，在内心对对方的最真挚的仰慕并渴望成为终身伴侣的强烈、稳定、专一的感情。爱情是建立在传宗接代的本能基础之上，男女双方产生的特别强烈的肉体和精神的相互仰慕，并渴望对方成为自己终身伴侣的高尚感情。爱情由性爱、理想与义务这三个基本因素构成：性爱是产生爱情的生理基础；理想是发展爱情的心理依据；义务是维持爱情的道德保障。

(二)爱情的基本内容

生物因素：指爱情产生于男女两性之间，异性相吸的生物本能使人产生性欲，从而具有与之相结合的强烈愿望。

精神因素：指爱情是一种高尚的情操，健康的爱情能愉悦身心，使人产生美好的心理体验。

社会因素：指爱情是社会现象，一方面受社会道德，法律规范的制约；另一方面，爱情将涉及生儿育女，传宗接代的社会功能。

(三)爱情的特征

第一，爱情的对等性。所谓爱情的对等性，就是要求男女双方在恋爱过程中的关系是对等的，表现为相爱者之间的互爱。恩格斯在论述现代爱情的特征时曾说过："它是以所爱者的互爱为前提的；在这方面，妇女处于同男子平等的地位。"这就是说，男女之间平等的相互爱慕是构成美满幸福的爱情的首要条件。

第二，爱情的专一性。所谓爱情的专一性，也就是排他性，指一个人在同一时间里只能有一个恋爱对象。恩格斯曾经指出，"性爱按其本性来说是排他的"。苏霍姆林斯基也说："真正的爱情在个人的生活中是永恒的，它排斥昙花一现的一见钟情，也排斥另觅新欢的轻率。"

第三，爱情的持久性。所谓爱情的持久性，就是指爱情就其本性而言具有终身的性质，恋爱对象的选择和确定就是以选择终身伴侣为目的的。爱情的持久性不是由单纯的肉体需要决定的，而是由夫妻间理想、志趣、精神的相互融合所决定的。

第四，爱情的创造性。所谓爱情的创造性，就是指爱情要不断更新它的内容。创造性不是朝秦暮楚，而是要求相爱的人不断提升自己的品质，更新自己的观念意识，使思想、情感日臻完美，使爱情充满活力、永葆生机。

(四)爱情的理论

一位美国学者用 LOVE 这四个字母拼写出了 Listen、Overlook、Voice 和 Effort 四个词，我们不妨看看他是怎么说的。

Listen，就是倾听，是尊重和接纳。因此，也可以说倾听是一门行为的艺术。

Overlook，就是宽容。假如你爱她(他)，无疑要宽容地对待她(他)的一些缺憾，多想想她(他)的好处，多点理解少些苛求，如此，爱才能天长地久。

Voice，如果你真爱着她(他)，就要说出来，并且能常常表示你对她(他)的支持，漫长的人生路上有风雨有坎坷，相互之间真诚的鼓励可以战胜许多的困苦，让爱情变得弥足珍贵。

Effort，假如想拥有永恒的爱，就需要我们不断努力，时时关心她(他)、爱护她(他)，如果认为爱情可以一劳永逸，那么，即使是浓浓的爱意也会随着岁月的流逝而蒸发消散。

迄今为止，心理学家、行为科学家都没有能够客观地解释人类的爱情。他们从不同的角度对爱情进行了阐述，其中，影响最大的是(Sternberg)的爱情三角理论。

斯腾伯格认为，爱情包括亲密、激情和承诺三种成分。亲密是指与伴侣间心灵相近，

第十章 玫瑰花香 小心刺手

互相契合，互相归属的感觉，属于爱情的情感成分；激情是指强烈地渴望与伴侣结合，促使其关系产生浪漫和外在吸引力的动机，也就是与性相关的动机驱力，属于爱情的动机成分；而承诺则包括短期和长期两个部分，短期的部分是指个体决定去爱一个人，长期的部分是指对两人之间亲密关系所作的持久性承诺，属于爱情的认知成分。上述三个成分组成一个三角形，随着认识的时间增加及相处方式的改变，三种成分将有所改变，爱情的三角形会因其中所组成元素的增减，其形状与大小也会跟着改变。三角形的面积代表爱情的质与量，面积愈大，爱情就越丰富，三种成分结合在一起才是圆满完美的爱情。斯腾伯格进一步提出：在三种成分下有八种不同的爱情关系组合，分别为以下八方面，见表10-1所示。

非爱：这三种成分都没有。

喜欢：由于长期相处，异性间产生了相知感，彼此了解对方的经历、兴趣、爱好，有一种朋友般的默契感，这种关系只能称作亲密，缺乏激情与承诺。

迷恋：某一特定时空不期而遇，由于强烈的性吸引，既无了解也无承诺，身体上的亲密之后，形同陌路。

承诺之爱：双方既无生理的吸引，又缺乏相互了解，仅由于某种承诺结合在一起。

浪漫之爱：性的激情与深刻了解，但不能做出承诺。

伴侣之爱：既亲密又有承诺。

闪电之爱：无深刻的了解，但由于强烈的性吸引而闪电般地结为夫妻。

圆满之爱：相知的亲密、生理的吸引、对婚姻的追求与承诺。

表 10-1 斯腾伯格爱情三角形理论：爱的组合

爱的种类	亲 密	激 情	决定或承诺	表 现
非爱	-	-	-	—
喜欢：喜欢式爱情	+	-	-	友谊
迷恋：迷惑的爱情	-	+	-	初恋
承诺之爱：空白式爱情	-	-	+	为结婚而恋爱
浪漫之爱：浪漫式爱情	+	+	-	情人的游戏
伴侣之爱：伴侣式爱情	+	-	+	实用爱情
闪电之爱：愚蠢式爱情	-	+	+	一见钟情
圆满之爱：完美式爱情	+	+	+	幸运的家伙

真爱是以"许诺"为两性关系持续与否的核心。"亲密"与"激情"则是"许诺"的延续。关怀、照顾、责任及了解皆是有爱的表现。

(五)爱情的心理结构

(1) 性心理。它是爱情心理结构的基础。个性性心理的发展是与性的生理发育和性的社会文化影响密切相关,大致经历异性疏远期(12~14岁),异性向往期(15~16岁),异性接近期(16~18岁),恋爱期或爱情产生期(18岁以后)。

(2) 爱情价值观。它是人的价值观在爱情问题上的具体体现,涉及什么样的爱情有意义,什么样的婚恋生活幸福,以及选择什么样的婚恋对象等问题。

(3) 爱情道德观。它是个体反映在婚恋中所必须遵守的社会道德规范的观念系统。

(六)爱情的阶段

故事:"一对老年夫妻整天都在吵个不停,……老奶奶连忙蹲下去把毯子捡起来,重新盖在老头子腿上,然后,两个人继续你一句我一句地吵……"这两个老人其实很幸福,我们都能感觉到,他们彼此都爱上了一种生活——有对方在身边的生活。有时候你失恋了,离婚了之后感到痛苦,不见得是因为失去了某个人,而更可能是因为失去了某种你爱的生活。到了周末,你早早的地吃完饭,却发现已经不用和她去看电影了,没有人让你陪着去逛街了,你为自己失去了一种你已经习惯并爱上的生活而感到伤心难过。

下面这种分法得到较多人的承认:选择求爱阶段、热恋阶段、家庭角色扮演阶段。

(1) 选择求爱是恋爱成功与否的关键。选择一个适合自己的伴侣并不容易,当青年觉得自己已找到了那个心中的他(她)时,求爱就开始了。有人把求爱细分成醉我、疑我、非我、化我四个阶段。醉我是指为追求对象迷住而陶醉;疑我是怀疑对方是不是爱上了我,他(她)今天对我多说了三句话,是不是想表露和我的亲密;非我则进入了实质的求爱,为对方抛弃自己的兴趣爱好等,一切以求适应对方;化我指恋爱初步固定,恋人把对方利益置于自身之上。

(2) 求爱结束就进行热恋。热恋中的感情起伏波动,时而达到最高峰,时而进入低谷甚至破裂。热恋对青年来说是一个证实、发现、判断的时期。证实自己在求爱阶段对恋人的一些理想化看法,发现另一些在求爱中并没有注意的优缺点。热恋是两人朝夕相处的阶段,优缺点较求爱阶段更容易表露出来。恋爱双方根据这些优缺点的综合印象做出判断,看这段感情值不值得延续下去。

(3) 如果在热恋阶段做出肯定的判断,恋爱就慢慢发展到家庭角色扮演阶段。恋人从浪漫的迷雾落入现实,开始考虑柴米油盐,谋生途径。这种家庭角色扮演为以后的婚姻生活打下基础,做出铺垫。

(七)健康与不健康的爱情

(1) 健康的爱情。表现为：不痴情过分，不咄咄逼人，不显示自己的爱情占有欲，能够充分尊重对方；将爱情给予对方比向对方索取爱情更使自己感到欢欣，并以对方的幸福为自己的满足，是彼此独立个性的结合。

(2) 不健康的爱情。表现为：过高地评价对方，将对方的人格理想化；过于痴情，一味地要求对方表露爱的情怀，带有病态的夸张；缺乏体贴怜爱之心，只表现自己强烈的占有欲。

二、什么是恋爱

恋爱是一对相互倾慕的男女共同追求、培养和实施爱情的过程。当一个人认识一个异性，产生倾慕之意后，认为其符合自己的爱情理想时，就会发出爱的信息，得到对方肯定的回应后，就会产生恋爱的情感。

(一)恋爱心理的发展过程

恋爱从产生、发展到成熟，需要经过几个阶段。

(1) 始恋：对异性由吸引而迷醉，有一种捉摸不透的亲近欲和冲动，想接近又不敢贸然行动，如醉如痴的"失魂落魄"阶段。

(2) 依恋：被某个异性吸引，想接近对方，想表白，反复揣摸对方，评估双方情感的持续性和成功的可能性，是"自我折磨"的痛苦阶段。

(3) 爱恋：鼓足勇气表白。双方神色紧张、心绪不宁、不知所措；担心，短暂，但有很强震撼力。

(4) 相恋：接受对方，关系建立，亲密起来。自我飘然而逝，合二为一；美化对方，缺点也是优点；赞赏珍藏；独占欲，男生以性欲表示，女性以母性保护，嫉妒心强烈。充满幸福的阶段。

(二)恋爱的特征

恋爱是一种特殊的交往，它与一般的同性或异性间的交往不同，有以下四个特征。

(1) 仰慕指向特殊性。除注重志趣、爱好、人缘、人品外，还有人格、音容笑貌、服饰等，这是由爱而生的特殊审美心理。

(2) 排他性。羞涩心理所致，避开熟人，交往圈子小。

(3) 冲动性。欲求相见而不能的焦虑、不安甚至神志恍惚的非理性冲动，性心理的表现。找借口接近对方，希望肉体接触。

(4) 相互参与性。以自己的方式要求评价对方，干涉对方，渗透与参与是爱的表现。

三、大学生恋爱

大学时期的青年男女，就年龄上来说，正值摘采爱情之花的可能时期。歌德说："哪个少男不钟情，哪个少女不怀春？"大学生产生爱情和开始恋爱都是自然的、正常的，禁止或压抑这种自然正常的心理情感的产生和发展，从心理学角度讲，不利于大学生正常的心理情绪宣泄，久而久之，则更会导致个性扭曲和心理变态。大学生恋爱已相当普遍，在大学校园里随处可见成双成对的男女生。

(一)大学生恋爱动因

1. 生理和心理发育，是大学生恋爱的客观物质基础

目前，我国大学生的年龄多在17~23岁之间，处在这一年龄段的大学生在生理上趋于成熟，导致对异性向往、追求和爱慕的情感产生，是大学生恋爱的内驱动力。但是，人的心理发育是晚于身体发育的，导致身心发展不平衡，因而，呈现出困惑和苦闷的心理状态，好奇心和求知欲驱使他们去探索，去实践，这使大学生恋爱时表现出较多的随意性和不稳定性。

2. 社会的压力，对大学生有较大的影响

(1) 社会青年特别是中学生早恋使大学生在同龄人中形单影孤。看到过去的同学多数已经恋爱，甚至有的已经结婚生子，这对他们不能不构成一定的心理影响。

(2) 部分学生家长或因早结婚、早生子的封建思想影响，或屈于社会舆论，默许或促使自己的子女早恋。

(3) 近年来，多种媒体过分渲染大龄女青年，特别是高文化层次的大龄女青年择偶难，对大学生特别是女大学生造成了较大的心理压力，生怕将来不能找到适意的对象，故在大学里尽早涉足恋爱问题。

3. 大学的生活、学习等客观环境为大学生恋爱提供了某些方便

大学生恋爱人数的激增，与高等院校的学习、生活特点有着直接的关系。首先，大学学习较之中学时期的激烈竞争由于失去了升学压力而显得较为轻松，使大学生有了较多的供自己支配的闲暇时间，而一部分大学生考上大学以后，没有了明确的奋斗目标，因此，

失去了进取心，把大部分的自习时间和课余时间消磨在花前月下的谈情说爱之中；其次，大学的集体生活和较多的群体活动，比中学时期更增加了男女同学之间的接触，为相互了解和培养感情提供了机会和方便；最后，大学生由于离家求学，独立生活，在经济上有了较多的自主权，也为恋爱交往提供了一定的物质基础。

(二)大学生恋爱的类型

(1) 比翼双飞型。这类学生基本上具备成熟的人格，有正确的恋爱观，能够以理性引导爱情，正确处理恋爱与学习、感情与爱情、情爱与性爱的关系。双方有较强的事业心、进取心和自控能力，有共同的理想抱负、价值观念，把事业的成功作为爱情持久的目标，不仅把恋爱看着人生的快乐，而且能把幸福的爱情转化为学习和工作的动力。他们认为，恋爱不仅应该促使双方的进步，而且应该促进双方的成长。

(2) 生活实惠型。进入大学后，毕业去向是大学生最为关注的话题。恋爱无可非议地揉进了毕业动向的条件，同时，家庭条件和对方的发展前途也是彼此关注的必不可少的条件。一些大学生彼此间的爱慕与向往也许并不强烈，但是有确定的生活目标。大三是这类学生谈恋爱的高潮期。他们认为这时处朋友，谈恋爱、相互了解，信任程度高。这种爱情是理智的，现实的，确定恋爱关系引起的争议也比较少。

(3) 时尚攀比型。在一些高校，恋爱成为一种时尚。当周边的许多同学有了异性朋友时，一些男同学为了不使自己显得无能，一些女同学为了证明自己的魅力，也学别人的样子匆匆地谈起了"恋爱"。由于目的性不强，缺乏认真的态度，常常是跟着感觉走，把谈恋爱看着是一种精神上的补偿，常以"因为没想那么多"为借口而各奔东西。这种恋爱带有很大的随意性。

(4) 玩伴消费型。这类学生在精神上不太充实，同性朋友较少，时常感到孤独、烦闷，为了弥补精神上的空虚，急欲与异性朋友交往，"恋爱"成为一种近景性的精神需求。尤其是周末，当寝室的室友成双成对地走出校园，自己一人在寝室时，有一些同学会有一种空虚得想谈恋爱的感觉，女生的这种心理体验尤为明显。据报道，有一所大学的一个班的全部女生在大二时就都有了"相恋对象"，用她们自己的话说，"我其实不是真的在谈恋爱，只是生活太乏味了，又没有知己，想找个伴畅快畅快"。

(5) 追求浪漫型。这类学生情感比较丰富，罗曼蒂克的爱情对他们有着强烈的吸引力，对爱情浪漫色彩的追逐和窥探心理日趋强烈。他们并非不尊重爱情，而是觉得出没于花前月下的刺激比爱情的责任和义务更富有色彩和韵味。和这种韵味相比较，人物自身的品质被淡化了。他们请求和接受爱情时，对爱情的缠绵悱恻有较深的体验并乐在其中，时时沉浸在两人的世界里，忘却了集体，甚至忘却了学业。

(6) 功利世俗型。以对方的门第、家产、地位、名誉、处所、职业、社交能力、驯服度等为恋爱的前提条件。

> 一个女孩从大二起，与同班男生建立了恋爱关系，他们俩都喜爱体育运动，运动成绩也都出类拔萃。男孩个子高高的，气质很好，女孩很喜欢他。他们经常在一起学习、锻炼身体。女孩家住本市，但离校很远，男孩经常送女孩回家，俩人的关系越来越近。女孩的家里人知道他们的关系，也不反对，并且给了男孩很多帮助。在毕业分配问题上，还设法为他联系工作单位。但是大四时，男孩却和女孩疏远了，并和另外一个小女孩打的火热，最终中断了恋爱关系。因为女孩家给过他不少帮助，所以这次他还写信给女孩家，进行种种解释，说他当初和女孩好就很勉强。

(三) 大学生恋爱的特点

(1) 注重恋爱过程，轻视恋爱结果。强调爱的"现在进行时"，把恋爱与婚姻相分离，不考虑爱的"将来完成时"，"不求天长地久，只求曾经拥有"。这是只强调爱的权利，而否认了爱的责任。

(2) 主观学业第一，客观爱情至上。学业第一只是主观上、思想上的愿望而已。有的大学生中午、晚上不休息，加班加点谈恋爱，致使上课时倦意甚浓，无精打采；有的大学生干脆逃课，一心一意谈恋爱，成为恋爱"专业户"。很多大学生在不知不觉中变得"儿女情长，英雄气短"。

(3) 恋爱观念开放，传统道德淡化。恋爱观念日益开放，传统道德逐渐淡化。常常处于理智与感情矛盾的漩涡中，在理性认识上觉得应该保持贞操，应该遵守传统的伦理道德观，但在爱的激情下，又不愿再受传统观念的束缚，恋爱方式公开化，光明正大，洒脱、热烈，不再搞"地下工作"，甚至一些大学生在公共场所、大庭广众之下，竟旁若无人地做出过分亲密的举动。

(4) 失恋态度宽容，承受能力较弱。大学生中"有情人"虽多，但"终成眷属"者少，这样就产生了一批失恋大军。绝大多数采取宽容的态度，尊重对方的选择，但仍有一部分学生摆脱不了"情感危机"。有的失去信心，"横眉冷对秋波，俯首甘为光棍"；有的一蹶不振，沉沦自弃，认为一切都失去了意义，以至于悲观厌世；有的视对方如仇人，肆意诽谤，甚至做出极端行为伤害对方。因失恋而失志、失德者，虽属少数，但影响很大。

(四) 大学生恋爱能力的培养

(1) 接纳和喜欢自己。真正的爱就像弗洛姆所说："人对自己的生命、幸福、成长、

第十章 玫瑰花香 小心刺手

自由的确定，同样根植于关心、尊重、责任和认识自己。如果一个人有能力产生爱，他也就仅爱他自己，如果他仅爱其他人，他也就根本不能爱。"

(2) 尊重和关爱他人。弗洛姆认为爱是主动的，它包括关心、尊重、责任和认识。爱包含着关心，爱是对我们所爱生命成长的主动关注，缺乏这种主动的关注就不是爱。爱是对另外一个人的主动渗透、对对方的尊重及责任感。

(3) 正确选择恋爱对象。我们通常会依据外表、性格和社会地位来衡量谁是我们完美的伴侣，这些标准当然都是合理的，但最应该注意的却是美好的品格。只有具有美好品格的人，才是值得我们追求的。

(4) 培养爱的沟通能力。表达爱需要勇气，需要信心。能承受求爱拒绝或拒绝求爱所引起的心理扰乱。表达爱是在表明爱一个人是一种幸福，即使可能得不到回报。你让对方知道被一个人爱着，这是一种很崇高的境界。

(5) 拒绝爱的能力。自己不愿或不值得接受的爱，应有勇气加以拒绝。拒绝爱要注意两个方面：一是在并不希望得到的爱情到来时，要果断、勇敢地说"不"，因为爱情来不得半点勉强和将就，如果优柔寡断或屈服于对方的穷追不舍，发展下去对双方都是不利的；二是要掌握恰当的拒绝方式，虽然每个人都有拒绝爱的权力，但是，珍重每一份真挚的感情是对他人的尊重，也是一种自珍，同时是对一个人道德情操的检验。不顾情面，处理方法简单轻率，甚至恶语相加，结果使对方的感情和自尊心受到伤害，这些做法是很不妥当的。

(6) 鉴别爱的能力。有鉴别爱的能力的人，是自信也尊重别人的人。有鉴别爱的能力的人，会自然地与别人交往，主动扩展交往的范围，珍惜友谊，会尽可能多得体验他人的感受。过于自我孤立，会过于站在自我的角度考虑问题，往往会对他人和自我感受的认识发生偏差。

友谊和爱情的区别在于：友谊意味着两个人的世界，然而爱情意味着两个人就是世界。在友谊中一加一等于二；在爱情中一加一还是一。

第二节 大学生恋爱中的心理困扰及调试方法

一、失恋

"曾经有一份真挚的爱情摆在我的面前，我没有珍惜，等我失去的时候我才后悔莫及，人世间最痛苦的事莫过于此。如果上天能够给我一个再来一次的机会，我一定要对那个女孩子说三个字：'我爱你！'如果非要在这份爱加上一个期限，我希望是——一万年！"

——电影《大话西游》

恋爱自由，自由恋爱。每个大学生都有追求爱情的权利，每个大学生都有选择爱情的权利。正因如此，注定大学生追求爱情的道路不会一帆风顺，当大学生在爱情的道路上遇到挫折时，应百折不挠越挫越勇，坚强地走出失恋的沼泽地，勇敢地追求真正属于自己的幸福爱情。

(一)大学生失恋的十种类型

(1) 歇斯底里型。歇斯底里型主要表现为抓狂，见人就想骂就想打架，见东西就想摔，看什么都不顺眼。歇斯底里型又称为暴发型，这种类型如同夏天的雷阵雨，来得快去得也快，等体力消耗殆尽，好好睡上一觉，即可自愈。大大咧咧、性格外向的大学生一般属于这种类型。

(2) 闷葫芦型。闷葫芦型又称沉默型、慢性型，一般倾向于性格内向的大学生。这种类型的大学生失恋了，便会沉默不语，对周围发生的事情视而不见，也不会过问周围发生的事情。主要表现为：不知冷暖。夏天不知炎热，炎炎夏日穿棉袄；冬天不知寒冷，严寒冬日衣着单薄。

(3) 自残型。自残型是指大学生失恋后对自身肢体和精神的伤害，一般来说，对精神的伤害难以觉察，因此，如果不特别指明，自残仅仅是指对肢体的伤害。当精神自虐尚不能得以解脱当下的痛苦时，肉体就成了连自己也讨厌的行尸走肉，于是，就折磨自己的身体，用酒精麻醉神经，用烟雾熏黑肺部，用饥饿折磨肠胃，用疯狂熬夜销蚀神形。

(4) 自杀型。自杀型一般指大学生失恋后心灰意冷万念俱灰，选择结束自己的生命来解脱痛苦，常见的表现有跳楼、割腕、煤气自杀、服安眠药、喝农药等。这种类型的大学生心理十分脆弱，一受打击，容易冲动，就会走上极端。

> 2002 年 3 月，湖南某高校一幢教学楼上，一名大一学生从九楼飞身而下，转瞬间便坠入楼底气绝身亡。据介绍，这名男生是去年进校没多久，就喜欢上了一名湖北女生，由于种种原因而自杀。人生的阅历越少，就越容易偏激，有的大学生涉世不深，冲动偏激，失恋后无法自拔，沉溺于痛苦之中，最后只好通过自杀来解决自身所无法排解的痛苦。据调查，失恋后首先产生自杀念头的大学生不在少数。
>
> (资料来源：李伦娥. 学生自杀，学校究竟该负多少责任？[N]. 中国教育报，2002-4-1(2))

(5) 报复型。报复型分为间接报复型和直接报复型。间接报复型是指通过自我报复来达到间接报复对方的目的，如自残、随意与异性朋友发生关系等，采用这种方法来折磨对方，让对方内心不安，以达到报复对方的目的。直接报复是指直接报复对方的方式，如污蔑、诽谤、殴打、谩骂对方等，以达到报复对方的目的。

第十章　玫瑰花香　小心刺手

大学生失恋嫉妒生毒计，深夜翻墙泼硫酸液残害前女友

湖南湘潭某高校学生徐某在与同学小彭恋爱后，遭其家人反对，徐多次苦苦哀求，甚至下跪，两人经过一段时间交涉，终于和平分手。表面上分了手，但徐心里一直想着小彭，只要看到她与别的男生交往就妒火中烧，进而产生了毁她容貌的罪恶念头。于是，在一次化学实验课中徐某悄悄地藏了一瓶硫酸液，趁夜深人静之际，翻墙入室，将硫酸液泼向小彭面部。有些学生失恋后，报复心理强，欲罢不能，为逞一时之快，而做出了十分荒唐和恶劣的举动，造成无法弥补的后果和损失。

(资料来源：南方网，http://www.southcn.com/news/community/fzzh/200301190204.htm.2003-01-19)

（6）变态型。变态型又称间歇发作型。此类型的大学生会有一些变态的举动，如在对方面前故意裸露隐私、有强行占有对方的欲望、迷恋对方的衣物等。这种类型的大学生大部分时间是正常的，当触景生情或者睹物思人的时候就会发作，一旦发作，心理就会失去平衡，就会做出一些变态的举动。

男大学生遭失恋打击"爱"上母兔，每周弄死一只

南京某高校一位男生因失恋变得十分低沉，从来不愿意多说话，每天夜里都要玩弄母兔，且每星期必弄死一只。而据其寝室朋友介绍，该男生不是虐待小母兔，而是晚上熄灯后喜欢和小母兔"亲热"。有些学生失恋后，为了排解痛苦，转移视线，寻求心灵和情感上的慰藉，如再找女友，而上文所说的是属于因失恋而心理失常，寻宠物寄托。

(资料来源：千龙网，http://society.21dnn.com/4431/2003-1-11/43@629848.htm)

（7）扭曲型。扭曲型分为精神扭曲型和行为扭曲型。精神扭曲型主要表现为朝三暮四、胡思乱想、想入非非、萎靡不振等；行为扭曲型主要表现为三心二意、玩世不恭、自暴自弃、欲壑难填等。

（8）精神分裂型。精神分裂型主要表现为狂躁不安、偏执、抑郁、焦虑、幻听幻觉、敏感多疑、强迫急躁、思维紊乱、胡言乱语、乱摔东西、冲动伤人、不能控制自己等。病时患者可能出现一种毫无根据的错误想法，怀疑有人要加害于他，听到有人议论他，指责他，威胁他，看见奇怪的影像，闻到不愉快的气味，尝到食物中有特殊的气味等一些虚幻的知觉，以至最终悲观绝望而自杀。

（9）神经质型。神经质型是在神经质性格基础上产生的。神经质性格的大学生，在面临失恋心理困难时，精神上会出现强烈的不安，并由此导致错误的认识，把健康人都有的不安和不适等身心、生理变化，误认为病态或异常的。患者本人高度注意这些"病态或异

常"，并企图排除之，但这些不安和不适的特点是越注意它，越努力想排除它，反而会表现得越严重，结果形成了注意与病觉的恶性循环，致使症状加重。

(10) 正常型。不是每个大学生失恋行为都会反常的，心理调节能力好、性格健全的大学生失恋后会及时调整过来，难过、悲伤、心痛等感觉都会在心理调节时瞬间即逝。常见的心理调节有：转移注意力、强制自己不去想失恋之事或者专注做某件事来冲淡失恋情绪。

(二)失恋原因分析

恋爱和失恋的存在是同一事物的矛盾双方。恋爱双方在承受爱的喜悦的同时，也必然要承受失去爱时候的痛苦。既然异性之间因为对方帅气的外表、苗条的身材而相互吸引，就往往存在因为对方丑陋的外表、五短的身材而遭嫌弃；既然这个世界上存在着门当户对自成一家的说法，那么，那些门不当、户不对的也就难进一家门；既然有女孩子喜欢浪漫的男生，那么，那些缺乏浪漫气息的男生只能默默的等待务实的女孩的青睐了；既然现在的快餐式爱情越来越有盛行之势，那么，不求天长地久只愿曾经拥有的大学生们分分合合也在所难免。在如今财富、地位、名望超级热闹的恋爱市场上，单纯而又富有幻想的大学生们难免也会随波逐流。凡此种种，一种吸引异性的因素曾经扮演的是积极的角色，而在其他时候，往往就成为拆散彼此的障碍。

1. 普通人的失恋原因分析

(1) 家庭因素。随着现代社会恋爱自由的发展，来自家庭的阻挠造成有情人分开的情况较之古代已经是少之又少了。大学生一般情况下处在远离家人的校园里，秘密地构建着自己浪漫的爱情工程。通常情况下，他们并不会在恋爱的最初就告诉父母，但也不乏一些对爱情特别执着的人，他们与父母沟通良好，在甜蜜的爱情滋润下，会喜不自禁地告诉父母自己谈恋爱了。有网站对此问题的调查表明，不少低年级的校园情侣寒暑假都选择不回家，而是外出游玩，他们表示，现在还不敢让家里知道他们在谈恋爱。在调查中还有一个有趣的现象：结伴回家的高年级学生情侣，大多是女生跟男生回家。问及原因，一部分女生表示，没有和家里人说过自己有恋人，一部分人说，想先见见对方的家庭如何。在这些见家长的恋人中，有的遇到了强大的挫折，这些挫折的背后往往和某些学生家长对对方的相貌、家世以及人品的不满意造成的。在这种不满的情绪下，原本充满了希望的情侣可能在感情基础相对还不是很深厚的情况下就走向了分手的边缘，最终，双方因为被迫失恋而痛苦。当然，也有在彼此共同的努力说服了父母而功德圆满的情况，从而避免了失恋以及失恋所造成的痛苦。

(2) 不良的社会舆论和风俗。社会舆论和风俗对大学生情侣造成的压力并不少见，来

第十章　玫瑰花香　小心刺手

自不同地域、不同民族，甚至不同国度的学生共同生活在同一个校园里，不管是一见钟情还是日久生情，总之，在他们有着将来共同生活、共同组建家庭的心理准备的时候，地域间、民族间甚至国籍间的差异所导致的矛盾往往就变成了拆散鸳鸯的凶器。地域上的差异往往来自南北方的气候差异，习惯了南方温热气候的人，往往对北方的干燥和寒冷不能适应，当他们的客观条件要求一方要随另一方去适应自己多年来从未适应的生活环境的时候，那么，双方就有可能面临分手的困境。民族间的差异可能更明显，例如，回汉两族间的恋爱，回族的信仰和汉族之间的差异使很多回汉恋爱的大学生的爱情夭折。当然，不同国家间恋人造成分手的原因可能更多是因为文化和价值观的差异造成的。

　　(3) 地域的分离和时空的限制。大学生的恋爱基于自由选择的基础之上，不稳定因素很多，其中一项最现实的问题就是将来是否能够在一起工作和生活的问题。当然，面对持不求天长地久只求曾经拥有的大学生来说，他们对未来可能缺乏更多的考虑。随着高校扩招等因素的影响，大学生面临着越来越大的就业压力，情侣毕业时劳燕分飞的现象比比皆是。难怪在大学生之中往往流传着毕业等于失业，毕业等于分手，多雨的六月往往也因分手的眼泪而更加潮湿。

　　(4) 相貌。老话说得好："人不可貌相，海水不可斗量。"可是，人毕竟是靠脸面生活的唯一物种，苗条的身材、帅气的面庞当然会在最短的时间里给别人留下深刻的第一印象。社会生物学的观点认为：恋爱中的种种心理表现，实际上都与人类最基本的性心理紧密联系在一起。在潜意识这个层面上，恋爱在很大程度上就是对未来性生活的准备、模仿和寻求，只是男女有较大的差异而已，男生对此比女生的关注度更高。恋爱最初的吸引往往来自对方的性别形象，男生往往关注漂亮女生，女生也往往向往遇到帅哥，其实深入挖掘，不难看出对异性形象的追求实际上就是最有利于日后性生活美满的那种模式。

　　在外表形象上，最能吸引女性的男人，一般都是身材高大、肩宽胸廓、充满力量，能给人以安全感。女性常把他们形容为"厚"，相反，"单薄"的男人总是令女性疑虑丛生。女性在未来的性生活中，主要靠肉体触觉来感受，客观上既需要一个雄壮而富于质感的主动行为者，又需要一个坚实的可依托者，这种难于自我觉察的心理需求，形成了女性心中的男性美的标准。男性则更容易被那些第二性别特征较为明显的女性所吸引，所谓"苗条不等于瘦，丰满不等于胖"就是这个道理，男人不大考虑对方的身高，却很重视对方的皮肤，也是同样的原因。

　　在意识层面上，人们更多关注的是视觉美感以及中国人常有的面子需求。身边带上一个漂亮的女孩做女朋友，自己就觉得很有面子，很有能耐；如果介绍一个长的所谓对不起观众的女朋友给自己的朋友，就是很丢面子的一件事情。这样的心态在当今大学生中也是存在的，因为对对方的相貌不满意而分手的例子也并不少见。常有一些男孩子以女孩肥胖为由而拒绝对方，也有女孩为此而拼命减肥实现恋爱目的，最终拖垮自己身体的。其实，为此目的而减肥的女生并没有真正理解恋爱的初衷。

(5) 性格。恋爱双方的性格是影响两个人进一步发展的最重要的因素之一。有时是性格类似的相处和谐，而性格迥异的人则时常闹矛盾；有时情况又正好相反，性格类似的人在一起磕磕绊绊的，而性格迥然不同的人却可能互补得天衣无缝。总之，恋人之间的性格有相似和相异的部分，相似部分有益于增进感情，相异部分又可以增加生活的情趣，为两人世界增添无穷的乐趣。如果生活真的如这样假设的发展，那么，世间就不会有这么多的痴男怨女了。多数的情况是"急性子"不幸碰到了"慢郎中"，而自己又不会容忍对方慢火背后的炙热；乐天派不巧遇到了忧郁小生，而自己又不懂欣赏对方忧郁背后的细腻；性情急躁的遇到了性情同样暴躁的，两人一时兴起大动干戈；木讷寡言的正好也交了个少语的，两人却时常处于沉默式的爆发中。如此多的不遂人愿又怎能成就良好姻缘，当然面临分手的命运了。

(6) 财力。在对造成大学生失恋的客观原因的分析中，已经对来自家庭的阻挠做了相应的分析，其中，个人的财力和家境很多时候是属于客观因素，但是，对个人赚钱的潜力的判断就属于主观因素，但在情侣们做出交往决断的时候，看到的往往不是对方的潜力，而是现实的财力和家境。在理想和现实的差距中，在长远目光和短视的交错中，往往错失了一个潜力股。另外，在这里把个人的财力作为一项主观因素来分析，主要是因为大学生情侣从个人的角度来看待对方的时候，如果觉得对方很穷，或者事实上经过一番接触和了解发现对方确实很穷的时候，自己做出了分手的决定，这点同来自家庭的阻挠那种外在因素相比更具有自主性。

现在大学生恋爱相对于社会上的人士婚恋，虽然还比较的纯粹和感性，但是较之以往的大学生来说，面对大学这个半社会的场所，面对社会不良风气的影响，恋爱也变得现实起来。有房、有车的选择标准让许多家境贫寒的学子望而却步，于是，恋爱也容易变成一部分大学生的奢侈品。

(7) 能力。因为对方的能力不足而选择分手的人，往往属于过于理智的人，这种人的事业心通常都比较强。当然个人能力包括的方面很多，这里主要指的是就业能力。大学生情侣对这个方面的关注随着年级的增高而有加强的趋势。因为伴随着就业压力的加大，选择能力强者对自己的未来也是一种有力的保障，当然，这点在当代大学生失恋的情侣中成为失恋原因的成分并不高，毕竟大学生谈恋爱的动机中对感情和性格和谐的期望仍占主导地位。

2. 神经症失恋者分析

面对失恋，痛苦在所难免，但是，长期沉湎于失恋的极度痛苦之中不能自拔，并且有伤害自己或者他人行为的时候，就是神经症失恋者。在这些人身上往往存在某些认识上的极度偏颇以及情感上爱无能的特质。

神经症失恋者在人格上往往是有缺陷的。著名的德国(后来加入美国国籍)精神分析学家、社会学家和哲学家埃瑞克·弗洛姆所著的《爱的艺术》是一部以精神分析的方法研究和阐述爱的艺术的理论专著。从爱的对象来说，包括父母的爱、兄弟的爱、恋人的爱以及自我的爱。在我们接下来关于爱的艺术的讨论中，主要指的是恋人的爱。弗洛姆将爱分为成熟的爱和幼稚的爱两大类。其中，成熟的爱是一种主动的能力，是一种突破使人与人分离的那些屏障的能力，把个体和他人联合起来的能力。成熟的爱使人克服孤独和分离感，但又承认人自身的价值，保持自身的尊严。在成熟的爱之中，产生了两个人成为一体而仍然保留着个人的尊严和个性的矛盾。用通俗的方式表述为：成熟的爱主要是"给予"，而不是单纯地"接受"。"给予"是爱情的最高表现，在相恋的双方里，给予对方的关怀、尊重和理解是维系两个人感情最重要的因素，这样的爱在受到一些因素干扰时产生的失恋往往最容易自我调整。

"给予"行为使得给予者体验到自己的强大和富有，但是，这种给予必须是基于双方的，而不是单向的，一方完全的给予，一方完全的接受，或者相反的情况，往往使得两者走向感情的失衡状态，即出现屈从或者支配的情况，也即幼稚的爱——共生同结合的爱。

具有幼稚的爱的人往往因为屈从或者强烈的依恋于对方而变得自卑、懦弱，他们不必做决定，不必冒险，以丧失自己的尊严来获得爱侣的认可。因为如果将自己的个人需求建立在他人的基础之上，就容易失去双方的平等，而爱情是建立在平等基础上的。所以这种情况发生时，被依恋者会有一种失去自由的强烈的被动感，而不会依然保有支配他人的乐趣。

从支配者的角度看，他往往以自我为中心，要求爱侣甚至要求周围的人都要对他的看法或行为持肯定的态度，否则就会产生挫折感。不论是男生还是女生，都有可能存在这种支配意识，男生的比例往往大于女生，比方说男生中存在比较多的大男子主义就是这种心理的表现。当支配人格的男生找到的是屈从人格的女生，那么他们之间的感情一般比较容易发展，但如果不是的话，就往往会分手。

对于神经症失恋者来说，往往存在着人格上的缺陷，他们处在爱和情感缺乏的环境里，对爱有着极端的认识，所以，要采用深度探讨和挖掘，在帮助其情感宣泄的同时要帮助他找寻自身认识上的偏差，才能更好地提高咨询的效果。

(三)失恋大学生的异常心理表征

当代大学生失恋后往往会表现出一些不良的症状,失恋后的症状也称为失恋后的挫折感受,它因失恋者的性格、人生观、恋爱时间的长短及恋爱关系的深浅程度的不同而不同,因而,症状的表现是多种多样的,对于多数失恋大学生来说,他们能逐渐接受现实,正确度过失恋后的心理不适应期,然而有些失恋者往往长时间出现失控和反常的心理反应,主要表现为以下几种。

(1) 自卑心理。觉得自己一无是处,才会被抛弃,这将极大地动摇个人对建立亲密关系能力的评价。失恋者感到羞愧难当,陷入自卑、心灰意冷之中,甚至感到羞于见人、无地自容。自尊心越强者、恋爱公开程度越大者,这种症状就表现得越明显。这种自卑如果与多疑结合在一起,便觉得身边的人时常讨论自己的失败恋情,看不起自己,更会使心理处于一种痛苦失落的失衡状态,长期下去,会导致沮丧、抑郁,严重者会导致精神分裂、精神失常等心理问题。

(2) 悲伤心理。其症状表现强度与失恋者对恋爱对象的感情投入程度成正比,在失恋挫折的巨大心理压力下,在失败及自卑感的心理阴影下,当事人可能陷入痛苦的情绪中不能自拔。长期处在这种状态下,影响了大脑皮层对兴奋与抑制相互之间的调节,使抑制大于兴奋,时间过长就会令大脑神经系统被打乱而可能导致绝望的自杀行为,也可能变得麻木,并把这种麻木状态作为减少失恋伤害的一种"保护"措施持续下去,另外,也会使身体机能免疫力下降,从而诱发机体疾病。

(3) 失落心理。热恋时对爱情的存在越肯定,失恋后的虚无感也就越强烈;热恋的感觉越是至真至纯,失恋后失落感的表现就越显著。失恋者往往对平时感兴趣的事物会感到索然无味,冷淡视之,他们感到渺茫、焦虑、无助,无力摆脱失恋的痛苦,又不敢面对现实,一些同学会选择自暴自弃,学业、前途也无法顾及,甚至内化为自我折磨。

(4) 报复心理。有的失恋者失去理智,产生报复心理,结果可能造成毁灭性的结局。特别是由于一方不道德而导致失恋,更容易使人丧失理智,出现报复心理。如有些女生会拿浓硫酸淋向对方的新女友,男的会用暴力威胁对方,或者殴打对方的新男友等,也有的会对对方进行人格伤害,向他人揭发对方的隐私,从而求得自己的心理平衡。

(四)面对失恋的正确态度

该如何排解失恋后的伤心和正确调整失恋后的心态呢?失恋其实首先是一种幸运,其次才是不幸。失恋,至少证明我们曾恋过,没恋又何来失。

请相信上帝是公平的,关了一扇门,也许就会为你开一扇窗。真的,失恋并不等于失

第十章 玫瑰花香 小心刺手

去一切，没必要那么伤心，任何人的一生，都不可能没有得失。失恋后，请试着像下面这样做。

(1) 失恋不失志。失恋不等与失去一切，如果因为失恋而萎靡不振，导致事业心丧失，或者丢掉向上的信心的话，那么，事业也会抛弃你，你会因为失恋而失去更多的东西。失恋，不可失志。

(2) 失恋不失德。失恋后，再斤斤计较过去的点滴就没必要了。失恋是很痛苦、很愤怒，但是再痛苦和愤怒，也不能做过激的蠢事。因为这不但解除不了痛苦，反而会违反道德和人性，甚至触犯刑律，让你显得很愚昧无知。失恋后，让一切成为过去，再伤再痛也不要再回头观望，不是人人都能吃到回头草，所以，还不如做个平淡如水的普通朋友好了。

(3) 失恋不失去自我。爱情没有了，你还有自己，这话也许自傲了一点，但试问自己都不爱自己的人，又怎可指望他人来爱呢？不管是因为什么原因而导致分手，首先要做到的是保证自己还爱自己。该按时吃的三餐一定要去吃，该睡觉的时候就乖乖去睡觉，睡不着听音乐，总比没出息地暗暗垂泪来得好。只有让自己变得更好，你才能收获新的爱情，所以，请千万记住：失恋后要更爱惜自己。

(4) 保持乐观、豁达而健康的心态。尽管小说里把爱情写得纯美无比，但真正在爱情上"春风得意马蹄疾"的人其实很少，失恋的不只你一个，失恋别失去好的心情。把眼光投向远方吧，别死死盯在眼前的爱情挫折上。另外，冷静地分析一下过去失恋的原因，吸取一些教训，也有助于心情的开朗。

(5) 不忘排除自己的痛苦。不要把失恋的痛苦长时间憋在心里，记住一定要把痛苦发泄出去，可以请一两天假出去旅游，或者找朋友聊天，找家人一起去看看电影，或者更勤奋的工作等，总之，就是要把注意力分散，达到自我解脱的目的。

(五)大学生失恋的自我调节

失恋问题是自身问题，主要应从自身解决。根据心理学原理，大学生面对失恋可通过这些方法进行自我调节。

(1) 价值补偿法。此法旨在稳定人的情绪，平衡人的心理，增强信心和勇气，而且，对事业的成功还能起到激励作用。失恋学生要努力克服爱情至上的观念，明确爱情固然重要，但毕竟不是生活的全部，生活中还有比爱情更重要的东西，那就是对理想、事业和工作的追求。要自觉摆脱失恋的阴影，把精力投入到学习工作之中，把失恋升华为一种奋发向上的动力。

(2) 多维思考法。心理学认为，当受到外界刺激、情绪不能自主时，排遣这种不良情绪的关键是冷静和理智。失恋后，不妨静下心来回忆一下整个恋爱过程，冷静、客观地分析一下失恋的原因，认真地总结经验教训，如：你们的恋爱是否存在盲目性？对方感情的变化有无道理？这样的爱值不值得留恋？

(3) 活动转移法。因失恋而悲痛欲绝的大学生，可以通过参加有意义的活动，如文体活动、学习班、继续深造等，将自己的注意力转移到其他事情上，使消极的情绪得到控制，置身于欢乐的环境中，用新的乐趣来冲淡心中的郁闷，可使自己忘掉痛苦和烦恼。心理学认为，当保持记忆的条件暂时不存在，或被另一种现象干扰时，就会造成人们对某种事物的遗忘。这样，伤感者不仅精神上得到了补偿，而且可以打开生活的视野，产生新的理想和追求。

(4) 自我安慰法。此法是指当人产生悲观失望情绪时，通过自我调节，使心理上得到某些满足，以促进心理平衡。恋爱同其他事情一样，既有成功，也有失败，那么，我们为什么只苛求成功而不正视失败呢？况且，第一次闯入你心中的异性并不就是唯一可爱的，第一次作出的择偶选择也未必都是最佳选择，除了对方之外，难道就没有别的人可选择了吗？正所谓："天涯何处无芳草，莫愁前路无知己"。

(5) 积极认知法。任何事物都有其正反两面，失恋虽说是一次失败的恋爱，但同样有其独特的积极意义，比如：失恋能避免以后的婚姻失败，失恋能增长阅历和耐挫能力，失恋能澄清自我的爱情观，失恋能让人学会珍惜、尊重和宽容等，多从积极的角度认识失恋问题能有效降低痛苦感，将失恋的负面影响减低。

失恋自救术

压力疏解有六个要点，通过这六种方法可以适当的疏解压力。我们不妨将之模拟，失恋急救箱里也应备妥几样物品，兹举以下两类供参考。

一、六帖维他命，每日定时吞服。

(一)维生素 A-行动(Act)

失恋最怕瘫痪不起，任何自我照顾的行动都是良药：去打球，去狂舞，去山上、海边大叫，去遛狗，去公园晒太阳，去看电影。很多人借由仪式来完成心里的哀悼，比如烧毁昔日信函，此类告别行动颇有疗伤的效果。

(二)维生素 B-转念(Believe)

失恋最怕钻牛角尖，特别是算旧账，悔不当初，其实于事无补。想想情圣们的金玉良言："得之我幸，不得我命"、"曾经爱过，又何必拥有"、"爱情若握在手里，就扼杀了这只爱情鸟"、"往者已矣，来者可追"……把美好的回忆收藏，用祝福为这段因缘画句点。

(三)维生素 C-倾吐沟通(Communicate)

失恋最怕自我退缩、封闭，将自己禁锢在悲伤孤单的城堡。找人说、自己写，网上和网友诉诉心声，情绪要有出口，不然会决堤。然而，因为怕说了更惹伤心或"心丑不可外扬"，怕别人笑话而干脆封口，殊不知，说出来就是一种治疗，能说代表心里已经可以坦然面对。

(四)维生素 D-转移(Distract)

失恋最怕陷在泥淖无法自拔，抽离心情的方法很多，离开伤心地去旅行，听段音乐，看看书，祈祷，或把爱转移，去帮助那些需要爱的流浪狗，去关怀身边的老人、小孩……年轻人最常用上网、电视、聊天来转移。

(五)维生素 E-撷取意义(Extract)

失恋最怕僵化思考，完全失去反省或在痛苦中找寻意义的能力，反省不是数落谁的错，而是能在失去后客观评估双方的成长、学习，以及可以作为下一段感情的借鉴。

(六)维生素 F-体适能(Fitness)

失恋最怕虐待自己的身体，狂吃狂饮，甚至借酒消愁。每天要想办法锻炼自己，有氧舞蹈、游泳、慢跑等强化心肺功能；做瑜伽、皮拉提斯提升自己的柔软度；举重、仰卧起坐、伏地挺身维持肌肉耐力。运动让身体释放恩多芬，加速身心复原。

二、四张 Over 止痛药膏，痛时使用

失恋的痛无所不在，触景伤情，夜深时昔日光景历历在目，真是苦不堪言，有时成了身心症，胸闷心口痛、失眠、厌食、注意力不集中等，生活大受影响，需要拿出些方法为自己减痛，简而言之，就是要接受恋人关系的终止，承认那已是过去式，Over 了。然而生命可以继续它的自由丰富之旅。

(一)以 Open(开放)代替 Obsessed (沉溺)

沉溺自苦，无法自拔，往往因为只看过去，永远都在悔不当初，只胶着在失去，难免终日丧志。试想一个开车的人不往前看，只执意用后视镜是多么危险的行为！身后美景已是过眼烟云，前窗开放的是未来的新可能。

开放心胸才能止痛。开放三帖如下：

1. 找回爱自己的力量：每天列出三件欣赏自己的地方，如仍维持生活的常规、理性的沟通能力、可以微笑、愿意自省等。

2. 保持与外界联导：跟别人分享经验，听演讲、读书，了解别人的复原历程，参加社团等休闲活动，都可以找到不同的应对方式。

3. 对美的事物开放，洗涤心灵：大自然、音乐、诗词都是疗伤良药。以先人为师"挥一挥衣袖，不带走一片云彩"，爱的路上，潇洒走一回。

(二)以 Victory(得胜)代替 Victim(受害)

失恋者常以受害者自居，有时以受苦做自我惩罚，有时以苦肉计惩罚对方，或企图挽回,其实失恋并非真正的问题,我们如何面对和回应失恋的局面才是重点,有些人受害上瘾,自艾自怜,开口闭口都是别人负他,搞悲情无济于事,只会削弱自己的力量,这样的心态对自己伤害更大,不得不警惕。

跨出受害角色,要靠重建认知三帖。

1. 失恋并非失败。恋爱在于两情相悦,回顾恋爱中的点滴,彼此都是成人,各自有该负的责任,变调是双方的互动结果,双方都有责任学习和平分手,甚至快乐分手,过程虽痛,仍可双赢。

2. 失恋调适,要建立"正向分离"的观念。也就是说,分手除了充满焦虑、痛苦、害怕、悔恨、不舍,也可以是坦然、有准备、感恩和彼此祝福的,勉强没幸福。

3. 看到更独立的自己。分手虽痛苦,却是一个可以自主、再学习的过程,列出复原计划和时间表,期待通过且跨越此座栅栏,战胜失恋的打击,自己在情绪及生活的独立上,会更精进。

三、以 Express(表达)代替 Explode(爆发)

失恋者要保持冷静和理性的沟通、自我表达,否则一旦落入非理性思考和冲动,或失去自我控制,心存挑衅,用攻击暴力采取报复行动,就很容易铸成大错,后悔莫及。表达有各种形式,当今国际知名的创伤心理治疗专家、国际心理治疗联盟理事长、瑞士的Schnyder医师提供了一个良方,就是每天给自己20分钟书写负面情绪,如愤怒、悲伤、自责、孤单等,毫不保留地写下,然后找一个盒子放置,这在心理上有其意义,因为受创如失恋时,很容易情绪泛滥,所以用这方法等同在时间(20分钟)和空间(盒子)上都设限,完成后就把它当成今日功课已毕,试着放下。

预防不当的情绪爆发,可借助表达三帖。

1. 要道歉,昨日之非不要回避,坦然致歉,也原谅自己的无心。

2. 要道谢,对方的好、付出、甜蜜的回忆、幸福的记忆将仔细存妥收藏,感恩,并作为青春岁月的注记。

3. 要道别,有时分手一方避不见面,或避重就轻,无法善别将留下疑云重重,好好道别则帮助双方负责地为关系画上句点。

四、以 Respect/Reevaluate/Recover(尊重、反省、复原)代替 Repress/Regress/Resent(压抑、退化、怨恨)

恋情不成情义在,失恋的警讯让自己有机会重新评估自己的核心价值,尊重彼此的过去,尊重自己当初的选择,反省亲密关系中未修毕的功课,虚心受教,如此复原指日可待。反之,有些较不成熟的年轻人,亲密关系中过度依赖,失去自我,恋人离去后仿佛也失去自己的完整性，退化到丧失功能的状态，或无法化解内心的怨恨，压抑郁积，让生活出现危机。

走出危机，有复原三帖。

1. 幽默以对。研究显示，逆境中仍展现韧性的往往是具备幽默感的人，用自嘲、自我调侃，都是一种轻松的态度，代表打破沉闷的能量。寻求其他人生乐趣，如同学聚会、运动、社团、旅行等。

2. 正常作息可以增加抗压能力。找出生活的秩序，失恋常会瓦解我们生活动力，考验我们的应变能力，生活优先级要重新列出，尝试拓展生活圈，给自己复原订出目标和计划，逐步向前。

3. 尊重生命的不完美。勇于自我修正，以正向思考、心存感激、超越往昔的自己，迈向更平衡成熟的两性关系和更健康的人生哲学。

如果每日都服用以上综合维生素，代表你看重自己，也有能力照顾自己，复原指日可待，伤痛膏药针对"Lover"的结束之痛提出疗方，要随身携带使用。

最终，失恋会是让你更成熟、更独立的一段插曲，你终会回到生命的基调中，继续完成属于自己的乐章。

(资料来源：镇海新闻网，http://www.zhxww.net/zhnews401/zh11/zh019/20060606140805-2.htm)

二、单相思

爱情是一张双程车票，"哥有情来妹有意"才行得通。但是，自古以来，也留下许多"落花有意，流水无情"的无奈。

(一)单相思的情况

单相思有三种情况：第一种是曾经热恋的情侣一朝情变，一方感情不再，而另一方仍难舍旧情，希望对方能回心转意，于是，编织着破镜重圆的美梦；第二种是得不到回报的单相思，一方向另一方表达了爱慕之情，却没有被对方接受，但却摆脱不了这种感情的枷锁，期望有朝一日"精诚所至，金石为开"；第三种是暗恋，对方毫无所觉，而这方又羞于表达，于是，茶饭不思，夜不能寐。

单恋较多地出现在性格内向、敏感、富于幻想、自卑感强的人身上。首先是自己爱上了对方，于是，也希望得到对方的爱，在这种具有弥散心理的作用下，就会把对方的亲切和蔼、热情大方当做是爱的表示并坚信不已，从而陷入单恋的深渊不能自拔。

单恋者固然能体验到一种深刻的快乐，但更多体验到的是情感的压抑，因为他们无法正常地向自己所钟爱的异性倾诉柔情，更得不到对方的积极反馈，所以常常痛苦得难以言表。

(二)单相思的解决办法

(1) 树立正确的爱情观。与自己喜欢的人两情相悦才有可能幸福，而没有回应的感情是不可能结出甜美的果实。对于爱情而言，重要的是双方之间能否产生"心灵的撞击"。树立了正确的爱情观，才能指引自己的行动，去追求自己的所爱。

(2) 主动了解对方的态度。钟情的一方可以主动采取行动了解对方的一些重要情况以及对方对你的态度。比如，对方有没有意中人？如果还没有，那么，她(他)的择偶条件和标准是什么？你现有的条件能否引起她(他)的爱慕？她(他)对你仅止于一般的礼貌和热情，还是有什么异乎寻常的地方？弄清楚这些情况再根据可能性大小来做决定。

(3) 勇敢地向对方示爱。如果她(他)还没有意中人，而你现有的条件又基本能符合她(他)的要求，你在她(他)心中又确实占有一定的位置，这时，与其让这种相思之苦放在心中煎熬，还不如下定决心通过适当的方法向对方表白自己的心意。在求爱之前，你必须要有清醒的认识，即求爱的结果可能是对方接受你，也可能是拒绝你，你承受得了被拒绝吗？

(4) 自我解脱，急流勇退。一旦真的被拒绝，虽然痛苦，但也值得庆幸，"长痛不如短痛"，与其忍受单恋遥遥无期的长痛，不如"慧剑斩情丝"。如果对方已有意中人，或者你现有的条件根本引不起她(他)的爱慕，那你就要有自知之明，急流勇退，尽可能把她(他)忘掉。爱情是双方感情的付出，知道对方不可能爱你，还继续单恋的话，只会伤己而无任何益处。

(5) 把爱埋在心底。爱别人的感觉虽然是美好的，但如果没有结果，明智的方法是把这份美好的感情封存在心底。爱对方就应该为对方着想，不要让自己打扰对方的平静，也不要让对方与你一起陷入烦恼，在心里永远为对方默默地祝福，这才是爱的最高境界。相反，如果不顾及对方的感受，想方设法地去表达你的爱，其结果只会使双方更加痛苦。

(6) 及时释放郁积的能量。对有关自己所喜爱的人的各方面信息以及自己的想法、感受，你可以经常与好友交流，或许能从他们那里得到启发和点拨，不至于长时间闷在心里，产生一些不正确或畸形的念头。如果找不到可信任的伙伴倾诉，你还可以求助于心理辅导老师，相信他们一定可以帮助你走出苦恋的困境。

(7) 情感升华。既然单恋使你痛苦难受，又明知毫无结果，此时最好把精力转移到学习和工作中去，在紧张、繁忙的工作和学习中忘却痛苦，说不定还会有意外的收获。

(8) 不要盲目地急于再次恋爱。为了摆脱单恋之苦，匆忙开展另外一段"恋情"似乎可以在短时间内使心灵得到抚慰，但是，盲目和一个自己不爱的异性"相恋"所带来的结

第十章 玫瑰花香 小心刺手

果往往是另一种痛苦的衍生,病疾乱投医只会适得其反。另外,这种做法实际上也是骗己骗人,是不道德的。

三、三角(多角)恋

> "我现在很矛盾,面对两个男孩我不知该怎么选择?先说龙,他相貌平平,中等身材,老实本分,有上进心,学历较高,未来的社会地位和经济条件都看好,如果选择了他,我能舒服安逸的过一辈子,可以在不久的将来有车有房,可是他不善言辞,迟钝,不懂人情世故,有点小市民气,对钱看得重,和我家人的关系处理得也不太好;再说东,英俊潇洒,风趣幽默,待人真诚,人缘好,对长辈有礼貌,但是他学历低,没有一技之长,也没有什么社会地位和经济基础,如果选择了他,虽然凭他对我的爱,我在精神上可以富足,但是,毕业后我得拼命工作,兼职,才能养活自己,养活孩子,甚至养活他,更别说房子和车子了。我现在矛盾至极,心乱如麻,不知谁是真正值得我爱的人,谁是真正适合我的人,谁是真正能和我相伴一生的人……"

大学生在心理上还未完全成熟,对异性之间的感情难以把握,当同时喜欢上A和B后,衡量再三,仍然觉得A有A的优点,B有B的长处,无论哪一个都割舍不下,随着时间的推移,三角(多角)恋的感情越陷越深,以致越发难以决定谁去谁留。

其实,大学生在认知上都清楚,但知和行未必在现实生活中能达到统一。当深陷三角(多角)恋的泥潭时,作为主角,其心理的道德冲突是相当剧烈的。一方面内疚、惭愧甚至有罪恶感;另一方面,要在之间做出选择,快刀斩乱麻,又使她(他)十分痛苦。

同时,三角(多角)恋既会"割伤"自己,也会"刺痛"对方。不是正常的恋爱关系,品尝不出甜蜜,感到的是苦涩。主角情系两头(多头),内心愧疚,又疲于奔命,到头来很可能竹篮打水一场空,虽然这是自讨苦吃,咎由自取,但毕竟构成了对自己的伤害。至于副角们遭到的伤害就更大了,她(他)们给予主角完整的、全心全意的爱,得到的却不是平等的回报。三角(多角)恋发展到最后只可能一人被选中,而对于没有选中的而言,悄然流逝的岁月、付之东流的爱恋,以及被愚弄了的感情,必然会在心灵留下难以磨灭的伤痛,由三角(多角)恋所引发的争风吃醋、相互伤害、互相报复等恶性事件时有发生。

教育学家陶行知曾诙谐地说:"爱情之酒甘而苦,两人喝是甘露,三人喝是酸醋,随便喝要中毒。"若是陷入了三角(多角)恋的纠葛中,应该怎样挣脱它的心理羁绊?

(1)认知重构,并内化为良知。婚恋观和道德观中,忠贞专一,相互坦诚,自尊自爱,内化为一种良知。知道自己可以干什么,不可以干什么,并且对自己的行为负责;同时,知道什么是正当的,什么是可耻的,什么是众人唾弃的。若能经历这个认知和内化的过程,就能在理智和情感上摒弃三角(多角)恋。

243

(2) 鱼与熊掌，不可兼得。兼得不是一种真正的爱，鱼与熊掌只可选一，这是无法回避的也是最终的结果。选择爱人时，要求对方十全十美，绝对满足自己的需要，这是一种理想主义的爱情观。

(3) 比较权衡，果断抉择。作为恋爱的对象来考虑，选择其中一位并建立恋爱关系，在关系存续期间，与其他异性的关系就不能超出友谊界限。如果身处三角关系中，那你首先要做的事就是比较、权衡，然后果断抉择。当你选定一位时，全部的爱心献给她(他)，对另一位忍痛割爱，明确中断恋爱关系，切不可藕断丝连。在必要的交往中，言谈举止要有分寸，不能显得过分亲切。选择是痛苦的，但不经历痛苦就没有幸福，越是迟疑，越难以自拔，也就越痛苦。

(4) 理智自控，和平解决。彼此之间不要发生正面冲突，与主角理论并且心平气和地和平解决才是正道。

(5) 当进则进，当退则退。作为副角要自尊自爱，如果一个人既爱着你又爱别人，说明她(他)对你的爱并不专一、纯真，既然如此，何不趁早离开？天涯何处无芳草！如果她(他)爱你很深，只是个性脆弱，以至于被第三者缠住，则应该积极争取。如果你是个条件差的副角，能力、学识、人品远不及你的对手，你判定对手会给主角带来更多的幸福，这时就要有牺牲精神，尽管这种牺牲是痛苦的。要学会正确的自我评价、自我解脱，一旦发现自己处于劣势，应赶快悬崖勒马，退出漩涡，这不是无能，而是明智，这样可以从痛苦中及早挣脱出来，重新追求更现实的幸福。

(6) 晓之以理，动之以情。作为副角，回忆过去爱的经历，谈论过去美好的时光，唤起主角的悔悟之心。客观地、全面地分析目前状况地根源、矛盾地焦点及其危害性，使之认识到问题的严重性。对主角要一如既往，甚至加倍的亲热和友好，使她(他)认识到你的可爱可敬。如果仁至义尽了，仍然回天乏术，此时离去，心里就坦然得多了。

第三节　大学生常见性心理问题及对策

性，人人都有，与生俱来，从生到死，绵延不绝。我们每个人都是性塑造的生命，我们每个人都伴随着性的发育成熟而长大。它既神圣又"罪恶"，它最原始又最现代。性是万物之源，又与罪恶相连。可以说，人类社会的发展离不开性，食与性，饮食与男女，饥饿与恋爱，都是生命成长的动力和源泉。对于成长在象牙塔里的大学生而言，随着年龄的增长，性生理发育的日渐成熟和性心理需要的不断增强，也开始面临着关于性的种种话题，他们该如何科学面对"羞涩"的性？又该如何正确处理好性可能带来的心理困扰，维护好自己的心理健康呢？

第十章 玫瑰花香 小心刺手

一、透视性心理

(一)什么是性

心理箴言

但愿性科学成为你生存意识的一部分,生命的尊严便会多一份自信。

——阮芳赋

心理案例:

小C是一名大学三年级的男生,22岁。在接待室见到小C时,他看上去很腼腆,很紧张、焦虑,因为性心理问题前来咨询。原来,小C近一段时间以来,总是不自觉地、无法控制地会想起一些男女之间的事情,为此经常在上课、学习的时候走神。等自己回过神来就觉得自己心理太不健康了,并告诫自己以后不能再这样了,但仍然摆脱不了这种念头,经常弄得神经紧张、焦虑,后来发展到入睡也困难,学习效率明显下降,这样下去,考研是没有指望了。而且,他也不敢和女生交往了,连正眼也不敢看,为此痛苦万分。

和小C一样,很多大学生都会被冒出来的性幻想困扰。他们会因为这样一些所谓的"不光彩、不道德、不健康"的想法,给自己造成了心理阴影,弄得自己身心疲惫。其实,这是由于很多的青年大学生对性知识缺乏了解,而造成的性心理困扰。

作为一名大学生,如果我们不了解自己,不了解性知识,就很容易与上例中的同学小C一要,产生相同的困惑,从而给我们正常的学习与生活带来很大的影响。所以,了解、掌握性知识,是维护我们健康的心理,把握幸福人生的前提。

1. 性的本质

什么是性?一谈到性,一些大学生会表现得十分敏感或害羞,总觉得性是肮脏的,是一种单纯的生理需要,是男女之间生理上的性行为或性冲动。其实,这种认识十分狭隘,性既是一种正常的、人类需要用以繁衍的生理现象、一种体现社会文明程度的社会现象,也是一种满足我们心理需求的心理现象。性其实是一门内涵丰富的科学。

著名的性学家金赛曾经指出:"人的性行为既是一种生物现象,又是一种社会现象。它作为一种能量必然要释放出来,而如何释放则主要取决于社会文化和社会影响。"古人云:"食色,性也。"人的性欲并不神秘,作为生物属性的性,是指男女在生理构造上的差异和人生来具有的性的欲望和本能,它是人类生存和繁衍后代的必要基础条件,它来源于人体性激素的作用,是如同人的饥饿与口渴一样的生理现象。人类的性不仅具有生物属性,还具有社会属性,它受到人类发展的生物规律的支配,受到人类社会文化发展条件和各种社会规范的制约。只有把性行为控制在社会允许的范围之内,人类自身才能够获得健康生存与发展,才能获得安定与文明。

心理小活动:

题目:你知"性"懂"性"吗?
目的:认识性的科学含义及表达方式
操作:从下面的词汇中找出你认为与性有关的词汇(7分钟)

1. 快乐	2. 好玩	3. 污秽	4. 生育	5. 恐惧
6. 爱	7. 美妙	8. 信任	9. 羞耻	10. 不满足
11. 委身	12. 忠贞	13. 尴尬	14. 压力	15. 例行公事
16. 表现	17. 欢乐	18. 实验	19. 释解	20. 难为情
21. 舒服	22. 无奈	23. 罪	24. 厌恶	25. 内疚
26. 无助	27. 享受	28. 压抑	29. 乏味	30. 满足
31. 美丽	32. 征服	33. 沟通	34. 禁忌	35. 亲密
36. 融洽	37. 遗憾	38. 自卑	39. 自信	40. 和谐

讨论:学生5~6人为一组,每人在小组中交流:
① 你选了哪些词汇?
② 为什么这些词汇与性有关?
③ 你的感觉是以负面为主还是以正面为主?

2. 性的相关含义

(1) 性。性包含生物、心理和社会三个层面的含义,分别用性、性别和性别角色来表示。性的生物学意义,是指男女在生物学上的差异,包括男女两性染色体不同,性腺不同、性激素不同、生殖器不同和第二性征不同。性别是心理学层面上的意义,它是指男女两性在心理上的差异,主要表现在性格、气质、智能、感觉和情感等方面。性别角色,是社会学层面上的意义,是指社会按照人们的性别不同赋予男女不同的社会行为模式,由于社会期望不同,男女两性所扮演的角色不同。例如:在封建社会中,男尊女卑的观念使得社会对两性产生了不同的期望:男子要刚强、独立、自主;女子要柔顺、依赖、顺从。然而,伴随着社会生产力的提高和女性在社会生活中地位的提高,原先在两性角色中泾渭分明的界限日渐模糊了,出现了"双性化"的特征,即现代人应具有传统男性角色和传统女性角色中所有的一切优良品质。两性角色互化的出现也是社会进步的一大表现。

(2) 性行为。性行为是指作为性活动主体的性意识支配而表现出的性行动，包括以下几种行为方式：性交、自慰、边缘性性行为、性补偿、性吸引、性宣泄等。人类的性行为是受性意识支配而表现出来的，它的发生必然受到生理、心理和社会等因素的制约，因此，健康的性行为一定是以这三者的和谐为基础的，即建立在两情相悦和符合社会的性习俗、性道德和性法律的基础之上。

(3) 性心理。性心理是指与性征、性欲、性行为有关的心理状态与心理过程，主要包括性认知、性思维、性情感和性意志。

性认知是性心理的基础过程，主要包括性意识、性知识和性经验。性意识是指性未成熟个体在发育过程中产生的，自我对性的感觉、作用和地位的认识。性知识是指从各种渠道获取的与性相关的理性认识，性心理的正常、和谐与否取决个体性知识结构的完整性，错误的、贫乏的性知识容易导致性愚昧的产生，从而不利于正常的性心理、性行为和性关系的产生和保持。性经验是人们对性生活的心理体验，它可以使性知识得到充实，只有健康的、卫生的、合乎道德的性经验才会对正常的性心理的形成、发展产生积极的影响。

性思维是性心理的核心心理过程，随着年龄的成长、生理机能的逐渐成熟以及性认知的不断积累，个体慢慢开始思考一些有关性的问题，进而对性产生一定的认识。如青年想象异性对象，考虑如何获得异性对象的倾心等。

性情感是在性感知和性思维以及日常与异性的接触中，主体逐渐地认识了两性的差别及关系，对异性开始抱有一定的态度，如对异性的好感、思慕、爱情等。

性意志是指主体自我意识调节性行为的能力，对于性冲动和性欲意识的控制支配。

(二)大学生性心理的特点

处于大学阶段的青年学生，伴随着性生理的成熟和性心理的发展，已经开始逐渐意识到两性之间的差别，对异性开始产生好感，对性知识产生兴趣，出现性欲望、性冲动等。大学阶段正是个体性心理发展的关键时期。那么，大学生的性心理有哪些特点和发展规律呢？

(1) 性生理的本能性和性心理的不成熟。随着大学生生理上的日趋成熟，他们出于性本能，开始对性产生较浓厚的神秘感，情不自禁地对异性产生兴趣、好感和爱慕，然而，由于大学生性心理还没有发育成熟，使得相当一部分大学生的性心理受自身性本能的支配比例较大，缺乏深刻的社会内容，再加上不少大学生不了解性的基本知识，往往是怀着好奇心，秘密地探求性知识，从而不能很好地适应与调节由于性机能成熟所带来的一系列的生理、心理上的变化，对自身一些常见的性意识活动缺少正确的认识，因此，无法保持身心的和谐统一，经常陷于性困扰与性失衡的境地。

(2) 性意识的强烈性和表现上的文饰性。大学生对性的关心程度明显强于中学生,大学宿舍每晚的卧谈会就充分体现了青年大学生对性的强烈渴求。由于青年期闭锁心理导致了青年性心理外显方式的文饰性、他们虽然十分重视自己在异性心目中的形象,很重视来自异性的评价,但表面上却表现出拘谨、羞涩、冷漠和不以为然;心里明明对某一异性很感兴趣,但表面上又表现得无动于衷、不屑一顾,或做出逃避的样子;表面上显得讨厌那些亲昵的动作和语言,但内心却很渴望体验。这样"表里不一"的特点使得大学生经常产生心理矛盾。

(3) 性心理的动荡性和压抑性。一方面,青年期是人一生中性能量最旺盛的时期,但由于大学生心理还不成熟,尚未形成稳固的道德感和恋爱观,自我控制力有限,他们的性心理极易受到外界各种因素的影响而动荡不安;另一方面,大多数学生在校期间无法以社会认可的合法婚姻形式获得性的满足,自身的性能量得不到合理的疏导、升华,从而产生强烈的心理冲突,导致过分的焦虑和压抑,少数大学生还可能以扭曲的、不良的变态行为表现出来。

(4) 男女性心理的差异性。大学生的性心理存在明显的男女差异,他们的心理需求不同。女性需要关心,男性需要信任;女性需要理解,男性需要认可;女性需要安慰,男性需要鼓励;他们的情感表达方式不同,男性显得较为外显和热烈,女性往往表现得含蓄而温存;他们的思维方式不同,男性讲求逻辑,喜欢综合、稳定,喜欢抽象,遇到问题喜欢静思的解决方法,女性则往往凭直觉,喜欢分析、喜欢变化、喜欢具体事物、容易依赖别人的意见;他们的性体验上也不同,男性比女性获得的年龄更早,性欲更强烈也更容易发泄,性冲动容易被视觉刺激唤起,而女性的性欲则更深刻一些,性冲动则易在听觉和触觉刺激下唤起。正因为男性与女性存在心理各层面上的差异,使得两性在相处时充满了摩擦和冲突,也给青春期的大学生造成了一定的心理影响。

二、大学生常见性心理问题

(一)性生理的困扰

1. 性体象的困惑

心理案例:

"我是一名女生,很长时间以来,现实生活中的无情打击,使我几乎失去了生活下去的勇气,整日暗自落泪,凄苦不堪。情况是这样的,因先天性发育不良,使得我缺少女性所特有的曲线美,胸部扁平,乳房一点也没有发育,乳头又小,宛如一粒绿豆子。医生,

第十章　玫瑰花香　小心刺手

您理解一个女孩子美慕别的女孩子那健美的英姿的心情吗？我叹气、我苦恼、我落泪，我也咒骂过上天的不公平，为什么老天就不造就我健全的躯体？我怕夏天，恐惧夏天，因为夏天会使我的生理缺陷暴露无遗……"

信中的这位女生为什么会如此痛苦呢？其实，在性心理学中，信中的女孩的心理现象是一种性体象困惑。

性体象的困惑主要是指大学生对自身性器官的结构与功能正常与否的疑惑和焦虑。男性希望自己身材魁梧、体格健壮、声音浑厚，以吸引女性；女性则希望自己容貌美丽、身材苗条、乳房丰满、音调柔美来显示女性魅力，以吸引男性。比如，有的大学男生从小说和录像中获得的"知识"，因为生殖器小或包皮过长而忧心忡忡，他们为此不敢交女朋友，不敢去公共澡堂，乃至于不敢上公众厕所，甚至认为这会导致性功能减弱，日后会影响性生活质量；有的女性则因为自己的乳房扁平而忐忑不安，觉得自己不够性感，缺乏女人的吸引力。他们常常会怀疑自己的性功能是否健全，是否会阳痿、早泄、性高潮缺失，甚至怀疑自己是否具有生育能力。现实生活中，很多大学生往往因为不满意自身的性体象，而产生抑郁和焦虑情绪。这种消极的性体象，往往不利于自我肯定、自我接受，甚至可能会对其心理发展与人格完善产生重要影响。

数据链接：

Moore 等(1988)报告说67%的女生和42%的男生对自己的体型不满意。还有一位西方学者调查了 2000 名 11～18 岁的女生，询问她们"如果可能的话，你最希望改变什么？你的外表、性格，还是你的生活？"结果，59%的学生希望改变自己的外表，而只有4%的学生希望更有能力。还有一位学者进行了一项调查，他让小学生和中学生完成这样一个句子："我希望自己……"结果，大部分男生回答"我希望高点"；女生则回答"我希望小巧点"。这些希望的背后，恰恰隐藏着对体象的不满。

2. 遗精恐惧与月经焦虑

（1）遗精恐惧。遗精是指男性在无性交状态下的射精现象，是青春期男性正常的生理现象，是性成熟的标志。然而，有一部分大学生对此有着不正确的认识，从而深受其困扰。有的大学生认为遗精是自己思想肮脏、行为堕落的结果，从而给自己带来心理负担，使自己长期处于焦虑紧张状态，因此，极易导致神经衰弱，出现头痛、失眠、耳鸣等症状。他们会认为"一滴精，十滴血"，"遗精会大伤元气"，实际上，精液是由精子和黏液组成的，一次排放的精液中，有 99%是水分，其余是蛋白质、糖等，其营养物质对人体微乎其微。男性在进入青春期后，睾丸源源不断制造出精子，精满则溢，伴随着做梦而释放的，

高校学生心理健康教育与指导

称之为"梦遗",间隔时间有时长有时短。如果遗精过于频繁,如一夜数次或一有性冲动甚至无性冲动就会精液外流,则应该去医院检查。大学男生要正确认识遗精现象,对精子及其相关的生理现象形成客观的、科学的认知。

心理案例三则:

一位男大学生因别人有遗精,自己没有而忧心忡忡,经了解,他平时手淫,自然就不会遗精,他听后如释重负。

另一位男大学生说自己在与女友拥抱时会有滑精现象,吃了许多药都无济于事,为此总是萎靡不振、郁郁寡欢,经仔细询问,才发现他所谓的滑精是一种性冲动时产生的前列腺分泌物。

"高中的时候我发现自己会有遗精,我很害怕。我又不敢和同学们说。我怕他们会笑我。马上要高考了,我也没和家里人说,我很害怕。高考完后我成绩不理想,考上了一所三本学校。我都不想去报到了,学费贵,且我发现自己20岁了竟然还会遗精。在我内心中,遗精是一件很丢脸的事情。我没有交女朋友,我也害怕交女朋友。最后,在家人亲戚的苦口劝说下才到外地上了学。上学后我发现我还会遗精,我怀疑自己是生病了,但我和谁都没有讲我内心的这个困惑。我一直想,毕业后挣钱了去找医生看看到底是怎么一回事。

在这个信念下,我很努力学习,想弥补高中时的不认真学习,也想着毕业后找个好工作,但是,遗精还是会有发生。因为我觉得自己身上有异味,我害怕和其他人接近。我很矛盾,我很想和其他人交流但是又害怕。和最要好的同学又发生了不愉快。终于我支撑不住了,我回家去当地医院看了泌尿科,看了几次后,一个刚从国外回来的主任医生说我没问题,很正常,结婚后就会没事的。我很纳闷,怎么会没有问题呢?为这件事,我都想到了退学,后来我休学了两年。休学的两年中我一直把自己关在屋子里,不想和其他人说话,也害怕见到其他人"。

心理小贴士

如何正确对待遗精的恐惧?

首先,要正确地认识遗精现象,顺其自然;其次,日常生活中,要注意经常清洗内裤、生殖器,注意个人卫生;再次,避免穿太紧的内裤、盖太重的被子,以减少性刺激;最后,遗精的次数没有周期性的规律,有时一两个月一次,有时一周两次,均属正常现象。

(2)月经不适。月经是一种正常的生理现象,是女性走向成熟的标志。月经期是女性生理的低潮期,身体的耐受性、灵活性会不同程度地下降,会出现不同程度地头痛、胸部肿胀、下腹疼痛、下肢酸软、容易疲劳等生理变化,同时很容易产生消极的情绪体验和不良的行为反应,如抑郁、焦虑、烦躁,容易和外界发生冲突。而有些女大学生不了解自己

第十章 玫瑰花香 小心刺手

的生理和心理的变化，一味地责怪自己或迁怒于他人，从而给自己的生活与学习造成了一定的影响。而有些女大学生的经期不良反应，则与自我暗示有关，如对经期产生一种强烈的排斥心理，认为是一件"非常倒霉"的事情，这些消极的暗示会加重自身情绪的低落和躯体的不适感，从而形成恶性循环。心理因素会影响的月经的规律性，可能会导致闭经、经前紧张综合征和痛经。

心理小贴士：

如何对待女生经期的烦恼？

第一，要了解自己的经期规律和特征，对自己的生理和情绪反应有心理上的准备，从而适当的控制自己的情绪。

第二，月经期可以有意识地回避一些矛盾，以减少刺激，避免做出感情上的重大决策。

第三，不要进行消极的心理暗示。

第四，养成良好的饮食习惯，经常运动，保持身体健康。

第五，不要过度劳累，学会放松，缓解因学习和生活带来的压力。

(二)性意识的困扰

(1) 希望获取性知识。随着性生理的日趋成熟，大学生们开始逐渐对性产生兴趣，开始更多地关注与性相关的问题。当他们在与异性相处的过程中，会情不自禁地想到对方的性体象以及与自己有关的性的意念，并从中可能会体验到性的冲动；同时，他们在欣赏一些与性有关的文学作品或音像资料时，会对其中关于性与爱情的描述产生兴趣，时常会产生性的想象，联想到自己某个心仪的异性。随着对性的关注度的增加，大学生越来越渴望获得关于性的知识，他们会主动地通过各种渠道，如报刊杂志、各类书籍、音像视频、网络媒体等来获取相关信息。有的会和朋友、室友展开小范围的讨论，如大学里面盛行的"卧谈会"，也是交流各种性知识和性体验的一种重要的形式。在交流过程中，一方面可以宣泄自己内心的性欲望，另一方面，可以了解同伴的性生理及性心理状况，从而避免自己对性生理和性心理发生变化而产生的各种焦虑和恐惧。然而，由于大学生们对于性知识缺乏辨别能力，他们自己搜集的各类知识往往并不准确，甚至是不健康的，可能会对大学生产生误导，从而造成不良后果。

(2) 性别角色的困扰。性别认同是指个体在生理上觉得自己是男是女，以及对自己现有性别的喜恶和是否有选择相反性别的倾向。对自己性别认同是一个人性心理的重要表现。研究发现，在全国大学生中，有一定比例的学生不喜欢自己的性别。其中，2.6%男大学生和 15.6%的女大学生都不喜欢自己的性别。另一项调查显示，6.5%的男大学生愿意选择成为女性，32.8%的女大学生不愿为女性，希望自己可以成为男性。男女大学生对自己的性别身份的不接纳，会影响到个人身心健康。每位大学生不但要承认自己的性别身份，而且要愉快地接纳性别身份、欣赏自己的性别角色。性别角色的认同和胜任是现代人成功适应和发展的重要心理基础。青年大学生应发展出适应时代要求的优秀个性特点，发挥特长，为社会做出贡献。

心理小测试：

贝姆性别角色量表：你是双性化吗

贝姆性别角色量表由 60 个形容词和短语组成，包括男性分量表、女性分量表和中性干扰量表各 20 项。被试者依据自己的情况，按照符合程度给每一项打分，完全不符合为 1，有点不符合为 2，比较不符合为 3，中等为 4，比较符合为 5，有点符合为 6，完全符合为 7。

1. 自我信赖	1	2	3	4	5	6	7
2. 柔顺	1	2	3	4	5	6	7
3. 乐于助人	1	2	3	4	5	6	7
4. 维护自己的信念	1	2	3	4	5	6	7
5. 快活的	1	2	3	4	5	6	7
6. 忧郁的	1	2	3	4	5	6	7
7. 独立的	1	2	3	4	5	6	7
8. 害羞的	1	2	3	4	5	6	7
9. 诚心诚意的	1	2	3	4	5	6	7
10. 活跃的	1	2	3	4	5	6	7
11. 情意绵绵的	1	2	3	4	5	6	7
12. 夸耀的	1	2	3	4	5	6	7
13. 武断的	1	2	3	4	5	6	7
14. 值得赞赏的	1	2	3	4	5	6	7
15. 幸福的	1	2	3	4	5	6	7
16. 个性坚强的	1	2	3	4	5	6	7
17. 忠诚的	1	2	3	4	5	6	7
18. 不可捉摸的	1	2	3	4	5	6	7
19. 道劲有力的	1	2	3	4	5	6	7
20. 女性的	1	2	3	4	5	6	7

21. 可信赖的	1	2	3	4	5	6	7
22. 善于分析的	1	2	3	4	5	6	7
23. 表示同情的	1	2	3	4	5	6	7
24. 嫉妒的	1	2	3	4	5	6	7
25. 具有领导能力的	1	2	3	4	5	6	7
26. 对他人的需求敏感的	1	2	3	4	5	6	7
27. 诚实的	1	2	3	4	5	6	7
28. 乐于冒险的	1	2	3	4	5	6	7
29. 有理解力的	1	2	3	4	5	6	7
30. 守口如瓶	1	2	3	4	5	6	7
31. 易于作出决策的	1	2	3	4	5	6	7
32. 有同情心的	1	2	3	4	5	6	7
33. 忠厚老实	1	2	3	4	5	6	7
34. 自足的	1	2	3	4	5	6	7
35. 乐于安抚受伤的感情	1	2	3	4	5	6	7
36. 自高自大	1	2	3	4	5	6	7
37. 有支配力的	1	2	3	4	5	6	7
38. 谈吐柔和的	1	2	3	4	5	6	7
39. 值得喜欢的	1	2	3	4	5	6	7
40. 男性的	1	2	3	4	5	6	7
41. 温和的	1	2	3	4	5	6	7
42. 庄严的	1	2	3	4	5	6	7
43. 愿意表明立场的	1	2	3	4	5	6	7
44. 温柔	1	2	3	4	5	6	7
45. 友好的	1	2	3	4	5	6	7
46. 具有侵犯性	1	2	3	4	5	6	7
47. 轻信的	1	2	3	4	5	6	7
48. 无能的	1	2	3	4	5	6	7
49. 像个领导	1	2	3	4	5	6	7
50. 幼稚的	1	2	3	4	5	6	7
51. 适应性强的	1	2	3	4	5	6	7
52. 个人主义的	1	2	3	4	5	6	7

53. 不讲粗俗话的	1	2	3	4	5	6	7
54. 冷漠无情的	1	2	3	4	5	6	7
55. 具有竞争心的	1	2	3	4	5	6	7
56. 热爱孩子的	1	2	3	4	5	6	7
57. 老练得体的	1	2	3	4	5	6	7
58. 雄心勃勃的	1	2	3	4	5	6	7
59. 温文尔雅的	1	2	3	4	5	6	7
60. 保守的	1	2	3	4	5	6	7

评分标准：

男性化的题项是：1，4，7，13，16，19，22，25，28，31，43，46，55，58，这些项目总分除以14。女性化的题项是：11，14，17，23，26，29，32，35，41，44，56，59，将这些项目总分除以12。

如果男性化量表得分和女性化量表得分都大于4，就是双性化，只有男性化量表高于4分就是男性化，只有女性化量表高于4分就是女性化，两个都低于4分就是未分化。

(3) 两性交往。"哪个少男不善钟情，哪个少女不善怀春"，与异性交往的心理从刚刚进入青春期就开始萌发，青年大学生们渴望和异性交往的愿望非常强烈。在对全国大学生的调查中发现，拥有强烈和异性交往愿望的大学生占70.1%。然而，在日常生活中能够经常与异性交往的却只占22%，70%的人感到与异性交往不自在。两性交往是青年大学生正常的性心理需要，是满足性欲望的一种方式，可以从中减缓性紧张，而且，通过彼此了解异性，有利于消除两性间的神秘感，互相取长补短，从而有利于以后恋爱的顺利进行和婚姻家庭的幸福。

心理箴言

大自然把男女两性既做得这样相像，又做得那样不同，真是奇迹。也许正因为如此，两性间的吸引才这样强烈吧！

——卢梭

心理加油站

常见的异性交往的不良心理

① 异性交往的恐惧心理。有些大学生在与异性交往的过程中总觉得不自然，感到不自在。这一方面受到传统的观念的影响，如"男女之间授受不亲"，"男生和女生之间没

第十章 玫瑰花香 小心刺手

有真正的友谊"等,很多大学生羞于甚至耻于和异性接触,常常拒异性于千里之外;另一方面,有的大学生因为害怕在异性面前没有出色的表现、言行不当、相貌平平而深感自卑,而不敢主动与异性交往,或交往过程中倍感紧张,感觉脸红、心跳加快、说话语无伦次,久而久之,泛化到与同性交往,出现社交恐怖。

② 异性交往的自责心理。一些大学生不懂得为何会对异性产生神秘感和好奇心,又因为头脑中受到男女之间交往的道德束缚,以至于对自己心中萌发的希望接近异性、与异性交往的念头而常感到内疚和自责。

③ 异性交往戒备心理。对别人希望与自己交往的表示存有戒心,似乎异性交往就是有企图的,就等于谈情说爱,甚至视为不正当的行为。

④ 异性交往的猜忌心理。有的同学一看到男女同学相互接触多一些,就捕风捉影,评头论足。

这些对异性交往上的错误理解,使得一些大学生产生无法摆脱的烦恼,严重影响了大学生对异性、对爱情的理解,进而带来性心理的困扰。

(4) 性冲动的困扰。性冲动从性发育成熟开始就已经存在(男生 13、14 岁,女生 12、13 岁),然而,从性成熟到以合法的婚姻形式开始正常的性生活,一般至少需要十年以上时间,这一时期被称之为"性饥饿期"。性冲动是在性激素作用和外界刺激下产生的,是男女正常的生理和心理反应。

① 病态的性压抑。适度的性压抑是符合社会需要的,是性心理成熟的表现。然而,过度的性压抑,则是有碍于身心健康的发展,会导致性欲畸变,性能量退化,引发性心理扭曲。这种情况往往会对两类人群影响最大:一类是对"性"持有不正确的认识的大学生,他们视性为下流的、肮脏的、不纯洁、不道德或可耻的现象,这种性认知尤以女生居多,她们往往将爱情当做一种纯粹的精神恋爱,将其与性爱完全割裂开来,当出现一些原本正常的性冲动时,就极为恐惧,竭力否定、排斥、自责、甚至是过度的压抑,于是,形成了深刻的矛盾冲突,产生抑郁情绪,往往导致强迫性观念和神经衰弱;另一类是性冲突强烈而心理调节能力比较脆弱的大学生,他们难以找到宣泄、转移或升华的途径,他们往往焦虑不安、苦闷烦恼,长此以往会导致心理异常,出现病态压抑。

小诗歌:

情爱与性爱
情爱是性爱的灵魂,
性爱是情爱的地基,
情爱是性爱的大厦,

高校学生心理健康教育与指导

> 性爱是低级的爱,
> 情爱是高级的爱,
> 性爱是有一定时间期限的,
> 情爱却是无限永恒的。
> 只有性爱没有情爱,那还是原始性的兽性的爱,
> 只有情爱没有性爱,那是缺乏质的精神之爱,是不完善的。

心理案例:

我是一名即将毕业的大四女生,今年22岁。在高等学府的校园里,大学生谈恋爱的比率很高。我现在面临的困惑是关于我现在的男友——我的第二个男友。我的第一个男友是我高中时的同班同学,我和他的感情是由少年时的友情逐渐演变而来的,可以说是很纯洁的"柏拉图式"的恋爱。两人的接触只是牵牵手、亲亲脸而已,当时,我也觉得很自然,比较容易接受。而现在这个男友比我大3岁,是个快满25岁的大小伙子。我刚入大学便认识了他,但直到我与前男友分手,我们才开始恋爱,至今尚未满一年。他对我的体贴与关怀确实是无微不至,令人感动的。恋爱以来,我一直觉得自己是非常幸运的女孩,在错过了很多好男孩之后,命运仍然慷慨地赐予我一个可以依傍一生、彼此扶持的爱人。然而,随着感情的深入,我发现在与他单独相处时,他总会不自觉的拥抱和亲吻我,将我揽入他的怀中,与我耳鬓厮磨。再后来,他的爱抚已经不仅仅是那种小心翼翼的,而是肌肤相亲的、比较热烈和大胆的爱抚了。我很慌乱,有时觉得这种爱抚和温存的确让我有迷醉的感觉,有时又觉得我们这样做很不对,因为我是很看重贞操的,虽然他也一再发誓绝不会在婚前与我发生关系,但我真怕我会失控,更怕他会失控,因为他是那种威武有力的男孩。退一步说,相恋一年怎么可以进展得这么快呢?再者,我和他都是接受过高等教育的人,虽然我们彼此相爱很深,但是,我们之间的爱情已经掺有不纯洁的性爱成分,他的这种行为,已经使我对他的品德产生了疑虑,也对我们之间的这种爱情产生了怀疑。他到底是爱我,还是爱我的身体,我该何去何从?

这个大四女生信中谈到的问题,正是许多恋爱中的人的困惑。恋人之间是仅仅只有精神恋爱,还是同时可以包含其他成分? 以她从小接受的教育来看,她觉得男女之间不该有肌肤之亲,可是若从她的内心来讲,她又渴望拥有这种亲密的行为,于是,矛盾的心理产生了。其实,一个人的行为若合情、合理、合法、合俗,其行为就是正常的。情爱和性爱往往在一定程度上是相互交织的,在男女朋友形成了稳定的恋爱关系的基础上,产生这种边缘性的性行为也是很正常的。

② 不正当的性宣泄。宣泄是以某种性的方式获得性冲动的满足，最直接的方式就性交。对于大学生而言，他们往往会通过手淫、卧谈会、厕所文学、课桌文学中的性描写以及观看有关性的书刊、音像资料来达到宣泄的作用。而有的人则过于强调性的生物性，信奉"性自由、性解放"，从而在性行为上随便、放纵，甚至不择手段地获得性的满足。他们将与异性性交，甚至将与不同异性性交当做炫耀的资本，进行非法同居、婚前性行为等，这同样是一种性的适应不良，甚至可能触犯法律。性宣泄是一个生理过程，它的方式应该符合社会规范，有益于身心健康。当代大学生应该选择正确的、健康的方式达到性宣泄的目的。

知识链接

如何正确对待性冲动呢

① 性升华。大学生要以科学的态度认识、接纳性冲动，积极妥当地释放它或升华它。即一种积极的、丰富的、能为社会所接受的欲望或方式来取代性欲。比如，通过绘画、音乐、体育、娱乐等活动来转移能量，平衡性情感。

② 通过性生理、性心理、性卫生及性道德的学习，认识性欲和性冲动是可以控制的。培养自己良好的性适应能力和性抑制能力，以适应复杂的社会文化环境，并防止越轨。

③ 建立积极适度的两性交往。与异性之间建立良好的友谊，可以减缓性冲动的紧张。但是，友谊与爱情仅一步之遥，在交往的过程中注意方式方法和距离分寸，男女交往应自然、大方、得体、开诚布公，言行中要注意不要引起对方的错觉和性意向的浪漫幻想。

④ 避免性的挑逗和刺激。多看健康的书刊、画报、电影、戏剧、舞蹈等，陶冶情操，不要看富有性挑逗性的东西，如充满肉欲的电影、裸体画、庸俗的舞蹈等，这些不健康的、肉感的刺激往往对某些大学生的性欲起着挑逗的作用。

(5) 性幻想与性梦。性幻想又叫做性的白日梦，它是指在清醒状态下想象与异性发生性行为的心理活动的过程。处于青春期的大学生对异性的爱慕和渴望会很强烈，但由于受到社会规范和道德的约束，这种强烈的渴望不能直接实现时，性幻想就会产生。他们常常会把曾经在电影、电视、报刊杂志中所看到过的情爱镜头或片段，在自己的大脑中进行自编、自导、自演，有的还会导致生理上的性兴奋，偶尔出现性高潮，男性还会伴随手淫现象。性幻想是人类特有的功能，是个体性能量较为活跃的、不可避免的结果，它在一定程度上可以缓解人们的性需求，是一种较为普遍的心理现象。大学生没有必要将这种正常的性心理现象视为堕落的、无耻的，没有必要强制性地将这种现象压制下去，从而产生焦虑、抑郁、甚至是强迫观念。但是，如果青年大学生过分沉溺于性幻想，往往会使注意力、思

高校学生心理健康教育与指导

想无法集中，对学习和工作的妨碍很大，也不利于身心健康的发展。

心理案例：

> 我是一名正读大一的女生，由于我的性格活泼开朗，什么烦恼、不愉快的事在我面前都似过眼烟云，因此，学校的男女同学都叫我"快乐天使"，他们也特喜欢与我交朋友。可是，一个月前发生的一件事却突然把我推入痛苦迷茫的泥潭。那天，学校组织我们到虎丘春游，高我一年级的阿枫临上车前找到我，约我与他同行，并得意洋洋地举着手中的相机告诉我，他愿为我留下美好的倩影。
>
> 阿枫年长我两岁，长得伟岸洒脱，平时对我挺关照的，加上我们又住在同一幢楼房，因此，我对他比别的同学多了点亲近感。在一处景点拍照时，我为了摆一个姿势站立不稳险些跌倒，阿枫一个箭步抢过来扶住了我，惊魂未定，他的手臂正巧放在我丰满的胸部上，顿时，一种触电般的感觉传遍全身，我好想让这种感觉成为永恒，可转瞬间我又惊慌失措地推开阿枫的手。
>
> 当晚，我躺在床上，满脑子都是阿枫的影子，白天那种触电般的感觉总像毛毛虫一样刺激着我。自此以后，我天天盼望与阿枫在一起，可我又特怕见到他，我怕他会看出我的心思，怕他笑话我不知羞耻，有时还会不自觉地会想起一些男女之间的事情，为此经常在上课、学习的时候走神。为了把阿枫从我的脑海里赶走，我强迫自己读书，往往眼睛看着书本却不知道看的什么内容。可偏偏也怪了，对于一些描写爱情的小说、诗歌及恋爱指南书籍我又特感兴趣。在这种矛盾心理的折磨下，我的工作和学习生活都乱了。
>
> 我知道，现在正是求学时期，有这种邪念是走向堕落的开始，可是，我不知道该怎么摆脱这种淫邪的思想……
>
> 其实，该女生的这种心理是正常的，这是青春期的少男少女们性爱萌动的必然反应，根本不必为此烦恼不安，更不必产生什么过错感、羞耻感或者堕落感。然而，如果她们像这位女生一样，一直禁锢在性欲是堕落、有罪或淫秽这样的观点，或者她们有关"正派"女孩子的观点根深蒂固，那么，她们的性冲动便会过度压抑，并带来不良的心理影响。

性的白日梦是意识可以控制的幻想，而性梦则是不由人行为意志控制的潜意识表现，它是指在睡梦中出现的带有多种性内容色彩的景象。性梦包括了性行为的一切形式，例如：接吻、拥抱、抚摸和性交等。在性梦中可伴有男性遗精、女性阴道分泌物增多等性兴奋现象。这种性梦的自然宣泄，类似于一个安全阀的作用，能够缓解累积的性冲动，使个体的性能量得以释放，有利于个体性器官功能的完善与成熟。因此，性梦是一种常态的现象，大学生不必为此而感到焦虑、自责。性梦一般多则每周一次，少则每半月或每月一次。当然，性梦过于频繁的话，则需要寻找原因与对策了。

第十章 玫瑰花香 小心刺手

知识链接：

性梦的内容

梦境中性内容的形成可能有多种，如：看到裸体的异性、与异性接吻、拥抱、被异性爱抚、爱抚异性、性交等。

性梦中的性对象是不可选择的。性梦者情欲对象可能是与其一往情深但未成眷属的人，也可能是同班同学、邻居、亲友，还可能是只见过一面而没有任何交往的人，甚至是从不相识的陌生人，所以，不必为梦中出现的那个他(她)而过分忧虑。

梦中异性的形象有时是清晰的，有时是模糊的；有时，梦境中会有与同性有性接触的情节，而做这种梦的人，并没有可观察的同性恋倾向；有时，梦境中会有性侵犯(如强奸)的情节，而做这种梦的人也并没有性侵犯的倾向。因此，不必为自己的性梦中出现的异常行为过分担心。

心理案例：

某男，21岁，大学三年级学生。平时性格比较内向，不善于与人交往，从没有和哪一个女孩子特别亲近。然而不久前，他做了一个梦，梦中居然和别人发生了性关系。

梦醒后他愧疚不已，感到犯了乱伦的罪过，无颜面对他人。后来他又做了一个梦，梦中和班中的女团支书发生了关系。潜意识中似乎在证明什么，他不相信自己道德如此败坏，竟这样下流无耻，担心团支书因此受到伤害，以至于不敢面对她，只要她在教室，他就看不下去书，如果单独与她不期而遇，一天便会心神不宁，强烈的罪恶感使他不能安心学习。他担心自己要变成性犯罪分子，有时还怀疑自己是不是得了精神病，为什么会如此不正常？心理的负荷使他不敢入睡，生怕"旧梦重温"，讲又讲不出口，想也想不开，忘更是忘不掉，万般苦闷中他走向咨询室。

使这位大学生苦恼不已的梦叫做性梦，这位大学生之所以不能自拔的原因是荒诞怪异的梦中带有乱伦性质和不存在的可能，使他产生了强烈的内疚心理，以至于怀疑自己，害怕睡觉。人之所以会做性梦，是生理和心理综合活动的结果。梦中的情景，都与做梦者平时的经验和思想活动有关。由于梦是一种典型的无意想象过程，所以，性梦不免荒诞离奇。在性梦中出现的不合常规的性恋动作与性对象，既不表明其人格特征，也不表明性梦者的伦理道德修养水平。因而，性梦之后完全没有必要自责。

(三)性行为的心理困扰

(1) 性自慰。又称手淫，是指在非性交的情况下，用手或其他物品摩擦生殖器官，以

高校学生心理健康教育与指导

取得性欲满足的行为。"万物淫为首",淫在中文为贬义词,很多人认为手淫是有害的、罪恶的、不纯洁的,从而陷入了负罪感、羞耻感等诸多焦虑不安的情绪中。伴随着手淫快感的消失,悔恨、紧张、害怕、多疑、自责等心理便会涌上来,而越是如此,个体就会越发会借助手淫来缓解和释放焦虑、紧张情绪,从而形成恶性循环。这种情况特别容易发生在忧郁型个性的大学生身上,手淫本来是为了释放性紧张,而这种习惯性手淫,往往演变成为了释放紧张、焦虑情绪的手段。

手淫是一种正常的性行为,是青年在婚前主要的一种性行为发泄方式。美国的一项研究发现,94%的男性和63%的女性都曾有过手淫。日本的一项调查发现,90%以上的高中男生和20%的高中女生都有手淫。梁斌对719名中国大学生的调查发现,73.4%的男生和32.8%的女生承认有手淫经验。对青年男女而言,手淫虽不是完美的性满足方式,却无害于他人,是一种自我心理慰藉,在一定程度上能宣泄性能量,缓解性紧张,保持身心平衡,避免性犯罪和不轨行为的发生,因此,适当的、有节制的手淫是无害的。但这并不等于说手淫是必需的,是加以提倡的,更不是说手淫可以过度、频繁的发生。过度的沉溺于手淫,会引起大脑神经活动功能和性神经反射的紊乱,影响心身健康,并且,由于手淫所带来的性满足是个体独自完成的,与异性情感关联较少,会使生理器官的冲动与心理情感的活动相脱节,不利于以后婚姻生活中夫妻性行为的适应,而且,容易造成男性尿道感染和女性月经失调、盆腔炎等。

心理案例:

17岁的小梅,一次偶然的机会,用手触摸了自己的私处,突然觉得有一种非常舒服的快意,从此便染上了自慰的习惯。开始只是心里痒痒的,偶尔为之,但随着年龄的增长,近一段时间自慰越来越频繁,以致发展到上课时忽然就想做,晚上要做好几次才能睡着觉。

每次做过之后,她都有很强的罪恶感、肮脏感,心想,以后再也不能这样了,但却以失败而告终。更让她感到疑惑的是她的月经周期很不规律,有时提前,有时拖后,经血量或多或少。她认为这都是自慰带来的后果,但就是无法控制自己,因此,陷入了极度烦恼之中。

适当自慰虽然无害,但已成为许多少女心中的烦恼,往往给她们带来沉重的压力。因此,青春期少女要妥善安排好自己的生活,但若自慰过度或以自慰为嗜好则就是另外一种情况了,无论从心理上还是生理上都会产生一些不良影响。

自慰过度与否的判断标准:一般来说,自慰后通常没有不舒适感,反而感觉轻松、愉快,则是正常的、适度的;如果自慰后经常感到疲乏、劳累,生殖器部位或身体其他方面不舒服,则可能是手淫不当或过度的表现。

第十章 玫瑰花香 小心刺手

心理小助手：

如何解除手淫的困惑？

① 树立对手淫的科学认识，消除心理障碍。偶尔有手淫行为是青年大学生在青春发育期的一种正常性冲动的表现，并不影响健康，没有必要因手淫而造成羞愧、悔恨、自责、罪恶的心理。一旦形成手淫习惯也不可怕，正如著名医学家吴阶平所说："对于手淫……不以好奇而开始，不以发生而懊恼，已成习惯要有克服的决心，克服以后就不要担心，这样便不会有任何不良后果。"

② 树立理想与志向，增强时效感。大学时光有限，它是人生学习、发展的黄金时期，大学生应加倍珍惜，把主要精力集中在学习上，专心致志、发奋图强，积极向上的心理状态，对大学生的性欲疏导起积极的作用。

③ 积极地参加正当的文娱、体育活动、扩大业余兴趣爱好，充实课外生活，从而淡化和转移性欲。

④ 建立有益身心健康的生活，养成有规律的生活习惯。按时睡觉、起床，不睡懒觉，不赖床，睡前避免过度兴奋，不看色情书刊、图画；不要睡太柔软的床铺，不要盖太厚、太重的被子；睡眠以右侧卧为佳，不要俯卧。

⑤ 自我教育、自我暗示法。进行意志和毅力的锻炼，当性冲动出现时可以进行自我调节、自我控制。尽量控制手淫的欲念，先从减少次数开始，减少到手淫只是极为偶然的现象，直至戒除。

⑥ 分神法。出现手淫念头时去做最有吸引力、兴致最浓的事情。"使用此法真管用，每当想手淫时，他们有的下棋、听音乐、做俯卧撑、看书……这样可以转移大脑性冲动的兴奋点，制约性冲动"。河北医科大学第二医院小儿内科王新良介绍说。

⑦ 抑制法。利用大脑皮层的机能特性"优势法则"，有意识地增强学习兴奋灶，抑制手淫冲动的杂念，大脑皮层中形成学习优势兴奋灶，从而使其他部位处于抑制状态，学习越专注，处于优势兴奋灶区域越具有良好的应激机能，并能进一步提高学习效率，有利克服手淫习惯。

⑧ 注意一些日常生活习惯。

- 经常清洗外阴，消除积垢对生殖器的刺激。
- 不要憋尿、避免膀胱过度充盈引起刺激。
- 内裤不要过于紧小，防止摩擦外生殖器而引起刺激。
- 膳食上多吃新鲜蔬菜和豆类食品，少吃刺激性食物。

(2) 婚前性行为。婚前性行为是没有配偶的男女之间在未履行结婚登记手续的情况下发生的两性关系，是一种违反婚姻与性相统一的法律原则的婚外性行为。性科学研究按照性欲满足程度的分类标准，将人类性行为划分为三种类型：一是核心性性行为，即两性性行为；二是边缘性性行为，如接吻、拥抱、爱抚等；三是另类性行为。婚前性行为属第一种范畴，它是指男女双方在恋爱期间发生的性交行为。其特点是双方自愿进行，不存在暴力逼迫；没有法律保证，不存在夫妻之间应有的义务和责任；容易产生一些纠纷和严重后果。在我国，婚前性行为是被社会舆论、道德所反对的，是不允许的，"是一种性罪错"。大量资料表明，婚前性行为的主动者多是男性，但其直接受害者却是女性。由于这种行为是男女双方自愿进行的，各自都存在一定的心理动机。为了维护女性的利益，促进婚姻的和谐与社会的文明发展，大学生应建立正确的性道德观念，尊重家庭，尊重婚姻。

近年来，随着青年的性观念和性行为的日益开放，婚前性行为的发生率一路高攀。据首都师范大学性健康教育中心对中国近 30 所大学 1 万名在校大学生性行为观念的调查表明：有过性行为的男大学生为 15.7%，女大学生为 5.0%；赞成婚前性行为的男大学生为 57.0%，女大学生为 26.7%。婚前性行为产生的主观因素有如下几种：①恋爱中双方过于亲昵，无法抑制性的冲动；②以性锁情，恋爱期间，一方恐怕另一方变心而有意造成性关系的事实，以便达到与另一方结婚之目的；③青少年出于好奇心和性体验心理；④要求结婚但不符合法定条件，便先同居而后登记。

对于婚前目的性性行为，有些人不以为然，他们没有意识到婚前目的性性行为有着巨大而明显的危害。

① 破坏了传统道德，使婚姻家庭关系的基石受到破坏。婚前性行为的发起者绝大多数是男性，而直接的受害者却是女性，有婚前性行为的女性容易受到社会舆论的压力。

② 影响了人际关系。在性行为上的松弛往往造成对婚姻采取轻率态度，一些婚姻关系被"露水夫妻"所代替，即使结婚以后也会隐藏危机。如有的因有婚前性行为，婚后夫妻间互相猜疑怀疑对方另有外遇；有的婚前有性行为，婚后恶习不改另求新欢造成家庭的破裂。

③ 给生育带来问题。有的大学生由于对性知识了解甚少，安全措施不当，导致怀孕，进行人流，染上妇科疾病；有的因为流产而导致终身不孕即使今后生育也易于出现并发症，给女性及双方都带来了心理和生理上的莫大损伤。

④ 不能协调性关系。许多事实证明，婚前同居者并未在家庭生活中显示出优越性。婚前同居往往只有性关系没有经济和其他方面的关系，因此这种关系并不稳定，同时也会出现另一个极端的变化，原来恋爱双方相互平等、自由选择的关系被婚前性关系所破坏，男方认为女方再也离不开自己，故对其不加珍惜。有调查显示，女大学生同男朋友发生性

第十章 玫瑰花香 小心刺手

关系后,有一半想嫁给他,可只有 1/8 的男大学生想跟自己有第一次性行为的女性结婚。女方则因委身于对方,害怕或担心男方变心,故对其一再迁就容忍,即使男方有较大缺点也不得不将就成婚,有些人更是因怀孕而完婚,并非出于两人的真正爱情,婚后难免不发生悲剧。婚前性行为,无论对于男女双方而言,还是对于未来家庭幸福而言,都产生了不利的影响。尤其是作为女大学生,应该充分认识婚前性行为的危害,需要自尊、自重、自爱,要拒绝对方的越轨性要求,阻止婚前性行为的发生。

知识链接:

如何避免发生婚前性行为

青年大学生在热恋过程中,双方都处于激情状态,甚至会情欲迸发,很难控制自己。有意识地做好一些注意事项,可以尽量避免产生不良后果。

① 约会的时间,最好不要选择晚上。因为借助夜幕的"掩护",恋人间容易产生性冲动,稍一疏忽,就可能逾越界限,做出令双方都后悔的事情。

② 约会时,衣着最好不要过于透明、暴露。作为女大学生要清楚地知道,在什么情况下拒绝对方的性要求更容易。

③ 约会的地点最好选人较多、热闹的地方。在这些地方既可以共度一段美好的时光,又可以通过环境的帮助,实行自我约束。僻静处、私人卧房、旅馆的客房都是比较危险的地方。

④ 当发现对方产生了性冲动而非常不安时,可以适当地提醒对方需要理智,或谈些别的话题,以转移对方的注意力。最好不要采取简单的、粗暴的拒绝方式,以免伤害对方的自尊和双方的感情。

知识链接:

学会科学避孕

青年大学生在发生性行为时,容易过度激情而没有采取相应的避孕措施,从而酿成苦果。用科学的方法来避孕,是每个成年人的生活必需常识。

① 使用避孕套。这是年轻人中最普遍使用的方法,既可以较好的避孕,也可以保护女性的生理安全,避免性传播疾病。

② 安全期避孕。适于月经周期规则的女性。女性大约在下次月经前的 14~16 天排卵,在此日期前后的 2~4 天内不安全,其他日期则相对安全。

③ 使用避孕药。应用最好的短效避孕药(72 小时内服用有效),避孕效果可达 99%,

高校学生心理健康教育与指导

长效避孕药每月使用1次，有的可1~3个月服用1次。

心理案例：

我是一名大二女生。本来在学习生活中，不应该有任何事情影响我，但实际并不是这样。我有个男朋友，我和他从高一开始恋爱到现在。在大二暑假我们发生了性关系，我们之间的关系开始影响我的心情，我觉得没脸见人，觉得自己不再像个学生，不再单纯。每次去上课，感觉同学们好像都在盯着我，我怕别人知道，我怕怀孕，更害怕我把自己交给他了，结果他却抛弃了我，我痛苦极了！我不想这样下去了，学不进去，而且，他和别的女生说话的时候，我就很受影响，心情有很大的波澜，很难受。

有时候我也很后悔当初的轻率，不该跟他做这种事情，并责怪自己，对自己不满。我经常觉得很烦，心永远是飘忽不定的，总不能静下心来学习。我不希望我这样颓废，不想对不起我的父母，更不希望对不起我自己，但我真的不知道该如何弥补曾经犯下的错，不知道以后该怎么办？

这是典型的因为婚前性行为而造成的内疚与自责，心理无法摆脱自责的感觉。我国传统的道德要求是：恋爱期间最亲密的接触通常是接吻、拥抱、依偎、爱抚等，只有得到法律的认可，步入婚姻的殿堂后才能发生性行为。本案例中的女学生产生强烈的心理困扰，一方面是由于婚前性行为本身给女生带来的心理不安全感，另一方面就是因为自己的行为与传统的道德要求发生了冲突。

（3）性骚扰和性侵害。性骚扰指以性欲为出发点的骚扰，以带性暗示的言语或动作针对被骚扰对象，引起对方的不悦感，通常是加害者肢体碰触受害者性别特征部位，妨碍受害者行为自由并引发受害者抗拒反应。性骚扰表现形式尚无统一界定，一般认为有口头、行动、人为设立环境三种方式。性侵害是指加害者以权威、暴力、金钱或甜言蜜语，引诱胁迫他人与其发生性关系，并在性方面造成对受害人的伤害行为，此类性关系的活动包括：猥亵、乱伦、强暴、性交易、媒介卖淫等。性侵害可以分为如下形式：①暴力型性侵害，是指犯罪分子使用暴力和野蛮的手段，如携带凶器威胁、劫持女同学，或以暴力威胁加之言语恐吓，从而对女同学实施强奸、轮奸或调戏、猥亵等。②胁迫型性侵害，是指利用自己的权势、地位、职务之便，对有求于自己的受害人加以利诱或威胁，从而强迫受害人与其发生非暴力型的性行为。其特点如下：利用职务之便或乘人之危而迫使受害人就范；设置圈套，引诱受害人上钩；利用过错或隐私要挟受害人等。③社交型性侵害，是指在自己的生活圈子里发生的性侵害，与受害人约会的大多是熟人、同学、同乡，甚至是男朋友。④诱惑型性侵害，是指利用受害人追求享乐、贪图钱财的心理，诱惑受害人而使其受到的性侵害。

第十章 玫瑰花香 小心刺手

知识链接：

性骚扰和性侵害是危害大学生身心健康的主要问题之一。由于两性的社会地位和角色不同，相对而言，性骚扰和性侵害的对象常以女性为多。因此，女大学生了解一些性侵害和性骚扰的基本情况、掌握一些基本对付方法，是很有必要的。

1. 在日常生活中，女大学生们要注意学会保护自己，避免遭遇性骚扰。

(1) 应在日常生活中，避免穿袒胸露背或超短裙之类的服饰去人群拥挤或僻静的地方。

(2) 外出时，尤其是在陌生的环境，要注意那些不怀好意的尾随者，必要时采取躲避措施。

(3) 避免和男性单独出入暧昧场所，如酒吧包厢、KTV 包厢、电影院等地。

(4) 晚上太晚回家应打的，而不要单独经过小巷或者无人街道，最好不要单独让男性送回家，就算被送回家，也请在楼下就道别，不要引狼入室。

(5) 如果需要和男性共赴晚餐或者其他活动，应挑选对面而坐的单独座位，避免双人座位，而将自己困在里面。

2. 万一遭遇性骚扰，我们也要学会保护自己。

(1) 对于有性骚扰行为的人，应及时回避和报警，不可有丝毫的犹豫不决。

(2) 万一遭遇性骚扰，尤其是性暴力，应大声呼救，甚至踢打对方要害，切忌忍让。

(3) 遭遇性骚扰，也可机智周旋，还应设法保留证据，及时向有关部门求助和告发。

(4) 受到伤害后，应尽快去医院检查，以防止内伤、怀孕或感染性病等，并及时进行心理咨询、心理治疗，医治精神创伤，学会保护自己。

3. 女大学生在遭遇性侵害时该如何处理？

(1) 遇到性侵害时，首先要保持清醒的头脑，保持镇静，临危不惧。大义凛然、临危不惧的态度对罪犯起到震慑作用，使犯罪分子在心理上感到胆怯，进而战而胜之。

(2) 遇到性侵害时要有坚持反抗到底的信心，软磨硬泡、拖延时间、顽强抵抗，根据周围的环境选择摆脱、反抗、求救的方法。

(3) 寻求适当机会和方式逃脱，例如可先假装同意，使犯罪分子放松警惕，然后趁他脱衣，使尽全力将其推倒，及时逃跑，并在逃跑时继续呼救；或出其不意，猛击其要害，使其丧失侵害能力，趁机逃脱。

(4) 采取积极的防卫措施，利用身边的器物或日常生活用具防卫。当发生性侵害时，要想一想自己身上有无可以用作防卫的工具，如水果刀、指甲钳、发夹等，观察周围环境有无可以利用的器物，如棍棒、酒瓶、砖、刀械等，当受到侵害时，用其击犯罪分子的要害部位，如头、眼睛、关节等部位，使其丧失侵害行为的能力，趁机逃跑。

(5) 遭遇陌生人侵害时，要努力记住犯罪分子的体貌特征，保护好现场及证物，及时报案。

(6) 遭遇性侵害后，努力不要对自身产生负面评价，积极寻求心理咨询师的帮助，早日走出可能存在的心理阴影。

心理案例：

案例一：某大学有一位女生，在宿舍中遭到校外窜进来的犯罪分子的袭击，该生毫无惧色，先是严厉斥责，后是大声呼救，但宿舍四周无人，呼救不应，犯罪分子胆子更大，气焰更为嚣张。该生不甘示弱，与犯罪分子扭打成一团，犯罪分子终因无法下手，仓惶逃遁。

案例二：2002年4月20日中午，某高校女生张某一人去办公室学习途中，遭遇社会青年齐某尾随，当齐某确认办公室没有其他人后，马上用随身带的手绢蒙面，手持啤酒瓶闯入室内，将正在学习的张某按住，威胁道："把钱拿出来，别出声，出声整死你！"张某慌忙将书包中仅有的十几元现金交给齐某，齐某见势遂生歹意，将张某摁倒在地，并解下张某的鞋带欲捆住张某，张见状乘其不备，夺下啤酒瓶砸在齐某头部，并大声呼救。齐某受伤慌忙逃跑。案发后，张某及时到学校保卫部门报案，并为公安机关提供线索和证据，2002年5月，齐某被抓获归案，判处有期徒刑三年。

以上两个案例，被害者在受到侵害时，首先都有一个坚决反抗的态度，然后敢于同犯罪分子做斗争，并在搏斗中大声呼救，使犯罪分子感到害怕，最终放弃侵害行为。试想，如果受害女学生胆小怕事，缩手缩脚，对犯罪分子听之任之，那么后果肯定是不堪设想。

三、大学生性心理对策

性是人类的自然属性，在强调生活品质的今天，拥有健康的性生理与性心理无疑对个体的身心健康具有重要的意义。那么，大学生性心理健康具有什么样的标准呢？大学生性心理健康的培养与维护需要长期自身的不懈努力，更需要高校这一主流渠道的教育和疏导，那么，我们又该通过哪些途径和方法来培养健康的性心理呢？

(一)性心理健康

心理箴言

让青少年无奈地去摸索、尝试错误，从色情商品中学习扭曲的两性关系，是文明社会的耻辱。

——晏涵文(台湾著名性教育家)

第十章　玫瑰花香　小心刺手

性心理是人类个体心理活动中最为重要的组成部分。健康的性心理不仅符合社会道德规范，而且有利于个体身心的健康发展。世界卫生组织认为，性心理健康是指个体具有正常的性欲望，能够正确认识性的有关问题，并且具有较强的性适应能力，能和异性进行正常的交往，在免受性问题困扰的同时，还能使自身的人格得以完善，身心健康得以发展。根据性心理健康的内涵，个体的性心理健康应该符合以下标准。

(1) 能够正确认识自我，愉快地接纳自己的性别。一个性心理健康的人，能够正视自己性生理的发育和性心理的变化，会自觉地把自己融在社会这个大背景下，能客观地评价自己和他人，并乐于承担相应的性别角色。

(2) 具有正常的性欲望。性欲是能够获得性爱和性生活的前提条件，一个人如果没有性欲望，就不会有性爱和和谐的性生活，性心理健康就无从谈起。正常的性欲望的标志是性欲望的指向对象是成熟的异性，而不是同性或以物品作为替代物。

(3) 性心理特点和性行为符合相应的性心理发展年龄特征。在生命发展的不同年龄阶段，人的心理发展表现出不同的特征，性心理的发展也同样呈现出阶段性的特点。

(4) 具有较强的性适应能力。性适应是指个体在生长和发育过程中，性活动和所处的社会环境、文化形态之间形成的一种和谐关系，也就是性生理、性心理、性社会三要素的一种协调状态。性适应能力就是个体的性活动与外界形成和谐关系的能力。性适应能力的获得是一个漫长的、复杂的过程，它是伴随着个体的性生理的成熟而逐渐建立的。它表现为个体性与自我同一性的建立，能够正确地释放、控制、调节性冲动，使之符合社会规范的要求等。

(5) 能和异性保持和谐的人际关系。随着性生理和性心理的发展与成熟，希望与异性交往，并能保持良好的关系，是人自然而正常的性要求。性心理健康的个体，能够在日常学习生活中，与异性进行自然的、符合社会规范要求的交往，在彼此的交往过程中，保持独立而完整的人格，有自知之明，不卑不亢，做到相互尊重、相互信任、自然有礼。

(6) 对于性没有因恐惧和无知所产生的不良态度。

(7) 有正当、健康的符合社会伦理道德规范的性行为方式。

由此可见，健康的性心理不仅是指个体身心的健康，还包括性行为的健康。

知识链接：

错误的性认识

对性知识缺少认识的大学生们，往往会导致性心理不健康。以下是一些常出现的错误的性认识。

① 真正的男人应该男子气十足，不应该在两性关系中主动表达情感，这样让人感觉

高校学生心理健康教育与指导

娘娘腔。

② 性能力强的男人才算是一个真正的男人。

③ 与女性发生性行为次数越多的男人，越值得骄傲。

④ 一个男人应该有能力满足女人的性欲，而且能在最短的时间内让女人甘愿与他发生性关系。

⑤ 自慰有害于身体健康。

⑥ 真正的做爱，需要高潮。

⑦ 男人阴茎越大越好。

⑧ 真正的男人没有性功能障碍。

⑨ 对别人产生性幻想，表明我已经不满意我现在的男(女)朋友了。

⑩ 晚上梦见异性或产生性幻想，说明我思想肮脏。

(二)大学生常见性心理困扰的对策

(1) 学习掌握正确的性生理和性心理知识。系统、科学、完整的性知识是建立科学的性认知评价系统的基础，也是生存于现代社会的个体更好地促进自身的性成熟、完成性别角色社会化的必备素质。因此，大学生学习性知识的态度要主动积极，切勿产生以此为耻的心理。

对于大学生来说，可以自然大方地参加学校开设的相关选修课程，参加学校组织的各类相关讲座，使性知识更加系统科学，也可以利用正规的网络和书籍来自学性知识。

对高校而言，除了利用课程教学为大学生解读性生理知识外，还可以举办一些关于性知识的展览会、性艺术品展览会和人体艺术作品展览会，在校内营造一种坦然，同时相对正规地讨论性问题的氛围，从而使学生打破对性的神秘感，进而避免他们通过其他不良途径来获取性知识，帮助其建立成熟的性观念，增强对于性的心理承受能力。

具有科学完备的性知识，大学生就不会因性生理成熟的变化而产生心理困扰，更不会盲目压抑原本正常的性冲动。同学们可以获得基本的性保健知识，对常见的性生理疾病的治疗方法及预防措施做到心中有数，学习一些自我调节性冲动的方式，掌握性行为活动中的自我保护方式。因此，大学生们应努力学习和掌握性科学知识，避免性无知，面对社会文化中的性信息，努力提高自我鉴别能力，自觉抵制不良性文化的影响。

(2) 将性教育与人格教育结合起来，培养健康的人格。性，不仅仅决定于生物本能，一个人对待性的态度，反映了其人格的成熟。人自身的尊严感和对他人是否尊重，都会在两性关系中充分体现出来，因此，是人格的一面镜子。性与人格之间的关系，是相互兼容

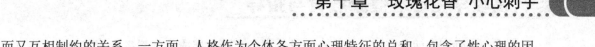

而又互相制约的关系。一方面，人格作为个体各方面心理特征的总和，包含了性心理的因素，性心理的健康与否直接关系到人格的健康水平；另一方面，个体任何性的活动都反映出其人格的特质，人格的成熟与否又影响到个体性心理的发展水平。

① 认识自我、悦纳自我、完善自我，实现自我同一性。青年大学生容易产生自我认识偏差的特点，应该引导自己认识一个"真实的自我"和"完整的自我"，包括认识他们自己的生理特点(如身高、体重、形态等)、性别角色(男性和女性在生理和心理上各有自己的特点，各有自己的性别魅力)、心理特征(如兴趣爱好、能力、气质、性格等)以及自己与他人、社会之间的关系，意识到"我"这么一个社会个体，既有优点又有缺点，"我"不仅可以评价自己，还可以扬长避短、完善自我，从而确立合理的自我期望值，树立正确的世界观和人生观，实现自我同一性。

② 对性行为负有社会责任感。这种社会责任感的存在，要求个体珍惜自己的情感，适当控制自己的爱情，男女双方彼此尊重，本着对自己与他人负责的态度，杜绝乱性和性自由，自觉摆脱低级趣味，在对高尚人格和远大理想的追求中，在对性冲动的升华中释放自己的能量。大学生要增强自己的性道德和性法律意识，以道德和法律规范自己的性行为。

心理箴言

成熟的爱情，敬意、忠心并不轻易表现出来，它的声音是低的，它是谦逊的、退让的、潜伏的，等待了又等待。

—— 狄更斯

③ 培养良好的意志品质。大学生自我控制性心理能力的多少，在一定意义上是由个人意志品质的强弱决定的。意志作为达到既定目的而自觉努力的一种心理状态，具有发动和抑制行为的作用。青年大学生能够自觉培养自己良好的意志品质，从而达到适度控制自己性冲动目的，无疑是一种良好人格的体现。

(3) 合理适度的宣泄与控制性冲动。性冲动是一种生理本能，青年大学生性冲动并不一定非得通过行为来解决，通过适当的方法，性冲动也是可以得到合理的转移和控制的。

① 性能量的宣泄和转移。首先，应该接受其自然性和合理性，越是不能接受，越压抑，性冲动就会表现得越强烈。青年大学生需要认识到它是正常的和健康的，从心理上接纳它。其次，建立正确的人生观，树立远大的理想。明确自己的奋斗目标和方向，并通过积极的行动来达到自己的人生目标，在实现这些目标的过程中，个体转移了注意力，升华了自身的情感，自然也会缓解由性冲动带来的烦恼。最后，积极参加各种集体活动、培养广泛的兴趣爱好，帮助个体宣泄多余的性能量，获得生理和心理的放松，同时，有利于转移注意力，在活动中获得自信，扩展视野，拓宽胸襟，培养积极的情绪，增进心理健康。

高校学生心理健康教育与指导

②　加强两性间的交往。性生理和性心理的不断发展成熟，将风华正茂的男女大学生推向了两性交往的、崭新的生活领域。正常的异性交往和进一步发展成恋爱关系对大学生来说是最佳的释放性能量的途径。同时，正常的异性交往，有助于提高性的同一性，减缓性焦虑，有助于学生身心健康和人格发展，为其以后的婚恋生活奠定良好的基础。在大学生中开展积极的文体活动，扩大男女同学之间正常交往的时间和空间，建立一个自然而和谐的两性交流的环境，使他们及时释放因性困扰而积蓄的能量，在积极向上的氛围中，培养自己高尚的道德品质和情操。

(4)　寻找知心朋友实现角色换位。许多大学生的性心理困扰源于对青春期出现的性生理变化的害怕，他们可能以为只有自己才遇到这些困扰，因而产生担心、恐惧的心理。如果这时能够找到好友交谈，一方面可以宣泄自己的不良情绪；另一方面，在交流过程也发现自己的好朋友也遇到了这样的困惑与烦恼，从而有利于客观的自我认识和评价，使自己不至于陷入偏执迷惑中。

(5)　寻求心理咨询的帮助。有时，好友的建议并不是完全正确和适当的，而且对一些严重的心理问题，好友是无法帮助其解决的，这时，我们可以借助于学校的心理咨询老师，帮助你建立正确的认知、形成良好的情感以及塑造健全的人格。

生命之舟在人的一生中要经历一系列航程，青春期是人生的一个"港口"，这个"港口"孕育着远航的希冀，也面临着触礁的危险。青年大学生应该学会用知识去代替盲目，用理性去战胜任性，不断完善人格，达到生理和心理的同步成熟，顺利地度过充满希望和危险的青春期，迈好青春的第一步，走向更加缤纷灿烂的人生！

第十一章　规划人生　付诸行动

选择职业是人生大事，因为职业决定了一个人的未来。铁匠锤打铁砧，铁砧也锤打铁匠；海蛤的壳在棕黑深邃的海洋里变成，人的心灵也受到生命历程的染色，只是所受的影响奥妙复杂，不易为人觉察而已。所以说，选择职业，就是选择将来的自己。

你今天站在哪里并不重要，但是，你下一步迈向哪里却很重要！凡事预则立，不预则废。人生成功的秘密在于机会来临时，你已经准备好了！全国的毕业生每年不断增长，就业形势更为严峻。迈入社会、走向职场的第一步必须充分认识自我，做好人生的第一份职业规划显得非常必要。大学生涯是整个人生的重要阶段，如果说大学毕业后应迅速起飞的话，那么，四年的大学时期就是毕业起飞的助跑期。每个大学生都应该对自己的大学四年有一个正确的思考和规划。"自信人生二百年，会当击水三千里"，大学生制订职业生涯规划，有利于自我定位、认识自我、了解自我，明确自己的方向，明确自己的人生目标，从而能够科学规划学习、生活和未来的职业选择，最终达到人的全面、和谐发展。

第一节　职业生涯规划概况

一、职业生涯规划的含义

职业生涯规划也称职业生涯设计，是指个人结合自身情况以及眼前的机遇和制约因素，为自己确定职业目标，选择职业道路，确定发展计划、教育计划等，并为自己实现职业生涯目标而确定行动方向、行动时间和行动方案。

许多职业咨询机构和心理学专家进行职业咨询和职业规划时，常常采用的一种方法就是有关五个"WHAT"的归零思考的模式：①What are you？"我是谁？"②What can you want？"我想干什么？"③What can you do？"我能干什么？"④What can support you？"环境支持或允许我干什么？"⑤What can you be in the end？"自己最终的职业目标是什么？"无论何种思考模式，职业生涯规划都要求一个人在对决定自身发展的主客观因素进行综合分析，确定本人的事业奋斗目标，选择实现这一事业目标的职业，并编制相应的工作、教育和培训的行动计划，对每一步骤的时间、顺序和方向做出行之有效的详细合理安排。合理设计自己的职业生涯是迈向成功的第一步。

大学生的职业生涯规划实际上在高考前就已经开始，报考的大学、专业性质已经体现出职业的意向。职业生涯规划的目的绝不仅仅是帮助个人按照自己的资历条件找到一份合适的工作，更重要的是帮助个人真正了解自己，筹划未来，根据主客观条件设计出合理且可行的职业发展方向。换而言之，职业生涯规划的目的是把传统被动的"无意识找工作"，转变为主动的利用主客观资源的"有意识找工作"或"有意识创工作"。大学是人生的黄金期，也是最容易错过的时期。因此，大学生有必要在大学生活阶段通过对自身和外部环境的了解，确定学习计划、发展计划，选择职业道路，为实现职业生涯目标而确定行动时间和行动方案。

二、职业生涯规划的四种特性

生涯是指人一生所走的路，也就是发展的途径，包含着学习、发展、知觉、角色认知、探索、教育、工作、敬业等内涵。生涯规划则是个人从内在、外在找到自我学习、生活、工作上的平衡点，选择一种生活方式，把学习、工作与生活理想结合在一起。

生涯规划，简单说，就是面对未来的岁月，做好构思与有所安排。针对未来所预期的目标，配合时间的先后，加以有效处理。具体来讲，生涯规划是个人透过自我、机会、限制、选择与对结果的了解，以确立与生活有关的目标，并且根据个人在工作、教育与发展方面具备的经验，已规划具体步骤，达成生涯的目标。就个人而言，有了生涯规划，便有了努力、奋斗的目标，不再犹豫彷徨，不再迷失自我，不再消极颓废，使生命有了意义，生活有了重心，变被动为主动，化消极为积极，积极进取以求自我的成长与实现。

① 做自我想做的事，喜欢自我所做的事；过自我想过的生活，喜欢自我所过的生活。
② 生涯规划是一种生活形态、生命意义的选择。
③ 生涯规划是一种自我肯定、自我成长、自我实现的手段。
④ 生涯规划是一个不断探索自我与探索工作，抉择并学习的过程。

孔子的"三十而立，四十不惑，五十知天命，六十耳顺，七十能从心所欲而不踰矩"可说是生涯规划的典范。因此，生涯应具备以下四种特性。

(1) 独特性。独特性是指每个人的生涯都不一样。人尽管会有雷同之处，但绝不会完全相同。因此，进行生涯规划，任何一个人，都有其独特性，都有其专属的生涯规划，绝对不会与他人相同。

(2) 终生性。终生性指生涯是一个人从生到死一辈子的事情，包含就学、就业及退休后生活。如果今天做一个生涯规划，明天又有另外的生涯规划，就不能称为生涯规划，只能算是计划而已。

(3) 发展性。发展性是指生涯随每个人自身的不同需求而不断改变。生涯规划依年龄划分为以下四个阶段。

① 自我发现期：约在三十岁以下。
② 自我培养期：约为三十至四十岁之间。
③ 自我实践期：约为四十至五十之间。
④ 自我完成期：约为五十以上。

随着早熟的倾向、信息发达等因素，年龄层可能再往下降低。

(4) 全面性。全面性是指生涯包含人生整体发展的各层面，所规划的一生中包罗万象，亦即对一个人生涯规划所考虑的点、线、面极为广泛，几乎无所不包。

三、生涯型态和生涯规划的分类

(一)生涯型态的分类

(1) 步步高升型。在一个组织内，认真经营，即使工作地点或工作内容因公司的需要而有所改变，但是，工作表现仍受主管的肯定，而步步高升。

(2) 阅历丰富型。换过不少的工作，呆过很多家的公司，工作的内容差异性很大，勇于改变与创新，而且学习能力强，能面对各种突发的状况。

(3) 稳扎稳打型。在工作初期，处于探索阶段，工作的转换较为频繁。经过一连串的尝试与努力之后，终于进入自己所向往的工作与机构。此机构的升迁与发展有限，但是非常稳定，例如教师、机关、邮局、银行等。

(4) 越战越勇型。工作生涯发展已有明确的方向，但是，因为某些原因受到打击而重挫。挫败之后，凭自己的毅力与能力，积极地往上爬，以更成熟的个性面临挑战，最后，工作中的成就远超过从前。

(5) 得天独厚型。对于自己的工作生涯，并没有花太多的时间在探索与尝试，反而因为家庭的关系，很早就确定方向，经过刻意的栽培与巧妙的安排，进入公司的决策核心，并将组织发展与个人生涯密切结合。企业家的第二代就是最明显的例子。

(6) 生涯因故中断型。生涯因故中断型是指连续性的生涯发展因为某些因素而停顿，处于静止或衰退的状态。例如：身体有重病的人，花很多时间在治疗、恢复，经济与情绪上处于脆弱与依赖的状态，很难开展工作生涯的规划。

(7) 一心多用型。生涯变化，各有巧妙。工作做久了，厌烦、倦怠、缺乏新鲜感，总是难免的。再喜欢的菜吃久了都会腻，更何况是每天投入八小时，每周超过四十小时的工作。所以，有份稳定的工作，同时在工作之余安排自己有兴趣的事，在稳定与创新之间，寻找平衡点，可以使生活更为丰富。

(二)生涯规划的分类

职业生涯规划,若按照时间长短进行分类,可以分为人生规划、长期规划、中期规划与短期规划,如表11-1 所示。

表11-1 职业生涯规划事例

人生规划	40 年左右,设定整个人生的发展目标	如规划成为一个有数亿资产的公司董事
长期规划	5~10 年的规划,主要设定较长远的目标	如规划30 岁时成为一家中型公司的部门经理,规划40 岁时成为一家大型公司的副总经理
中期规划	一般为3~5 年内的目标与任务	如规划到不同业务部门作经理,规划从大型公司部门经理到小公司作总经理等
短期规划	3 年内的规划,主要是确定近期目标,规划近期完成的任务	如对专业知识的学习,掌握哪些业务知识等

按照职业生涯规划分类的原则,对大学生在校阶段进行分类,可分为四个阶段:一年级,了解自我;二年级,锁定感兴趣的职业领域;三年级,有目的提升职业修养;四年级,初步完成学生到职业者的角色转换。

四、大学生职业生涯规划的必要性和现实意义

(一)大学生职业生涯规划的必要性

据教育部统计,随着世纪之交的大学扩招,我国大学毕业生人数正以几乎每年近百万的数量高速增长。2008 年毕业生为559 万,2009 年毕业生达到611 万,2010 年毕业生是630 万,而2011 年全国高校毕业生总量压力继续增加,规模已达到660 万人。大学生就业难已成为一个不可忽视的社会问题,整体就业形势不容乐观。在客观的社会结构性就业难的宏观压力下,我国大学毕业生还普遍存在着不能正确认识自我、缺乏指导、社会经验不足等问题,从个人微观上加大了就业的难度,一般来看,主要存在以下几个方面问题。种种问题的存在,更加凸显出从主客观条件出发科学、合理制订职业生涯规划的必要性。

(1) 自我认识上存在偏差。大学生随着年龄、知识的增长,自我意识、自我认知和自我评价能力增强;但是,自我认识还不全面,对事物的观察和思考容易理想化,心理并不完全成熟。在就业制度与就业市场不完善的条件下,有的大学生只看到自身的长处,自以为是,趾高气扬;有的大学生则只看到自身的不足,心灰意冷,信心不足。表现在择业过程中,有的对自己期望值过高,不切实际的追求超出本身能力的就职单位;有的则对自己

第十一章 规划人生 付诸行动

缺乏信心，在双向选择中，不是以积极态度努力去争取，而是以随便态度待之。

(2) 就业期望值偏高，导致理想与现实脱节。主要表现为大学生普遍在择业过程中就高不就低，只注重"钱"而忽略"前"，只看好东部而鄙弃西部，只想着城市而忘记乡镇，只期待进大企业而不考虑小厂家，总之，眼睛只向着大的(大机关、企业、公司)、高的(高薪水、福利)、强的(强的发展劲头)瞧，而根本不理睬小的(小地方)、低的(低保障)、弱的(弱基础)。这无疑给大学生的就业带来了巨大的阻碍，同时，给社会带来了压力。

(3) 对学历和能力的问题不能有效地区分。眼高手低是现在大学生中普遍存在的现象，面对社会，面对竞争，大学生往往忽视个人综合素质的提高，误将学历等同于能力。学历从某种角度讲就是表现为获取知识的一种途径和所接收的知识量，而知识的掌握程度和运用能力得通过实践的考察才能见分晓。一般来说，用人单位在选择人才时，只将学历作为参考，关键是看工作中的实际工作能力。能力是大学生在处理事情时的一种综合素质的表现，不单单是学习能力，还有诸如社交、运动、协调、组织等方面的能力。高学历不等于有高能力，从专业学习到胜任某项职业还需要有多种能力作支撑。

(二)大学生职业生涯规划的现实意义

针对日趋严峻的大学生就业形势和大学生中普遍存在的问题，对大学生开展行之有效的职业生涯规划，具有较强的现实意义(见图11-1)，不但可以提升大学生就业率，从长远来看，对大学生个人的发展也起到很大的作用。据一项对北京人文经济类综合性重点大学大学生的调查显示，大部分大学生对自己将来的职业没有规划，对自己将来如何一步步晋升、发展没有设计的占 67.2%；有设计的占 32.8%，而其中有明确设计的仅占 4.9%。在大学期间，大学生对自己的发展规划不明确，不能运用职业设计理论，规划未来的工作与人生的发展方向，这种情况严重影响了学生对就业的提前准备和准确定位，甚至影响对工作的适应性。大学生进行有效的职业生涯规划势在必行。

(1) 大学生开展职业生涯规划是适应就业形势的需要。随着我国高等教育进入"大众化"阶段，失业或一时找不到工作的大学毕业生越来越多，而高等教育的基本目的之一是让学生在现实社会中获得就业能力、掌握谋生手段、奠定未来发展的基础。这就要求学校对学生的升学就业、职业规划和人生发展给予全面的教育和正确的指导，使学生及早树立职业生涯规划的意识，减少就业、创业活动中的盲目性，克服在择业过程中的错误认识，使学生理性地规划人生，尽早适应社会职业岗位的要求，从而提高大学生就业、创业的成功率，可以使大学生在社会中尽量发挥自己的才能，提升自己的价值，使社会分工实现最大程度的资源优化配置，有效提高整个国家、社会的就业状况。

(2) 大学生开展职业生涯规划是帮助大学生明确大学阶段发展方向的需要。在大学学习的过程中，有很多大学生呈现出集体的"学习无意识"和"考研无意识"。对部分已经实现了上大学目标的学生来说，他们对自己的下一个目标、对大学阶段的发展方向感到很迷茫。因而，有的人上网聊天、打游戏或谈情说爱，糊里糊涂地度过大学四年的美好时光；有的人则把前途压在考研上，四年时光都花费在考研复习上，忽视了自己的职业能力培养，使得他们即使有了研究生学历仍然就业困难。因此，有必要在大学生特别是在大一新生中开展"职业生涯规划"指导，使大学生明白在大学的每个阶段、每个年级应该学习什么、怎样努力，从而端正学习态度，激发学习动力，明确自己的发展方向和目标。

(3) 大学生开展职业生涯规划是适应社会职业发展的需要。随着我国市场经济发展的进一步深入，经济产业化使得职业的分工更加细致，产业内容不断更新，同一职业随着社会的发展和科学技术的进步而具有了不同的内涵，其对人才的要求也更加专业，对从业人员的素质要求越来越高。大学生要想在今后的社会中有一席之地，必须提前做好自己的职业生涯规划，适时调整自己与外界环境的关系，不断地提高自己的职业素质，以适应社会职业发展的需要。

(4) 大学生开展职业生涯规划有利于充分认识自己，积极发挥自身的优势。一个有效的职业规划设计必须是在充分且正确认识自身条件与相关环境的基础上进行的。相关研究表明：一个人所从事的工作与其职业兴趣相吻合，能发挥其全部才能的80%~90%，并能长时间地保持高效率的工作；反之，就只能发挥其全部才能的20%~30%，还容易感到厌倦和疲劳。大学生在进行职业生涯规划时，可以通过专业的职业测评来确定自己的核心价值观念、个性特点、天赋能力、缺陷、性格、气质、兴趣等影响职业选择和职业发展的重要内在因素，充分了解自己，明确自己的优势和劣势，剖析自己的个性特征，弄清自己想干什么、能干什么、应该干什么、适合干什么，从而，慎重考虑所选的职业是否与自己的性格、职业兴趣相符合，最大限度地发挥自己的潜能。

(5) 大学生开展职业生涯规划有利于建立科学的择业观，减少择业的时间。面对日益增大的就业压力，大学生毕业时容易走向两个极端：一种是盲目自信，只考虑自身的需要，对求职单位和职业有盲目的要求；另一种是纯粹的现实主义心态，缺乏主动择业的观念，认为"只要社会需要的就是我们要选择和考虑的"。这些与科学的择业观显然是背道而驰的。科学的择业观倡导的是建立在知己知彼基础上的"人职匹配"，而系统的职业生涯规划有利于建立这种观念。盲目就业和择业的直接后果是人职不匹配，接踵而至的就是草率跳槽。经过系统职业生涯规划的大学生一般都有明确的职业定向，对第一次择业往往都很慎重，在真正双选的基础上找到一个相对适合自己的职业，从而减少了择业时间，避免了盲目跳槽和不断的求职。

图 11-1 生涯的意义——人生的幸福摩天轮

人生最大的幸福，是能以自己选择的方式过生活。择其所爱、爱其所择的结果，会使一个人以己为荣，并呈现圆融、丰足、喜悦、智慧和充满创造力的气质。

人生如航行在浩瀚大海中的船只，一个好的领航者，总能事先洞察风云海相的变化，无论面对任何的危机，都能够胸有成竹的靠着海图与指南针，依据事先规划的发展计划来掌控航向，驶向目的地。没有规划的生涯，若有一步走错或失算，往往如掀起滔天巨浪般的无情冲击，将重挫终生；或如没有罗盘的扁舟，没有方向而原地停歇。

生涯规划在人的一生当中是极为迫切而必需的，大家都知道如果要迈向成功之路，就要对生命的每一个阶段仔细计划，使得生命的每一个环节都能环环相扣；让生涯的每一阶段都能作为下一阶段继续成长的基础，而生涯的每一阶段也都能取得上一阶段的经验，而不致每次都得重新开始，浪费精力使自己感到缺乏成就与价值而否定自我。

第二节　职业生涯规划的步骤及阶段性任务

近几年，随着大学生就业压力的不断增加，许多高校在学生毕业前夕，纷纷通过各种途径(如组织各种就业洽谈会、见面会，建立就业网，开展网上求职、对口沟通等多种新形式)以提高学生就业率。同样，各级政府和社会各界对高校毕业生的就业问题给予了高度的重视，并不断在政策扶持、信息服务、观念引导、市场拓展等方面做了大量的工作，以一系列的优惠措施，鼓励大学毕业生自主创业。大学生也在毕业前夕纷纷积极参与各种面试指导、求职技能培训等，力争提升个人的就业竞争力。各方的努力可以部分缓解矛盾，却难以在短时间内从根本上解决现有的问题。就业，不应只是在大学生毕业前夕才开展的一项"应急"工作，而应从培养社会所需要的高素质人才的高度出发，把职业生涯规划贯穿在整个大学教育的全过程，从而使大学生能"水到渠成"地面对社会。统一来看，大学生职业生涯规划是一个完整的系统工程,应包括六个步骤,同时,按年级不同分为四个阶段。

一、大学生职业生涯规划的具体步骤

大学生的职业生涯规划一般分为以下几个步骤。

(1) 自我评价。大学生职业生涯规划最基础的工作首先是要知己,即全面了解自己。自我评价是为了更好地认识自我、了解自我。大学生要通过科学认知的方法和手段,如借助于职业兴趣测验和性格测验、九型人格或MBTI(职业性格测试)测试以及周围人的评价等,对自己的职业兴趣、气质、性格、能力等进行全面认识,清楚自己的优势与特长、劣势与不足。评估自我时要客观、冷静,不能以点代面,既要看到自己的优点,又要面对自己的缺点,只有这样,才能避免设计中的盲目性,达到设计高度适宜。一个合理完善的职业生涯规划必须是在充分正确认识自身条件与相关环境的基础上进行的。哈佛大学的入学申请要求必须剖析自己的优缺点,列举个人兴趣爱好,还要列出三项成就并作说明,从中可见一斑。

(2) 确立职业目标。职业目标是指人们对未来职业表现出来的一种强烈的追求和向往,是人们对未来职业生活的构想和规划。确立职业目标可以成为追求成功的驱动力,正所谓"志不立,天下无可成之事"。因此,大学生在制订职业生涯规划时,关键是要确立好目标。任何人的职业目标必然要受到社会环境和社会现实的制约,符合社会发展需求和人民利益的职业是正确的选择方向,因此,大学生制订职业目标时,应把个人志向与国家利益和社会需要有机地结合起来,这才有现实的可行性。职业目标又分中、短期目标和长期目标。长期目标一般是以后职业规划的顶点,是个人经过长期艰苦努力、不懈奋斗才有可能实现的,确定长期目标时要立足人生目标慎重选择、全面考虑,使之既有现实性又有前瞻性。中、短期目标则较为具体,对人的影响也更直接,其应是长期目标的阶段性组成部分,一般是近期素质能力的提高等。

(3) 对现实环境的评价。大学生职业生涯规划还要充分认识与了解相关的现实环境,评估现实环境因素对自己发展的影响,分析现实环境条件的特点、发展变化情况。具体来说,环境因素包括组织环境、政治环境、社会环境以及经济环境等因素,只有对这些环境因素充分了解,才能做到在复杂的环境中趋利避害,使大学生的职业生涯规划具有实际意义。

(4) 职业定位。职业定位就是为职业目标与个体的潜能以及主客观条件谋求的最佳匹配。大学生职业定位要以了解行业的地位、形势以及发展趋势为基础,以个体最佳才能、最佳性格、最大兴趣、最有利的环境因素为依据。要更多地了解各种职业机会,尤其是一些热门行业、热门职位对人才素质与能力的要求。深入地了解这些行业与职位的需求状况，结合自身特点评估，才能选择可以终生从事的理想职业。

(5) 实施策略。在确定了职业生涯定位后，行动便成了关键的环节，没有达到目标的行动，目标就难以实现，也就谈不上事业的成功。这里所指的行动，是指落实目标的具体措施，主要包括训练、教育、工作等方面的措施。例如，为达到目标，在学习方面，你计划采取什么措施，达到什么样的目标？在业务素质方面，你计划学习哪些知识，掌握哪些技能，提高你的业务能力？在潜能开发方面，你计划采取什么措施开发你的潜能等。这些实施策略都要有具体的计划与明确的措施，并且要特别具体，以便于定时检查。

(6) 评估和反馈。俗话说"计划赶不上变化"，尤其在高科技信息时代，变化更是永恒的主题。由于影响生涯规划的因素很多，有的变化是无法预测的，在此状况下，要使生涯规划行之有效，就必须不断地对生涯规划进行评估与调整。其修订的内容包括：职业的重新选择；职业生涯路线的选择；人生目标的修正；实施措施与计划的变更等。但如果三天两头改，只能让规划成为一纸空言，因此，基本原则是：长期的尽量不改，中期的小改，短期的大改，每天的时时调整。认识自己是需要时间的，环境是无时无刻不变动的，所以，规划也是动态的、调整的。大学生职业生涯规划是一个动态发展的过程，不断地进行反馈是大学生职业生涯规划的一个重要环节，要根据具体的情况，适当地调整自己的规划，有时，甚至要对自己进行重新剖析。

二、大学生职业生涯规划的阶段性任务

大学生的综合能力和知识面是用人单位(包括考研报考学校)选择大学生的依据。用人单位不仅考核其专业知识和技能，还考核其综合运用知识的能力、对环境的适应能力、对文化的整合能力和实际操作能力等。从某种意义上来说，能力比知识更重要，大学生只有将合理的知识结构和适用社会需要的各种能力统一起来，才能立于不败之地。高素质的综合能力是大学生在校期间不断学习、实践、提高而逐步积累起来的，因此，职业生涯规划指导应从大学生一入学做起，贯穿整个大学四年。大学四年制订行动计划，选择需要采取的方式和途径也不尽相同，要根据自己的长期目标因人而异，但一般来讲：一年级为试探期，二年级为定向期，三年级为冲刺期，四年级为分化期。

(1) 一年级为试探期。主要是要求大学生加深对本专业的培养目标和就业方向的认识，增强学习专业的自觉性，树立专业学习目标，并初步了解将来所从事的职业，为将来制订的目标打下基础。大学生迈入社会后的贡献，主要靠运用所学的专业知识来实现，如果职业生涯规划离开了所学专业，无形中增加了许多"补课"负担，个人的价值就难以实现。

因此，对所学的专业知识掌握要精深、广博，除了要掌握宽厚的基础知识和精深的专业知识外，还要拓宽专业知识面，掌握或了解与本专业相关、相近的若干专业知识和技术。具体来说，可以通过同高年级大学生之间的朋辈辅导等，增加交流机会，拓宽专业视野；同时，要积极学习计算机知识，争取可以通过计算机和网络辅助自己的学习。

(2) 二年级为定向期。在二年级，大学生应考虑清楚未来是否深造或就业，了解相关的应有活动；以提高自身的基本素质为主，通过参加学生会或社团等组织，锻炼自己的各种能力，检验自己的知识技能；可以尝试兼职工作、社会实践活动等实践性活动，最好能在课余时间长期从事与自己未来职业或本专业有关的工作，提高自己的责任感、主动性和受挫能力；增强英语口语能力、增强计算机应用能力，通过英语和计算机的相关证书考试，并开始有选择地辅修其他专业的知识充实自己。

(3) 三年级为冲刺期。由于临近毕业，大学三年级学生的目标应锁定在提高求职技能、搜集工作信息、并确定自己是否要考研；在撰写专业学术文章时，可大胆提出自己的见解，锻炼自己独立解决问题的能力和创造性；应积极参加学校的素质拓展活动和专业实践活动；更多的了解搜集工作信息的渠道，积极尝试、加入校友网络，向已经毕业的校友了解往年的求职情况；希望出国留学的学生，可多接触留学顾问，参与留学系列活动，准备 TOEFL、GRE，注意留学考试资讯，向相关教育部门索取简章参考等；同时，还要培养良好的人际交往、沟通能力，了解掌握国家有关劳动与就业方面的法律知识。

(4) 四年级是分化期。大学四年级，大部分学生对自己的出路应该都有了规划，这时可对前三年的准备做一个总结：检验已确立的职业目标是否明确，前三年的准备是否已充分；应该有针对性的进行求职前的培训，比如可以参加人力资源方面的专业人士为学生举办的相关报告会等，接受择业技巧培训；应该积极参加各种招聘活动，在实践中校验自己的积累和准备；应该充分利用学校提供的条件，了解就业指导中心提供的用人资料信息、进行模拟面试等训练。总之，要在尽可能充分准备的情况下，虚心学习，勇挑重担，以便更快地适应社会，更好地实现由"校园人"到"社会人"的转变。

扩展知识：职业锚对大学毕业生职业规划的启示

职业锚的概念是由美国埃德加·施恩教授提出的，他认为职业规划实际上是一个持续不断的探索过程。在这一过程中，每个人都在根据自己的天资、能力、动机、需要、态度和价值观等慢慢地形成较为明晰的与职业有关的自我概念。随着一个人对自己越来越了解，这个人就会越来越明显地形成一个占主要地位的职业锚。所谓职业锚就是指当一个人不得不做出选择的时候，他或她无论如何都不会放弃的职业中的那种至关重要的东西或价值观。正如职业锚这一名词中锚的含义一样，职业锚实际上就是人们选择和发展自己的职业时所

第十一章　规划人生　付诸行动

围绕的中心。一个人对自己的天资和能力、动机和需要以及态度和价值观有了清楚的了解之后，就会意识到自己的职业锚到底是什么。施恩根据自己在麻省理工学院的研究指出，要想对职业锚提前进行预测是很困难的，这是因为一个人的职业锚是在不断地发生着变化，它实际上是一个不断探索的过程所产生的动态结果。

有些人也许一直都不知道自己的职业锚是什么，直到他们不得不做出某种重大选择的时候，一个人过去的所有工作经历、兴趣、资质、性向等才会集合成一个富有意义的模式(或职业锚)，这个模式或职业锚会告诉此人，对他或她个人来说，到底什么东西是最重要的。施恩根据自己多年的研究，提出了以下五种职业锚。

(1) 技术或功能型职业锚。具有较强的技术或功能型职业锚的人往往不愿意选择那些带有一般管理性质的职业，相反，他们总是倾向于选择那些能够保证自己在既定的技术或功能领域中不断发展的职业。

(2) 管理型职业锚。有些人则表现出成为管理人员的强烈动机，承担较高责任的管理职位是这些人的最终目标。当追问他们为什么相信自己具备获得这些职位所必需的技能的时候，许多人回答说，他们之所以认为自己有资格获得管理职位，是由于他们认为自己具备以下三个方面的能力：①分析能力(在信息不完全以及不确定的情况下发现问题、分析问题和解决问题的能力)；②人际沟通能力(在各种层次上影响、监督、领导、操纵以及控制他人的能力)；③情感能力(在情感和人际危机面前只会受到激励而不会受其困扰和削弱的能力以及在较高的责任压力下不会变得无所作为的能力)。

(3) 创造型职业锚。有些大学生有这样一种需要：建立或创设某种完全属于自己的东西——一件署着他们名字的产品或工艺、一家他们自己的公司或一批反映他们成就的个人财富等。

(4) 自主与独立型职业锚。有些毕业生在选择职业时似乎被一种自己决定自己命运的需要所驱使着，他们希望摆脱那种因在大企业中工作而依赖别人的境况，因为当一个人在某家大企业中工作的时候，他或她的提升、工作调动、薪金等诸多方面都难免要受别人的摆布。这些毕业生中有许多人还有着强烈的技术或功能导向，然而，他们却不是到某一个企业中去追求这种职业导向，而是决定成为一位咨询专家，要么是自己独立工作，要么是作为一个相对较小的企业中的合伙人来工作。

(5) 安全型职业锚。还有一部分毕业生极为重视长期的职业稳定和工作的保障，他们似乎比较愿意去从事这样一类职业：这些职业应当能够提供有保障的工作、体面的收入以及可行的未来生活，这种可行的未来生活通常是由良好的退休计划和较高的退休金来保证的。对于那些对地理安全性更感兴趣的人来说，如果追求更为优越的职业，意味着将要在他们的生活中注入一种不稳定或保障较差的地域因素的话，那么，他们会觉得在一个熟悉的环境中维持一种稳定的、有保障的职业对他们来说是更为重要的；对于另外一些追求安全型职业锚的人来说，安全则是意味着所依托的组织的安全性，他们可能优先选择到政府机关工作，因为政府公务员看来还是一种终身性的职业，这些人显然更愿意让他们的雇主来决定他们去从事何种职业。

职业锚理论对大学毕业生职业生涯规划带来了许多启示。

首先，职业生涯规划要进行自我定位。自我分析、自我定位是职业生涯规划的首要环节，它决定着个人职业生涯的方向，也决定着职业生涯规划的成败。求职之前先要进行职业生涯规划，进行职业生涯规划之前先要进行准确的自我定位。先要弄清自己想要干什么、能干什么，自己的兴趣、才能、学识适合干什么，可通过自我分析与可行的量表工具的测量，评估自己的职业倾向、能力倾向和职业价值观，这是职业生涯规划的基础。

其次，职业生涯规划是一个动态变化过程。当今社会处于激烈的变化过程中，大学毕业生的就业观念也要相应地改变，打破传统的"一业定终身"的理念，就业、再就业是大趋势，职业生涯规划也随之根据各种变化来调整。所以，环境的变化导致自我观念的变化，反映到职业生涯规划上来，就不能一次把终生的职业生涯的每一个具体细节都确定下来。

再次，大学毕业生职业生涯规划的重点内容是职业准备、职业选择与职业适应。从职业生涯发展过程来看，职业生涯发展经历了不同时期，一种观点认为职业生涯的阶段主要可分为：①职业准备期：职业准备期是形成了较为明确的职业意向后，从事职业的心理、知识、技能的准备以及等待就业机会。每个择业者都有选择一份理想职业的愿望与要求，准备充分的就能够很快地找到自己理想的职业，顺利地进入职业角色。②职业选择期：职业选择期是实际选择职业的时期，也是由潜在的劳动者变为现实劳动者的关键时期。职业选择不仅仅是个人挑选职业的过程，也是社会挑选劳动者的过程，只有个人与社会成功结合、相互认可，职业选择才会成功。③职业适应期：择业者刚刚踏上工作岗位，存在一个适应过程，要完成从一个择业者到一个职业工作者的角色转换，要尽快适应新的角色、新的工作环境、工作方式、人际关系等。④职业稳定期：这一时期，个人的职业活动能力处于最旺盛时期，是创造业绩、成就事业的黄金时期。当然职业稳定是相对的，在科学技术发展迅速、人才流动加快的今天，就业单位与职业岗位发生变化是很正常的。⑤职业结束期：由于年龄或身体状况原因，逐渐减弱职业活动能力与职业兴趣，从而结束职业生涯。

最后，大学毕业生职业生涯规划的侧重点在职业准备、职业选择、职业适应三个阶段。大学生要对职业进行物质、心理、知识、技能等各方面充分的准备，还要根据各方面的分析与自己的职业锚合理客观地对职业做出选择。对即将踏入的职业活动要有一定的合理的心理预期，包括工作的性质、劳动强度、工作时间、工作方式、同事以及上下级关系都要快速适应，迅速成为一个成功的职业者。

第十一章 规划人生 付诸行动

第三节 如何合理地进行大学生职业生涯规划

大学生职业生涯规划在校园里悄然兴起，大有"星星之火，可以燎原"之势，究其原因，主要是来自于大学生就业压力和谋求成功人生的需要。那么，如何合理地进行大学生职业生涯规划呢？

先看两个故事：

> 话说有两兄弟，他们住在一幢公寓楼里。一天，他们一起出去爬山。傍晚时分，等他们爬山回来，回到公寓楼的时候，发现一件事：大厦停电了！这真是一件令人沮丧的事情。为什么呢？因为很不巧，这两兄弟是住在大厦的顶楼。那么，顶楼是几楼呢？那就更加不巧了，顶楼是八十楼。很恐怖吧。虽然两兄弟都背着大大的登山包，但看来，也是别无选择，于是，哥哥对弟弟说："我们爬楼梯上去吧。"
>
> 于是，他们就背着一大包行李开始往上爬。到了二十楼的时候，他们觉得累了，于是，弟弟提议说："哥哥，行李太重了，不如这样吧，我们把它放在二十楼，我们先上去，等大厦恢复电力，我们再坐电梯下来拿吧。"哥哥一听，觉得这主意不错："好啊。弟弟，你真聪明呀。"于是，他们就把行李放在二十口，继续往上爬。
>
> 卸下了沉重了包袱之后，两个人觉得轻松多了。他们一路有说有笑地往上爬。但好景不长，到了四十楼，两人又觉得累了。想到只爬了一半，往上一看，竟然还有四十楼要爬，两人就开始互相埋怨，指责对方不注意停电公告，才会落到如此下场。他们边吵边爬，就这样一路爬到了六十楼。
>
> 到了六十楼，两人筋疲力尽，累得连吵架的力气也没有了。哥哥对弟弟说："算了，只剩下最后二十楼，我们就不要再吵了。"于是，他们一路无言，安静地继续往上爬。终于，八十楼到了。到了家门口，哥哥长吁一口气，摆了一个很酷的姿势："弟弟，拿钥匙来！"弟弟说："有没有搞错？钥匙不是在你那里吗？"……好，大家猜猜发生了什么事？正确，钥匙还留在二十楼的登山包里！

有人说，这个故事其实在反映我们的人生。二十岁之前，我们活在家人、老师的期望之下，背负着很多压力，不停地做功课、考试、升学，就好像是背着一个很重的登山包，加上自己也不够成熟有能力，所以走得很辛苦；二十岁以后，从学校毕业出来，踏上工作岗位，开始自己的职业生涯，自己喜欢做什么就做什么，想怎么做就怎么做，就好像是卸下沉重的包袱，所以说，从二十岁到四十岁，是一生中最愉快的二十年。

到了四十岁，人到中年，发现青春早已逝去，但又有很多遗憾，于是开始抱怨，骂老

高校学生心理健康教育与指导

板不识货，怪家人不体恤，埋怨政府、埋怨国家、埋怨社会……就这样在抱怨遗憾中又过了二十年。

到了六十岁，发现人生所剩不多，于是告诉自己，不要再埋怨了，就珍惜剩下的日子吧。于是，默默走完自己的最后岁月。到了生命的尽头，突然想起：好像有什么忘记了，是什么呢？是你的钥匙，你人生的关键。你把你的理想、抱负、关键都留在二十岁，没有完成。

想一想，是不是也要等到四十年之后，六十年之后才来追悔？想一想，我们最在意的是什么？想一想，希望将来的自己和现在有些什么不同？是不是可以做些什么来不让这个遗憾发生呢？那么，我们要做什么呢？

对，做职业规划，或者叫职业生涯设计。

接下来再看一个真实的故事：

背景：一个美国小伙子立志做一名优秀的商人。中学毕业后考入麻省理工学院，没有去读贸易专业，而是选择了工科中最普通最基础的专业——机械专业。大学毕业后，这位小伙子没有马上投入商海，而是考入芝加哥大学，攻读为期三年的经济学硕士学位。最出人意料的是，获得硕士学位后，他还是没有从事商业活动，而是考了公务员。在政府部门工作了五年后，他辞职下海经商。又过了两年，他开办了自己的商贸公司。20年后，他的公司资产从最初的20万美元发展到2亿美元。这位小伙子就是美国知名企业家比尔·拉福。

1994年10月，比尔·拉福率团来中国进行商业考察，在北京长城饭店接受《中国青年报》记者采访时，他谈到他的成功应感激他的父亲的指导，他们共同制订了一个重要的生涯规划，最终，这个生涯设计方案使他功成名就。我们来看一下这个成功的简图：

工科学习→工学学士→经济学学习→经济学硕士→政府部门工作→锻炼处世能力，建立广泛的人际关系→大公司工作→熟悉商务环境→开公司→事业成功

第一阶段：工科学习

选择：中学时代，比尔·拉福就立志经商。他的父亲是洛克菲勒集团的一名高级职员，他发现儿子有商业天赋，机敏果断，敢于创新，但经历的磨难太少，没有经验，更缺乏必要的知识。于是，父子俩进行了一次长谈，并描绘出职业生涯的蓝图。因此，升学时他没有像其他人一样直接去读贸易专业，而是选择了工科中最基础最普通的机械制造专业。

评析：做商贸必须具备一定的专业知识。在商品贸易中，工业品占绝对多数，不了解产品的性能、生产制造情况，就很难保证在贸易中得到收益。工科学习不仅是知识技能的培养，而且能帮助建立一套严谨求实的思维体系。清楚的推理分析能力、脚踏实地的工作态度，正是经商所需要的。

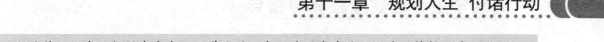

第十一章　规划人生 付诸行动

收获：比尔·拉福在麻省理工学院的四年，除了本专业，还广泛接触了其他课程，如化工、建筑、电子等，这些知识在他后来的商业活动中发挥了举足轻重的作用。

第二阶段：经济学学习

选择：大学毕业后，比尔·拉福没有立即进入商海而是考进芝加哥大学，开始了为期三年的经济学硕士课程。

评析：在市场经济下，一切经济活动都通过商业活动来实现的，不了解经济规律，不学习经济学知识，就很难在商场立足。

收获：比尔·拉福掌握了经济学的基本知识，搞清了影响商业活动的众多因素，还认真学习了有关法律和微观经济活动的管理知识。几年下来，他对会计、财务管理也较为精通，在知识上已完全具备了经商的素质。

第三阶段：政府部门工作

选择：比尔·拉福拿到经济学硕士学位后考取了公务员，在政府部门工作了五年。

评析：经商必须有很强的人际交往能力，要想在商业上获得成功，必须深知处世规则，善于与人交往，建立诚信合作关系，这种开拓人际关系的能力只有在社会工作中才能得到提高。

收获：在环境的压迫下，比尔·拉福养成了强烈的自我保护意识，由稚嫩的热血青年成长为一名老成、处事不惊的公务员，并结识了各界人士，建立起一套关系网络，为后来的发展提供大量的信息和便利条件。

第四阶段：通用公司锻炼

选择：五年的政府工作结束之后，比尔·拉福完全具备了成功商人所需的各种素质，于是，他辞职下海，去了通用公司。

评价：通过各种学习获得足够的知识，但知识要通过实践的锻炼才能转化为技能。

收获：在国际著名的通用公司进行锻炼，比尔·拉福不仅以实践所学的理论找到了一个强大平台，而且，学习到了丰富的管理经验，完成了原始的资本积累。这也是大学生创业应该借鉴的地方，除了激情还应该考虑到更多的现实。

第五阶段：自创公司，大展拳脚

选择：两年后，比尔·拉福已熟练掌握了商情与商务技巧，便婉言谢绝了通用公司的高薪挽留，开办了拉福商贸公司，开始了梦寐以求的商人生涯，实现多年前的计划。

评析：时机成熟后，应果断决策，切忌浪费时间，应抓住契机实现计划。

收获：比尔·拉福的准备工作，几乎考虑到了每个细节。拉福公司的成长速度出奇的快，二十年后，拉福公司的资产从最初的20万美元发展为2亿美元，而比尔·拉福本人也成为一个奇迹。

高校学生心理健康教育与指导

比尔·拉福的生涯设计脉络清晰，步骤合理，充分考虑了个人兴趣、个人素质，并着重职业技能的培养，这种生涯设计在他坚持不懈的努力下，终于变为现实。也许他的这套生涯方案并不完全适合你，但是却带给你一个重要的信息：人生是可以设计的！只要你有信心、恒心加上科学的规划和设计，案例的主角也许就是明天的你。

两个故事讲完之后，大家一定有很多感想。可能会有很多同学热血沸腾，摩拳擦掌，准备开始进行职业生涯规划了，也有同学可能在想象自己20年后的景象了。是啊，哪个人不想成就一番大事业？哪个人愿意平平庸庸一辈子？既然职业生涯规划既然这么好，那具体该怎么做呢？从哪儿开始呢？职业生涯规划要从为自己量身定做职业生涯规划书开始。

一、如何制定大学生职业生涯规划书

大学生职业生涯规划书的基本格式如下。

(一)常见格式

(1) 表格式。这种格式的规划书为不完整的职业生涯规划书，常常仅写有最简单的目标、分段实现时间、职业机会评估和发展策略等几个项目，有的只相当于一份完整的职业生涯规划书的计划实施方案表。适合作为日常警示使用。

(2) 条列式。这种格式的规划书具有职业生涯规划的主要内容，似多只是作简单的表述，没有详细的材料分析和评估。文章精练，但逻辑性和说理性不强。

(3) 复合式。就是表格式与条列式的综合。

(4) 论文格式。一份优秀的论文格式的职业生涯规划书能够对一个人职业生涯规划做全面、详细的分析和阐述，是最完整的职业生涯规划书。

(二)大学生职业生涯规划书的基本内容

职业生涯规划书是对职业生涯规划的书面化呈现，不仅能呈现大学生的宏观职业生涯规划，还能对具体的学习和工作起到指导及鞭策作用。大学生职业生涯规划书的基本内容主要包括以下几个方面。

(1) 扉页：包括题目、目录、姓名及基本情况介绍、年限、起止日期等。

(2) 职业方向及总体目标。

(3) 社会环境分析结果：包括对政治环境、经济环境、法律环境、职业环境的分析。

(4) 组织分析结果：包括对行业、组织制度、组织文化、领导人、组织运行机制、发展领域等的分析。

第十一章 规划人生 付诸行动

(5) 自我分析：对家庭因素、学校因素、自身条件及性格、潜力等的测评结果。

(6) 角色及其建议：记录对自己职业生涯影响最大的一些人的建议。

(7) 目标定位以及目标的分解和组合：发展策略、发展路径。

(8) 成功的标准。

(9) 差距：即自身现实状况与要实现的目标之间的差距。

(10) 缩小差距的方法及实施计划和方案。

(11) 评估调整预测：评估的内容、评估的时间、规划调整的原则。

(三)大学生职业生涯规划书撰写的基本要求

(1) 资料翔实，步骤齐全。搜集资料有多种途径，可以通过访谈、从报刊图书中摘抄、上网下载等方式获取资料，要尽可能注明资料的出处，并多运用图表数据来说明问题，以提高资料来源的可信度和说服力。步骤主要分为四步。

第一步分析需求，分析条件及目标设定。

第二步分析阻碍和可行性研究。

第三步设计方案和提升(改变)计划。

第四步制订详细的实施计划和措施。

(2) 论证有据，分析到位。要了解有关的测评理论及知识，认真审视并思考自己的测评报告并对照自我认识与测评结果的异同，分析与测评结果形成差距的原因，从而确定自我评估结果，达到"知己"；要理清自己所处的地理环境(包括居住的地方、喜欢的地方、亲朋的意见等)，明确自己最大的兴趣是什么、最喜欢与之共事的人的类型、最重视的价值与目标、最喜欢的工作条件是什么，再通过目前环境评估(社会影响、家庭影响、学校因素、就业形势等)和当前社会环境分析(组织环境分析、技术的发展、经济的兴衰、政策法规的影响等)来确定自己的职业方向，做到说理有据，层层深入。

(3) 言简意赅、结构紧凑、重点突出、逻辑严密。语言朴实简洁，用词精练准确，行文流畅，条理清楚，这是最基本的写作要求。撰写时还应密切注意整篇文章的结构和重心所在。职业生涯规划书一般包含对职业规划的认识、对自我的剖析、对所学专业的认识、对职业方向的探索及确定目标并制订计划这五个方面的内容。在对这些内容进行分析阐述时，必须紧紧围绕职业目标这条主线来展开，从而体现文章论述的逻辑性和连贯性，要将重点放在自我评估、环境评估、目标实施上。职业生涯规划是自己将来的规划，这个规划只有建立在对自我和职业的充分认识的基础上，才能体现出它的科学性和可行性。

(4) 目标明确，合理适中。撰写职业生涯规划书应围绕论述的中心展开，职业生涯目标不能过于理想化，应"择己所爱"、"择己所长"、"择世所需"、"择己所利"。职业生涯规划书撰写是否成功，在很大程度上取决于有无正确适当、切实可行的目标。

(5) 分解合理，组合科学，措施具体。目标分解、实现路径选择要有理论依据，而且备用路径之间要有内在联系性。目标组合要注意时间上的并进、连续，功能上的因果、互补作用，全方位的组合要涵盖职业生涯、家庭生活、个人事务等方面。

(6) 格式清晰，图文并茂。

(四)大学生职业生涯规划书

1. 封面

署上作品名称和年月日，可以在封面插入图片和警示格言。

2. 扉页

个人资料：

真实姓名：××

笔名：×××

性别：×

年龄：××岁

籍贯：××省××市/县

身份证号码：××××××××××××××

所在学校及学院：××大学××学院

班级及专业：××级××专业

学号：×××××××××

联系地址：××××××××

邮编：××××××

联系电话：××××××××

E－mail：×××××××××××

3. 目录

总论(引言)

第一章 认识自我

1．个人基本情况；2．职业兴趣；3．职业能力及适应性；

4．个人特质；5．职业价值观；6．胜任能力。

第十一章 规划人生 付诸行动

自我分析小结

第二章 职业生涯条件分析

1．家庭环境分析；2．学校环境分析；3．社会环境分析；4．职业环境分析。

职业生涯条件分析小结

第三章 职业目标定位及其分解组合

1．职业目标的确定； 2．职业目标的分解与组合。

第四章 具体执行计划

第五章 评估调整

1．评估的内容；2．评估的时间；3．规划调整的原则。

结束语

附：参考书目

4．正文

总论(引言)

第一章 认识自我

结合相关的人才测评报告对自己进行全方位、多角度的分析。

(1) 个人基本情况。

(2) 职业兴趣——喜欢干什么。在我的人才素质测评报告中，职业兴趣前三项是××型(×分)、××型(×分)和××型(×分)。我的具体情况是……

(3) 职业能力及适应性——能够干什么。我的人才素质测评报告结果显示，××能力得分较高(×分)，××能力得分较低(×分)。我的具体情况是……

(4) 个人特质——适合干什么。我的人才素质测评报告结果显示……我的具体情况是……

(5) 职业价值观——最看重什么。我的人才素质测评报告结果显示前三项是××取向(×分)、××取向(×分)和××取向(×分)。我的具体情况是……

(6) 胜任能力——优劣势是什么。

自我分析小结。

第二章 职业生涯条件分析

参考人才素质测评报告建议，我对影响职业选择的相关外部环境进行了较为系统的分析。

(1) 家庭环境分析：如经济状况、家人期望、家族文化等以及对本人的影响。

(2) 学校环境分析：如学校特色、专业学习、实践经验等。

(3) 社会环境分析：如就业形势、就业政策、竞争对手等。

(4) 职业环境分析：包括以下 4 个方面。

① 行业分析。

如××行业现状及发展趋势，人业匹配分析。

② 职业分析。

如××职业的工作内容、工作要求、发展前景，人岗匹配分析。

③ 企业分析。

如××单位类型、企业文化、发展前景、发展阶段、产品服务、员工素质、工作氛围等，人企匹配分析。

④ 地域分析。

如××工作城市的发展前景、文化特点、气候水土、人际关系等，人城匹配分析。

职业生涯条件分析小结。

第三章　职业目标定位及其分解组合

(1) 职业目标的确定。

综合第一部分(自我分析)及第二部分(职业生涯条件分析)的主要内容，得出本人职业定位的 SWOT 分析，如表 11-2 所示。

表 11-2　SWOT 分析

内部环境因素	优势因素(S)	弱势因素(W)
外部环境因素	机会因素(O)	威胁因素(T)
分析		

结论：职业目标——将来从事(××行业的) ××职业。

职业发展策略——进入××类型的组织(到××地区发展)。

职业发展路径——走专家路线(管理路线等)。

(2) 职业目标的分解与组合。

把职业目标分成三个规划期，即：近期规划、中期规划和远期规划，并对各个规划期及其要实现的目标进行分解，如表 11-3 所示。

第四章　具体执行计划

本人现正就读大学×年级，我的大学计划分为四个阶段。

(1) 短期目标的具体实施计划。

(2) 中期目标的具体实施计划。

(3) 长期目标的具体实施计划。

(4) 人生总目标的具体实施计划。

表 11-3　职业生涯规划样表

计划名称	时间跨度	总目标	分目标	计划内容	策略和措施	备注
短期计划(大学计划)	2011—2015 年	如：大学毕业时要达到……	如：大一要达到……，大二要达到……或在××方面要达到……	如：专业学习、职业技能培养、职业素质提升、职业实践计划等	如：大一以适应大学生活为主，大二以专业学习和掌握职业技能为主……，或为了实现××目标我要……	大学生职业规划的重点
中期计划(毕业后五年的计划)	20××—20××年计划	如：毕业后第五年时要达到……	如：毕业后第一年要……第二年要……或在××方面要达到……	如：职场适应、三脉积累(知脉、人脉、金脉)、岗位转换及升迁等	……	大学生职业规划的重点
长期计划(毕业后十年或以上计划)	20××—20××年计划	如：退休时要达到……	如：毕业十年要达到……二十年要达到……	如：事业发展，工作、生活关系，健康，心灵成长，子女教育，慈善等	……	方向性规划

第五章　评估调整

职业生涯规划是一个动态的过程，必须根据实施结果的情况以及变化情况进行及时的评估与修正。

(1) 评估的内容。

① 职业目标评估(是否需要重新选择职业？)。假如一直……那么我将……

② 职业路径评估(是否需要调整发展方向？)。当出现……的时候，我就……

③ 实施策略评估(是否需要改变行动策略？)。如果……我就……

④ 其他因素评估(身体、家庭、经济状况以及机遇、意外情况的及时评估)。

(2) 评估的时间。

在一般情况下，我定期(半年或一年)评估规划；当出现特殊情况时，我会随时评估并进行相应的调整。

(3) 规划调整的原则。

结束语

附：参考书目

二、大学生职业生涯规划需把握的几个重要关系

(1) 共性与个性。大学生需遵守学校有关规定，努力完成学业课程，取得相应的学历与学位，这是共性；同时，大学生又需自觉规划行为目标，主动调节自身行为，积极改造自己的个性，使个性全面发展以适应社会发展的要求。这就要求大学生在进行职业生涯规划时，需正确处理个性与共性的关系，要发挥自身特长、结合自己的个性，做一个别人代替不了的人。

(2) 教与学。大学教学过程是大学生独立性、自主性和探索性逐步增强的过程，教师的主要任务是引导学生学习。学会学习、提高学习能力，正确处理教与学的关系是大学生职业生涯发展的重要任务。大学的学习并不仅仅局限于课堂、局限于教材，要学会充分利用图书馆、网络、学术报告、社会实践等学习实践平台，拓展、深化学习的内容。

(3) 期望值与可行性。目标、期望值和现实之间存在着差距和矛盾，大学生应对职业生涯目标进行可行性分析，同时坚持扬长避短原则，尽可能地实现个人优势、兴趣和职业的匹配。要对社会形势发展与需求、环境的变化以及大学生自身的特点等方面进行精确的分析，这些分析要客观，各方面的信息搜集要全面，力求做到职业生涯规划科学、实用，达到期望值与可行性的统一。

(4) 规划的稳定性与灵活性。职业生涯规划具有宏观性、导向性等特点，因此，也就具有相对的稳定性。但正如前面所述，大学生职业生涯规划是一个动态发展的过程，规划本身就具有柔性和灵活性的特点，规划将随着时间、条件、兴趣的变化有所调整，这就要求用整体的、联系的观点思考问题，正确认识规划的稳定性与灵活性的辩证关系。

(5) 规划的模糊性与生涯发展的可准备性。职业意向不清晰，职业目标不明确是大学生中普遍存在的现象，但不能以此为借口不对自己的职业生涯进行规划。在大学期间，不要放弃任何一个机会，对每一件事都必须认真去做，努力将知识与技能累积，提高就业能力，这是大学生职业生涯发展的必然选择，它体现了大学生职业生涯规划的模糊性与生涯发展可准备性的辩证统一。

(6) 书本知识与人际技能。扎实的专业基础知识是大学生职业生涯发展的基石，同时，大学也是提高学生人际技能的场所，因此，大学生必须将书本知识的学习与人际技能的提高结合起来。一般来说，大学生应重点培养满足社会需要的决策能力、创造能力、社交能力、实际操作能力、组织管理能力和自我发展的终身学习能力、心理调适能力、随机应变能力等。

(7) 考研与就业，就业与创业。是考研还是就业，是就业还是个人创业，这里并没有

第十一章 规划人生 付诸行动

统一标准,其尺度在于要在广泛调查客观实际情况和充分分析自身特点的基础上进行规划设计,要从怎样才能最有利于自身人生发展的角度出发,实现个体价值的最大化。

结语:

大学生职业生涯规划对大学生、学校、社会都有现实意义。对于大学生而言,通过进行职业生涯规划提高了综合素质,实现了人职和谐,满足了社会发展的需求,为个体未来的发展奠定了坚实的基础;对于高校而言,在对学生进行职业生涯规划教育的过程中,完成了教学、学生管理工作的改革,摆脱了学校面临的就业、生源、学生教育培养的困境,提升了学校的生存和发展的空间;对于社会而言,从根本上解决大学生就业问题能优化产业结构、发展生产力,促进社会的和谐与稳定。总之,在就业压力日趋激烈的今天,应把大学生职业生涯规划贯穿在学生教育的全过程,提升学生就业的科学性和实效性。

心理加油站:25条哈佛大学成功警世恒言

1. 正确的思考

先正确的评判自己,才有能力评断他人。

你是否欺骗别人,或是自己?想清楚再回答。

三思而后行的人,很少会做错事情。

企图说服不用大脑的人,是徒劳无功。

认为整个世界都错的人,极可能错在自己。

2. 行动

观察走在你前面的人,看看他为何领先,学习他的做法。

忙碌的人才能把事情做好,呆板的人只会投机取巧。

优柔寡断的人,即使做了决定,也不能贯彻到底。

善意需要适当的行动表达。

3. 相信

相信你做得到,你一定会做到。

不断告诉自己某一件事,即使不是真的,最后也会让自己相信。

4. 警觉

对于那些使狗和儿童感到畏惧的人应提高警觉。

警觉过度犹如不及,使人变得多疑。

不要羡慕邻居的篱笆更绿,或许荆棘多于青草。

对于满口"别人都说——"的人,问他"别人"是谁,就会看到他张口结舌的窘态。

陌生人过分热心帮你做事时,当心他别有居心。

5. 挑战

如果你想要更上一层楼，就为别人提供超出预期的更多更好的服务。

每一次都尽力超越上次的表现，很快，你就会超越周遭的人。

亨利·福特悬赏 2.5 万元，征求有办法让他在每一台汽车上节省一个螺钉和螺帽的人。

你让我工厂的每个环节节省 10 分钱，我让你平步青云。

如果你一直保持现状，10 年后将会如何？

在你有把握做得更好之前，不要破坏任何东西。

6. 主要目标

你的人生想要什么？你能付出什么作为回馈？

成功的人只想自己要的——而非自己不要的。

不要管过去做了什么，重要的是你将来要做什么？

如果你不知道你自己的一生要的是什么，你还想得到什么？

智者除了有所为，还能有所不为。

为自己想要的忙碌，如此即无暇担忧你不想要的。

不要怕目标定得太高，你可能需要退而求其次。

如果你不会知道自己要什么，别说你没有机会。

7. 合作

请求比命令能得到更好的结果。

善于下命令的人，必定能够服从命令并且执行。

乐意合作产生支持的力量，强迫服从导致失败的结果。

告诉上司你想要什么，看他是否愿意帮助你去排除障碍。

友善的合作比煽动更得人心。

合作必须从部门领导开始，效率亦然。

狼狈为奸绝非合作。

除非你自己愿意被别人伤害，否则没有人能够伤害你。

8. 勇气

勇敢地承认自己不知道的事情，才能学习并进步。

勇气只是多跨一步，跨出之后就能超越恐惧。

抱怨自己没有机会的人，多半没有勇气冒险。

9. 批评

一事无成的无名小卒才能免于批评。

不要怕不公正的批评，但要知道哪些是不公正的批评。

第十一章　规划人生 付诸行动

不要批评你不了解的人，要趁机向他学习。

不要怕受人批评，当你提出新的观念，就要准备受人批评。

不要批评别人的行为，除非你知道他为何那么做；你在同样的情况下也可能会如此。

不能忍受批评，就无法尝试新事物。

如果你经常批评别人，何不试着赞美别人？

开始批评之前，最好先略加赞美。

如果你想要更受人欢迎，尽量多赞美，少批评。

10. 行为

真正伟大的人，别人会从他的善行感受出来。

一天没有遇见善行，就是白过了。

奖章和头衔不能让你上天堂，善行才能增加你的分量。

建设性的行为才能服人，言语的吹嘘无益。

不要说你想要什么，用行为表达。

善行是赞美自己最好的办法。

如果你比别人更具智慧，别人会从你的行为中看出来。

善意的回应是惩罚对你不义的人最安全的方式。

对不喜欢你的人不要多费口舌。

花钱想要上天堂的人，一定后悔没有多行善。

善行比滔滔雄辩更能打动人心。

墓志铭不如善行更令人怀念。

世界不会因为所知给你勋章，而会因你的善行而给你荣耀。

善行不需要言语的粉饰。

11. 明确的目标

明确地了解自己想要什么，致力追求。

一个人没有明确的目标，就像船没有罗盘一样。

智者都有清晰思考的习惯。

意志力缘于持续的行动、自动自发、明确的目标。

诚实与努力的工作，需要明确的目标引导才能成功。

缺乏明确的目标，一生将庸庸碌碌。

坚定的目标是成功的首要原则。

12. 教育或学习

教育是开发内在的力量，所有的教育都靠自己的体会，没有人能够教育另外一个人。

你从工作中学到的，比眼前得到的报酬更可贵。

倾听才能学习，说话无益。

好老师一定是好学生。

不一定把所有的知识都记在心里，能够取得所需的知识即可。

欣赏一个人良好的习惯，胜过挑剔他的缺点。

知识必须加以运用，才能产生力量。

努力把事情做得比别人更好，你就会忘了财务的困扰。

如果你不努力向上司学习，就虚掷了升迁及更好的工作机会。

哲学家从犯错的人身上找出人类所犯的错误。

善于发问使苏格拉底成为当时的智者。

明智的运用知识，吸引更伟大的知识。

你自工作中学到得越多，赚得越多。

自工作学习的人，等于别人付钱让他上学。

知识必须经由行动产生利益，否则无用。

13. 言之有物

记住，别人从你所说的每一个字，了解你所知的多寡。

你怎么说和你说什么同样重要。

人们在有所求时，语气特别不同。

语气委婉别人比较听得进去。

口不择言往往造成尴尬的场面。

刻薄的话伤人最甚。

思考可以随心所欲，表达想法则必须小心谨慎。

14. 热诚

当热诚变成习惯，恐惧和忧虑即无处容身。

缺乏热诚的人也没有明确的目标。

热诚使想象的轮子转动。

一个人缺乏热诚，就像汽车没有汽油。

善于安排玩乐和工作，两者保持热诚，就是最快乐的人。

热诚使平凡的话题变得生动。

15. 多做一点

每次你多做一些，别人就欠你一些。

让别人做得更好，同时提升自己的价值。

善于钓鱼的人选用鱼喜欢的饵。
你不能让所有的人喜欢你,却能减少别人讨厌你的原因。
与人协商而不产生摩擦,是有待学习的一大课题。
多做一些,机会将随之而来。
为别人服务最多的人最富有。
服务的道路才能通往快乐的城市。

16. 失败

爱迪生失败一万次才发明灯泡,失败一次不必担心。
"一般人"只失败一次就放弃,所以,"一般人"者众,而爱迪生只有一个。
漫无目的、随波逐流是失败的首要原因。
逆境中能找出顺境中所没有的机会。
让孩子小时候"好过",长大之后经常会"难过"。
批评别人错误时,更要加入一些赞美。
失败和暂时的挫折有极大的差别,了解两者的不同,才能成功。
不因一时的挫折停止尝试的人,永远不会失败。
许多人只需要再多支持一分钟,多做一次努力,就能反败为胜。
成功招揽成功,失败招揽失败。
企图不劳而获的人,往往一事无成。
别人的错误不是你犯错的借口。
如果你尽力而为,失败并不可耻。
不要责怪孩子不好,要怪那些没有教好孩子的大人。
错误像花园中的杂草,若未及时铲除,就会到处蔓生。
自怜是让人上瘾的麻醉剂。
智者注意自己的缺点,一般人吹嘘自己的优点。
失败若能将人推出自满的椅子,迫使他做更有用的事情,则是一种福气。
失败是一种让人承担更大责任的准备。
了解自己为何失败,则失败是资产。

17. 公平

公平只是相对的,绝对的公平并不存在。
要想得到公平,我们应从自己做起,公平地对待每个人与每件事。

18. 信心

信心愈用愈多。

高校学生心理健康教育与指导

除非你愿意，没有人能破坏你对任何事情的信心。
所有伟大的奇迹都只是信心的力量。
不幸很少会纠缠有希望和信心的人。
信心需要立足点，恐惧却能凭空存在。
信心缘于明确的目标及积极的态度。
信心是一种态度，常使"不可能"消失于无形。
信心不能给你需要的东西，却能告诉你如何得到。

19. 恐惧
虚张声势往往显示极深的恐惧。
不要因为恐惧而犹疑，前进就能消除恐惧。
恐惧是魔鬼最大的武器，人类最大的敌人。
意识清楚的人很少畏惧任何东西。
信心可以克服恐惧。
把你的恐惧留给自己，别人有别人的恐惧。
坏运气喜欢怕它的人。
希望和恐惧不会同行。
恐惧贫穷的人永远不会富有。

20. 朋友
有求于人才会去找朋友，很快就没有朋友。
如果你愿意有朋友，先做别人的朋友。
不要让帮助你自消沉中振作的朋友失望。
朋友是了解你并尊重你的人。
友谊需要经常表达才能长存。
友谊是看出朋友的缺点却不张扬。

21. 抱怨
如果你非要抱怨，那么，你小声一些，以免吵到别人。
不要太苛求抱怨的人，他把自己的日子弄得够难过的了。

22. 健康和习惯
如果你感觉无精打采，等到饿了再去吃东西。
生病之前就应该看医生。
只吃八分饱。
不断想着疾病，你就会不断生病，健康亦然。

第十一章 规划人生 付诸行动

新鲜的水果和蔬菜是永远不会过量的健康食品。

不要头痛医头，找出病因才是根本之道。

吃得多不一定健康。

注意饮食习惯，省下看医生的花费。

23. 残障

一位中国西北大学的盲生以速记抄录讲义，卖给视力正常的同学，完成学业。

如果你感到泄气，想想又瞎、又盲、又聋，一生过得充实愉快，著书鼓励更多人的海伦·凯勒。

从顶端开始的人是极大的不幸，因为他只能向下滑。

24. 快乐

有些人累积金钱换取财富，智者累积快乐，与人分享后仍取之不竭。

快乐在于行动，不只是拥有。

剥夺别人的快乐不能使自己快乐。

微笑使人更美丽、更愉快，却不费分文。

热情比怨恨更得人心。

慷慨的给予快乐，自己更快乐。

25. 和谐

和谐使宇宙运转不停。

机器的摩擦耗费成本，人际间的摩擦损耗心灵。

如果你不同意别人的说法，至少不要和他人争执。

促进和平的人受人景仰，挑起摩擦的人遭人嫌恶。

记住，至少要两个人才能争执。

团队为明确的目标同心协力，将产生无穷的力量。

彼此信任是良好人际关系的基础。

人际关系良好的人永远不愁没有朋友。

喜欢和谐的人通常知道该如何维系。

持久的成功建立在和谐的人际关系之上。

尽量充当和事佬，就没有太多纷争。

想趁机浑水摸鱼的人才会挑起纷争。

第十二章 生命如花

人生是个有始有终的过程，我们每个人无法决定生命的长度，但我们可以把握自己生命的宽度，即实现生命的意义，体现生命的价值。人生中总会面临无尽的挑战，唯有勇于探索生命的意义，珍爱生命的价值，你才能拥有一个丰盛的人生。因此，生命教育对于大学生成长和发展具有重要意义。

第一节 生命是什么

"生命"是个很直观而又很神圣的字眼，也是人们常常挂在嘴边的词，好像谁都知道，但是，到底什么是生命？生命从何而来？生命是由什么组成的？生命的意义何在？如何培养大学生的生命意识？对这些问题的思考一直是人类社会苦苦探询和孜孜以求的。

一、生命和生命的意义

(一)什么是生命

生命构成了世界存在的基础，世界正是因为有了生命才精彩。而在所有的生命存在中，人是超越一切其他生命现象之上的存在物。生命主要包括：新陈代谢、生长、发育、遗传、变异、感应、运动等。生长和发育是生命的基本过程，而新陈代谢则是生命的最基本的过程，是其他一切生命现象的基础。

(二)生命的存在形态

人的生命存在形式有生物性、精神性和社会性三种形态。

(1) 生物性的存在。人是生物性的存在，生物性是人的生命的最基本的特性，是人的生命的社会性、精神性存在的基础和前提。人的生命作为一个自然生理性的肉体生命而存在，人的生长和发展就必然要服从生物界的法则和规律。所以，衣食住行、吃喝拉撒、生老病死是每一个人都必须具有的，也是每一个人都无法逃避的。

(2) 精神性的存在。人之所以为人，就在于人不仅仅是为了满足自己的自然生命而活着，还要追求超越生物性存在的精神性存在。人要规划自己的人生，创造自己的价值，指导和提升生物性的存在。正是有了生命的精神性的存在，才使人的生命有了人文意义和价值，有了理性的意蕴和道德的升华。

(3) 社会性的存在。每个人要想生存下去，就必须参与和融入到社会活动中，在与人的沟通、交往和互动中保存自己的生命，追求自己生命的意义，实现自己生命的价值。正是这种社会性的存在，使人面对千差万别、千变万化的社会生活，能够使自己有一种生命的智慧和坚定的信念；使人面对有生有死、有爱有恨、有聚有散、有得有失的有限人生和无奈命运时，使自己有一种豁达的胸怀和安然的态度。

(三) 生命的特征

(1) 生命的有限性。人的生命特别是人的自然生命存在的有限性是任何人都无法摆脱的宿命。对于个体生命而言，生命存在的时间是非常有限的，谁也无法摆脱死亡的结局。时间的不可逆性导致人的生命历程的不可逆，不仅生命只有一次，生命的进程也不可以推倒重来，过去的永远过去，人面对的只有现实。生命的有限性还表现在生命有许多不可超越的限制，既包括人作为生物体的自然限制，也包括人作为社会人的社会限制。限制束缚着人，却使个体成为社会中的自由、文明的人，使人远离了动物的本能。

(2) 生命的独特性。每个人的生命都具有其个体的独特性，就像世界上没有两片完全相同的树叶一样，世界上也绝不存在两个完全相同的生命个体。生命的独特性不仅取决于个体遗传素质所决定的外表等生理性因素的差异，还表现在人后天形成的个性上，表现在人思维、精神的独特性上。人比动物优越的地方在于人的意识和行为具有自主性，人在面对不同境况时会有不同的选择，人会根据自身的特点选择不同的行为方式和生活方式，使自己的生命呈现出自己的特色。

(3) 生命的超越性。生命的超越性源于生命的有限性，生命是有限的，但人的生命追求是无限的，人从不满足于有限，而在不断地追求无限。很多哲学家都把超越性看作人的生命本质，德国哲学家马克思·舍勒曾经给人下了一个定义：人是超越的意向和姿态，人是生命超越本身的祈祷，人是一个不断开放、不断生成的未知。人是有意识的生命体，自我意识使人不断地意识到自身的有限性，人对自身生命存在状况进行的有意识的反思，形成了人对自身的一次次超越。"正是这种超越性决定了人生活在现实世界之中，而又不满足于停留于此，他的目标永远在前方，追求一种终极完满的存在方式"。生命为个体所私有，相互不得交换，彼此不可替代。

(4) 生命的整体性。人的生命是一个复杂、矛盾的有机体，它是自然生命、精神生命、社会生命的统一体，也是认知、情感、意志、行为的统一体。生命的各个部分并不是独立存在的，而是共同存在于一个生命体内，相互影响，共同发展。德国哲学家雅斯贝尔斯在《什么是教育》中指出："毋庸置疑，生命是完整的，它伴随着年龄、自我实现、成熟和生命可能性等形式，作为生命的自我存在也向往着成为完整的，只有通过对生命来说是合适的内在联系，生命才是完整的。"可见，生命是完整的，是矛盾的统一体。我们对生命的把握绝不能只关注生命的某一部分，而要从整体着眼，开展生命教育也要从个体生命的整体出发。对生命及其特征的分析具有十分重要的意义，它为高校开展生命教育奠定了坚实的理论基础。生命教育的开展必须建立在对人的生命的充分了解和认识的基础之上，只有这样，我们的生命教育才具有针对性和实效性。

(四)生命的意义

生命意义是关于生命的积极思考，是个人正在努力实现的、自己给予高度评价的生命目标。具体来说，包括个人存在的意义，寻求和确定获得有价值的目标，并去接近这些目标。

人与动物的最大不同就在于人会寻找生命的意义，人会问：

——为什么？

——我是谁？

——自己有何价值？

——人生的意义是什么？

赫塞说过：生命究竟有没有意义，并非我的责任，但是怎样安排此生却是我的责任。这带给我们的启示是：人生的过程要好好去创造！

因此，生命的意义在于以下两点。

(1) 人生最珍贵的宝藏是自己，人生的最大事业是经营自己。

(2) 人生最大价值与生命的意义就是追求不断的自我发展与成长。

二、生命意识培养

生命意识是人对生命的一种自觉，是人为了适应自身生存和发展的需要而形成的对于生命和生命价值的体认和感悟。生命意识的培养是生命教育的起点，我们可以通过珍爱生命的教育、生命意义教育、生命责任教育、认知死亡的教育四个方面来培养大学生的生命意识，从而使大学生形成科学、完整的对生命的认知，并能够珍爱、尊重、关怀生命，进而能够逐步完善生命。

(一)珍爱生命的教育

日本思想家池田大作说过，"最崇高、最尊贵的财宝，除生命外断无它物"。"人的生命首先是作为个体而存在，离开个体生命的自为存在，一切都会失去真实的承担者和前提"。生命是人生最宝贵的东西，只有生命的存在才会有人的其他价值的创造和实现。人的生命价值首先在于生命的存在和延续本身，脱离开生命本体存在的过程来实现生命价值，无疑是荒谬的。维持生命是每个人最自然的、不可剥夺的权利，对他人的尊重和对他人价值的尊重首先是对他人生命存在的尊重与承认。要引导大学生认识到生命的本体价值，即认识到生命的短暂性、不可替代性、不可逆性，使他们学会珍爱生命、尊重生命，使他们认识到只有珍爱生命才能成就自己，任何伤害自己和他人生命的行为都是对生命的亵渎和践踏。

(二)生命意义教育

生命意义是支撑人类生存的精神支柱，它从存在的根基上追问人为什么存在，即存在的目的问题。人是寻求意义的存在物，具有自觉关注自身价值与存在意义的能力。从本质上说，对意义的追求是人的生存方式，是人之生命的独特性。我国著名哲学家高清海教授更是强调意义对人的本体价值，他说："人是不会满足于生命支配的本能的生活的，总要利用这种自然的生命去创造生活的价值和意义。人之为'人'的本质，应该说就是一种意义性存在、价值性实体。人的生存和生活如果失去意义的引导，成为'无意义的存在'，那就与动物的生存没有两样，这是人们不堪忍受的。"人的生命的崇高在于人能够按照长期生活中形成的生命价值追求和行为规范引导和约束自己的本能冲动，使之摆脱个体性和任意性，建立生命的意义，这是人与动物的根本区别。

大学生正处于生命的黄金阶段，要教育他们在短暂的生命历程中，不断探索生命的意义，创造生命的价值，在不断追求生命意义和创造价值的过程中实现自我，并推动社会的发展和人类的进步。生命教育就是要引导大学生"在短暂的生命中追求长久的意义，在不可重复的生命中活出自己特有的足迹，在脆弱的生命中活出坚强的信念，在不可替代的生命历程中凸显自己独特的光彩，在最基础的生命中建构起无限的价值，在无价的生命中活出人生的高尚"。正确认知生命意义要分清生命与生活之间的关系，在现实生活中，人们常常把生活的感受看得比生命还重要，一味追求生活的享受而不注重生命质量的提高及生命意义的实现。当前，一些大学生专注于物质生活的追求而忘记了生命的意义，一味地追求生活感受，却放弃了生命的本真追求，最终，他们会常常感到自己不快乐、生活无意义。比如大学生日益严重的自杀问题，其中一个很重要的原因就是一些大学生只关注生活的感受而不知道生命的存在及生命的意义，以为生活就是生命的全部，他们常常将某些挫折、痛苦等生活中不可承受之重当成了生命不能承受之重，生活感觉不好就轻易地放弃了生命。这实际上是以结束生命的方式来解决生活问题，其根源就在于他们没有认清生命与生活的区别，没有意识到生命中还有很多生活感受以外的东西，没有理解生命的宝贵性和生命的真正意义。我们鼓励大学生去追求美好的生活，我们更希望他们的生命能在追求美好生活的过程中得到充分展现，只有实现生命意义的生活才是有意义的生活，只有绽放生命光彩的生活才是真正美好的生活。

(三)生命责任教育

生命是一种责任，承担和履行这种责任的过程就是探索生命价值的过程。责任是指人与人之间所形成的相互支持、相互依存的关系，它要求个体在实现自身权益的过程中，不忘他人和社会整体利益，自觉履行各种法定义务和岗位职责，正确处理不同利益主体的关系。马克思和恩格斯曾在《德意志意识形态》中指出："作为确定的人、现实的人，你就有规定，就有使命，就有任务，至于你是否意识到这一点，那都是无所谓的，这个任务是由于你的需要及其与现有世界的联系而产生的。"承担责任是每一个生命个体应该做到的，因为个体不是孤立存在的，他的存在和社会、他人息息相关。每一个有价值的生命，每一个显示出尊严的个体都在承担并实现生命责任的过程中得到升华。责任既是人的意志自由，也是人的一种规定、任务和使命。当人有强烈的责任感时，就会有生活的热情、积极性和主动性，就能够关心别人、群体、社会和自然，就能对自己的命运、前途负责，对自己的家庭负责，对自己生存的社会负责，体验到人生的乐趣、价值；反之，人如果缺乏责任感，就会觉得人生淡而无味，没有乐趣、价值，从而丧失生活的热情、信心和进取精神，成为精神空虚的人。因此，教育大学生珍爱生命，就要培养大学生的责任感，教会他们学会善良，学会关爱，学会宽容，学会共同生活，肯定自我，又成全他人，修己善群，和谐共荣。

在现实世界中，大学生主要承担三种责任：首先，要对自己生存、发展和完善负责，即自我负责。人首先要对自己负责，实现自我，马克思、恩格斯指出："每一个人都无可争辩地有权发展自己的才能。""任何人的职责、使命、任务就是全面发展自己的一切能力。"人的主体性活动，就个体而言，主要是追求自我、创造自我、实现自我，实现人的全面自由发展，人的自我发展责任是实现家庭责任及社会责任的中介和桥梁。其次，大学生作为家庭的成员，对家庭负有不可推卸的责任；父母和其他家庭成员为了养育自己付出了艰辛的劳动，做出了很大的牺牲，大学生成人后当然有责任回馈家庭，大学生对家庭的责任并不仅仅是为了报恩，也是在履行一种社会责任。最后，大学生生活于社会之中，是社会培养了自己，所以，他们必须肩负起社会责任。一个人只有认识到自己的社会责任，并履行社会责任，对社会和人民做出贡献时，才能实现其价值。因此，在对大学生进行生命教育的过程中，我们要引导大学生努力承担起这三种生命责任，使自我的生命在承担责任中绽放光彩。

第十二章 生命如花

(四)认知死亡的教育

在我国的传统中,人们避讳死亡和性等方面的话题,所以,导致了人们对死亡的愚昧,这种愚昧就会导致人们对生命的不珍惜。而在一些发达国家,人们却能够正视死亡,比如孩子进入小学后,老师会把孩子带到太平间里,让他们亲身感知什么是死亡;美国的一些高校在进行人生规划和人生教育时,要求学生给自己写"墓志铭",使其感知死亡而不虚度人生。只有正视死亡才能理解生命,因此,我们必须摒弃传统中避讳死亡的做法,而要积极引导人们正确的认知死亡和生命。

生命的完整内涵包括了生与死两个方面,死和生一样,不仅是人的一个规定性,而且是人的最本质的规定性,人的本质存在就是"向死而生"的。哲学家海德格尔提出"向死而生"的观点给我们极大的启示,他认为生即"向死亡的存在",人始终以向死而生的方式存在着。生命是有限的,每个人都在走向死亡,我们只有从容地面对死亡,才能积极把握人生,让人生更加精彩。正如泰戈尔所描绘的那样:让生如夏花之烂漫,让死如秋之静美。只有理解死亡,才能理解生命的有限性和一去不复返的性质,从而真正懂得生的可贵,只有理解死亡,才能确信死亡的不可避免性,自觉地克服所谓的焦虑和恐惧,从而思考并努力追求人生的价值。

要使大学生能够正确认知死亡,必须澄清两个错误的死亡观念:一是"人死万事空"。这种观念认为人死就什么都没有了,它会使人们或者在生前无所顾忌、胡作非为,或者如死灰,感受不到生命的价值。其实,人死后,他的自然生命虽然消亡了,但是他的精神生命和社会生命却还存在着,还在影响着其他人。人在生前必须努力创造自己的精神生命和社会生命,死后其价值才能得到彰显。二是生命轮回观念。这种观念认为人的肉体生是可以轮回的,死亡并不可怕,这种观念导致人们对生命的不珍惜,任意残害自己或他的生命。我们必须纠正这两种错误的死亡观念,使大学生建立起正确的死亡观:死亡是任何人都无法避免的,人的生命是生与死的统一体,没有死的悲哀就没有生的快乐,没有死的无法避免就没有对生的珍爱和生命意义的追求。要教育大学生理性地认识死亡,向死而思生,焕发大学生的生命意识,促使他们珍惜现在的美好生活,充实自我,实现有价值的人生。

生命与信仰:回答生命意义的电影《可可西里》

有人说,生命的意义就是在于不断地追寻生命的意义,也就是说,生命的意义是在于追求一种生命的信仰,除此之外,生命本身的意义并没有多大。那么,保护可可西里的巡山队员们如此的做法,就是在用具体真实的行动诠释他们生命的意义所在。这群队员保护藏羚羊的行为或许有偏激之处,然而,作为一种执著追求的精神来看,正是现代人们为人处世时所缺乏的。目前，相当一部分的大学生是在过着物质生活奢华而精神生活贫乏的日子，相当一部分同学已经感染了"空虚、无聊候群"，忘了生活是要付出血汗才会有精彩内容。那么，以此影片来展现儒家执著进取的精神，对当代的大学生无疑有相当大的启示，甚至是警示作用，值大学生们去崇敬、学习，直至内化于自己的心中。

阅读链接：《相约星期二》

假如死亡明天来临（关于死亡和人生目标的讨论）

中国青年报　首都经贸大学《电影文本成长心理学》选修课班全体师生——杨眉教授设计并执笔

在"大一新生综合征"中，最明显的心态就是："郁闷"和"没意思"。是啊，经过高考的过度挤压，一下子过上了没人管的"自由生活"，难免会无所适从。他们说，上了大学，仿佛失去了人生目标。

实际上，大学生们是把高考当做人生目标了。其实，考大学只是人生的一个阶段性任务，并非"人生目标"。因此，"郁闷"最关键的原因是：缺乏建设性的人生目标，不知道自己为什么而活着。

所谓建设性人生目标，是指一个人确立了有助于自己持续发展的积极、向上的目的。从心理学角度看，目的性在人格特质中占有很重要的位置，它可以派生出诸如坚忍、专注、执著、好学等特质，此外，积极的人生目标有十分重要的心理保健功能，是一个人能够持续发展的保证。

当前，不少学生因为缺乏建设性人生目标，活得非常不快乐，效率很低。不仅浪费了大量的时间和生命，也为日后的发展埋下了隐患。

为了帮助学生解决人生目标问题，我请大家看了两部有关死亡的电影。孔子曾经说："不知生，焉知死？"但现在有许多人提出"不知死，焉知生？"我赞成后者的思考。因为人都是向死而生的。如果一个人没有思考过死亡的意义，不太可能拥有有意义的人生。

以下的文字就是我们看电影前后的课堂练习、讨论以及学生文字的汇集。

给自己的墓志铭和最后三个月要做的事

在看第一部片子之前，我请学生为自己写一个墓志铭。

可能是这个要求太奇特，不少同学一时没有反应过来，我解释后给学生做了一个例题，以我自己为例，用的是一个朋友对我的评价："她是城市森林中的自由战士。世界给予她很多，她也一直努力回报着这个世界。"

学生们沉默一会儿后，纷纷写下了自己的墓志铭。

第十二章 生命如花

一位女同学写道:"她是一个开朗的人,一直努力让周围的人快乐,她做到了。"

一位男同学为自己写道:"你完成了可以完成的一切,可以安心地走了!"

我又布置了第二个练习:"假如你只有三个月的生命了,你打算怎样安排最后的时间?列出前三个。"

这个问题使大家陷入沉思,随后,我们开始分享彼此的计划,有的同学想陪父母去奥地利维也纳的金色大厅听一次音乐会;有的同学说要和所爱的人结婚、去旅游;有的同学说要告诉父母自己多么爱他们……

大家发现,在这种时刻,物质的东西突然变得不重要了,而过去一直忽略的父母亲情却变得异常的重要。在作业中同学写道:"一些最平常、最不被关注的事情,原来对你有至关重要的作用。"(2003级公共管理系郜振宇)

这时,我开始给大家放映一部加拿大影片:《我身后的日子》(《My Day Without Me》)。此片讲的是一个23岁的女工在知道自己得了癌症后,对自己所剩无多的日子和家人生活的安排。独自面对死亡时,这位女工的坦然、从容和勇敢非常感人。但她的安排中有一处引起争议,即她计划死前要与一个陌生人恋爱。

片子放完后,我像往常一样先问大家有什么想法。

2002级公共管理系的董晓培同学立刻说:"有些事情她做得很棒!表现出不畏惧死亡的勇气。但是,我不赞成她和别人有婚外情,做人不能违背道义,不能欺骗和不负责任!"

2002级财政系吕晖同学说:"我看到了生命的延续。"

因为时间关系,这次我没有带学生做深入讨论,只是给学生布置了以下一个练习。

我们的人生规划

我请学生以坐标轴的方式列出自己的人生规划。

我们用三节课讨论了以下问题:

讨论一

死亡是可以避免的吗?死是可以把握的吗?

2002级公共管理系见秋月同学说:"谁也不能避免死亡,但是,从精神角度看可以永生,比如,司马迁的精神就是永存的。"

2002级企业管理系耿峥同学说:"正常死亡不可避免,但是,意外死亡可以避免。比如,有人酒后开车,或者因为人品和习惯不好,导致意外死亡。"

2002级公共管理系张羽中同学提出:"要有健康的生活方式。例如,不吸烟不喝酒,不酒后驾车等,这是对自己和家人负责。"

就在这时,有人谈到了自杀。

有位同学的好朋友是自杀而死的,给这位同学造成了很大的创痛,她的切身经历引发了大家对自杀的讨论，气氛一度很沉重。她的感受是："一个人再难过都不能选择自杀，那会留下太重的创伤。"

2002级财政系丁悦同学：说"一个人降临世界是不容易的。我们应该以对生命的尊重避免这种死亡，自杀是一种轻率的生活态度。"

2002级财政系关珊同学说："懂得珍惜生命，可以提高对生死的把握。生命这么美好，我们决不要轻易放弃。"

2002级会计系李瑞同学说："死亡是条绝路，再也没有机会后悔和补偿，所以，要对自己负责。"

讨论中，大家达成的共识是：人无法避免正常死亡，但是，却可以通过培养健康的生活方式和积极的人生选择有效地避免非正常死亡；人无法避免物质死亡，但是，却可以避免精神上的死亡；人不能把握正常死亡，但是，却可以在很大程度上把握非正常的和不光彩的死亡。

2002级会计学赵蓓同学说："在做'假如只有三个月生命'的练习时，我发现竟有那么多梦想等着我去实现。听着同学们的发言，让我感到，即使我只剩下了三个月的生命，即使我面对死亡，我都不能轻易地放弃自己的生命，放弃我的生活。"

那么，死亡是否意味着结束呢？

2002级公共管理系王亚丽说："对个人而言是结束，对周围人而言不是。"

2002级公共管理系见秋月同学说："'有的人死了，他还活着'，比如周总理，他的影响从来就没有停止。"

死亡是生命的另一种形式。死亡不是生命的结束，生命也非单纯的开始。每个人的生命都凝结着成千上万逝者的智慧、性格与创造，我们称之为历史的，就是那成千上万逝者组成的家族与人类发展史。因此，死亡是生命的另一种形式，是我们融入祖先行列的开始，也是我们成为周围人历史记忆的开始。

讨论二

死亡是否仅仅是个人的事？

《我身后的日子》给大家留下最深印象的，是2002级经济学系吴洁同学所总结的："这部片子使我看到，死亡不是一个人的事，要考虑亲人和朋友。"

对此，同学们在作业中明确地表达了自己的态度。

2002级法学系毛志华同学谈道："一个人无论走到什么样的境地，都要对自己负责，对他人负责，即使是生命的尽头。"电影中的女工与别人发生婚外情，满足了自己的愿望，然后撒手而去，但带给自己家人的伤害再也没有机会补偿。带给那个男士的伤痛更不可磨灭，是永久的心碎。她犯下的这次过失是无法弥补的。

第十二章　生命如花

"在她生命的最后日子里，因放任自己的好奇心而造成了这样的后果，这是她对自己生活的选择，我们能够同情和理解她。但如果主人公是一个更偏激的人，有了更过分的甚至是伤害他人的行为，我们又该持怎样的态度呢？归根结底，这是对自己不负责的表现。"

"所以，在生命的最后时刻，我们该做的不是放纵自己，而恰恰是应该体会到重于平时的责任。尊重生命，就是要对自己和他人的生命负责……我信奉'有始有终'，那些"站好最后一班岗"的忠于职守者，是基于他们对生命的理解，对责任的尊重。在我生命的最后日子里，我愿意发挥最后的光和热，做好应做的事"。

死亡不是个人的事，因为死亡不等于结束，会造成很大的社会影响，所以，人要对死负责，不能任性妄为，否则，就会给生者留下无限痛苦。

讨论三
死亡是否也有意义？

2002级公共管理系朱珊同学说："死亡对死者是没有意义的，他不知道世界的评价。但是，对他周围的人则有不同的意义。"

2002级财政系关珊同学说："死亡是生命的另一种形式。另外，所谓'口碑'，也证明死亡对逝者也是可以有意义的。"

2002级财政系丁悦同学说："一个人要想使死亡有意义，就需要使他的人生有意义。"

很自然地，我们就开始了对人生的讨论，我要求大家再做一个练习：要求学生思考"如果我们只剩下一个月，请想一想以下几个问题。

1. 你最希望做的几件事是什么？为什么？
2. 请对自己以往的人生做一个评价，你对自己的一生满意吗？请给自己打一个分。
3. 如果有机会让你重新开始自己的人生，你是否会对以往的人生做些修改，为什么？

我请大家谈自己的感受。有些同学对原先设定的三个月计划做了修改，但是有关回报父母的部分没有改。

2002级公共管理系董晓培同学说："老师让我们写'如果只有一个月……'，我感到了时间的紧迫，感受到真要失去生命的压力，于是，我本能地写下：和爱你的父母、亲友一起享受最后一刻……在生命的尽头，只有亲情才是最重要的。要把握住生命的进行时！"

2002级财经学院刘文卓同学谈到一个感悟："大家这次探索人性与生命的真谛，是为了对得住正在流逝的青春。我们停止思考，停止对自身、对人类的审视就等同于浪费生命。"

讨论四
考虑死，就是要安排生

所有人都是向死而生的，生命的每一个环节息息相关，所以，讨论死，实质就是要讨论生，考虑死，就是要安排生，对此，学生们的作业有许多精彩的表达。

2002级经济系陈赓同学说："当我感到死亡的恐惧时，才知道自己是多么热爱生活。其实，人面对死亡的态度就是面对生活的态度，没有对死的恐惧也就无法体会生命的可贵。与其浪费时间去想象死亡有多可怕，不如将每一天都当做即将死去那样珍惜。像帕尔斯说的，负责任地过好自己的每一天，这样的人在面对死亡时一定极为坦然。"

2002级财政系姜佳星同学说："以往的教育使我们习惯于被管教，很少考虑自己的想法，甚至不忠实于自己的内心，但对死亡的讨论令我们感到自己的独特性，我们必须独自面对。死亡是自己的，未来是自己的，自己的决定最终影响自己的未来。死亡本身并不悲哀，悲哀的是一个活着的人不能从这种思考中获得启发。"

2002级经济学葛歆同学说："我以前在生活中从不谈论死亡、责任等沉重的话题，可能是为了避免压力吧！但现在直面这些问题，感到死亡并非只意味着结束和痛苦，还包含有更多的意义。正是由于对死亡的深刻认识，才使人们更珍惜生命与生活，对自己与对他人负责。"

2003级公共管理系林希同学说："我们现在要做的，就是将每时每刻化作永恒，把每一分钟都当成生命中的最后一分钟，不拖延、不等待。"

2002级财政系丁悦同学说："死亡让生命随时处于倒计时状态，如果真有什么长生不老，那生命的质量、生活的价值都会下降吧，人们会失去紧迫感，不会再重视单位时间内生命价值的实现。因此，死亡对生活有警醒作用。死亡是一个终点，却影响着整个活着的过程……从生想到死，从死又回到生，思考中对人生的目标有了一个提炼。"

学生们都意识到讨论死亡有什么意义了，现在，该考虑要安排什么样的人生，选择什么样的人生目标了。

讨论五

选择自己想要的目标

到目前为止，很多同学认为，现在的生活与他想过的生活之间存在着很大差距，生活目标中也往往没有本人的意志或意愿，这样的生活是沉闷的、具有腐蚀性的。而现在，死亡教育使大家意识到确立人生目标的重要性。那么，剩下的就是技术问题了。

因此，这次看电影前，我就曾布置的"人生规划"对大家做了如下的提示。

1. 我们要先确立人生大目标，例如，生命终结时达到的最高目标可以是："为社会做贡献"，最低目标可以是"尊严老龄化"。从这个大目标出发，设计眼前的具体生活道路，例如，通过做会计、律师或广告设计师等实现自己的人生大目标。

2. 设立具体的目标时，要问自己这样几个问题。

(1) 这真是我想要的目标吗？它符合我的主客观条件吗？

(2) 如果没有社会等外界压力，我还会选择这个目标吗？

(3) 这个目标能让我实现自己吗?
(4) 这个目标能让我持续快乐吗?

3. 要对自己有耐心。青年学生是容易失去耐心的,因此我提醒大家:从小就知道自己"要成为什么样的人"是非常幸福的人,但是,这样的幸运儿太少了,绝大多数人都是在认识并改正错误中找到自己,然后做自己的。所以,一定要对自己有耐心,先努力去"寻找自己"。

4. 边寻找自我边学习。我提醒过大家,我们在寻找自己的同时把该学的知识学好,成为一个"有准备的人",等待机会的降临。

5. 尽可能去做自己喜欢的事。如果暂时不具备条件,那么,一定要设法喜欢自己正在做的事,然后找机会再去做自己想做的事。

讨论六

热爱生命享受生活

在选择第二部电影时,我花了很多的时间,这部片子要能继续我们有关死亡与生命意义的讨论,但是又不能太压抑,我不能让学生带着一颗沉重的心离开课堂,而且,讨论死亡的目的是为了让大家热爱和享受生活。

考虑再三,我选择了《好大的世界》,讲述的是一个身患绝症的孩子如何以他热爱生命的本能,发现并享受生活,使周围人感受到生命的快乐。这部片子非常阳光。

在看电影之前,我问大家:"有多少同学觉得自己现在是在享受生活,认为生活很美好?"当时班里没几个人举手。

我提了如下两个问题。

(1) 有一句话,"人不是忙着活,就是忙着死",在座各位肯定是选择"忙着活",但是,大家是选择"忙着快乐地活还是痛苦地活"?是选择"有价值地活还是无价值地活"?

(2) 一个人是否只有得到了他想要的,或者摆脱了他不想要的,才能够享受生活?

看完电影后,同学们纷纷谈到自己的感受。

2002级公共管理系王喜莲同学说:"这个孩子在他剩下的时间里。充分享受着生活带给他的快乐,而不是生命短暂带给他的痛苦。他能够快乐地生活,感染周围的人也快乐地生活。"

2002级公共管理系许姗说:"乐观能够让人冷静下来,发现快乐就在身边。乐观能够提高自我调节能力,找到好的解决问题的方法。"

2002级企业管理系李佳说:"这个孩子教育了大人该怎样生活。"

我总在课上强调要学会享受生活,我提倡的"享受生活"是指:能够用全身心体验并且享受自己所拥有的,全力去追求自己所希望拥有的,与此同时,能够充分享受追求的过程。可以用这样一句话加以概括:"不知足常乐"。"知足常乐"是一种境界,但是,"不知足常乐"是一种更高的境界。

此外,人们容易形成一个思维定式:好像只有拥有了某种想要的东西:如名利,或者摆脱了不想要的东西如绝症,才能获得快乐。但事实是,一个人如果具有享受生活的能力,即使该有的好东西没有,或者不该有的坏事都遇上了,他仍然可以享受生活。关于这点,片中的小男孩给我们上了非常重要的一课。

为了让大家对享受生活有更深的理解,我给大家读了一本儿童读物《告诉我,你喜不喜欢》上的一些段落:

"告诉我你喜不喜欢,对着镜子玩斗鸡眼?

告诉我你喜不喜欢,让脚步碾过落叶听劈劈啪啪的声响……"

后来,不止一个同学在作业中谈到我读这本儿童读物时,他们内心所体验到的喜悦。

那么,什么是"持续的享受"?就"享受"本身而言,完全是一种主观感受,一个人觉得他是在享受就是享受。比如,一个同学天天逃课去上网,他觉得这是享受,就他的心理现实而言是对的。但问题是,以他这种状况,是否能完成学业,将来走向社会,是否能自食其力?是否能让这样的'享受'持续?

所以,我提倡的可以持续的享受,不仅涉及我们的兴趣、能力、条件,而且必然涉及我们的人生观、价值观和伦理底线等。

以下是同学们在作业中写下的感受。

2002级财政系高磊同学说:"我们应该活得有尊严。尊严是一种心态,正像片中的老人,不能动,不能说话……但是因为有了小男孩,他活得很快乐,这样的生命是有尊严的。而现在有些人花天酒地,十分奢靡,反倒失去了生命应有的尊严。我们要争取持续的快乐,这是对生命最好的诠释。"

2002级劳动经济学系邵婷婷同学说:"我从未想过,在那样小、那样简单的医院的空间里,生命依然可以焕发光彩。那个孩子单纯地追求快乐、享受快乐,是成人难以达到的境界……快乐是'生活',不快乐是'活着'。"

2002级劳动经济学系王佳华同学说:"我们不要一味抱怨这个世界与理想中有多么大的差距与不足,而该去寻找快乐与幸福……两部有关死亡的片子使我对生命有了更多的关注,对死亡有了更多的理解。要学会享受生活,也要享受改变它的过程。"

2002级劳动经济学系黄炜同学说:"'生'与'死'只是两个动词,生活才是两者之间最值得品味的过程。在拥有健康的时候,人们往往意识不到生命对于个人的意义,也就不会在真正意义上品味生活,只有等到有一天发现'死亡'将至,才会努力地活着。可以说,这样的人在生的时候,他是死的,而在即将死去的时候,他才开始真正的生活。"

第十二章 生命如花

2002级劳动经济学系李欧同学同学说:"我认为,应该开始按照自己的本意去做事了。有的人在接近生命的终点时,还在顽强地生活着。我应该珍惜自己现在拥有的一切,不能挥霍。"

2002级经济系丁丹同学同学说:"我们这个时代发展得越来越快,每个人的调色板都有些张狂迷乱,却忘记了往往是生活点滴中蕴藏的感动让我们醒悟:原来问题可以这么简单地解决,自己可以这么容易获得满足。"

2002级经济系吴洁同学说:"小玛丁让我发现,我们很可怜,既不会学习也不会玩儿,生活变成单调乏味的黑白电影……以前我以为死亡很远很远,而且是一件很恐怖的事,现在我敢于面对它;以前我的生活没有计划,现在我开始为自己制订人生目标。"

2002级公共管理系赵晶:" '最后三个月的' 计划让我明白,梦想其实可以很简单、很平凡,在一个个平凡梦想的实现过程中,生命变得伟大。"

讨论七

为自己的人生写一个新脚本

其实,死亡教育最好的结语是:为自己设计几个"人生脚本"。

我们可以仔细思考,为自己设计几个"人生脚本"。想象一下,自己临终的时刻,更愿意看到哪一个自己?

"人生脚本"可以有许多种,但是,人生却只有一种;不仅如此,脚本可以涂改甚至可以重新写过,但人生却是单行道。什么样的人生规划是最合理、最适合自己的呢?

那个能在最后的时刻,坦然地对自己说:"在回首往事的时候,不因虚度年华而悔恨,不因碌碌无为而羞耻"的版本,就是最适合自己的那一个!

我想用2002级财政系姜佳星同学作业中的话作为此次的结束语。

"为什么有那么多人虚度光阴?我想,是因为这些人没有勇敢地思考过死亡的问题。当我们思考死亡,会发觉每过一天就离死亡近一天,自己在这个世界上就少一天。有谁能够容忍时光白白流逝,而自己却由于种种原因不去实现梦想?有谁能容忍不忠实于自我,而甘愿受他人控制的生活?有谁能容忍没有尊严的生活?"

"我们可以通过设计总体目标和阶段目标来调整当前的生活,使自己为每一天都做出切实努力,同时,敢于为了维护自己的尊严和理想,做出正确的自我选择。也许你会发现,所谓'人在江湖身不由己'只是一个借口,坚信爱默生所说的吧,'向着特定目标前进的人,全世界给他让路'!"

这次有关生与死的讨论已成为过去,但是,生活仍然在继续。我们未来的生活,将由我们今日想要的人生目标所决定。勇敢地思考过死亡的同学,可以带着新的人生脚本,开始热爱生命、享受生活的里程。

第二节 理解生命 珍爱生命

按照世界卫生组织制定的国际标准，每年自杀发生率每 10 万人中少于 10 人的，为低自杀率国家，每 10 万人中高于 20 人的，为高自杀率国家。李振涛说，在 1993 年以前的统计中，中国属于低自杀率国家。1999 年，世界卫生组织和中国卫生部在北京联合召开了"精神卫生高层研讨会"。在这次会议上，中国卫生部报告中国每年有 25 万人自杀死亡，200 万人自杀未遂。世界卫生组织的报告公布，中国的自杀率为每 10 万人中 22.2 人，中国已经成为高自杀率国家。

在我国，自杀是全人口的第五位死因，15～34 岁人群的首位死因。我国每年有 287,000 人死于自杀，2,000,000 人自杀未遂。1,500,000 人因家人或亲友自杀而出现长期严重的心理创伤，其中有 160,000 小于 18 岁的孩子的父亲或母亲死于自杀。面对激烈的社会竞争和快速的生活节奏，每个人都有可能因承受不了而出现自杀行为。自杀行为不仅是自杀未遂者终生难忘的痛苦经历，而且会使自杀死亡者的亲友遭受严重持久的心理创伤。

人的生命只有一次，我们应当如何理解生命，如何珍惜生命，如何微笑着面对生活？

一、理解生命

生命大道的探寻如下。

珍惜生命——你只拥有一次生命！

自我做主——没有谁能代替你来活！

活在当下——假如明天不再来临？

全面拓展——你就是你与世界！

极限开发——创造自己都难以相信的奇迹！

二、珍爱生命

生命是美好的，让生命充满阳光！

"天空没有留下翅膀的痕迹，但我已飞过。"

让价值之星把生命照亮！

你重视的疆域越大，你的人生境界越大。

如果是一艘大船，就该到水最深的地方去。

拥有平常心，做一个不平常的人。

三、拯救生命

预测人的行为是一件比较困难的事，预测自杀行为就更困难。因为自杀的原因非常复杂，常常连与自杀者接触极其密切的人都难以觉察其细小的变化，而且，自杀行为常常带有突发性，令周围人措手不及。即使通过种种征兆发现了自杀的迹象，进行危机干预也并非易事，直接对当事人说，会使当事人感到自己隐私被侵犯，反而增加危险性。但是，自杀的预防又是可能的，因为自杀行为有一定规律可循。因此，只要抓住机会，因势利导，及时提供心理支持和帮助，预防自杀行为的可能性是有的。

(一)识别校园自杀危机

1. 导致青少年自杀的危险因素

(1) 家庭变故。

(2) 与同学或朋友绝交。

(3) 自己敬爱的人或对自己有重要意义的人死亡。

(4) 恋爱关系破裂。

(5) 与他人的纷争。

(6) 发生违法违纪事故。

(7) 受到同学排斥、孤立。

(8) 受人欺负或迫害。

(9) 学习成绩不理想或考试失败。

(10) 在考试期间承受过多的压力。

(11) 经济困难等。

2. 了解自杀的征兆

自杀并非突发，一般而言，自杀者在自杀前处于想死同时渴望被救助的矛盾心态时，从其行为与态度变化中可以看出蛛丝马迹，大约2/3的人都有可观察到的征兆。据南京危机中心调查，61例自杀的大学生中，有22人曾明显的流露出各种消极言行以引起周围人的注意。日本心理学家长冈利贞认为自杀前会有种种信号，可以从言语、身体、行为三方面观察。

(1) 言语。有自杀意念的人会间接地、委婉地说出来，或者谨慎地暗示周围。如"想逃学"、"想出走"、"活着没有意思"。

(2) 身体。有自杀意念的人会有一些身体症状反应，比如感到疲劳、体重减轻、食欲不好、头晕等，这往往是抑郁情绪所致，不能简单地认为是身体有病，应引起注意。

(3) 行为。当自杀意念增强时，在日常生活中会表现出不同于平常的行为。如无故缺课、频繁洗澡、看有关死亡的书籍，甚至出走、割伤手腕等。根据以上种种征兆，可以为自杀预防提供线索和可能。

3. 改变对自杀的模糊观念

社会上对自杀这种行为所持的态度和认识差别很大，其中，有一些错误的观念，若不加以纠正，对自杀预防不利。

(1) 自杀无规律可循。

自杀事件常常带有突发性，一旦发生，周围的人常感意外诧异。其实，大部分自杀者都曾有过明显的直接或间接的求助信息，他们在决定自杀前会因为内心的痛苦和犹豫而发出种种信号。

(2) 宣称自杀的人不会自杀。

当有些人向他人透露自己会自杀，尤其当用语带有恐吓成分时，别人以为他不过是说说而已，真正想死的人是不会把自己打算告诉别人的。其实，研究表明，80%的自杀企图者在自杀前曾向他人谈论过自杀，这种人很可能会有自杀的举动，必须高度重视。

(3) 一般人不会有自杀念头。

很多人以为一般人不会存有自杀念头，但是国内外研究结果显示，30%～50%的成年人都曾有过一次或多次自杀念头。对于性格健康，家庭关系好的人，自杀意念可能只是一闪而过，很少发展为真正的自杀行动；而性格或精神卫生状况存在问题的人在缺乏社会支持时，自杀念头有可能转变为自杀的行为。

(4) 所有自杀的人都是精神异常者。

有人认为只有精神病患者才自杀，但事实证明，自杀的人大多不是精神病人，只有20%的自杀者是抑郁症或精神分裂症，大多数自杀者是正常人，他们只是有暂时性的情绪障碍。

(5) 自杀危机改善后就不会再有问题。

有自杀企图的人经过危机干预状态改善后，情绪会好转，周围的人常常会误以为自杀危险性减低了，而放松防范措施。自杀危机改善后，至少在3个月内还有再度自杀的可能，尤其是抑郁病人在症状好转时最有危险性。

(6) 对有自杀危险的人不能提及自杀。

很多人担心，对那些有情绪困扰的人，有自杀意念的人，主动谈及自杀会加强他们自杀的意欲。事实恰好相反，严重情绪困扰的人往往愿意别人与他倾谈，听他诉说对自杀的感受，如果故意避开不谈，反而会因被困扰的情绪无从分解而加重情绪问题。

(7) 学业问题是青少年学生自杀的主要原因。

不少人认为青少年正处在求学阶段，学业问题的困扰是导致青少年学生自杀的主要原因。但学者们研究发现，50%以上青少年自杀者的自杀原因涉及与父母的关系，其次是男女感情，然后才是学校问题。

(二)预防和干预自杀危机

日本心理咨询学家松原达哉认为，从自杀者的性格特征看，过于内向、孤独、容易陷入焦虑与绝望感中，偏执，过分认真，责任感过强，缺乏兴趣爱好，情绪不稳定，心情多变。自杀者的心理特征常常表现出自罚倾向、回避现实、自我评价低。国内有研究报道，自杀者中，性格内向与较内向的占95.2%，孤僻占52.4%，虚荣心强占71.4%。

1．自杀者的临床表现

根据临床经验，有以下表现者一般具有自杀的危险性，应给予更多的关注。

(1) 具有明显外部精神因素的刺激者。如突然受打击、失恋等。

(2) 情绪低落、悲观抑郁者。

(3) 性格孤僻内向，与周围人缺乏正常的感情交流者。

(4) 严重不良家庭环境中成长，缺乏温暖关怀者。如父母离异、家庭破裂、亲子关系恶化等。

(5) 曾谈论过自杀并考虑过自杀的方法。

(6) 过去曾有过自杀企图或行为者。

(7) 亲友中曾有人自杀过。

一旦发现有以上表现的人，应及时干预援助。

2．心理危机预防与危机干预的工作环节

1) 发现和识别
- 定期对大学生开展心理健康测评
- 建立学生心理档案
- 学校要开展危机重点人群排查工作
- 建立快速反应通道
- 对有危机的学生做到及时发现，及时干预
- 唤起最接近人群的注意

- 定期对教职员工和学生进行心理健康和安全防范方面的教育及培训，普及有关自杀预防和相关症状的基本常识，教导他们如何辨别这类有潜在危险的学生，以及如何进行汇报或转介，提高大家对这一问题的认识和警惕性，以便及时发现和报告问题

2) 监控
- 进行心理鉴别
- 监控容易出现心理危机的高危人群
- 对有自杀意念学生一旦发现应立即将有自杀意念学生转移到安全的环境，并成立监护小组，实行24小时全程监护，确保学生人身安全，并通知学生家长到校共同采取干预措施
- 需要注意的是，在此过程中不要给被监控的学生造成心理上的伤害
- 重要的是对这样的学生给予更多的关注，让其感受到人际之间的关怀和温暖

3) 干预
- 及时汇报，慎重对待
- 恰当评估
- 及时寻求专业心理咨询
- 通知家长
- 通力合作
- 接受专业支持
- 政策和措施
- 做好相关记录

4) 转介
- 请相关部门或专家进行心理评估
- 对有严重心理障碍或心理疾病的学生应该转介到精神卫生机构，以便及时采取心理治疗或住院治疗等措施
- 对有自杀意念学生、已经实施了自杀的行动但没有完成或已经完成自杀的学生，应立即送到专门机构进行救治

5) 善后
- 传递信息、不企图隐瞒
- 警惕模仿行为
- 心理咨询、哀伤辅导
- 后续追踪
- 关爱自我

第十二章 生命如花

小知识：

世界预防自杀日是由国际自杀预防协会发起，世界卫生组织共同主办的全球性的预防自杀活动，其目的在于提高公民对自杀问题的重要性以及降低自杀率和减少自杀行为多种方法的认识程度。2003年9月10日被定为首届"世界预防自杀日"。世界各地政府、非政府、国际国内组织等将在这一天共同关注自杀预防问题。

心理咨询随想录：自杀怎么可能仅仅是个人的事

杨眉心理学科普博客

按照最保守的估计，一个大学生自杀，为他的离去而伤痛或感觉受伤的人至少也有94个！

一、自杀怎么可能仅仅是一个人的事？！

在做自杀危机干预的时候，我多次听到当事人的一个观点："这是我个人的事，是我个人的选择，与别人没有关系。"更有甚者，还有人说："父母伤心也是一时的，时间长了就没有什么了。"

也曾做过自杀未遂者的个案，他们中也有人说："我当时就觉得这是我自己的事，我这么痛苦地活着，反而给父母添麻烦。"

我还不止一次听普通同学说："自杀只是当事人个人的事。"

可是，自杀怎么可能仅仅是个人的事？！

这里我先告诉大家一个故事。

有一次，一位同学来找我做咨询，当时因为预约已经满了，我告诉了她，同时，也如往常一样，我又问她："你有什么特别紧急的事吗？如果有，我就为你加班。"她眼圈立刻红了，点点头。

我马上为她安排了时间，原来她的一个非常熟悉并且喜欢的长辈以自杀的方式结束了自己的生命。她非常困惑、痛苦、害怕、担心，同时，也有愤怒。

就是这位同学，非常完整地说了这样一句话："我原来以为自杀仅仅是个人的事，现在才发现不是。我们所有认识这位阿姨的孩子，听说这个消息后，都非常非常震惊并且痛苦，大家互相转告，互相安慰。"

自杀怎么可能仅仅是个人的事？！

我们现在来做一道最简单的算术题，看一看，一个人自杀后，感到悲痛的人会有多少？

比如一个独生子女，加上一对父母(2)，一对祖父母(2)，一对外祖父母(2)，再假设其父母各有两个兄弟姐妹(4)，而他们也已成家(+4)，并且也都有自己的孩子(+4)，那么这个独生子女的至亲就有18人。

再加上这个孩子的同学，假设其小学、中学、高中和大学都各只在一个班呆过，每个班只跟3个人熟悉，这样四个班，每班3个人，就又有12人，再加上从小学到大学的老师，小学老师假设只有1位还记得他，初中老师假设有2位记得，高中有3位，大学老师要多些，班主任、辅导员，还有其出事后承担全部后事处理的学生处至少5位老师、系里至少5位老师(算班主任和辅导员)，还有校领导至少2名，加上心理咨询中心的老师至少3～5名，再加上其同宿舍的同学3名或5名(取决于宿舍人数)，再加上其全班同学，通常是30名以上。

还有他的发小、邻居、爸爸妈妈的朋友，加起来至少也有10个人。

大家看到了，我是以最保守的方式计算的，可是就是这样算下来(我还没有包括这位同学当前同班同学的父母朋友，最保守算起来，又有至少120人，因为30位同班同学，每人都有一对父母，和至少两个朋友；也没有包括其他不认识他但是肯定能够听到这个消息的邻居宿舍的同学和那么多本校和外校的大学生)也已经有94人。

这就是说，按照最保守的估计，一个大学生自杀，为他的离去而伤痛或感觉受伤的人至少也有94个！

自杀怎么可能仅仅是个人的事？！

二、自杀会给周围的人带去什么？

我们先来看自杀者的父母。

他们在听到噩耗时的那种如遭雷击般的惊愕，随之那种撕心裂肺的哭喊，那种突然的昏厥甚至中风、心梗的发作，会让我们所有人看到什么叫"痛不欲生"，什么叫"悲痛欲绝"。

那是一种会让人窒息的绝望与无助。

我们的古人告诫我们："身体发肤，受之父母，不敢毁伤，孝之始也。"古人讲孝道，是讲为人子者首先就是不能让父母伤心，其次是要让父母老有所养，最高境界则是要："立身行道，扬名于后世，以显父母，孝之终也。"

可是，让白发人以这样的方式送黑发人，孝道又从何谈起？！

而一个自杀者身边的同龄人又会有怎样的感受呢？

一位同学告诉我：她高中时有一个关系处得挺好的同学，暑假前她们还去外面玩过，玩得也很高兴，可是开学后就听说"那个同学自杀了"。说到此，这位同学眼里含着泪水说："已经两年半了，可是，我到现在都保留着她的手机号码！"

另有一次，在一次危机干预的团体辅导仪式中，一位与自杀者并不特别熟悉同班女同学从一进教室就控制不住地哭起来，她特别伤心地无数次哭着追问："为什么呀？！为什么呀？！为什么就不能告诉我们，让我们来分担呀！！"

第十二章 生命如花

自杀者常常认为自杀只是自己一个人的事，他们不知道，当一个人自杀之后，他周围的人往往会有多么自责——责怪自己没有给予自杀者足够的关心，责怪自己没有做得足够好以让自杀者再多信赖自己一点；会有多么深刻的被背叛感——因为他们一直把自杀者视做自己的朋友甚至亲人，而如今其却如此决绝地做出了弃世的选择；同时他们又是多么的担心和害怕——害怕自己会不会有一天也做出这样的事；不仅如此，自杀这样的事情还有可能让自杀者周围的人对人生的意义、生命的价值产生怀疑……

自杀会给周围人带去这么多、这么大的影响，自杀又怎么可能仅仅是个人的事？！

三、我们怎样预防可能有的下一次自杀？

先给大家讲两个曾经有过自杀念头的女孩子的故事，在我的咨询个案中，这样的故事非常非常多。

女孩甲：有一天，她因为一些事绝望得想要自杀，在她情绪处于最低谷的时候，她的一个同学发现了她情绪的异常，给予她很多安慰和鼓励，那段时间也一直注意陪伴她，后来，她不仅自己走出了阴影，而且成为一个十分积极阳光，并且乐于帮助别人的人。

女孩乙：她在最绝望的时候在网上发了一篇文章，让她吃惊的是，马上就有人给她回复、安慰她、鼓励她，使她感觉非常温暖和感动，并且很快从绝望中走了出来。

我想说的是，很多人尤其是年轻人，情绪波动大，容易走极端，因此，常常会在某个挫折后突然冒出自杀的念头，但是那常常只是瞬间的事，情绪就如同海浪，有潮涨就有潮落，在我们感觉要崩溃的那个瞬间，往往就是我们的情绪该往好的方向转变的时刻。

所以，如果我们自己有瞬间的低落甚至绝望时，只要我们肯呼救，就一定会有人会对我们伸出援手，我们对此一定要有信念。而对于我们身边处于绝望中的人也一样，只要我们发现后能够立刻伸出援手——比如陪伴、倾听、通知他的家人或者相关人员，我们往往就可以帮助他度过最黑暗的时刻，这样的时刻，常常很短暂，有时甚至只是瞬间的一念，第二天，就如同太阳又会重新升起一样，人的希望、信心、斗志也会再次升起。

而那个曾经有过的自杀念头，往往也会成为永远的过去。

当然，这是指那种仅仅是有过自杀性念头的人，而对那种有顽固自杀性倾向的人，那就只有专业人员能够帮到他们，有时还需要药物的配合。

因此，所有读过这篇文章的人，可不可以给你们自己一个承诺，当你因为绝望而冒出自杀念头时，请一定向你周围的人发出明确的呼救；当你发现周围有人向你呼救时，则请一定注意陪伴他，必要时还要告知他的家人。

如此，我们至少可以把仅仅因为有过自杀念头而自杀的人数降到最低！

参 考 文 献

[1] 许燕. 人格——绚丽人生的画卷[M]. 北京：北京师范大学出版社，2000.
[2] 赵文杰. 大学生心理[M]. 上海：复旦大学出版社，2004.
[3] 马建青. 大学生心理[M]. 杭州：浙江大学出版社，2003.
[4] 邢莹，吴敏. 大学生心理健康教育[M]. 郑州：郑州大学出版社，2002.
[5] 孙东东. 追求阳光心态[M]. 上海：华东师范大学出版社，2004.
[6] 盖凤武. 心理健康教育[M]. 南京：东南大学出版社，2003.
[7] 黄希庭. 大学生心理健康教育[M]. 上海：华东师范大学出版社，2003.
[8] 陈会昌译. 人格心理学[M]. 北京：中国轻工业出版社，2004.
[9] 李新旺. 心理学[M]. 北京：科学出版社，2003.
[10] 郑日昌. 大学生心理健康——自主与自助手册[M]. 北京：高等教育出版社，2007.
[11] 赵国祥. 现代大学生心理健康教程[M]. 北京：人民教育出版社，2007.
[12] 林崇德. 大学生心理健康读本[M]. 北京：教育科学出版社，2005.
[13] 韩延明. 大学生心理健康教育[M]. 上海：华东师范大学出版社，2007.
[14] 李振荣等. 大学生心理健康教育与训练[M]. 河南：黄河水利出版社，2006.
[15] 张大均. 大学生心理素质教育[M]. 重庆：西南师范大学出版社，2004.
[16] 王文鹏，贾喜玲. 大学生心理健康教育[M]. 河南：河南大学出版社，2006.
[17] 李江雪. 大学生情绪管理与辅导[M]. 北京：北京师范大学出版社，2010.
[18] 俞国良. 现代心理健康教育——心理卫生问题对社会的影响及解决对策[M]. 北京：人民教育出版社，2007.
[19] 李伯黍，燕国材. 教育心理学[M]. 上海：华东师范大学出版社，2001.
[20] 林崇德. 学校心理学[M]. 北京：人民教育出版社，2000.
[21] 施良方. 学习论[M]. 北京：人民教育出版社，1994.
[22] 燕国材. 学习心理学[M]. 北京：警官教育出版社，1998.
[23] 刘慧娟. 心理健康教育指导情绪篇[M]. 北京：科学出版社，2003.
[24] 江光荣. 心理咨询与治疗[M]. 合肥：安徽人民出版社，1995.
[25] 钱铭怡. 心理咨询与心理治疗[M]. 北京：北京大学出版社，1994.
[26] 段鑫星，赵玲. 大学生心理健康教育[M]. 北京：科学出版社，2004.
[27] 陈家麟. 学校心理健康教育：原理与操作[M]. 北京：教育科学出版社，2002.
[28] 陶国富，王祥兴. 大学生恋爱心理学[M]. 上海：华东理工大学出版社，2002.
[29] 郑晓江. 解读生死[M]. 北京：社会科学文献出版社，2005.
[30] 毛晓红. 大学生择业"心病"的预防与诊治[J]. 建材高教理论与实践，1997(03).
[31] 曾德嵘. 心理学的暗示效应探析[J]. 才智，2011，(02)：190.
[32] 熊吕茂，肖瑛. 大学生的恋爱心理及现象透析[J]. 湖南省第一师范学校校报，2003，(4).

参考文献

[33] 岳莹. 大学生恋爱观的调查与引导[J]. 高校辅导员学刊, 2010, (2): 71-73.

[34] 毛静. 大学生恋爱状况的现状分析与教育对策[J]. 理论经纬, 2010, (7): 25-27.

[35] 陈斌文. 新的心理疾病: 网络成瘾症[J]. 社会, 2000(6).

[36] 乐国林. 大学生网络心理障碍及对策[J]. 心理世界(J), 2001(6).

[37] 郑晓江. 生命教育的概念、内容和原则[J]. 中国德育, 2007年第3期.

[38] 王敏. 高等学校开展挫折教育的理论与实践研究[D]. 东北林业大学, 2005.

[39] 胡欣. 生命教育思想下的初中语文课堂的构建[D]. 东北师范大学, 2010.

[40] 范琼. 当代大学生生命教育研究[D]. 海南大学, 2010.

[41] 黄凯恩. 认识生命的教育教学实践研究[D]. 四川师范大学, 2010.

[42] 林崇德. 大学生心理健康读本[M]. 上海: 教育科学出版社, 2005.